中國學術思想 研究輯刊

十八編

林慶彰 主編

第8冊

從《莊子》到《莊子注》的身體觀研究
——以「身體工夫」為研究核心

周翊雯 著

花木蘭文化出版社

國家圖書館出版品預行編目資料

從《莊子》到《莊子注》的身體觀研究——以「身體工夫」為
研究核心／周翊雯 著 — 初版 — 新北市：花木蘭文化出版社，
2014〔民 103〕
目 2+252 面：19×26 公分
（中國學術思想研究輯刊 十八編：第 8 冊）
ISBN：978-986-322-679-6（精裝）
1. 莊子 2. 研究考訂
030.8 103001976

中國學術思想研究輯刊
十八編 第 八 冊 ISBN：978-986-322-679-6

從《莊子》到《莊子注》的身體觀研究
——以「身體工夫」爲研究核心

作 者	周翊雯
主 編	林慶彰
總 編 輯	杜潔祥
副總編輯	楊嘉樂
編 輯	許郁翎
出 版	花木蘭文化出版社
社 長	高小娟
聯絡地址	235 新北市中和區中安街七二號十三樓
	電話：02-2923-1455／傳眞：02-2923-1452
網 址	http://www.huamulan.tw 信箱 hml 810518@gmail.com
印 刷	普羅文化出版廣告事業
封面設計	劉開工作室
初 版	2014 年 3 月
定 價	十八編 16 冊（精裝）新台幣 28,000 元

從《莊子》到《莊子注》的身體觀研究 ——以「身體工夫」爲研究核心

周翊雯　著

作者簡介

周翊雯，畢業於成功大學中文博士班。專長領域為魏晉文學、思想。「身體」的探討是目前方興未艾的議題。而由於身體的塑形必然是自我／外界、主／客、內／外交互融攝後所形塑出的樣貌，而身體又是人之所以為人的最基本單位，因此筆者相信，以身體展演角度觀看魏晉名士的風度，必然可以給予一種微觀的角度，觀看名士們的種種風貌，這也是本文寫作的原因。也期許這本論文的完成，能夠拋磚引玉，讓更多身體相關的論述，進入魏晉風度之中。

提　　要

本文是一篇由「身體－工夫」角度切入的論文。試圖以此角度來觀看《莊子注》對於《莊子》原典所進行的轉變以及此轉變所隱含的思維深度。並通過《莊子注》中對性分、心、氣稟、理境的完成以及意象的運用等角度，來解讀郭象身體觀的內涵。

由於是兩部文本的比較，因此兩者文本中面對「身體－工夫」的方式，以及對「身體意義」的不同看法，或是身體表意方式的改變等等，均會是本文關注的焦點。而在兩者文本的比較下，《莊子》作為經典文本的角色，無疑是比較的基準，而《莊子注》所進行的詮釋改造，也是由與《莊子》經典對照後所得的結果。因此，《莊子注》面對身體態度的改變，亦是由這個基準所探究出來。

本文除了緒論與結論之外，共分為四章，此處扼要說明各章論述內容：

「緒論」的部份，共分為三個部份，分別是其一、「身體做為觀看角度的意義」，旨在說明以「身體」作為觀看角度，其重點與方向，以及其彰顯的意義是什麼。其二，「前行研究成果回顧與本文研究價值」，旨在說明目前學界關於身體議題的發展，以及本論文根據前行研究結果所獲得的重要觀點。其三，「問題視域、研究方法與論文結構」，主要在說明本論文所關注的問題範圍、提出什麼問題、運用什麼方法，以及論文結構的簡要說明。

第一章題為〈兩種「體」現：從《莊子》的身體到郭象的身體〉，本章是總論性質，旨在概述從《莊子》到《莊子注》的歷史脈絡下，「身體」意義的承繼及差異。

《莊子》在歷代的詮釋下各有所異，而魏晉時期對《莊子》的詮解，往往又具有創造性的詮釋，每一種不同的詮釋，所給予《莊子》的面貌，以及所形塑的聖人典範都有所不同，甚至可以說，《莊子》一書不斷的重寫於各個朝代、遊走於各個朝代，每一個不同的時代；每一個不同的社會、文化；以及每一個不同的思想家，所形塑出的《莊子》，以及形塑出的典範都各自不同。因此，聖人的形塑必然有其歷時性意義。而典範，也成為一個不斷被介入改寫的模態，所以典範有著各自不同時代意義下的正統。

因此本章所欲處理的問題是：作為一個詮釋經典的文本，郭象的《莊子注》直接的面對《莊子》原典時，他所承續的連結，以及自我新生的創造是什麼？由《莊子》到《莊子注》的歷時性當中，其身體意義的變化是什麼？而典範既具有著各自不同時代意義下的正統。那麼郭象的聖人塑型，他返照出的時代呼喚又是什麼？這些都是本章所欲處理的問題。

第二章題為〈由復性到適性：由「神」入「聖」的身體轉型〉，本章主要從適性角度說明郭象身體的轉變。適性思維是郭象思維中最基礎的思維之一，而從適性的提出，也可以看出郭象看待「性」的態度，與《莊子》已有著極大的不同。郭象看待「性」是放在「適、足、任」的角度上去看，因此「性」的意義，已然開始由《莊子》「性修返德」的路線上有所轉換，「性」也開始由《莊子》帶有本體根源義的「性」當中釋放了出來。而郭象所做的轉變，同樣也可以發現其思維體系相應的變化。然必須注意的是，《莊子》的工夫絕非是脫離經驗式的抽象思維，工夫的達成往往需要全身的實踐來證成，因此，在即存有即活動的經驗內涵下，本真的回歸必然無法脫離身體的參與，這是無庸置疑的。那麼做為一個《莊子》的注家，其詮釋面向的改變，是否影響到工夫的走向與身體的擺放？這是本章所試圖討論的課題。

　　第三章題為〈從用心到無心的轉變：莊子的心與郭象的心〉，本章旨在說明《莊子》與《莊子注》兩者對「心」的不同看法，而由其對心的不同看法，亦可看出其身心模式下的身體擺放。簡單來說，《莊子》境界後的心是「用心若鏡」的模式，而《莊子注》的心，則是「無心玄應」的模式。兩者同樣追求心的「靜」，然而從「用心」到「無心」，卻可以看出兩者對於「靜」的工夫以及實踐模式已然改變。大抵而言，《莊子》映照萬物的「心」，心與物乃直接的相映關係，「心」呈現出全幅朗現、全幅包容萬事萬物的特徵。而郭象「無心」，言「心」的淵然自若，其重點則在於表現「心」的淵深難側，因此心與外物的關係，偏向一種「澄之不清、擾之不濁」的關係，「心」是沉潛在最深廣難側的淵深處的。此外，郭象轉化《莊子》「靜默」映照萬物，不將不迎，應而不藏的手段與目的，而使「靜默」凸顯成為一種「不為」、「無為」、「任其自為」、「淵然自若」的面相，因此「靜」最重要的目的已不再是「天地之鑑，萬物之鏡」了，而是「群才萬品，各任其事，自當其責」了，這也是兩者論心的不同之處。

　　第四章題為〈理境下的身體：客觀化及意象解構下的身體〉，本章旨在探究《莊子》及《莊子注》對身體意象的運用，大抵而言，《莊子》往往以意象言說替代言語的直述，所以就某種情況看來，他其實更像是一種道德勸說的解構。「可以說的可以清楚去說，對不可說的則必須沉默」。莊子用故事來彰顯意義，對道德的勸說，則選擇沉默。因此莊子總是回到故事當中，讓故事自我表述，也讓觀者在道德勸說的退位下，開啟各種闡釋的可能－「吹萬不同，而使其自己也」－眾生得以喧嘩出自己，體會出自己的體會。因此，莊子所採取的是一種不說出道理，讓故事以及觀者自己透過反思，透過生命圓整的體會，去尋覓出自己的道理。因此說，意象開啟了行文的另一種視窗，這個視窗是探向生命更多種可能的。而郭象則採取一個思辯式的言說，在《莊子注》裡，意象的運用是弱化的。郭象擅長於說「理」，以「理」來代換《莊子》的故事性。而意象的使用，往往與身體有著緊密的關係，那需要仰賴身體的體知、想像等經驗來構築。而《莊子》的意象弱化，其身體的象徵性意義也就隨之改變，這樣的改變，同時也返響出郭象思維中對身體的態度，而這也即是本章所要探究的主題。

　　「結論」的部份，分為四個項目總結本文的論述，其一為「無心任順的身體」，旨在點出郭象是如何去擺放身心的位階，與《莊子》相較，郭象無疑是走向一個心神優位化的擺放的。其二為「性分決定下的身體」，此項目在說明身體的具存下，性分如何定位，而性分又如何影響著身體的實踐方向，不可否認，在郭象性分的思維下，身體工夫的實踐意義的確到很大程度的限制。其三為「解構天道下的身體」，總結郭象解構了天與道的根源性意義後，其身體的實踐工夫面對這個解構，如何從《莊子》體道式的身體轉向為一個沒有根源「道」境的身體，而這個轉向，也往往讓郭象身體有走入客體化之流的跡象。其四為「意象解構下的身體」，書寫策略的改變，也影響了郭象對意象的使用，《莊子》故事景觀的書寫，在《莊子注》以寄言出意的方式進行改造後，其故事意象亦有被弱化的跡象。這樣的弱化，使「身體」在身為一個訊息的傳達與接收的意義下，其表意可能也必然受到改變。

誌　謝

這本論文的完成，絕非我獨力能夠做到的，它聚集了太多人的護持在裡面。

首先要感謝指導教授林朝成老師，給予我研究上最大的空間，以及適時的點提，讓這本論文得以順利的完成。

也要感謝四位口考老師：吳冠宏老師、鄭毓瑜老師、楊儒賓老師、江建俊老師，這幾位老師充滿金剛心的提問，並一一指出論文中所未曾留意的問題，讓我得以從另一角度來思考問題，給予我眼界上極大的開展。

也要謝謝夫家的媽媽—我的婆婆，以及夫家的姐姐們：暄諭及孟純，他們總是全力並且毫無怨言的給予支援。

也要謝謝我的父母與兄姐，多謝你們的栽培與鼓勵。

同時還要謝謝我的好友群們：美諭、千慧、麗頻、佳龍、崇斐、淑瓊、惠鈴學姊…你們總是在需要協助的時候給予我最大的幫助。

當然還要謝謝在倫敦大學攻讀博士的表姐鸝嬌，感謝你的免費翻譯。

最後也要謝謝我的丈夫光廷，可愛的小外甥仔仔、與寶貝兒子樂樂，以及即將出世的小寶貝多多，沒有你們，論文是沒有動力去完成的。

最後，這本論文要獻給以下這些人：

我的父親，我終究讓您看到我取得博士學位了。

我的母親，感謝您對我永遠的支持以及不放棄；若不是您，我的人生也許完全不同。

我的婆婆，感謝您總是無怨無悔的幫助我。

以及我的丈夫—沒有你，我不可能到達這裡！！

目次

緒　論

壹、身體做爲觀看角度的意義

約翰・奧尼爾曾說過〔註1〕：

> 缺乏身體範疇和體現邏輯（an embodied logic），我們就無以把握週
> 圍的世界。

身體是人的基礎。人無法迴避自己的身體，身體本身就是表達，無聲或有聲
的表達，它像一個符號。身體做爲個人氣質，表達著精神體驗，生存滄桑的
一切豐富性〔註2〕。

身體是場域的形成中心，「我」以身體爲主軸，「身體」將「我」置放於
「處境」當中，「我」的處境不斷地從這一處境到那一處境。可以說，身體的
存在讓「我」形成一個中心，然後一層一層地圈形擴散，與環境、周圍的人
之間形成「場」的關係，由我、家、國、天下，層層往外延。故身體讓「我」
具有時空維度，同時也帶領「我」進入關係網絡當中。時空維度以及關係網
絡的形成也即是「我」身處的「場域」。在此基礎上，我們就可以談中心／外
圍、和諧／對抗等等。

梅洛龐蒂在《知覺現象學》中就曾有這麼一段話：

> 我不是我前面的身體，我在它裡面，或說，我是它。

〔註1〕 見〔美〕約翰・奧尼爾著，張旭春譯：《身體型態——現代社會的五種身體》
　　　（瀋陽：春風文藝，1999 年 6 月第一刷），頁 2。
〔註2〕 見張文喜著：《自我的建構與解構》（上海人民出版社），頁 137。

這段話簡單的說就是，我是我的身體，這個身體有自己的空間、活動、語言、世界和存在。

本文是一篇由身體角度切入的論文。以身體角度觀看《莊子》〔註3〕以及《莊子注》〔註4〕的差異及轉變〔註5〕。中國思維重視實踐修養，實踐修養必然脫離不了身體的力行。因此如何透過「身體」完成思想的理境，往往也是思想背後的企圖；而「如何」完成修養，往往也顯出彼與此思維的差異性。

〔註3〕 關於《莊子》內篇與外雜篇，是要站在分別立場上觀看或是站在一個延續性立場上觀看；是分屬於不同的二書或是屬於一書？這是本文所未曾深入區分的問題。本文認爲外雜篇的確添加了許多內篇所沒有的思維，例如「性」的概念，在內篇中極少言及，但在外雜篇中則大量出現，「德」的概念亦是如此，或是對「聖人」的看法，內篇與外雜篇亦不盡相同，內篇中的聖人，是最高境界的典範，而外雜篇中的聖人，則開始有了擺盪的跡象，擺盪於聖與俗之間，甚至有可能被負面看待。然而儘管外雜篇的確增加了一些內篇所沒有的用語與概念，但本文所站的立場，仍是偏向於一個延續性角度來觀看《莊子》的，亦即與其認爲內篇與外雜篇是種分別，不如將之視爲是一種延續性關係，意即外雜篇是承續內篇思維所擴充而成的。因此本文仍將《莊子》視爲一系列式的思想，而非兩種分別式的思想。在這樣的觀點下，《莊子》會是一本完整的著作，而非差異的兩者，因此，在行文上不做過多的分別。除此之外，依筆者目前的學力與時間，也尚無法處理《莊子》內篇、外雜篇與郭象注莊中各自「身體」的比較，此一問題或許可留待將來再逐步完成。故而本論文將《莊子》視爲一完整的著作，並以此與《莊子注》進行對話，或許這樣的作法未有盡善之處，但卻不害爲本文研究上的一個方便法門。

〔註4〕 關於《莊子注》作者的問題，是郭象作亦或是郭象竊向秀作，或郭象根據向秀作述而廣之的公案，歷來學術界多有爭論，眾說紛紜，未有一定案產生。然而康中乾先生曾在《有無之辨——魏晉玄學本體思想再解讀》（北京：人民出版社，2003 年 5 月第一版）一書中對《莊子注》的公案、各學者的看法作過詳細的討論（見本書，頁 231～235。）康先生在詳述各家討論之後提出這樣的論點：「今本《莊子注》應爲郭象的著作，要說郭象是『竊』了向秀注的話，那麼這個『竊』也不是純粹的盜竊、偷竊、剽竊，而是在原注的基礎有所發展的。郭象作爲一名『語議如懸河瀉水，注而不竭』的清談名流，自然是有自己的玄學思想的，對《老》、《莊》肯定有自己的理解，絕不會以一個白丁之身去竊向秀已傳世的《莊子注》。所以郭象的思想受到過向秀《莊子注》思想的影響，在向注思想影響的基礎上形成了自己的思想，以之通過注《莊》的形式發揮出來，這大概是歷史的眞實情況。對此，我們還可以從魏晉玄學自身的邏輯演進到內證。」本文認爲康先生的推斷頗合情理。因此，本文所採取的態度，亦認爲今本《莊子注》應仍是郭象所作。故而行文上亦以郭象代表《莊子注》之作者。

〔註5〕 關於《莊子》與《莊子注》，本文乃參考清·郭慶藩撰：《莊子集釋》（台北：鼎淵文化，2001 年 12 月初版一刷），其後引文均引自於此，故僅註明篇名，不再另行落注。

因此身體可以說是思想的隱然向度，它呈現何種面貌，思想的走向往往也呈顯爲何種樣貌。

　　因此，身體的介入，思想就不再只是思辯理論上的高談，而是一種生命的朗現、體知、踐履。透過身體的介入，思想眞眞實實的落實在生命之中，與「我」遭遇，並滋養化生成「我」生命中的種種風景。同時讓生命成就爲一種「歷程」，要一步一腳印行走下去的歷程。這個歷程，不論日月天光、人間風華、欣喜苦難，「我」都必然時時刻刻的將「我」放置在這個歷程當中，歷受之、交涉之，並朗現出屬於「我」的天光雲影。也因爲身體的參與，我與生命中的人事物，都要遭逢交涉，我與人事物不再是互不相關的他者關係，而是一種「我與你」的關係。「我與你」彰顯的是以「我」作爲彼與此交接關係中的主體，所有接觸的事物都與「我」息息相關，而非與我無關。而與「我」有關者是相對應的「你」之關係，非「他者」關係，這在「我與你」關係中所示現的意義是一種「親臨」意義，彼與此乃親臨式的交接，而非不在場、被言說的「我與他者」之關係。

　　而「我與你」的結構所揭示的意義，在於彼、此乃一連續性關係，而非斷裂性關係，由這樣的意義往外推延，人與人、人與物、人與天地自然都是一個存有連續的關係。而這樣的關係模式，是仰賴身體的存有所構成的。

　　因此，身體可說是構築生命的張力，也是生命主體的顯現之處。同時身體也決定了「人」如何與世相處。我們難以想像，若沒有身體，生命的形質會是如何？甚至我們也難以想像，若沒有身體，思考是否還有其基點？行動是否還會有其主體？當然這些答案必然都是否定的。我們無法想像若我們沒有「身體」，那我們會是什麼。所以回到更基礎的角度來論，身體是「人」是否爲「人」的指標，也是存在的根基。

　　因此我們對身體的態度，已然不再是將之視爲「生理式的軀體」、人生的載體、或是生命暫時的逆旅……等等如此的單向化，身體所具有的豐富性意義應該是更深更廣的。它應該是直指生命根源的論述，是生命歷程的代表，同時也是人生態度的執行者，甚至它也干涉了人生的走向，影響了思考的模式。同時，身體也成爲種種價值象徵，透過身體型態，往往可以區分類別與高下。故而身體代表一種表述，藉助音聲、眼光、貌色、儀容、舉止、行爲等等，身體「體現出」訊息。所以身體本身便是一個意義傳遞與接收的所在，就是一種論述。因此，身體之於主體已然不再只是一種替代者、暫借者的角

色,更不只是心神的外現之處,身體與主體是互相辯證、互相滲透的關係,本身即是一個圓足的意義之所。

而相較於歷史角度、社會角度等大敘述方式,身體所提供的觀看,更偏向一種微觀的觀看,它的觀看意義,是更細微、更根源的角度,它直接從「人」本身進入,解析主體在場域當中,如何與場域對話、如何與自我對話、甚至如何與世代的對話、如何與天地宇宙的對話。這些對話,都是仰賴身體才能完成的,也因為身體的參與,對話才得以形成對話。因此,從身體角度進行的觀看,往往不會是單一的大敘述觀點。它所相應的觀看模式,是可以容許多種可能、可以讓現象呈現其為現象的觀看。它是認肯宇宙天心、各有妙趣的,它也不再是唯一解答。甚至身體提供了一種觀看角度,觀看人在場域中的種種可能、種種生發、以及種種參與的模式。因此,從身體的觀看,主體就不再只侷限為單一的個體,他是在整體場域之中的。這是以身體作為觀看角度的前提。

因此本文由身體角度對經典文本所做的觀看,所試圖解讀出的,便是《莊子》與《莊子注》兩者文本當中,如何透過身體模式的轉換,所呈現「主體與主體」、「主體與場域」、「主體與身體」,甚至「身體意義模式」的轉變。在兩者文本中,藉身體的不同表述,微觀其思想內部的承繼與轉化。

而這樣的觀看,必然會面臨到的問題,便是身體的定義問題,以及工夫修煉的問題,因此此處便針對此二者進行一個概述:

一、身體義界

我們不得不承認,現代社會由於西方思維的強力影響,因此「身體」一詞的確帶有軀體性意義。所謂帶有軀體性意義,意即「身體」往往與「心神」或是「修養」、「德行」、甚至「冥契」等等命題是兩者不同的論述,身體偏向一個純粹肉身化的軀體。大都無涉於心、神、靈等課題。「換言之,現代意義的『身體』乃侷限在其具體形貌、可以透過解剖、掃描來關照的血肉之軀〔註6〕」,身體在這樣的詮釋下侷限於一個形而下的肉體存在。

當然這樣的文化現象與西方迪卡兒傳統下身心二分的思維有著極大的關

〔註6〕 見蔡璧名著:《身體與自然——以《皇帝內經素問》為中心論古代思想傳統中的身體觀》(台北:台灣大學出版,1997年四月初版),頁45。

係〔註7〕。但若僅只是把身體視作形而下的肉體看待，那麼身體的所有可能，以及其豐富性意義便開展不出來。

　　然而，若我們回溯中國經典來看，會發現在中國思想中，身體是充滿多種可能的。儘管有時也有著：「吾之所以有患，爲吾有身。及我無身，吾有何患！《老子‧十三章》〔註8〕」這樣的思維。然而這樣的論述，與其將之視爲是「身體」對人的局限，不如將之視爲是生命全體的侷限來的完善。

　　在中國，「身體」是充滿多種意義的，它不僅僅只是個肉體。以儒家經典來說，《大學章句》〔註9〕即提出：「富潤屋，德潤身，心廣體胖，故君子必誠其意。」身體成了德行修養的工夫落實處。或如《論語》中所不斷強調的「正身」、「省身」觀念：

　　子曰：「其身正，不令而行；其不正，雖令不從。」（〈子路第十三〉）

　　子曰：「苟正其身矣，於從政乎何有？不能正其身，如正人何？」（〈子路第十三〉）

　　曾子曰：「吾日三省吾身：爲人謀而不忠乎？與朋友交而不信乎？傳不習乎？」（〈學而第一〉）

正身、省身是正人、正德行的先決條件。而身體在正身、省身的立場下，早已不是侷限在血肉皮毛下的「形軀我」之義了。而必然是包含了德性、心性種種因子在內，否則「省身」與「正身」就失去其「省」與「正」的意義與力量。除了《論語》及《大學》，在《孟子》當中也屢言「反身而誠」的重要：

　　孟子曰：「萬物皆備於我矣。反身而誠，樂莫大焉。（〈盡心章句上〉）

　　孟子曰：「居下位而不獲於上，民不可得而治也。獲於上有道：不信於友，弗獲於上矣；信於友有道：事親弗悅，弗信於友矣；悅親有道：反身不誠，不悅於親矣；誠身有道：不明乎善，不誠其身矣。

〔註7〕　儘管在柏拉圖（Plato）那時便有了靈魂與身體截然不同的教條，且一直在哲學史上得到討論，但迪卡兒（Descartes）還是被認爲是現代心物問題之父。他堅持認爲物理世界的本質是空間中的廣延。心靈這樣的一種實體，他不在空間裡廣延，因此不同於任何物理實體。心靈的本質在於思考。這一二元性的觀點被稱爲迪卡兒二元論。見《劍橋哲學辭典》（台北：貓頭鷹出版，2002年7月初版），頁921。

〔註8〕　見樓宇烈校釋：《王弼集校釋》，台北：華正書局，1992年12月，頁28。其後關於老子引文均引自於此，故僅註明篇名，不另行作注。

〔註9〕　關於《四書》的引文，均引自（宋）朱熹：《四書集注》，藝文印書館，1996年4月。故僅註明篇名，不另行作注。

是故誠者，天之道也；思誠者，人之道也。（〈離婁章句上〉）

在此，「身」更隱喻了生命的根本，回返自身，若所作所為都真實無欺，無愧於己，那就是生命中最大的快樂。而了解誠實無愧的道理，就是了解天道美善的道理。因此，在「反身而誠」的思維下，身體更成了成的實踐基礎，而對「誠」的實踐，同時也是上達於天道的工夫。

在這樣的理論下，身體已然是人所仰賴上達天聽的基礎了，而身體意義也是深廣的，它不只是人走一遭人世所暫且依宿的形軀，而是人要如何在生命歷程中彰顯自我主體意義的表徵。因此，身體不再只是形軀、軀體，而是開啟了其根源性意義。如《孟子》所說的：「天下之本在國，國之本在家，家之本在身。（〈離婁章句上〉）」或如「吾身不能居仁由義，謂之自棄也（〈離婁章句上〉）」……等等。「身」在此已然直指主體自身的根源性意義了。

可見，在儒家經典的詮釋下，「身」的範圍涵蓋廣泛，甚至代表了生命全體，人的根源、並且與德性、言行有著密不可分的關連。

除了儒家經典，道家經典當中對「身體」的態度同樣可以看到身體與心性之間的連續性關係。例如《莊子·養生主》中所說的：「緣督以為經，可以保身，可以全生，可以養親，可以盡年。」身體是與整體生命同等而論的，故而身體是要善養的所在，養身即是對生命的保養。因為身體的保養，意味著全體生命的保養，因此傷身即是對生命的戕害，就像〈德充符〉所說的：「道與之貌，天與之形，無以好惡內傷其身。」此處明白點出形貌乃天道所給予，而心性好惡對身體有著莫大的的影響。或如《莊子·德充符》中所說的：「戒之，慎之，正女身也哉！形莫若就，心莫若和」身在此同時也是可「正」之處，同時也包含著心性。可知在道家理論當中，心性往往也歸屬於「身體」義界之中。

除了儒家道家的看法，醫家對身體的態度，同樣可以看到身體與心性之間的關係。例如〔註10〕：

是以志閑而少欲，心安而不懼，形勞而不倦，氣從以順，各從其欲，皆得所願。故美其食，任其服，樂其俗，高下不相慕，其民故曰樸。是以嗜欲不能勞其目，淫邪不能惑其心，愚智賢不肖，不懼于物，故合于道。所以能年皆度百歲而動作不衰者，以其德全不危也。《黃

〔註10〕 本文關於《黃帝內經·素問》均引自（唐）王冰注：《黃帝內經素問》，（台北：商務印書館印行，1975年）。故僅註明篇名，不另行作注。

帝內經・素問・上古天眞論篇第一》

天有四時五行以生長收藏，以生寒暑燥濕風。人有五臟化五氣，以生喜怒悲憂恐。故喜怒傷氣，寒暑傷形。暴怒傷陰，暴喜傷陽。厥氣上行，滿脈去形。喜怒不節，寒暑過度，生乃不固。故重陰必陽，重陽必陰。故曰：冬傷於寒，春必溫病，春傷於風，夏生飧泄，夏傷於暑，秋必痎瘧；秋傷於濕，冬生咳嗽。帝曰：余聞上古聖人，論理人形，列別臟腑，端絡經脈，會通六合，各從其經，氣穴所發，各有處名，谿谷屬骨，皆有所起。分部逆從，各有條理。四時陰陽，盡有經紀。外內之應，皆有表裏，其信然乎。《黃帝內經・素問・陰陽應象大論篇第五》

心安不懼、志氣常閑、慾望不張是養生妙法。相對的，喜怒悲憂恐的過度，情緒的大起大落，是「生乃不固」的肇因。所以身體與心性情感是相互滲透的有機體，與外界的關係也是一個內外相應的連續性關係，絕非與他物，或是與外界不相干的獨體。

除此之外，在醫家觀點中，也同樣把身體視作爲人通於天地自然、陰陽四時，甚至是得道的基礎，例如：

黃帝曰：余聞上古有眞人者，提挈天地，把握陰陽，呼吸精氣，獨立守神，肌肉若一，故能壽敝天地，無有終時，此其道生。中古之時，有至人者，淳德全道，和于陰陽，調于四時，去世離俗，積精全神，游行天地之間，視聽八遠之外，此蓋益其壽命而強者也。亦歸于眞人。《黃帝內經・素問・上古天眞論篇第一》

夫四時陰陽者，萬物之根本也。所以聖人春夏養陽，秋冬養陰，以從其根；故與萬物沉浮于生長之門，逆其根則伐其本，壞其眞矣。故陰陽四時者，萬物之終始也；生死之本也；逆之則災害生，從之則苛疾不起，是謂得道。道者聖人行之，愚者佩之。從陰陽則生，逆之則死；從之則治，逆之則亂。反順爲逆，是謂內格。《黃帝內經・素問・四氣調神大論篇第二》

在醫家的詮釋下，身體是可以通於天地之道的，而通於天地之道的身體，是「淳德全道，和于陰陽，調于四時，去世離俗，積精全神，游行天地之間，視聽八遠之外」的。這樣的觀念並不只是醫家單一的觀點。試看《莊子・大宗師》當中的敘述，與《黃帝內經》當中的思想是極爲相似的，當中說：

> 古之眞人，不知說生，不知惡死；其出不訴，其入不距；翛然而往，
> 翛然而來而已矣。不忘其所始，不求其所終；受而喜之，忘而復之，
> 是之謂不以心損道，不以人助天，是之謂眞人。若然者，其心忘，
> 其容寂，其顙頯；淒然似秋，煖然似春，喜怒通四時，與物有宜而
> 莫知其極。

甚至〈在宥〉篇中也有類似的說法：

> 至道之精，窈窈冥冥；至道之極，昏昏默默。無視無聽，抱神以靜，
> 形將自正。必靜必淸，無勞女形，無搖女精，乃可以長生。目無所
> 見，耳無所聞，心無所知，女神將守形，形乃長生。慎女內，閉女
> 外，多知爲敗。我爲女遂於大明之上矣，至彼至陽之原也；爲女入
> 於窈冥之門矣，至彼至陰之原也。天地有官，陰陽有藏。慎守女身，
> 物將自壯。我守其一，以處其和。故我修身千二百歲矣，吾形未常
> 衰。」

「喜怒通四時」與「和于陰陽，調于四時」；「游行天地之間，視聽八遠之外」
與「與物有宜而莫知其極」等等，都是可以互通的思維。可見身體通達於道，
以及與天地宇宙相通的觀念，在中國古代便是一個普遍的概念，而非單一家，
或單一思想家的獨特論點。

　　而身體通達於道及天地宇宙的觀念，讓身體所呈現出的可能，除了是儒
家式的在政治、道德、人倫當中體現其存有外，更給予身體在天地自然宇宙
之間體現其存有的可能。身體可以超出人倫社會之外，往更廣遠的天地宇宙
之間邁進。除此之外，通達於道的身體，往往能夠有飽滿的「天壽」，並且「卻
老而全形」〔註11〕的，這樣的身體，甚至可以逆向操作時空的限制，稀釋時
空的作用，讓身體呈現出一種反時空意味，可以「老而得子」、或是「修身千
二百歲矣，吾形未常衰」、「年皆度百歲而動作不衰」。人所難以逃脫的時空拘
限，在身體透過某種工夫修養後，卻能夠達到對時空限制的解離。而解離時
空限制的身體，更難以用一個單一的「肉體」或「軀體」的觀念來觀看，因
爲身體已然是體道的一部份了，它已完成其更深刻意義了。

_____

〔註11〕《黃帝內經‧素問‧上古天眞論篇第一》中關於老而得子有過這樣的解釋：「帝
曰：有其年已老，而有子者：何也？岐伯曰：此其天壽過度，氣脈常通，而
腎氣有餘也。此雖有子，男子不過盡八八，女子不過盡七七，而天地之精氣
皆竭矣。帝曰：夫道者年皆百歲，能有子乎？岐伯曰：夫道者能卻老而全形，
身年雖壽，能生子也。」

　　不論哪一家的思想，身體的修、養、正、守，也都包含了思想家深刻的價值取向在其中，「身體」成為一種論述，是思想家對自我思想的論述。因此，身體具有多重意義是無庸置疑的，也因為身體具有多重意義，因此可以回過頭來思考身體的型塑問題。「身體」既然不只是單向度的軀體，同時又具有可正、可修、可養、可守的可能，那麼身體將永遠處在一個進行式狀態，不斷地進行著自身的改造，除非生命已然結束，否則沒有所謂靜止的身體。而這所謂的改造，往往又與整體社會、文化、道德意識有著密切的關係。

　　因此，身體絕非單一的個體，也不是一個與他者不相干，去關係化的物件。恰好相反，身體是全體的滲透，是整體社會文化、人倫關係、道德意識等等的滲透。在這全體的滲透當中，身體透過內外的辯證，不論是接受或懷疑、執行或反對、社會化或反社會化等等態度，在種種的選擇下，身體都呈現出整體與自我的交互辯證。因此在身體的介入下，我們所了解到的前提是，世上沒有絕對內在的心性，也沒有絕對外在的社會文化。相反的，心性與社會文化是作用在身體之中，內外交會，不斷辯證發展出來的。也因為這內外的交會、辯證的可能，因此身體具有多重樣貌，也具有多重意義，同時身體也成為一個有機體，是與整體社會文化、人倫關係、甚至擴而廣之，與天地宇宙都是交互化合激盪的有機體。在這樣的前提下，身體才具有功夫的可能，而身體的功夫也才顯現出其對主體改造的力道。而這樣的看法，也即是本文所持對身體的看法。

　　而此處必須更帶一提的是，前所言，中國傳統身體觀不是放在肉體定義下而論，而是放在一個「可以透過功夫修養，完成整全身心模式，更可以達到體道境界。」這樣的一個「身體──工夫──體道」的路線下來觀看的。而這條路線之所以能夠成行，主要是因為中國身體觀本身就涵藏了一個「形──氣──神」的結構，在這個架構下所彰顯出的氣化，或「氣化──經脈」的系統乃當代解剖學身體所無，但卻為中國大小傳統共享的因素。

　　「氣」的概念是身體的根源性概念，《莊子》書即提到：「人之生，氣之聚也。聚則為生，散則為死。(〈知北遊〉)」；宋明理學家張載亦說：「氣不能不聚而為萬物，萬物不能不散而為太虛(《正蒙・太和》)」。在這些理論之下，都可以看到「氣」是生命成形的根源性主體之意義。

　　而回到身體小宇宙來說，「氣」更是溝通身心整全連結的因素。修行者透過功夫修養，讓自身的氣息深深、虛而待物，讓「我」之全身呈現為「氣

的流通」狀態，而這樣的狀態，即意味著身心結構不再是一種障礙，而是一種通道。同時，這樣的「氣之流通」，同時也預設了「走出自己、與非己互滲互入﹝註12﹞」的可能。因此「氣」的概念繼續的擴而廣之，更可延展至人通向外在世界、天地宇宙的一個貫通之可能，就像《莊子》所說的：「通天下一氣耳。(〈知北遊〉)」，或如王弼在《老子注》中所說的：「氣無所不入〈十三章〉」。透過氣的貫透，「天地大人身、人身小天地」成爲一種普遍性結構。在此結構下「宇宙的生成與人身的生成之結構與歷程，從存有論的結構來看是相應的。而修煉也正是從人身來逆返，回歸於人身之初，而復歸於身心一如的真人經驗，同時也就是與道同流合一的存有經驗﹝註13﹞」。

所以「氣」的存在，關係著形、神，甚至是身與天地、與道之間的連結，它對於宇宙整體觀與天人合一、主客情融的完成有著根本性的位置。

可以說，透過「形——氣——神」的結構完形，能使得身體與心、與天地自然、與道的連續性更擴而展之，達到上下貫徹於天地的氣化流通；而這樣的連續性關係，也使得身體開展了其縱深度，身體成了根源性意義。這個根源性意義經過工夫推展後，可以使人與天地萬物的序列有所改易。透過氣的充沛、序列的改變，似乎也可以看出身體修行的最後境地，即是要打破軀體，使軀體的界限完全湮滅，而進入到大化的最隱微處，幽深的深植於自然與道之中﹝註14﹞。

因此，「形——氣——神」的架構，同樣讓身體並非只是一個單向度的肉體，而是一個充滿多種可能的身體。這亦是本文在觀看身體時，所預設的內在理路。

﹝註12﹞ 此乃參考楊儒賓：〈支離與踐形——論先秦思想裡的兩種身體觀〉。收錄於《中國古代思想中的氣論及身體觀》(臺北：巨流出版社，1993 年)，頁 420、423。

﹝註13﹞ 見賴錫三著：〈《莊子》精、氣、神的功夫和境界——身體的精神化與形上化之實現〉

﹝註14﹞ 此見解乃受到楊儒賓先生所引發。楊儒賓先生在《儒家身體觀》中曾引用海德格與芬克的對話，這段話是這麼說的：「人不只是顯明昭然之物，他也是自然之物，他幽玄的深植於自然之中……他倚於漆黑如墨之大地。」楊先生在詮解此段話時說道：「筆者相信芬、海兩人問的問題即是孟子學的問題。孟子說人的意識縈跟於形氣，縈根於自然，其義當可回應芬克『人依於漆黑如墨之大地』之說。準此，人身自當有精神性、宇宙性；反過來說，人的意識也當展現到形體的末梢，並延伸到自然的隱微處。」見本書 (台北：中央研究院文哲研究所出版，2003 年 1 月修訂二版)，導論：四體一體的身體觀，頁14。

二、工夫定義

　　上文所述，已然點出身體具有工夫的可能。所謂的「工夫」〔註15〕，根據《漢語大詞典》〔註16〕中的解析是如此：

　　　　工夫：1、作事所費的精力和時間；2、指化費時間和精力後所獲得
　　　　的某方面的造詣本領；3、工作；4、時間、時光；5、理學家稱積功
　　　　累行、涵蓄存養心性爲工夫；6、役夫；役徒；7、技術

簡言之，工夫（或可作爲「功夫」〔註17〕）的原始詞義是用來講勤苦的役夫們（第六義）及役夫們的工作（第三義）。役夫們可以產生「人力」、「技術」（第七義）的涵意；同時因勞役工作，必然配合時間的度量，因此逐步產生「時間」的意義在其中（第四義），時間與人力，再經過進一步的轉義衍申後，又逐步進行出「作事所花費的時間與精力」之義（第二義）。而後，因爲佛教工夫的介入，原本偏向複數主格的工夫義，因爲對修養活動主體的重視，而逐步轉向單數主格義。因此工夫開始有了主體化、個人化的走向，成爲主體個人透過某種特殊性、專門性的方法手段，以完成其目標之義〔註18〕。而工夫的前提是，任何的功夫哲學都不能是空頭的功夫哲學，它其實是併合於形上學的一組整體表現形態之一個角度，是由修行者透過功夫活動的存養，去證成預設境界的一套進路。

　　用這樣的態度去觀看後世所衍伸出的「工夫」意涵，可以發現，「工夫」既有目標義，也有方法手段義。綜合來說即是指「欲達到某一特定目標，所努力修養實踐的方式」。然而因各門各派修養方式的不同，例如儒家重視「存養心性」、「靜坐」等，佛家重視「參禪」、「入定」等工夫，道教重視「精氣

〔註15〕目前關於工夫的討論。目前學界以林永勝著：《南朝隋唐重玄學派的工夫論》，以及楊儒賓、祝平次編：《儒學的氣論與工夫論》（台北：台灣大學，2005年9月初版）一書討論的最爲詳盡。其中又以林永勝之論文，對工夫內涵的概念及定義進行一全面的界定，敘述詳盡清晰，本文許多關於工夫的概念亦都來自於此文，故於此說明。

〔註16〕見羅竹風主編：《漢語大詞典‧第二卷》（台北：東華書局，1997年9月初版），頁954、955。

〔註17〕根據林永勝的博士論文：《南朝隋唐重玄學派的工夫論》（清華大學中國文學系博士論文，97年6月出版），第二章。當中已然論證出「工夫」與「功夫」是一複合語，在其論文中已有詳細論證，此處採用其說法，不再另行贅述。

〔註18〕從理學之後，「工夫」一詞更被顯題化。尤其在二程之後，工夫一詞更成爲討論修養的重要詞彙。但因理學不是本文討論的重點，故僅在此處略說，不再贅述。

神」的存養、以及「存神守一」等等……這都造成工夫修養意涵的詮釋差異〔註19〕。但僅管有工夫模式差異的問題,工夫的操作卻有一個共通的管道,即是「身體」的參予。不論是靜坐、調息、養氣、觀未發等等,也不論是完成目標後的境界,抑是工夫進行中的踐履,這些都需要身體的參與才能完成。故而身體可說是工夫實踐的主體。

　　因此本文特在此簡述工夫意義。而工夫的實踐義往往也是本文對《莊子》以及《莊子注》觀看的角度。

　　但此處必須先行提出的問題是:工夫實踐所預設的立場即是:透過這樣的實踐,修行者是可以證成主體的轉換,亦即是完成境界的可能的。換言之,進行工夫進路的修行者,透過工夫的實踐,是可以呈現出「境界前／境界後」、「道隱／道顯」、「凡／聖」等等的差異性的。然而面對此差異性,卻必須有一個前提,這樣的差異性,並非斷裂式的。因爲「功夫前」與「功夫後」是一種實踐過程的層層疊進,這「前」與「後」的差異,所呈顯的是一種歷程上的差異,而非一種斷裂式、兩不相干的差異。因此,「工夫前」與「工夫後」所彰顯的異質性,應該視作爲起點與終點的差別,是一個存有連續的關係;而非一種跳躍式的、兩端式的差異。

　　在這樣的前提下,面對郭象所提出的適性以及氣稟思維時,其工夫的面貌該如何去呈現?甚至可以繼續追問,工夫的可能性是否還存在?

　　此處之所以提出這個問題,主要因爲這個問題所關涉的,是本文所意圖運用的研究方法,因此在此先行提出。

三、小　結

　　綜合「身體義界」與「工夫定義」兩者來看,「身體」意義或可化約爲如此:有形的形軀是身體,這是無庸置疑的。但身體絕非只停留在形軀肉體之義上,也必包含心神德養等涵義,也因爲身體包含這多重意義,因此身體絕非停滯不前,而是可正、可修、可養、可導、可改造的。可以由原初被拋入世間的肉身之軀,逐步轉化爲「心性德養」或是「精氣充滿」等種種型態的

〔註19〕然而此差異有時也可以是互相影響,互相關聯的,在歷史的流轉下,三教的確經過許多對彼此的融合與吸收之過程,因此工夫模式也往往彼此對彼此有所吸納以及影響。因此儘管境界設定或許不同,各自有成聖、成仙、成佛的目標,但修養模式在某些部份卻有相似性存在。

「吾身〔註 20〕」，因此討論身體，必然會指涉到「主體」的意義，「身體／主體」的關係或許可以簡單的這樣表達：主體是身體的引力，而身體是主體的動力，兩者是難以分述的。也因為「身體／主體」的關係，所以身體是可以型塑，是「主體我」的一體兩面，並具有種種可能的。這是面對中國思想當中「身體觀」所應當有的前導，而這也是本文看待身體的態度。而這樣的對身體的觀看，身體將會是廣義的、充滿多重意義，並且可以直指主體根源的，不再只是單向度的血肉毛髮之軀。

貳、前行研究成果回顧與本文研究價值

一、前行研究成果回顧

　　根據筆者的搜尋，目前學界以身體角度來論述郭象思維的，尚未有一部專門著作出現，然而身體的論述，目前的研究卻非常的多，「身體」研究也是當代學者的研究重點。有從政治領域切入，例如黃金麟先生《歷史、身體、國家：近代中國的身體形成（1895～1937）》〔註 21〕、《政體與身體——蘇維埃的革命與身體，1928～1937》、《戰爭、身體、現代性，近代臺灣的軍事治理與身體 1895～2005》〔註 22〕，也有從醫學角度比較中西文化對身體思維的不同差異，例如栗山茂久先生的《身體的語言——從中西文化看身體之謎》〔註 23〕、或如汪民安先生從政治文化角度對身體的切入：《后身體——文化、權力與生命政治學》〔註 24〕、也有從文化文學角度對身體進行的探究，例如劉苑如先生的《身體‧性別‧階級——六朝志怪的常異論述與小說美學》〔註 25〕、或者以漢代身體美學作為切入點，例如劉成紀著：《形而下的不朽——漢代身體美學考論》〔註 26〕……等等。身體的論述，在當今學界可說是

〔註 20〕 此處稱之為「吾身」，乃因氣的修練，以及德性心性的修養都是「主體我」透過努力去證成的，因此具有強烈的主體我之工夫在內，故此稱為「吾身」以與工夫前的「身體」作一區別。

〔註 21〕 臺北：聯經出版，2001 年出版。

〔註 22〕 台北：聯經出版，2008 年 12 月出版。

〔註 23〕 栗山茂久著，陳信宏譯：臺北：究竟出版，2001 年出版。

〔註 24〕 長春市：吉林人民出版社出版，2003 年出版。

〔註 25〕 台北：中研院文哲所，2002 年出版。

〔註 26〕 北京：人民出版社，2007 年 4 月第一版第一刷。

方興未艾。但未免敘述的冗雜，此處僅列出對本文構思上的重要參照觀點，進行扼要的說明：

（1）楊儒賓先生的《儒家身體觀》〔註27〕。本書將身體建構爲「四體一體」的身體觀，四體爲意識的身體、形軀的身體、自然氣化的身體、社會的身體，此四體不可分割，爲一整全身體的不同指稱，而這四體相互融涉。此書對儒家身體的解析，不只兼顧身體的社會建構過程，以及禮義型的身體，並且關注到儒家身體中較少被論及的「形——氣——心」之身體，並從這個角度解釋孟子、公孫尼子、管子及思孟學派等等，爲儒家身體的工夫實踐畫出一個清晰的藍圖，並重新思考儒家的踐形意識、氣的介入，讓踐形成爲一種身心互涉的工夫，而成就其爲經驗上的親證，而非單向度的心志修養。除此之外，此書並提出中國哲學思想中特殊的「身心一元」之思想，精神透過身體以顯，而主體因精神之修養，使身體透顯出威儀與精神向度。這樣的論點可以說全面的含攝了中國身體觀的觀點，也讓當代儒家的修養實踐之研究，到達一個高峰。而本書中關於身體意義的複雜性、多樣性，身體的社會面貌、身體在群體之下的塑形、身體的威儀充滿、禮義內化，在筆者構思本論文中，關於中國身體的氣化、氣稟等觀念都給予本文很大的思考啓發。

（2）楊儒賓先生主編《中國古代思想中的氣論及身體觀》〔註28〕。此書分爲四個篇章：「氣與身體觀的理論構造」、「政治及社會的觀點」、「先秦漢初專家專書的解釋」、「佛老觀點之參照」，全面的探究了中國思想中的「身體」，可以說是當今探究中國古代思想中的身體觀所無法忽略的一本書。此書特別點出「氣」與身體的作用及關係，將氣與身體結合並論，提出「氣——身體」的概念。「氣」是中國獨有的概念，不但見諸於傳統醫學，同時也是許多「經驗科學」如占卜、星相、武術等等的運作基礎。除此之外，氣更是中國思想中人與物、人與天地宇宙自然溝通的重要介質。甚至可以說，沒有「氣——身體」的理論預設，儒道兩家的許多重要命題及不可能成立。而天與人的關係也將重新改寫。而本書中針對莊子身體所做的研究，以吳光明先生〈莊子的身體思維〉以及楊儒賓先生〈支離與踐形——論先秦思想裡的兩種身體觀〉二文爲主。

其中吳光明先生對身心關係所提出的看法：「在莊子的思想脈絡中，身體

〔註27〕台北：中央研究院中國文哲研究所籌備處發行，1996 出版。
〔註28〕台北：巨流出版，1993 年出版。

不是思考所要追求的理想（ideal），而是思考的基本槓桿（leverage）；不是思想的原則，而是思想進行的環境（ambience）；試將身體的因素由人的思想抽離掉，那麼人的思想也就不知其所謂了。〔註 29〕」此處點出《莊子》的身體思維是身體與思想共同「在主體我之中」的相互融涉，是「超俗於入俗之中，在身體中的奔放想像，就是他的身體思維」。而這樣的提點也證明「思想的情境性格在中國是一個不證自明的預設。〔註 30〕」這對於本文思考身體與場域的關係，以及《莊子》功夫修行中「全身性」的投入態度有很大的啓發。也讓本文在觀看《莊子》理境完成之後，那充滿身體感的敘述，及境界後物我合爲一體的敘述，更有了以身體切入的基準。

而〈支離與踐形〉一文當中，對《莊子》境界前到境界後的身體，細微的探討出這是一場由「感官攝取」到「心氣流通」的過程，而這樣的完成，身體所呈現的是「經驗主體轉化」及「深層心氣貫通」的雙重性格〔註 31〕。並提出眞人的身體，「彷彿透明的一般，它變成了眞人與外界交流時暫時的縮結點（否則眞人個體及不存在），以及永恆的管道（體內外可藉之不斷交換流通）。在交換流通中，體內外隨時保持一氣感應之平衡。簡言之，它同時也是『自然』的一部份」，此外「眞人形象，不再是一種『支離』的狀態，而是意識不起、氣息深深、容貌凝寂、全軀內歛的一種人格。〔註 32〕」在這樣境界下的身體，已然是一種反映精神充滿的存在，人透過這種氣化的流通，與宇宙達成一種無知覺的冥契聯繫。除此之外，在成就眞人的過程中，可以看到「人的生理機能不斷被轉化」被不斷的顯題，而感官模式也隨之不斷地轉化，從一個執取式的接收器，轉化爲體現了氣，可深之又深的境界，而此一境界渾然一片，單向度的感官呈現一種共感覺狀態，彼此相互流通。

這樣的論述，開啓本文對於《莊子》眞人身體走向氣息流通、精神化身體的思考，而本文在思考感官轉化；感官如何由單一功用的執取限制，走向一個共感覺的超領域連結，亦從〈支離與踐形〉一文得到重要的啓發。

（3）鄭毓瑜先生在〈身體表演與魏晉人倫品鑑——一個自我「體現」的角度〉〔註 33〕一文中，提出「身體表演」的概念，以此契入魏晉時期士

〔註29〕見吳光明：〈莊子的身體思維〉，頁 397。
〔註30〕見吳光明：〈莊子的身體思維〉，頁 397。
〔註31〕見楊儒賓：〈支離與踐形——論先秦思想裡的兩種身體觀〉，頁 423、424。
〔註32〕以上兩段引文均引自〈支離與踐形——論先秦思想裡的兩種身體觀〉，頁 434。
〔註33〕收錄於《漢學研究》第 24 卷第 2 期（2006 年 12 月）出版，頁 71～104。

人的種種貌相聲色當中，在這樣的切入角度下，身體所呈現的意義，「就並非只是心神的外貌，或是承載才性的生物體〔註34〕」，而成就為一個體現自我的場域，是一種價值象徵，是意義的傳遞與接收的所在。透過身體的體現作用，主體論述出自己。此外，此文跳脫一般論述魏晉自覺時所常見的心、神層面〔註35〕，而從身體體現的角度來看魏晉風度，可說是「將『自我』放回『身體（體之所安）』之中，也將『心、神』放回『形、容』之中一起看待〔註36〕」。這樣的論點同時也指涉了以下的意義：其一、身體絕不能僅僅被視為心神的外貌或承載才性的生物體，身體顯然的體現了自我、不論是情感表現、情緒起伏、節度定位，都是訴諸於身體來完成。其二、身體同時會成為意義的傳遞與接收的所在。任何意義的表出都必須經過身體的實踐，也就有可能因應當場狀況（如觀者的類別）而出入原有的定準，甚至改寫所體現的價值象徵。其三、身體既然成為價值象徵，那麼身體就是論述，就是非口頭形式的語言，社會上流行的身體慣用語就型塑了某一種特殊的身體表演範式與認同意義。以這樣的觀點來觀看身體，身體將是「意義的傳遞，是體現自我的場域」。

而這也給予本文的思考是，當身體思維的改變，將不只是形體習慣的轉變，或是行為模式的不同，而是具有更深層意義的轉變，同時隱含了哲學寓意的變化。這樣的轉變，所折射出來的，更可能是整體思維模式的轉變以及社會文化的整個變異。因此，從「身體」所開啟的無疑是一種微觀的觀點。

而本文採取一個身體微觀的角度來觀看身體在「社會──文化」中的走向，亦是依此一進路而進行的。

（4）吳冠宏先生的〈莊子與郭象「無情說」之比較──以《莊子》「惠莊有情無情之辯」及其郭注為討論核心〉〔註37〕。本文以「情」的角度，作為討

〔註34〕見本文，頁71。

〔註35〕例如余英時先生在《中國知識階層史論·古代篇》中所提出的，認為「士大夫之個體自覺大體皆從外在之現象著眼，而未嘗接觸其內心之意趣。然自覺云者，本屬內心之事。」、「具個體自覺之士大夫，在思想議論上，但求心之所是，不與流俗苟同之共同趨向。」、「所謂個體自覺者，即自覺為具有獨立精神之個體，而不與其他個體相同。」見本書（台北：聯經出版1989年9月第三次印行），頁249、251、231。

〔註36〕見本文，頁100。

〔註37〕刊載於《東華人文學報》，第二期（東華大學人文社會科學院，2000年7月出版）。

論《莊子》與《莊子注》的核心議題。當中關涉到郭象對於《莊子》大情的轉向，將《莊子》之天地大情轉向「理」之思維，「暢言『理之自足』、『生理以自足』，由此豁顯莊子『自然』與『無心』的勝義。」但不可否認，這樣的結果卻也「淡化了如何解消『情』的工夫體證，削弱了莊子直探生命根源而來之工夫進程的開展。〔註38〕」同時，此文亦提到「郭象論『情』，亦言及『性命之情』與『益生之情』兩個面相，而其中的判準即在『當理與否』〔註39〕」。此處點出郭象將「情」放在「理」的脈絡下而言的思維，點出郭象思維對「理」的偏向。然而，當「情」放在「理」的脈絡下被言說時，所落實在工夫上的意義，往往意味著一種「由實踐向思辨的轉向」的走向。這樣的走向，給予本文一個思考的方向：當郭象思維走向一個「純理化」趨勢時，與《莊子》原初思維下，必須落實在「身體──工夫」的境界實踐，是有著根本上的不同的。而論「情」的轉向，也轉變了《莊子》由喜怒之情轉向天地大情的路線，改以「聖人無情」的樣貌來解構人間私情的纏繞。因此，聖人所呈顯的身體表情，亦以無情無心為主。這樣的身體樣貌，落實於人間世中，將具有一種作用性的解除面貌。而本文所持的這個想法，無疑是從吳文中所得到的啟發。

（5）周與沉先生的《身體思想與修行──以中國經典為中心的跨文化觀照》〔註40〕。本書以中國思想中的身體為研究主題，並以中國為主，進行各文化的身體哲學之比較，企圖以各自文化的不同，所展現出的身體特色，去貼身摸索出屬於自我文化的身體課題。而各文化在「身體」存在的基本事實上，展現出的很可能是各個不同的理解，在這樣的哲學比較下，中國的身體特色於焉彰顯，這個特色即是：儘管不乏重心抑身的理念，但身心一體、心物一如才是中國思維裡的大本。可以說，在中國思想中，「不存在與心無關的『身』，也不存在可以將形軀、欲望、情感都剔除掉的『心』。在西方哲學視為與純粹理性無關且有礙的情感，恰為情感體驗型的中國思想所看重〔註41〕」。而這樣的論點為本文所吸收，本文在論述《莊子》身心關係時，亦是採取這個進路。除此之外，此書對於「心」採取一個「家族視角」的角度，並且對於身心交接於外界客體後，所引發的心識情狀，以及此心識狀態

〔註38〕見本文，頁96、97。
〔註39〕見本文，頁96。
〔註40〕北京：中國社會科學出版社，2005年出版。
〔註41〕見本書，頁13～14。

所映射回主體的波動，有詳盡且豐富的解說，本文在觀看心與身之間的關係，以及心的範疇，亦是放在一個較廣義的視角下觀看，甚至包括心靈波動與修行之間的關係。此書都可說是提供了本文一個重要的參照觀點。

（6）蔡璧名先生的《身體與自然——以《黃帝內經素問》爲中心論古代思想傳統中的身體觀》〔註42〕。本書主要是以深度的哲學思考重新對醫家的身體進行探究。但儘管以醫家爲主要的論述目標，但探討的深度卻直達中國思想的核心，並從醫家的角度，論述文化傳統中的身體態度、心神對身體的影響、氣對身體的影響，以及臟腑與經脈的對應等等。此書對本文理解醫家的身體有極大的啓發，例如情緒對身體的影響、以及氣脈的順逆對身體的影響，抑或是臟腑在身體中的意義等等。除此之外，此書以醫家角度看待身體，身體不再只是理論上的辨證，而包含了經驗上的導養、醫療、甚至實踐，就像書中所說：「《黃帝內經》對身體的常變進行系統性解釋，絕非純粹理論上的興趣；事實上，相應於理論的建構，《內經》也發展出互爲體用的養生工夫與醫療方式〔註43〕」。這種理論與實踐的對應性，兩者雙向互動的的特質，給予本文在思考身體與實踐之間的關係時有很大的啓發，身體不只是一個理論式的建構，而是含涉了多重的導養以及修正模式，身體永遠是在變動之中的。

（7）陳昌明先生《沉迷與超越——六朝文學之感官辯證》〔註44〕。此書詳盡論述了六朝時期的感官態度，當中提到「要獲取知識，就必須透過感官與外在世界接觸」、「人透過感官與世界的相『遇』，決定了我們所認知的對象與內容。」若無感官，則難以形容我們「所認知」的世界。而人類的感官在使用過程中早已涉入我們的主觀心智，「人類感官所知所見的世界，必先經由心智功能主動的建構、投射與佈置。〔註45〕」因此「『感官』的接收雖然是具有客觀、被動的性質，但因爲『感官』與『知覺』的一體並現，使得我們論及感官時，官覺已涉入『社會』與『文化』的意味〔註46〕。」此處點出感官的重要性，同時關注感官與主體與世界的關係，在感官的介入下，世界得以在我們的身上呈現，同時感官讓世界得以被認知，讓世界得以被建構，因此儘管感官帶有欲求的因子，但感官卻同時給予人們一種存在感：我如何認知

〔註42〕台北：國立台灣大學出版，1997 出版。
〔註43〕見本書，頁 41。
〔註44〕台北：里仁書局，2005 年 11 月 10 日出版。
〔註45〕見本文，頁 7。
〔註46〕見本文，頁 7。

世界？如何透過這個認知而定位出自我主體？以及我如何重述世界？這都是
仰賴感官知覺才得以完成。因此，本文對於思考感官的模式，不論是感官的
結構或是解構，甚至是感官與理境的關係、感官與主體與世界的關連，都因
為本書而得到很大的輔助。

　　（8）賴錫三先生的〈《莊子》精、氣、神的功夫和境界──身體的精神
化與形上化之實現〉〔註 47〕。此文對《莊子》精、氣、神等概念，作系統性
的詮釋與建構，尤其扣緊工夫和境界，以探討精氣神的層次性和發展性。並
且以存有的連續性光譜之概念，來說明精、氣、神的差異性和統合性關係。
除此之外，文中也認為「精氣神不只是一套身體觀的觀念，它們同時也可和
心性論、存有論、工夫論等語言相互溝通。就在眞人遊乎神氣的形上境界中，
精神化的身體、冥契式的心靈和根源性的存有，都取得根源的同一性，而精
氣神就是同時呈現這些向度的共通性語言。〔註 48〕」精、氣、神說法的提出，
以及身體的精粗之別，對於本文觀看《莊子》的工夫修養，身體如何由「粗
形」轉進入「精微」，甚至呈現精中之精的「神」，在這一系列身體模式的改
變，也逐步使理境顯題化。而精氣神的觀看，對本文觀看《莊子》泛「氣」
化的語言時，例如〈養生主〉中的：「緣督以爲經」，或如〈大宗師〉中：「眞
人之息以踵」、〈知北遊〉：「夫昭昭生於冥冥，有倫生於無形，精神生於道，
形本生於精，而萬物以形相生。」等等語脈時，也讓本文更深刻的思考，身
體如何從經驗式的存有轉進到與道之間的連結，而這樣的轉進過程，在身體
上所彰顯的意義，並非是一個斷裂與區隔，而是一種存有連續性的關係。而
這樣的關係，也顯現出工夫的力道與作用。

　　（9）鄭雪花的博士論文：《非常的行旅──〈逍遙遊〉在變世情境中的詮
釋景觀》〔註 49〕。此文以意象詮釋，開啓《莊子》研究的詮釋視野，並深刻的
剖析《莊子》寓言中所隱含的哲學深意。文中對《莊子》語言的流動性以及意
象皺摺背後所直指的存有意義有著精細的探究。當中特別提到：《莊子》的言
說，是一種流動式的言說，他並非僵化固著的靜態言說，故而他用故事來呈
現眞實。而故事往往營構出與「道理」的距離，棄絕絕對式的道理言說，而
是籲請「你」進入故事當中，共同一探虛實，並在進入的過程中，也同時建

〔註47〕收錄於《漢學研究》（第 22 卷第 2 期，2004 年 12 月）出版，頁 121〜154。
〔註48〕見本文，頁 121。
〔註49〕成功大學，中國文學研究所博士論文，2005 年 6 月

構出屬於你自己的真實。此文對莊子書寫策略的點提，提供本文在思考《莊子》的意象營構時給予深刻的啟發。也給予本文在觀看《莊子注》時，對於《莊子注》轉向一個說理式的書寫策略，有一個對照式的提點。

（10）儘管西方身體觀點與中國身體觀點其立場往往不同，但不可否認，西方身體觀點對於身體在社會、權力之下的型塑，以及身體的知覺模式，的確是有著深刻的研究，本文亦參酌其論點而運用之。例如身體與權力的辨證、身體知覺等等，本文的啟發亦多來自於西方的著作，如傅科的著作，John O'nell 的著作等等，當中對於西方社會對身體的建構及型塑作用，甚至身體在權力之下的成形或扭曲等等，都有精闢的論述。除此之外，梅洛‧龐蒂的身體現象學觀點，透析身體的知覺運用，感官與物之間的交流互動，身體與世界的關係等等，還原「身體」為一個在世之中的實存狀態。其對感官知覺的認肯，重新定位感官知覺的價值，並由此開啟身體與世界之間的「相互蘊涵」之觀點，無疑跨過了西方身體的二元思觀點，突顯了身體之為身體的重要性。而其中關於知覺流動的思考，也給予本文在探討人與物之間的交涉時，有很大的幫助。

（11）此外必須順帶一提的是，目前學界以「身體」為主要切入點，來研究魏晉時代的博士論文，近年來大約有這兩本：

①王岫林的《魏晉士人之身體觀》〔註 50〕，此論文以魏晉士人的身體展現為主要論述，詳盡地分析了魏晉時期士人身體的表現方式以及類別。並由世變、時變、空間之變的三重之變中析點出魏晉時期的生命無常，並以此分析出魏晉時期對生命的多種態度，例如「重身思想」、「整全流動的身體」、「社會型態的身體」、「反社會的身體」等等，此文對魏晉的身體展現可以說全幅的觀照，以一個總論的性質來探討魏晉時的身體觀。

②孫世民的《魏晉身體修養論》〔註 51〕，此文以魏晉時期的身體修養為主要切入點，並以劉邵、王弼、阮籍、嵇康、郭象、張湛等魏晉時期的思想家為主要的研究縱軸，並提出：「不僅可維持一己小宇宙之和諧，使形、神分裂，歸於形、神和諧，使境、識分立，可歸於境、識俱泯，因而可知身體結構，是可經由修養而改變。……身體修養，除使一己之生命維持和諧，尚要更進一步，使一己之小宇宙，與自然之大宇宙，維持和諧，並透過氣之路徑，

─────────────

〔註 50〕此為中山大學中國文學所博士論文，2006 年 6 月出版。
〔註 51〕此為彰化師範大學國文所博士論文，2007 年出版。

上歸於道，以道療法，來從事自我生命意義之治療。是以，魏晉身體修養之縱深處，隱含著生命意義之自我治療。〔註 52〕」的看法，並以此觀念貫穿魏晉思想家的身體修養之探究。

　　大抵而言，此一看法對於身體修養是頗有見地的。但，此文在詮釋郭象身體修養的論點卻與筆者有所不同。主要的不同在於：此文點出郭象「遺身而神全心具」的遺身想法，但卻又認為郭象「在『心』與『形』的關係上，不減損任一份子，以增益另一組成之部分」並提出「郭象的身體和合境界，便屬於主觀精神的領域」。這樣的說法必然面臨一個問題：既是主觀精神的領域，又是遺身思維，那麼郭象在面對「心」與「形」的關係真的是平等對待嗎？這明顯落入一個思辯上的矛盾。除此之外，孫氏亦提出郭象身體觀「即身可證天道」的說法。對於這一說法，筆者不甚認同，因為郭象的思維是力圖擺除天道與人的關係，「天道」是郭象所不斷要解構的部份，而身體也是在天道的瓦解下說的。因此孫氏提出：「即身可證天道」的說法，實是對郭象思維解讀上的謬誤。

二、本文研究價值

　　綜合以上有關前人研究成果的概述，本文的研究希望能夠在前人研究成果的基礎上，達到以下的價值：①就論題而言，前人論述，或有單篇以身體來論述郭象思維，或有散論於文章之中的，但卻一直未有整體性的專門論著。本文則試圖整體性的以「身體」做為觀看郭象哲學的切入點。冀望這樣的切入，能夠給予郭象哲學另一種觀看的角度。②就郭象的研究而言，目前多以總論性質論述，大多是放在玄學整體的角度來論，例如湯一介先生的《郭象與魏晉玄學》，或如莊耀郎先生的《郭象玄學》、蘇新鋈先生的《郭象莊學平議》等等，這些著作在玄學的研究上都有一定的價值與地位。然而通觀目前的郭象研究，卻尚無從身體角度來切入的專書論文，本文以為，當郭象思維特別側重「適性」的提點時，適性思維與身體工夫所達成的樣貌，會是一個完全不同於先秦《莊子》所營構出的樣貌，而這樣的樣貌會是一個值得對話與探討的部份，因此本文認為，身體觀在郭象思想的研究上，應是一個值得開展的主題。本文也期許，透過身體的切入與觀看，能夠給予《莊子》與《莊

〔註52〕見此論文摘要部份。

子注》另一種對照的角度。

參、問題視域、研究方法與論文結構

一、問題視域

本文是一篇以身體爲角度，探討關於《莊子》與《莊子注》的思想比較之論文。之所以選擇這兩部經典作爲論述的文本，除了這是筆者近年來所關注的主題之外，大約還有這幾個方面：

其一，「方外」與「方內」視域的轉變。

相較於中國傳統中儒家的主流敘述，《莊子》無疑是一個非主流的思想。作爲一個「非主流的」思想，相較於主流的「立功、立言、立德」之思，莊子所建構出的反而是一個充滿多種可能的思想。主流價值對「主體我」總有著最深刻的鑄印，因此《莊子》不斷地對自我與主流進行著雙重的扣問與反省，讓主體我對「我」進行著反思（「吾喪我」也！），重新回到「我」之本身，以「我」之於「我」的方式〔註53〕，思考著生命的價值與意義。在這樣的重建過程中《莊子》無疑更跨越主流的藩籬，給予思想另一種可能與另一種位置。〔註54〕

而在這重建的過程中，《莊子》也建構出一個「遊之於方外」的另類哲思。他逸出了「天下」的概念，甚至瓦解了「天下」的範圍，反身於遊之四方的自由當中。他越過了傳統概念中禮樂文化社會等邊界，同時也越過「士志於道」的現實關懷，直指人之存在的根本問題。回到主體本身去觀看自身、反問自身。因此，《莊子》重視主體的存在意義，直指主體的價值與本源。在這樣的思維背景下，身體是被重視的，因爲身體是實踐的主體，它參與整個過程之中。

然而，與《莊子》所建構的「遊之方外」相較，作爲一個注家，《莊子注》

〔註53〕而不是我與社會、我與人倫等等具附加價值義的思考，卸除掉人爲重新回到「我」之本身來看待

〔註54〕鄭雪花在其博士論文中對主流與非主流的思想有過精闢的論述，她說：「愈是居於邊緣地帶的思想家，其視域與主流話與的邊界重疊越少，愈能質疑、批判主流話語的符魅，愈能吸納、融鑄主流之外的精髓，進而超越舊的藩籬，抵達新的主體化位置。」見《非常的行旅——〈逍遙遊〉在變世情境中的詮釋景觀》（成功大學中國文學研究所博士論文，2005年6月），頁35。

卻轉向了《莊子》的「域外之思」，讓視域由域外轉向到域內，重新進入到現實社會中，並認為「莊老之談所以見棄於當塗。〔當塗〕者自必於有為之域而不反者，斯之由也。〔註55〕」因此，如何完成「有為」，並且以「各得其實」的「性分」角度，化解「為」的刻意，使之呈現為「性分」之內的「不為」，這成了郭象思維下的重點。所以郭象將《莊子》無極之野的超越境界，拉入人世現實境遇來完成。人開始重登魏闕、入俗容迹、回到天下當中，成就各自性分之內的功業。而聖人也重新定位為一個「王德之人」，並回到「廟堂之上」、歷山川、同民事之人。這無疑是郭象對《莊子》的最大轉向。這個轉向，也扭轉了《莊子》「遊之方外」的視域，而轉向為「陶鑄天下之化」的觀看。在這樣的轉向中，入世之人既要完成名教功業身在魏闕，但卻又要完成其心玄遠的逍遙操作，在這兩端的擺盪當中，身體的擺放會有如何的轉變？是耐人尋味的。

　　而在兩者視域的差異下，可以發現《莊子》與《莊子注》在根本的價值取捨上是南轅北轍的。同時對人生意義、主體意義的看法也有很大的不同。因此這樣的差異也必然會引發這樣的扣問：《莊子》如何遊走、重生、亦或是解構於另一個世代？

　　其二，逍遙的轉型。

　　前提及逍遙的問題，《莊子》的逍遙，是一個工夫實踐下的境界。而郭象所意圖完成的逍遙，除了是「性分」的完足外，還仰賴「無心」的操作：「無心者與物冥」、「然則將大不類，莫若無心，既遣是非，又遣其遣。遣之又遣之以至於無遣，然後無遣無不遣而是非自去矣。」「無心」不只是「其心玄遠」的基礎，同時也是冥合萬物、是非雙遣的樞紐。而在「無心」與「適性」的雙重操作下，萬事萬物，不論小大差異、個別殊相，均可透過個別「性分」的滿足、以及各自「無心」的證成而達到逍遙。

　　然而，回過頭去思考，《莊子》的逍遙具有全身性參與的性質，但郭象在對逍遙詮釋的轉向下，逍遙只要仰賴「無心」與「適性」便可當下證成，那麼，是否可以這麼說：《莊子》的工夫在郭象逍遙的轉型下，已然走向一個弱化〔註56〕跡象，而在工夫的弱化下，「逍遙」也從工夫的實踐中被釋放出來，

〔註55〕逍遙遊：「子治天下，天下既已治也」句後注。
〔註56〕「弱化」與「強化」一樣，在文中所展現的都是一種現象的呈現，而非含有褒貶意味的詞語。為了現象上描述的方便，故本文多採用「弱化」一詞做為

成爲物物當下皆可證成的體會〔註57〕。而這個問題又將引發另一個扣問：既然逍遙仰賴「無心」與「適性」來證成，那麼，身、心的關係在《莊子注》對《莊子》的轉向下，會是如何的擺放？

其三，《莊子》與《莊子注》對於根源性的「道」也有著南轅北轍的看法。

前曾提及，身體的各種思維，往往呈現思想家深刻的價值取向在其中，而「身體」也往往是一種論述，是思想家對自我思想的論述。

若回到身體的思維上來說，《莊子》的身體是扣緊天道、物我、人己來說的。《莊子》在大宗師中曾提出一個說法：「亡身不眞」。《莊子》的「身」之概念，就「通達於道」，「通達於天地自然」的角度來看，「身」具有一種豐富的靈明向度，它敏銳的展現出「通」的特質。不論是往自身之外通向天地宇宙，或是往自身之內通於感官心識，身體在工夫修養後往往呈現一種「通徹」的特色，具有含攝物我的整全性，這是體道之後所呈現的特質。而身體在通徹的顯像下，也開展出自由向度，完成「遊」之可能。可以說，《莊子》的工夫，其目的便是走向一個「通達於己、通達於物、通達於天」的境界，這是工夫貫徹之後的力道。

而《莊子注》面對《莊子》原點如此深刻的通徹思維時，他同樣也對這樣的通徹進行了回應：「故乘天地之正者，即是順萬物之性也；御六氣之辯者，即是遊變化之塗也；如斯以往，則何往而有窮哉！所遇斯乘，又將惡乎待哉！此乃至德之人玄同彼我者之逍遙也。」〈逍遙遊注〉郭象講一個彼我之通，故說「玄同彼我」。郭象以「玄同」說「通」，而玄同的意義，根據郭象的解釋是如此的：「物皆自是，故無非是；物皆相彼，故無非彼。無非彼，則天下無是矣；無非是，則天下無彼矣。無彼無是，所以玄同也。〈齊物論注〉」因此郭象也肯定是非擺落後，物我的相通，所以郭象亦有著「通於物我」的的通達在。然而，除了物我之通外，郭象的「通」是否還有轉進一層的可能？亦即上達於天道之通？在這點上，郭象明顯的不同於《莊子》，因爲郭象面對天道，是抱持著解構的態度來看待的。在《莊子注》這裡，天與道不再具有根源性意義，而是下貫於現象界，成了「萬物之總名」，所以郭象的「通」並不

描述。

〔註57〕此處特別用「體會」一辭，本文認爲，逍遙在工夫的助益下，無疑地爲一個境界；然而若逍遙無須工夫的提點，那麼逍遙也將從一個「境界」的完成，轉向爲萬事萬物在隨時隨處皆可有的「體會」了。

在「通達於天」上講，僅在「通於物我」上講。就工夫上而言，天道觀的改變，對整個工夫模式亦會隨著有極大的變動。這樣的改變，必然會返照於身體實踐之上。因此，在天道觀的改變下，《莊子注》的身體實踐模式又是如何？

其四，述說方式的改變。

《莊子》對於「如何說」、「為何說」、「說什麼」，採取一個跨越概念領域式的述說。他以豐富的故事以及大量意象的運用，跨越說理模式的邊界，以想像、以誇大、以不斷流動、屏除絕對的方式去說。在言說當中，一切都是未定的。而可能的定案，則是觀者個別的體悟。故而，故事中「說出來的」，都與「我」息息相關，書寫帶領觀者回到作品自身，也帶領觀者連結出作品與自身的意義。

而大量意象的運用，同時也傳移出身體的多種隱喻，身體在言說當中，是不可獲缺的人物，同時也是意義給出之關鍵。然而，回過頭來觀看郭象《莊子注》的書寫模式，在《莊子注》中，「寄言出意」才是他的書寫策略，在這樣的書寫策略下，意象的給出，以及意象給出背後所隱含的身體寓意，將會有著根本上的變動，這樣的變動，同時也是本文在解讀《莊子》與《莊子注》時，所特別關注的一個議題。

因此綜合以上幾點，本文的問題視域，所關涉到的範圍將是：1、《莊子注》將《莊子》由方外的眼光，拉進方內，這樣的視域轉變，其展現在身體上的作用會是如何？2、《莊子注》如何去呈現逍遙？而這個呈現，其顯像在身體的思維又是如何？3、天道觀的瓦解，使《莊子注》的理境也隨之改變，而理境的改變，所關涉到的身體實踐，其形貌會是如何？4、書寫策略的改變，其意象的呈現亦多有不同，這樣的不同，呈現在身體意義的給出上會有何轉變？這些問題都會是本文所關注的議題。

二、研究方法

本文最主要進行的研究在於兩個部份，其一是《莊子》與《莊子注》兩者對於「身體」的態度是如何？他們如何透過身體來進行境界的實踐。其二是，由於《莊子注》是《莊子》的注家，儘管在「注不破經，疏不破注」的詮釋傳統下，但《莊子注》卻別開生面的挑戰了注家傳統，「注化為經、經反

成注」〔註58〕。在這樣的轉變下,《莊子注》對於《莊子》原典必然是有非常大幅度的變異,那麼在這樣的變異下,這兩部經典對於身體意識的轉換會是如何。根據這兩個任務,再配合問題視域來觀看,本文大約可以歸納出以下這幾個研究方法:

(一)在世的方式

根據「身體義界」中的定位,可以理解,身體研究往往必須放置在「社會──文化」的研究視野下進行。因爲人一旦「在世」,就必然脫離不了整體的「社會──文化」之交涉。而「身體」意義亦透過「社會──文化」所形塑;反之,「社會──文化」亦是由身體所建構。因此「身體」與「社會──文化」的關係,具有一種共構結構。可以說,身體「編碼」出「社會──文化」的質性,「社會──文化」同樣也「編碼」出身體的樣貌。因此,在這個前提下,所必須理解的是:不論是《莊子》或《莊子注》,其意義都是這個文化層級結構中某一面向的文本而已。

也正因「身體」與「社會──文化」有著密切的共構特質,因此本文對《莊子》與《莊子注》的觀看,也即是放在這整體的「社會──文化」之背景下觀看的。在這樣的觀看下,《莊子》及《莊子注》兩者的處世方式,以及兩者處世的異質面,將會是本文觀看兩者的切入點。

在這個切入點下,身體思維如何在不同的「社會──文化」脈絡下面對世間,以及在不同的時間點,兩個思想家如何籌劃出個人的身體取向和境界方式都會是本文所意圖處理的視域。而在這樣的觀看角度下,兩者對於境界、聖人、以及對於修行方式等等,都將會有一個預先置入於「社會──文化」下的觀看模式,本文相信,兩者文本僅管處在不同的時空,但是兩者文本都具有社會治療的意義。因此,將兩者放置於這樣的觀看模式下,將會是一個

〔註58〕楊儒賓在〈注莊的另一個故事──郭象與成玄英的論述〉一文中曾對《莊子注》與《莊子注疏》有過這樣的說法:「依據一般注釋的傳統,注不破經,而輸也是不破注的。但郭象注莊,實情卻非如此。郭象瞻於玄理,衷情別抱,其注解網網超出莊子原義之外。成之疏郭,亦同此風。注文於他,僅是參考而已,成玄英並沒有嚴格遵守郭象的注文,疏文與注文的差異,往往不下於注文與經文的差異。《莊子》原文時有神來之筆,卮言、寓言、重言交互出現,完全不考慮歷史的脈絡。《莊子注》、《莊子注疏》亦時有天外飛來之語,注疏或化爲經,經或化爲注疏,主從難定。三種文本,乖桀詭麗,極盡道家注疏史上吊詭之能事。」收錄於鄭志明編:《道家文化的精華》(嘉義:南華大學宗教文化研究中心出版,2000年7月初版),頁298。

較爲恰切的理解。

（二）「身體——工夫」的切入點

前已提及，工夫實踐所預設的立場即是：透過這樣的實踐，修行者是可以證成主體的轉換，亦即是完成境界的可能的。因此工夫實踐即預設一個完成境界的可能性。而境界後的完成與境界前的經驗，是一種存有連續的關係，而非斷裂式的關係，這也是本文對功夫的預設立場。

同時，這樣的方式，也將是本文著重於觀看《莊子》與《莊子注》的角度。本文會特別著重以這樣的立場來觀看，是因爲本文認爲，「身體——功夫」模式的改變，往往也呈現出思想家的不同思想，因爲實踐模式牽涉到境界的轉化，也牽涉到處世模式的不同。可以說，這樣的觀看，是一個從根本方向透析出兩者思想家的思想差異的觀看。

而《莊子》與《莊子注》各自身處於不同的「社會—文化」以及時代背景下，他們所操作的「身體——功夫」模式已經有了極大的不同，而所面對的在世場景也有著極大的不同。因此，「身體——工夫」如何將「人」置放於現場、存在於現場，以及在現場中如何展現出自我的意義，並具有往境界邁進的可能，這都是「身體——工夫」的操作下所開展出的意義。故而本文相信，「身體——工夫」的不同操作，可以有效性地觀測出兩者思想的內在差異性。

（三）敘述方式的探究

若我們以一個敘述傳統的角度來觀看《莊子》，會發現《莊子》的敘述在整個敘述歷史上，是一個獨特的案例。他的謬悠之說、荒唐之言、無端崖之辭，讓敘述成了一種無邊界性的敘述。在這樣的敘述模式下，意象開始展現了前所未見的豐富性意義，也開啓了所有的詮釋可能性。

放在敘述傳統下來看，先秦時期沒有任何一個思想家的敘述方式如同《莊子》一般的汪洋恣肆、恢弘詭麗。對於卮言、重言、寓言的運用更是文學敘述上的開創。甚至不僅從先秦背景來看，將《莊子》放在整個歷時性的中國文學、思想中，這樣的敘述方式同樣也是前無古人，後無來者的方式〔註59〕。

〔註59〕明末金聖嘆曾將《莊子》評爲六大才子書中的第一才子書，是有其意義的。因爲莊子所給出的敘述模式，是當代與後世都難以學習，更遑論超越的敘述模式。而這樣的敘述方式，也讓《莊子》成了一個獨樹一格、天才型的敘述。

但後世不論是對《莊子》的注疏，或是對於《莊子》義理的闡發，其敘述模式往往都是以「論理」模式來與《莊子》原典進行對話。因此，《莊子》所開啓的敘述特色在後世的對話系統中反而不復可見，在後世關於言說《莊子》的敘述系統，所看到的反而是一種對《莊子》原初敘述系統的改換。

而敘述方式，往往也與「身體」有著密不可分的關係，因爲敘事離不開主體的體知經驗。本文主要運用的研究方法則放在意象分析之部分。此乃因《莊子》書中所大量運用的意象意義的言說特色。

而意象的經營以及意義的產生，必脫離不了身體所有感知的投入。身體與意象之間，也有著「身體——意義」的結構模式。而意象的型塑也因爲彼此（作者、讀者）的「身體——意義」之參予，而給出了豐富性的詮釋可能。

而「身體——意義」所構成的意象型塑，其前提必然是：讀者與文本之間存在著互爲主體性的關係。儘管文本結構本身所具有的內在邏輯對於讀者閱讀有著必然性的制約作用，但文本結構卻絕非僵死的、固定的意義世界。相反的，讀者可透過意象的給出，進入一個充滿罅隙、豐富傳移的文本空間。而這樣的由彼至此、由此反彼的傳移與詮釋之所以可能，其基礎即建立在彼此共有的身體經驗參與上。

在這樣的意象分析前提下，意象意義與身體體知是密不可分的。那麼以此回過頭來觀看《莊子》與《莊子注》的意象運用，除了發現兩者意象運用的極大差異外，同時也可以看到身體參與的部份有著很大的不同。而這樣的不同，除了敘述方式的改換外，本文認爲，這依舊與兩者對於「身體」的不同詮釋有著極大的關係。因此，回到「身體——意義」的基礎上，看待兩者對於意象的解釋，不失爲一個探討兩者思想差異的有效方式。

二、論文結構

本論文除了緒論與結論之外，共分爲四章，此處扼要說明各章論述內容：

第一章題爲〈兩種「體」現：從莊子的身體到郭象的身體〉，本章是一個總論性質，旨在概述從《莊子》到《莊子注》的歷史脈絡下，「身體」意義的承繼及差異。《莊子》在歷代的詮釋下各有所異，而魏晉時期對《莊子》的詮解，往往又具有創造性的詮釋，每一種不同的詮釋，所給予《莊子》的面貌，以及所型塑的聖人典範都有所不同，甚至可以說，《莊子》一書不斷的重寫於各個朝代、遊走於各個朝代，每一個不同的時代；每一個不同的社會、文化；

以及每一個不同的思想家，所型塑出的《莊子》，以及型塑出的典範都各自不同。因此，聖人的型塑必然有其歷時性意義。而典範，也成為一個不斷被介入改寫的模態，所以典範有著各自不同時代意義下的正統。

　　因此本章所欲處理的問題是：作為一個詮釋經典的文本，郭象的《莊子注》直接的面對《莊子》原典時，他所承續的連結，以及自我新生的創造是什麼？由《莊子》到《莊子注》的歷時性當中，其身體意義的變化是什麼？而典範既具有著各自不同時代意義下的正統。那麼郭象的聖人塑型，他返照出的時代呼喚又是什麼？這些都是本章所欲處理的問題。

　　第二章題為〈由復性到適性：由神入聖的身體轉型〉，本章主要從適性角度說明郭象身體的轉變。適性思維是郭象思維中最基礎的思維之一，而從適性的提出，也可以看出郭象看待「性」的態度，與《莊子》已有著極大的不同。郭象看待「性」是放在「適、足、任」的角度上去看，因此「性」的意義，已然開始由《莊子》「性修返德」的路線上有所轉換，「性」也開始由《莊子》帶有本體根源義的「性」當中釋放了出來。而郭象所做的轉變，同樣也可以發現其思維體系相應的變化。然必須注意的是，《莊子》的工夫絕非是脫離經驗式的抽象思維，工夫的達成往往需要全身的實踐來證成，因此，在即存有即活動的經驗內涵下，本真的回歸必然無法脫離身體的參與，這是無庸置疑的。那麼做為一個《莊子》的注家，其詮釋面向的改變，是否影響到工夫的走向與身體的擺放？這是本章所試圖討論的課題。

　　第三章題為〈從用心到無心的轉變：莊子的心與郭象的心〉，本章旨在說明《莊子》與《莊子注》兩者對「心」的不同看法，而由其對心的不同看法，亦可看出其身心模式下的身體擺放。簡單來說，《莊子》境界後的心是「用心若鏡」的模式，而《莊子注》的心，則是「無心玄應」的模式。兩者同樣追求心的「靜」，然而從「用心」到「無心」，卻可以看出兩者對於「靜」的工夫以及實踐模式已然改變。大抵而言，《莊子》映照萬物的「心」，心與物乃直接的相映關係，「心」呈現出全幅朗現、全幅包容萬事萬物的特徵。而郭象「無心」，言「心」的淵然自若，其重點則在於表現「心」的淵深難測，因此心與外物的關係，偏向一種「澄之不清、擾之不濁」的關係，「心」是沉潛在最深廣難測的淵深處的。此外，郭象轉化《莊子》「靜默」映照萬物，不將不迎，應而不藏的手段與目的，而使「靜默」凸顯成為一種「不為」、「無為」、「任其自為」、「淵然自若」的面相，因此「靜」最重要的目的已不再是「天

地之鑑，萬物之鏡」了，而是「群才萬品，各任其事，自當其責」了，這也是兩者對「心」的不同立足之處。

第四章題爲〈理境下的身體：客觀化及意象解構下的身體〉，本章旨在探究《莊子》及《莊子注》對身體意象的運用，大抵而言，《莊子》往往以意象言說替代言語的直述。所以某種情況看來，他其實更像是一種道德勸說的解構。「可以說的可以清楚去說，對不可說的則必須沉默」。莊子用故事來彰顯意義，對道德的勸說，則選擇沉默。因此莊子總是回到故事當中，讓故事自我表述，也讓觀者在道德勸說的退位下，開啓各種闡釋的可能，「吹萬不同，而使其自已也」，眾生得以喧嘩出自己，體會出自己的體會。因此，莊子所採取的是一種不說出道理，讓故事以及觀者自己透過反思，透過生命圓整的體會，去尋覓出自己的道理。因此說，意象開啓了行文的另一種視窗，這個視窗是探向生命更多種可能的。面對《莊子》的故事策略，郭象則採取一個思辯式的言說，在《莊子注》裡，意象的運用是弱化的。郭象擅長於說「理」，以「理」來代換《莊子》的故事性。但不可忽略的是，意象的使用，往往與身體有著緊密的關係，那需要仰賴身體的體知、想像等經驗來構築。而《莊子》的意象弱化，其身體的象徵性意義也就隨之改變，這樣的改變，同時也返響出郭象思維中對身體的態度，而這也即是本章所要探究的主題。

第一章　兩種「體」現：
從《莊子》的身體到郭象的身體

第一節　前　言

　　身體就是一個論述，身體藉助音聲、眼光、貌色、儀形、舉止等「體現的」訊息，就可以成爲意義傳遞與接收的所在；因此身體是一個含攝我與外界的匯集點。身體的各種現象，各種觀點以及各種思維，都不只是「身體」而已，更是一個具有豐富性意義的符號，這個符號代表著我、代表著社會文化、甚至也代表著思想。因此，往內來說，身體的體現，構成了所謂「我」的存有，同時也成爲被他人理解或記憶的獨特焦點。而往外來說，身體所輻射出去的形貌，往往也代表整體社會的氛圍與氣質。同樣的，外在的文化走向以及社會價值觀，甚至是家族倫理以及家族氣質等等因素，也必然將影響到個我身體的呈現。因此，身體可以說是一個符號，這個符號轉述著我與整體、整體與我的關係。身體呈現了何種樣貌，也就代表我在世間所具備的位置以及存在的方向與價值。

　　故而身體的「體現」是有著豐富性意義在其中的，它傳譯著內與外的種種訊息，同時也是文化與思想展示的舞台。

　　而身體最高境界之典範，即是聖人，聖人是特殊意義下的人格典範，他不同於普羅眾生，相較於庶眾，聖人代表的是一種例外，他不是生活世界上

隨處可見的人，而是需要歷程性逐步構建之人。因此，聖人相較於眾人，是一種例外，而這樣的例外代表的是思想家個人對圓滿完足的生命境界所具有的一種超越性追求；因此，知識分子對於如何臻至超越性聖境所提出的學說主張，足可視爲思想家思想內容的縮影〔註1〕。故而聖人形象的設定，是具有豐富性意義的，這個意義不只來源於深刻的文化結構、歷史傳統所普遍肯定的聖賢典型，同時亦是思想家個人身處何種時空背景以及個人服膺的思想宗旨所型塑出來的理想人格。因此，聖賢典型的造就，不惟是思想家自我生命所遙企的理想型態，同時也與思想家自身所處的文化與意識形態相關涉。因此每一個理境人物的型塑，都是思想家經由自身的體驗、反省與思考、以及當代思想的激發，所塑造出的典範人物。所以，藉由還原這樣的典範人物，必然也可以釋放出文化上的意義以及思想家自身的思想脈落。

而由聖人塑成的脈絡來看，聖人的形成往往具有以下幾種意義：一、聖人形象關涉了思想家個人定位以及理境如何的問題。二、解析聖人的形象，是可以還原文化風貌的。三、聖人的不同面相，也即代表了實踐的不同方式 。

而本文則擬由聖人身體形象所體現出的意義，來探究郭象思想的定位。

所謂的思想定位，如果沒有一個方向，將會是模糊而籠統的。然而，若回過頭去思考聖人型塑的過程，或許反可因此找到一條切入思想定位的方法。

孔恩曾在《科學革命的結構》一書中提出這樣的看法，他認爲，所謂「典範」（Paradigm）是一群科學家共同使用的一套語意模型，或是科學家共同推崇的研究範式，以作爲科學社群中每一個分子之間溝通的基礎。孔恩並以典範說貫穿科學史的發展進程，每一個典範的產生，都是自前典範質變的時期，取得典範建立的契機，以進入另一個常態研究的時期。然後再由典範異化的現象爲始，逐步移轉至另一新典範的建立。〔註2〕

孔恩此處對典範的說明，點出典範的歷時性意義，每一個不同的時代，所型塑出的典範模式都不同，甚至同一時代，因爲服膺思想的不同，所型塑出的典範模式也不同。然而這樣的不同，與前代或是與他者思想家卻往往又非絕然斷裂的關係，相反的，前典範與後典範，往往有著某種程度的連續性關係，那麼，轉變的契機是什麼呢？

〔註1〕 見盧桂珍著：《慧遠、僧肇聖人學研究》（台北：台灣大學出版，91年10月初版），緒論，頁3。
〔註2〕 見孔恩著，程樹德等編譯：《科學革命的結構》（台北：遠流出版，1991）。

轉變的契機所關涉的便是聖人形象的設定條件。本文認為契機絕非突然而然、無所歸依的，而是有所本、有所深刻反省、有所理念後而引發的轉變。尤其《莊子》一書，歷代的詮釋各有所異，而魏晉時期對《莊子》的詮解，往往又具有創造性的詮釋，每一種不同的詮釋，所給予《莊子》的面貌，以及所型塑的聖人典範都有所不同，甚至可以說，《莊子》一書不斷的重寫於各個朝代、遊走於各個朝代，每一個不同的時代；每一個不同的社會、文化；以及每一個不同的思想家，所型塑出的《莊子》，以及型塑出的典範都各自不同。因此，聖人的型塑必然有其歷時性意義。而典範，也成為一個不斷被介入改寫的模態，所以典範有著各自不同時代意義下的正統。

因此，此處要問的是，作為一個詮釋經典的文本，郭象的《莊子注》直接的面對《莊子》原典時，他所承續的連結，以及自我新生的創造是什麼？由莊子到莊子注的歷時性意義又是什麼？而典範既具有著各自不同時代意義下的正統。那麼郭象的聖人塑型，他返照出的時代呼喚又是什麼？

除此之外，本文相信，考察「典範」的塑造過程，必然可以進一步的掌握「自我」，而深入自我，此亦是深入型塑典範的方式，兩者之間必須是「相互介入」、「彼此滲透」的，由此兩者的交互作用，必然呈現出「主體——聖人」的動態發展過程。因此，以這樣「典範」型塑的過程，必可還原思想家自我主體的建構。

故而本文將以身體為經，以「聖人——典範」的塑造為緯，冀望以此作為進入郭象思想的藍圖。

第二節　兩種時空下的聖人：莊子的身體與郭象的身體

一、修行的身體與用世的身體

或許我們可以用郭象的這段引文作為一個開場白：

> 神人即聖人也，聖言其外，神言其內。（〈外物〉：「聖人之所以䭫天下，神人未嘗過而問焉」句後注）

《莊子》的原文是這麼說的：

> 靜然可以補病，眥搣可以休老，寧可以止遽。雖然，若是，勞者之

務也，非佚者之所未嘗過而問焉。聖人之所以駴天下，神人未嘗過
而問焉；賢人所以駴世，聖人未嘗過而問焉；君子所以駴國，賢人
未嘗過而問焉；小人所以合時，君子未嘗過而問焉。演門有親死者，
以善毀爵為官師，其黨人毀而死者半。堯與許由天下，許由逃之；
湯與務光，務光怒之，紀他聞之，帥弟子而踆於窾水，諸侯弔之，
三年，申徒狄因以踣河。荃者所以在魚，得魚而忘荃；蹄者所以在
兔，得兔而忘蹄；言者所以在意，得意而忘言。吾安得夫忘言之人
而與之言哉！〈外物〉

《莊子》這段話中，可以看出勞與逸之間的差別性，在這段話裡，勞與逸已
然不只是事務上繁雜或簡約的差別，而更帶有價值評判的指標性意義。而這
樣的指標義，也可以看出《莊子》對於治理天下（勞），或是心懷玄遠（逸）
的價值取向。「逸」在這樣的價值判斷間無疑是更高一層的，它更接近道境，
具有不動如山、不壅、不哽、不跈〔註3〕的樣貌。而「逸」的最高表現，即是
神人。在勞逸具有指標義的評判間，神人與聖人是有著些微的差異性的。

「聖人之所以駴天下，神人未嘗過而問焉」，神人是那「寧可以止遽」的
角色，他所示現出來的形貌，是「綿邈深遠，莫見其門」的，不露一絲煩瑣
氣。同時也不「駴天下」。根據《釋文》中王穆夜解釋，「駴」為「改百姓之
視聽也」之義。此處以視聽之說來解釋聖人之務，似乎是有其道理的，郭沫
若在《卜辭通纂・畋游》〔註4〕中曾這麼說過：

古聽、聲、聖乃一字，其字即作「耳口」，從口耳會意，言口有所言，
耳得之而為聲，其得聲之動作則為聽。聖、聲、聽均後起之字也。
聖從耳口壬聲，僅於耳口之初文符以聲符而已。

因此聖人是帶有視、聽之敏銳感官之人，具有「聞聲知情，通於天地〔註5〕」
的特色〔註6〕。

〔註3〕見〈外物〉：「道不欲壅，壅則哽，哽而不止則跈，跈則眾害生。」
〔註4〕見郭沫若：《卜辭通纂》（台北：大通書局，1976年5月版），頁489。
〔註5〕見王利器校注：《風俗通義校注》（台北：明文書局，1982年），頁618。
〔註6〕楊儒賓先生亦曾說過：「聖人（用《德行篇》的術語，當作『君子』）體道之後，
不但口中吐出來的話語是金聲玉言，他的聽覺也特別靈敏，可以聞聲知情。」
楊先生此處並舉《白虎通》與《風俗通義》兩條例證為說明：「聖者，通也，
道也，聲也。道無所不通，明無所不照，聞聲知情，與天地合德，日月合明，
四時合序，鬼神合吉。《白虎通》」、「聖者、聲也，通也。言其聞聲知情，通於
天地，條暢萬物，故曰聖。《風俗通義》」可見「聖人」的感官模式與視聽的敏

　　而于省吾先生也證明古時聖、聲、聽是通用的，例如《史記‧秦本記》：「『聽』作『聖』、《白虎通‧聖人》：「聖者聲也。」于氏並指出「耳口」字在契文中有兩種用法，一為聽聞之聽，一為聽治之聽，有聽政的意思〔註7〕。若按于氏說法，「耳口」與「聽」、「聲」具有同質性，顯然是與政治相關的。而易經〈說卦傳〉也談到聖人「聽聞」的政治面向，認為聖人作易，乃立天地人之道；南面而聽天下，嚮明而治〔註8〕，以及《中庸章句》中所說的：「舜其大知也與！舜好問而好察邇言，隱惡而揚善，執其兩端，用其中於民，其斯以為舜乎！」或如《老子》所說的「聖人在天下，怵怵為天下，渾其心。百姓皆注其耳目，聖人皆孩之。〈四十九章〉」這幾處也都認為聖人對於天下的聽聞，是要以耳目進入人間世，聞聲、察言、知情，故能通於天、通於地、通於民，因此聖人具有治理天下之明君形貌。

　　然而若只以政治角度觀看聖人，或許是一種對聖人境界的窄化，但聖人與明君相通，卻的確是儒家思維中對明君的期許與看重。而不可忽略的是，聖人「通」人之心特質，除了是應世的呈現外，也應該與聖人具有身體的修行工夫有著關聯性。聖人能夠「通」於天地，「通」於人心，即是在於「氣的流通」上展現。而既言氣的流通，它就不是個體性的，而是普遍的。因此聖者能通於天地、通於人心。並且人人透過工夫修養後均可成聖。而「聖」者之所以能成聖，也就在於個體修為的精氣充滿、志氣交流〔註9〕。因此「聖人」

銳有極大的關係，尤其是聽覺的部份。當然這樣的視聽描述或許是一種隱喻，諭示著聖人對於君子道或是天道的敏銳察知。但不可否認的，就算這樣的形容帶有隱喻性，然而本文相信，此引喻是有其深意的，就如《史記‧孔子世家》中所記載孔子學鼓琴師襄子，而得文王之道的故事一般，或如楊儒賓先生在此文中所提的例證：「聞輕者之鼓而得夏之盧也」都可以知道，聖人對於聽覺的圓通明照，聞聲知情，這都是感官敏銳的描寫。見楊儒賓著：《儒家身體觀》（台北：中研院中國文哲研究所，2003 年 1 月修定二版），頁 192。

〔註7〕　見于省吾主編：《甲骨文字詁林‧第一冊》（北京：中華書局出版 1999 年 12月第二次印刷），頁 657～662。

〔註8〕　見《易經‧說卦傳》第二章、第五章：「總言六畫。昔者聖人之作易也。將以順性命之理。是以立天之道。曰陰與陽。立地之道。曰柔與剛。立人之道。曰仁與義。兼三才而兩之。故易六畫而成卦。分陰分陽。迭用柔剛。故易六位而成章。」、「萬物出乎震。震東方也。齊乎巽。巽東南也。齊也者。言萬物之潔齊也。離也者明也。萬物皆相見。南方之卦也。聖人南面而聽天下。嚮明而治。蓋取諸此也。」

〔註9〕　關於聖人的志、氣脈絡，楊儒賓先生在〈知言、踐形與聖人〉一文中已有非常精采的論述，此處乃參考其說法。此文收錄於《儒家身體觀》（台北：中央），

實具有一政治、修養、德性的最高典範之代表。

　　然而若回到《莊子》〈外物〉篇王穆夜的解釋來看，聖人乃「改百姓之視聽也」，可以看出，王氏對於聖人的解釋亦把握住了其視聽敏銳之面向，以及其治世的特質。然而，若仔細玩味王氏的說法，「聖人」除了具有聽聞、聞聲、察言、知情的「通」天地、「通」人民之特色外，其與人間世的關係，似乎還具有一種參與介入的樣貌，是「改」百姓之視聽之人，而這樣的參與介入，乃聖人具有政治面向所必然會產生的作用。

　　而回到《莊子》原文的語境上來看，王氏的解釋並非不無道理的。聖人在神人、聖人、賢人、君子、小人這一系列的層級中，也的確帶有「通」於天下、「通」人民的意味。除了此篇，《莊子》在其他篇章中也顯露出聖人的應世面貌，就像〈天地〉篇所說的：

> 大聖之治天下也，搖蕩民心，使之成教易俗，舉滅其賊心而皆進其
> 獨志，若性之自爲，而民不知其所由然。

聖人是具有成教易俗的責任的。也因此對於人間世是有著「搖蕩」、「舉滅」、「成」、「易」、「馴」等作用在。

　　另外，在「聖人馴天下」的引文中，《莊子》將神人、聖人、賢人、君子、小人做一個層次的區分。這樣的層級若合理，《莊子》無疑是將聖人置放於神人的位階之下的。那麼如何證明《莊子》此處的語境帶有層級意味呢？

　　或許可以由聖、賢、君子、小人這樣的說法來做一個考察。大抵而言，聖、賢、君子、小人在中國思維中的確是具有一個層次高下的差別的。〔註10〕例如《荀子·哀公》篇所提出的五種型態之人：

> 孔子曰：「人有五儀：有庸人，有士，有君子，有賢人，有大聖。……」
> 哀公曰：「善！敢問何如斯可謂賢人矣？」孔子對曰：「所謂賢人者，
> 行中規繩而不傷於本，言足法於天下而不傷于身，富有天下而無怨
> 財，佈施天下而不病貧：如此則可謂賢人矣。」哀公曰：「善！敢問
> 何如斯可謂大聖矣？」孔子對曰：「所謂大聖者，知通乎大道，應變
> 而不窮，辨乎萬物之情性者也。大道者，所以變化遂成萬物也；情
> 性者，所以理然不取捨也。是故其事大辨乎天地，明察乎日月，總

第四章。

〔註10〕例如《荀子·哀公》：『則可謂賢人矣』。意即賢者亞聖之名。以及其後所引《荀子·哀公》的另一段敘述，都可以看出賢聖的差別。

　　要萬物于風雨，繆繆肶肶，其事不可循，若天之嗣，其事不可識，

　　百姓淺然不識其鄰：若此則可謂大聖矣。」哀公曰：「善！」

或如《素問上古天真論》中所說：「其次有賢人」意即次聖人者謂之賢人。在當時的語境當中，聖、賢的確是有高低之差的，更遑論其後的君子、小人之辨。用這樣的解釋回頭察看「聖人驪天下」的引文，不得不承認《莊子》此處的語脈也的確是有著層次高低的差別。那麼也就是說，神人的層次是高於聖人的〔註11〕，聖人相較於神人是未臻圓滿境界的人物。

　　此處還可以用另一條例證看出《莊子》對於聖人未臻圓滿的看法：

　　自虞氏招仁義以撓天下也，天下莫不奔命於仁義。是非以仁義易其性

　　與？故嘗試論之，自三代以下者，天下莫不以物易其性矣！小人則以

　　身殉利；士則以身殉名；大夫則以身殉家；聖人則以身殉天下。故此

　　數子者，事業不同，名聲異號，其於傷性以身為殉，一也。〈駢拇〉

此文中，聖人與小人、士、大夫，甚至是被擺放在同一個位階下形容，與小人、士、大夫一樣，聖人亦是以物易其性者，並且以身殉物，明顯的並不是臻於圓滿理境的人物。除此之外，《莊子》在〈馬蹄〉一篇中，更對聖人帶有質疑的態度：

　　及至聖人，蹩躠為仁，踶跂為義，而天下始疑矣。澶漫為樂，摘辟

　　為禮，而天下始分矣。故純樸不殘，孰為犧尊！白玉不毀，孰為珪

　　璋！道德不廢，安取仁義！性情不離，安用禮樂！五色不亂，孰為

　　文采！無聲不亂，孰應六律！夫殘樸以為器，工匠之罪也；毀道德

　　以為仁義，聖人之過也。

此處更認為天下之亂、毀道德以為仁義、人心之疑都乃聖人之過也。然而，若將眼光轉到《莊子》其他的篇章之中，會發現聖人所呈現的又是另一形貌，例如〈逍遙遊〉云：「至人無己，神人無功，聖人無名」、〈齊物論〉云：「是以聖人不由，而照之於天」、「聖人和之以是非而休乎天鈞，是之謂兩行」「眾人役役，聖人愚芚，參萬歲而一成純」、〈大宗師〉云：「聖人之用兵也，亡國而不失人心；利澤施乎萬世，不為愛人」、「聖人將遊於物之所不得遯而皆存」、以及〈天下〉云：「不離於宗，謂之天人；不離於精，謂之神人；不離於真，謂之至人。以天為宗，以德為本，以道為門，兆於變化，謂之聖人」

〔註11〕　然而，所謂的層級高低，其評判標準是何？是以什麼標準作為高低之分的標準？此一問題將留待後文中稍緩敘述。

等等。

在這些篇章的形容中，聖人又是與「眞人」、「天人」、「至人」、「神人」位於同一層級下來論的，均是代表最高理境之人物，是至德圓滿的典範。而聖人圓滿這樣的形容在《莊子》文卻也是不勝枚舉。

那麼，此處所要問的即是：「聖人」一辭在《莊子》書中到底是如何被看待的？是通天地、通人心的至德者形象，亦或是一個「毀道德以爲仁義」、傷身損性的人物形象？

不得不承認，「聖人」一辭在《莊子》文中的確是有著擺盪性的。到底聖人的塑形，以及其塑形背後那名與實的關係到底是如何，都是耐人尋味的。若撇開聖人的名稱，回歸到《莊子》行文中的語境中來看，卻往往可以發現，圓滿形象的「聖人」，都帶有一超脫塵俗、逍遙物外、不落彼我是非之淆亂的特質，並且均帶有融攝於天地自然之形貌。例如〈齊物論〉：「聖人和之以是非而休乎天鈞」、〈天下〉：「以天爲宗，以德爲本，以道爲門，兆於變化，謂之聖人」等等。相反的，若是具有入世形貌、治天下形貌、以仁義爲繩墨，甚至因治天下而傷性殉身等等，這在《莊子》文中都是未臻於圓滿境界的「聖人」。因此，具有超脫塵俗、逍遙物外、不落彼我是非之淆亂之「實」境的，才眞正是符合聖人之「名」，這樣的聖人才是眞正的名實相符之典範。而淪陷於世間，「蹩躠爲仁，踶跂爲義」則只是賺取了聖人之「虛名」，卻未有聖人之「實」境，這也便是《莊子》所質疑的「聖人」。而這樣的聖人之名實關係，也就是前所言神人、聖人、賢人、君子、小人位階形成的標準。名實相符的聖人，便與「眞人」、「天人」、「至人」、「神人」同臻於最高境界。而名實不符之聖人，則只是徒具聖人之虛名，卻未臻圓滿之實境。

因此用這樣的角度回過頭去看〈外物〉篇「聖人駴天下」的引文，便可以知道，何以此處聖人的位階是在神人之下的。因爲此處的聖人，是介入於天下的。而介入於天下的聖人，儘管具有「通」的特色，但相對於主體寧定的「神人」，卻是具有俗務在身的。因此，神人無疑更代表理境的更高層，是理境的究極。他是《莊子》心目中的最高典範，這個典範是天地萬物混沌一體，所呈現出的是「不以心損道，不以人助天」，以及「喜怒通四時，與物有宜而莫知其極」的樣貌。

而此處或可重新再回過頭去理解《莊子》如何看待聖人「通」之特質，如前所述，「通」乃聞聲、察言、知情、知通人心、知通天地。因此治事之聖

人既具明君樣貌，就必然要能聞聲、察言、知情、知通人心；然而《莊子》式的聖人，除了通於聲、言、情、心之外，更究極的境界，則是要通於天地自然；因此說「謷乎大哉，獨成其天！〔註12〕」如何與天地自然相感通，才是《莊子》理境中更高深的工夫。也可以說，除了通於人事之外，通於天地宇宙自然是《莊子》工夫修為下更大的企圖。

　　所以若以《莊子》本身的思想脈絡來看，最高理境的修行者，所偏重的應該是「方將與造物者為人、乘夫莽眇之鳥，以出六極之外，而遊無何有之鄉，以處壙埌之野」的樣貌，其與人間世的關係往往是淡、漠、順的關係。而不是「馺」、「駭」〔註13〕、或「殉」的關係。故而儘管《莊子》同樣認肯聖人「通」人心、治天下的面相。但若放在最高理境下，「才全而德不形〔註14〕」才是《莊子》所側重的面向，而在這樣的面向觀照下，聖人的工夫呈現下，「通」的樣貌便不只是「通」於人心、「通」於政令，而更要往「通」於兌，讓自我保有最純和天然之氣，並以此氣息的感通，體現出更深層而精純的自我。這樣的自我，眼光是邁向更廣闊的宇宙天地的，而不是僅存於擾擾方內人世之間。因此，面對方內人世時，聖人往往展現出「何肯以物為事乎！〔註15〕」的態度。或許側重天地自然的合一未必是對人事社會的斷裂，但人間俗務卻的確不是《莊子》理想聖人所欲停留的境地。對《莊子》來說，真正的價值是在超乎方外，毫無定限之處說的〔註16〕。

〔註12〕見〈德充符〉：「有人之形，無人之情。有人之形，故群於人，無人之情，故是非不得於身。眇乎小哉，所以屬於人也！謷乎大哉，獨成其天！」

〔註13〕《淮南子・俶真訓》中有一段與莊子外物篇此處類似的說法：「聖人之所以駭天下者，真人未嘗過焉；賢人之所以矯世俗者，聖人未嘗觀焉。」或可做為一個參考。

〔註14〕所謂才全，根據莊子自己的解釋是：「死生、存亡、窮達、貧富、賢與不肖、毀譽、飢渴、寒暑，是事之變，命之行也。日夜相代乎前，而知不能規乎其始者也。故不足以滑和，不可入於靈府。使之和豫，通而不失於兌。使日夜無郤，而與物為春，是接而生時於心者也。是之謂才全。」所謂德不形，根據莊的解釋則是：「平者，水停之盛也。其可以為法也，內保之而外不蕩也。德者，成和之修也。德不形者，物不能離也。」以上均見於〈德充符〉。

〔註15〕見〈德充符〉：「夫保始之徵，不懼之實，勇士一人，雄入於九軍。將求名而能自要者，而猶若是，而況官天地，府萬物，直寓六骸，象耳目，一知之所知，而心未嘗死者乎！彼且擇日而登假，人則從是也。彼且何肯以物為事乎！」

〔註16〕楊儒賓先生曾在〈支離與踐形〉一文中提出類似的看法：「莊子的支離觀則是站在儒家以外的立場，對傳統威儀觀的一種否定。傳統的威儀觀最大的特色乃是對於人格、社會規範及人的身體有種獨特的聯結關係。我們不妨依當時

用這樣的思維回過頭去看前所引郭象對《莊子》的注解：

> 神人即聖人也，聖言其外，神言其內。(〈外物〉：「聖人之所以駴天
> 下，神人未嘗過而問焉」句後注)

前文對《莊子》聖人、神人的劃分已然做過大段論述，儘管某些時候，聖人與神人是在同一位階下被論述，但在此段注文所注的《莊子》原文中，聖人、神人卻是有分別的。神人所代表的更是理境的究極，是一根源意義。而其分別則在用世與出世上做分別。

回到郭象的注文上來看，郭象將出世與用世的分別轉向爲內與外的分別，在《莊子》的語境當中，神人與聖人分屬兩個個體，神人代表的是更高層次的理境，也或者可以說，他的眼光是望向天地宇宙自然的，而聖人則是涉入世中的；他的眼光是放在天下之治、社會和諧之上的，故此二者是有分別的。因此在《莊子》的語境之中，神人與聖人的區分，是兩個個體類型的區分。而這樣的區分若延伸來看，還可大方向地歸類爲出世及用世兩類。

然而，當郭象將神人與聖人轉型成爲內與外的分別時，神人與聖人便開始由二個不同的類型，化合爲一體，成爲無分別的二者——「神人即聖人」也。而統歸於一體的神人與聖人，所呈現的樣貌，則必須包含用世與出世兩層，並以這兩端的兼顧，代表圓融的達成。

當神人與聖人成爲一體者，只是內與外的區分時，神人與聖人則由兩個個體類型，轉型爲「體」與「用」的分別。神人爲體、聖人爲用；因此也或許可以這麼解釋郭象「聖外神內」的說法：神人代表是更根源的那個主體〔註17〕，是寧定不起波瀾的那個根源，而聖人則是「通於世」的那個連結，神人通於世，則呈現出聖人樣貌。故一爲內、一爲外。因此若必然要在邏輯理路上分出層次，那麼神人爲聖人的根源，聖人爲神人的體現。這樣的解釋或許可以做爲理解郭象的「神人／內」、「聖人／外」想法的一個方式。

的價值體系判斷，列出下列這樣的格式：理想的人格＝社會價值體系的呈現者＝以身體做爲媒介並體現社會價值於其身者。用莊子的分類來講，這樣的價值乃是『方內』格局下的產物，而眞正的價值卻是超乎方外，毫無定限。就像在論及社會規範處，莊子對於禮樂文化批評不遺餘力一樣，在論及人身與規範的結合處，莊子對於威儀棣棣的君子觀，也一直抱持著嘲諷的態度。」收錄於《中國古代思想中的氣論及身體觀》，頁 447。

〔註17〕也或許可以用《禮記‧樂記》中對「神」的解釋來參照：「幽則有鬼神」，鄭玄注爲：「聖人之精氣謂之神」，這裡已然可以看出，神乃聖人最精微的表現。「神」無疑是聖的更精深微妙的根源。

　　然而，當郭象將神人、聖人由不同的兩個主體轉化爲同一主體的內、外體現時，他所意圖重述出的聖人典範是什麼？或許還可以這麼問：郭象把典範的塑形改以「神人／內：體」、「聖人／外：用」這樣的模式時，他的用意是什麼？在這樣的用意下，其典範被重塑的型態是如何？而作爲根源義的「體」與體現義的「用」又是什麼？

　　此處或許可以先由體用觀的角度來觀看郭象聖人的身體。體用觀本是魏晉時期的思想重點，此一觀念首先由王弼開拓〔註 18〕，他將「體」與「用」成爲一對舉的思想範疇。他提出「當無有用」、「以無爲體」的觀念，將「無」提昇到本體學的高度，並「以無爲本」，「崇本舉末」。「無」是生成萬物的本體，以「無」爲「有」之本母，即以「道」爲「物」之本根。並努力去論證世界萬物是由具有本根性的「無」（「道」）作爲其本體來統一它們，例如王弼注曰：

> 萬物萬形，其歸一也。何由致一？由於無也。由無乃一，一可謂無。……故萬物之生，吾知其主，……以一爲主，一何可舍？（〈第四十二章注〉）

以一爲主，也就是「以無爲本」的另一提法〔註 19〕。從王弼提出「以無爲本」，「有生於無」的觀念後，便轉化了自漢代以後從經驗事物的角度去說明「道生一，一生二，二生三，三生萬物」以簡至繁的生成論思維。而使得「無」

〔註18〕　當然「體用」二字早在先秦時期就已然出現，例如《周易・繫辭上》說：「故神無方而易無體。」又說：「顯諸仁，藏諸用」。在易經哲學的脈絡之中，這裡「體用」二字已蘊含著後來開展成體用論的哲學討論的基本涵義。又，「體用」二字並舉於戰國末期的荀子。荀子〈富國篇〉說：「萬物同宇而異體，無宜而有用，爲人數也。」在此中，「體」指形體，「用」指功用。荀子雖然和體和用的概念並舉，但對體用關係未做深入研究，也就是說還未涉及後世對於「體用論」的哲學討論。體用並舉在荀子這裡還是個別的、偶然的，尚未形成具有確定涵義的哲學範疇。這種狀況，在兩漢時期沒有根本改變，不過體與用的概念已經運用到更爲廣闊的領域，例如東漢魏伯陽在《周易參同契》中就有「內體」和「外用」對舉的提法，體用成爲煉丹的範疇。在魏晉時期之中，「體」和「用」成爲一對重要的哲學範疇，並被有意識地展開其相關的哲學內涵，王弼就是這裡的理論之開拓者。而關於體用概念的源流，乃參考賴賢宗：〈王弼「貴無以爲用」的體用論之重檢與老子哲學的本體詮釋〉（第三屆儒道學術研討會——魏晉南北朝），頁 2。

〔註19〕　陳鼓應先生亦曾這麼說過：「王弼始終將視域放在以『無』來統攝萬有（『有』）的問題上，從而得出以一攝多、以寡統衆的論點。」見〈王弼體用論新詮〉，（漢學研究第 22 卷第 1 期，2004 年 6 月），頁 5。

提升到無形母體之作爲萬有存在根據的論點上，「無」與萬物的「有」之關係，亦轉型成形上與形下的關係，「無」已然由生成論的解釋，轉移到本體論的方向，這是體用說的一大轉變。而若與老子原典相較，不管是老子所說的「當無有用」或是王弼所說的「以無爲用，則莫不載」等等，「無」都是偏向於「作用的保存」與「主體的實踐境界」而言的。然而，若仔細深究王弼所言：「不能捨無以爲體」之說，則會發現王弼更突顯「無」的「體性」與「本體」〔註20〕。在這樣的體用觀下，「無」的超越面相是更被顯題的。

而回到郭象來看，郭象所持有的體用結構與王弼是不同，王弼將「無」視爲萬物生發的本源，是超越的本體，「無」是作爲本體「道」被詮釋的。而郭象則剛好相反，他將「無」視爲「無也」，他解構了「無」作爲本體的超越面相，例如他說的：

> 夫天籟者，豈復別有一物哉？即眾竅比竹之屬，接乎有生之類，會而共成一天耳。無既無矣，則不能生有；有之未生，又不能爲生。然則生生者誰哉？塊然而自生耳。自生耳，非我生也。我既不能生物，物亦不能生我，則我自然矣。自己而然，則謂之天然。天然耳，非爲也，故以天言之。〔以天言之〕所以明其自然也，豈蒼蒼之謂哉！而或者謂天籟役物使從己也。夫天且不能自有，況能有物哉！故天者，萬物之總名也，莫適爲天，誰主役物乎？故物各自生而無所出焉，此天道也。物皆自得之耳，誰主怒之使然哉！此重明天籟也。（〈齊物論〉：「夫吹萬不同，而使其自己也，咸其自取，怒者其誰邪！」句後注）

郭象否定「無」生「有」的結構，認爲萬事萬物乃自生自化，只有在「有」的狀態下存在，並沒有另一個化生萬物的根源性主體。郭象並以此來詮釋自然之道，更進一步申論：

> 言天地常存，乃無未有之時。（〈知北遊〉：「冉求問於仲尼曰：『未有天地可知邪？』仲尼曰：『可。古猶今也』」句後注）

以及：

〔註20〕見《老子注・第38章》：「何以盡德？以無爲用。以無爲用，則莫不載也……不德其德，無執無用……雖盛德大業而富有萬物，猶各得其德，雖貴以無爲用，不能捨無以爲體。」，而王弼對無的本體化之論點，乃參考賴賢宗：〈王弼「貴無以爲用」的體用論之重檢與老子哲學的本體詮釋〉（第三屆儒道學術研討會——魏晉南北朝），頁3。

非唯無不得化而爲有也，有亦不得化而爲無矣。是以（無）〔夫〕有

之爲物，雖千變萬化，而不得一爲無也。不得一爲無，故自古無未

有之時而常存也。（〈知北遊〉：「無古無今，無始無終」）

王弼「無」與「有」之間，除了是「形上／形下」、「本體／萬有」的關係外，
當然還有著「體」與「用」的面相。既言體用，那麼就牽涉到作用的保存與
實踐操作間的關係。王弼是如何去看待這兩者的聯繫呢？王弼在解釋「反者
道之動」一章時是這麼說的：

高以下爲基，貴以賤爲本，有以無爲用。此其反也。動皆知其所無，

則物通也。故曰反者道之動也。

有以無爲用，無與有之間有著連續性關係，「無」是「用」的基礎，萬事萬物
也均以無爲基本，因此萬物均在本源之處相通也，所以若逆向回到萬物靈動
之發源處，亦即是回返於「無」（道）中，故曰「反者道之動也」。因此體與
用雖然一爲本源一爲發用，但「體」與「用」之間則是一連續性的關係，體
用相即、形上形下相通。

　　而王弼所建立的體用結構，在郭象否定根源性存有之後便被截斷了，
「無」的本體性被郭象解構。「本體無」的解構，使的現象界具存的具體事
物被強烈的突顯出來。而《莊子》「道」的無古無今、無始無終之超時空性，
也在「有」的強調下於焉無存，代之以「自古無未有之時」、「天地常存」。
只有現象界實存之事物才是眞正的存在，存在成了經驗下的存有，而非根源
性形上的本體之存有。

　　因此，王弼所建構出的玄學之體用關係，也由「體」（根源：「無」之本
體）：「用」（實存：「萬有」之作用），轉而成爲「無」（無也，空無狀態）：有
（自生自有）的關係。

　　這樣的體用結構轉變，也關涉到郭象的人生論面相。

　　郭象否定根源性本體，一切均回到現實世界來論，既然上溯的根源性本
體不存在了，生命無限延伸至道的存有處也不存在了，那麼如何在現世當中
俯仰浮沉，盡人之事才是郭象更爲重視的，所以郭象無疑更關注的是現實世
界的走向。而郭象的人生論，也即是著重在現實之境來言說的。「用世」成了
郭象所更重視的展現，而郭象對「用世」是這麼說的：

用世，故不患其大也。靜而順之。任眞而直往也。進道德也。以情

性爲主也。定於無爲也。（〈天道〉：「夫道，於大不終，於小不遺，

> 故萬物備。廣廣乎其無不容也，淵乎其不可測也。形德仁義，神之
> 末也，非至人孰能定之！夫至人有世，不亦大乎！而不足以爲之累。
> 天下奮棟而不與之偕，審乎無假而不與利遷，極物之眞，能守其本，
> 故外天地，遺萬物，而神未嘗有所困也。通乎道，合乎德，退仁義，
> 賓禮樂，至人之心有所定矣。」句後注）

《莊子》在原文中所要表達的是道體之整全融攝，道對於任何大的物體，沒有不包容的，對於任何的小物體也不會有所遺漏。萬物萬事都賅備於道體之中。在這樣廣袤而不可測度的道體之下，形體、道德、仁義，都是精神的末跡。而體道的至人是不爭奪權柄、體會眞實、守住本源的。因此超出天地、忘懷萬物，精神不受困擾，貫通大道，冥合大德，黜退仁義，擯斥禮樂。在《莊子》原義當中，僅管體道至人並不否定人事的存有價值，但是至人的眼光，無疑是超越人事範圍，而望向更深更遠的道體本源的。

然而郭象將道體統攝於用世項下，表面上將用世提升到無爲的境界，但實際上，卻也深化了「無爲」的入世面向。「無爲」若放在《莊子》原典中，乃道體的展現樣貌，是道體的形容，其與道體是一種互釋結構。「道」乃無爲無形，可傳而不可受的〔註 21〕。但此無爲之「道體」雖然是窈窈冥冥、昏昏默默〔註22〕，但卻並非空洞而無所作用，相反的，無爲之道體是所有「有爲」天地萬物生成變化的總原理；也就是說，「至虛無爲」的「道」，本身雖然不是一種客觀的現象存在，然而它卻是一切萬物之所以能生成變化的自然之理。因此無爲與道體是一連結來說的觀念。

而郭象解構掉道體的根源性意義後。「無爲」已然不再是道體的形容，而成爲用世的形容。若從體用角度上看，「無爲」無疑是用世之體，而「用世」乃無爲之用。但是這樣的體用結構已然與《莊子》或是王弼不同了，試看郭象的注文：

> 用天下之自爲，故馳騁萬物而不窮。（〈在宥〉：「明乎物物者之非物
> 也，啓獨治天下百姓而已栽！出入六合，遊乎九州」）

〔註21〕見〈大宗師〉：「夫道，有情有信，無爲無形；可傳而不可受，可得而不可見；自本自根，未有天地，自古以固存；神鬼神帝，生天生地；在太極之先而不爲高，在六極之下而不爲深，先天地生而不爲久，長於上古而不爲老。」

〔註22〕見〈在宥〉：「至道之精，窈窈冥冥；至道之極，昏昏默默。無視無聽，抱神以靜，形將自正。必靜必清，無勞女形，無搖女精，乃可以長生。目無所見，耳無所聞，心無所知，女神將守形，形乃長生。」

此處必須先釐清的是，郭象對「無爲」的詮釋，是站在「使其自爲」上而論的，「無爲」乃萬物自生自爲之義。讓萬物自生自爲，天下便可得治，而聖人便可掌握無爲之體，馳騁萬物，當焉自得，並無所窮盡。然而，在這樣的詮釋下，屬於「無爲」的道體，已然是不存在的，道的主體性在萬物自生、自得、自化的詮釋下被解構掉了。因此，郭象的體用結構已不同於《莊子》或王弼的體用結構，是一種對根源性主體——道的上溯。郭象的體用結構，轉而下降到現實世間來說，「無爲」也已由主體根源之意義轉型成爲一種用世操作的方法，不再是道體境界的形容。而體與用的結構也由上溯到形上根源的冀望，轉而成爲人間世的操作守則。

再回到用世觀點來看，由於《莊子》本源之道體被解構了，因此道對萬物的妙用，對天下萬物的化育長養、以及其對生命無窮無盡、覺性的照耀。在郭象的解構下，也都已改變。「道」轉型成爲「萬物之總名也」的角度，而化散爲萬物之總名的道，其背後更重要的企圖，是爲了讓萬物「各安其性」，而各安其性的背後企圖，則是爲了完成「物天下之物，使各自得也〔註23〕」的結構。在這樣的轉型下，道對萬物的無窮妙用已然變形，成爲聖人操作天下的實用方式了。

這當然是郭象有意識的誤讀，將根源之道體化散爲用世之法則。

在這樣的轉變下，《莊子》重視個人生命修養的人生觀，逐步轉型強化了郭象的政治觀、用世觀了。

而郭象的用世觀即是任萬物之自爲、不用心於其間的，試看郭象所說的：

> 夫心以用傷，則養心者，其唯不用心乎！理與物皆不以存懷，而闇付自然，則無爲而自化矣。與物無際。坐忘任獨。不知而復，乃眞復也。渾沌無知而任其自復，乃能終身不離其本也。知而復之，與

〔註23〕見〈在宥〉注：「夫用物者，不爲物用也。不爲物用，斯不物矣，不物，故物天下之物，使各自得也。（「而不物，故能物物」句後注）」案：此處郭象明顯的誤讀，將莊子原文做了一個拆解。莊子原文其句讀應是如此：「有大物者，不可以物；物而不物，故能物物。」莊子原義是指有大物者，應該使物自得，不可以爲物所利用，才是眞正的讓萬物各得其規律及各自回歸其生命型態之中，因此其重點在於使物各自得。而郭象將之斷句爲「不可以物物」，其詮釋的重點在於「不能用物而爲物用，反使自己成爲被用之物，又豈能物物？」而郭象的物我關係，更重要的是最後要呈現「物天下之物」的結構了，因此儘管郭象最後還是寄言於莊子的「使各自得」之系統，然其物我關係卻隱然在用與被用的角度呈顯，其重點也已然由「物各自得」的重點，轉向「如何物物」的角度了。

> 復乖矣。闕問則失其自生也。(〈在宥〉:「意!心養。汝徒處無爲,
> 而物自化。墮爾形體,吐爾聰明,倫與物忘;大同乎涬溟。解心釋
> 神,莫然無魂。萬物云云,各復其根,各復其根而不知;渾渾沌沌,
> 終身不離;若彼知之,乃是離之。無問其名,無闚其情,物故自生。」
> 句後注)

此處將《《莊子》》養心的思維轉化爲「不用心」於其間的思維。並以不用心
之無爲觀勾勒出自生、自化的自然之義。而郭象對《莊子》「道」的有意識誤
讀,在某種程度上,可以看到他試圖爲「用世」尋找一種接近道的可能,也
或者更實際點說,是爲了「用世」尋找「逍遙」的可能。「不用心」於用世,
「心」無措乎人事,便是完成逍遙的方式。而本體「無」觀點的改變,連帶
也影響了郭象的人生觀,可以看出郭象將《莊子》思想帶入了世間,將《莊
子》望向深廣天地自然的眼光拉回到人事;也將《莊子》修行者的身體樣貌,
拉到人間世來論述。

此處再回到前所申論的「聖人」形象的轉變上來說。前已申論郭象的聖
人,是回到人間世的聖人,具有政治上君王的面向。而政治上君王的身體,
就已然不再是《莊子》式修行身體般的簡單明確。聖人的身體既要有逍遙面
貌,又需要有治世面向,因此他的身體無疑複雜的多,往往具有雙重樣貌。

John O'nell 曾在《五種身體》一書中提到中世紀政治神學所發展的「國
王身體」之觀念,當中說[註24]:

> 國王擁有兩種能力,因爲他有兩種身體,一爲自然身體,和所有其
> 他人一樣,這一身體是由一系列自然成分所組成,處於這種身體狀
> 態之中時,他和其他人一樣也有激情,也面臨著死亡;另外一種是
> 政治身體,處於這種狀態時所有成員均臣服於他,他和他的臣民構
> 成了社團(corporation)。……他和臣民們互相滲透,他爲頭,其他
> 人爲成員,他就是管理他們的唯一政府。和自然身體不同,政治身
> 體不受激情控制,也不懼怕死亡,……因爲他的自然死亡不過是兩
> 種身體的分離──政治身體從已死的自然身體中分離,又轉移到另
> 一個自然身體上,所以他表示的是國王的政治身體從一個自然身體
> 轉移向另一個自然身體。

〔註24〕關於自然身體與政治身體的觀點,乃參考 John O'nell 著,張旭春譯,王乾任校
閱:《五種身體》(台北:弘智文化出版,2001 年 8 月出版一刷),頁 79〜81。

「國王身體」未必完全符合郭象聖人的身體描述，但這樣的身體描述，或許可以作爲我們切入郭象聖人身體的一種啓發。在郭象的聖人描述中，同樣也可以看到聖人爲「首」的描述，例如：

> 若皆私之，則志過其分，上下相冒，而莫爲臣妾矣。臣妾之才，而不安臣妾之任，則失矣。故知君臣上下，手足外內，乃天理自然，豈眞人之所爲哉！夫臣妾但各當其分耳，未爲不足以相治也。相治者，若手足耳目，四肢百體，各有所司而更相御用也。夫時之所賢者爲君，才不應世者爲臣。若天之自高，地之自卑，首自在上，足自居下，豈有遞哉！雖無錯於當而必自當也。（〈齊物論〉：「如是皆有爲臣妾乎？其臣妾不足以相治乎？其遞相爲君臣乎？」句後注）

郭象同樣以「首」來隱喻政治上的領導者。而臣民則分屬身體的各個部位：手、足、耳、目、四肢百體。在這些身體部位的政治隱喻下，郭象無疑更重視的是「首」的領導層面，而對首的重視，也可以看出郭象對於權力的不可逆態度。權力的擁有者在「性分」保護下，是能夠持續擁有這項權力的，這是一種對權力的保證。John O'nel 在本章其後也曾提到，當政治身體各有偏重時所呈現出的政治樣貌是如何，他這麼說〔註25〕：

> 如果堅持頭之於心臟和胃的優先性，那麼政治身體便傾向於權威；但如果強調胃和心臟功能的重要性，法碼則傾向於溫和的君主制。
>
> （但認爲後一種情況就是民主的想法是錯誤的，因爲沒有人喜歡有多個頭的身體！）

若用這個看法重新去審視郭象君臣上下，頭、手、足、耳、目、四肢百體的身體隱喻，以及郭象性分說對於各司其職、各任其性的說法，同樣可以發現郭象對於聖人權力的保護。聖人之所以爲聖，乃是在性分觀下成就的，而凡人只能「擬聖」〔註26〕，永遠無法晉級爲聖人。因此，從某個角度上看，郭

〔註25〕 見 John O'nell 著，張旭春譯，王乾任校閱：《五種身體》（台北：弘智文化出版，2001 年 8 月出版一刷），頁 85。

〔註26〕 關於「擬聖」的說法，乃參考盧桂珍的觀點，他曾在〈王弼、郭象性情論研考〉一文中認爲魏晉玄學從起始處，即已奠定以氣化宇宙論做爲「個體之所以如是存在」的先天底蘊與本質互異的因由。此觀點延伸出一個值得深思的人生論議題，即「聖性是生而即有，且非可爲而得」，則表示聖人與凡俗之間存在著一道不可破除的先天藩籬，此說無疑爲聖／凡劃下無法跨越的鴻溝。但另一方面，仔細檢視，又將發現王、郭的性情論中皆指出一條修養途徑，個體生命若能使「性」與「情」的發顯妥切確當，則凡人亦可趨向、逼近聖者。只是二人

象的聖人,是一個保障擁有權力者。

郭象這裡的隱喻,當然是為了安定人事位階所做的隱喻,這也是政治走向下必然要有的名位確立。

然而,郭象的聖人當然不只是如 John O'nell 所言中世紀政治神學的「國王身體」那般的簡單,僅在自然身體與政治身體上而言,郭象的聖人身體,除了政治身體與自然身體外,同時也具有修行身體的企圖。僅管郭象已然改變了《莊子》純然修行式的身體,將其轉向政治面向。但不可否認的,郭象仍然在某種程度上繼承了《莊子》修行身體的企圖。而這樣的修行身體,卻又與聖人的政治操作有著緊密的連結,兩者實是不可分割的。而從這樣的連結性來看,也可以看到郭象聖人身體的複雜樣貌,聖人是兼融修行與用世兩者的。因此,中世紀「國王身體」觀,單純地站在政治身體與自然身體看待國王這一形象,顯然是不足以說明郭象聖人身體的複雜性。郭象顯然更深一層,具有政治身體與修行者身體等多種面貌,因此聖人不僅只是「國王」而已,同時還具有德行方面的典範意義。

而政治與修行兩者的兼養,同樣都牽涉到「情」的問題,「情」的調節與對治是政治身體與修行身體所共同必須面對的課題。

郭象聖人的身體與是不帶有「情」的沾著的,例如他所重視的「無心」,便是一種無措乎「情」於其中的態度。

此處或許要先釐清郭象對「情」的看法。「情」在郭象的認知裡,是一種干擾內心寧靜的波瀾,也是一種欲望的顯露。例如他所說的「必將有感,則與本性動也〔註27〕」、「稱心則喜,乖情則怒,喜怒不忘,是道之罪過〔註28〕」。指出「心」受到外物的波擾,有感而生情,甚至情的過度發散,造成人生的戕害,或如「宗物於外,喪主於內,而愛尚生矣。〔註29〕」心放佚在外物的

(王弼、郭象)所給出的僅是凡人朝向終極聖境貼近的可能性,因此倘若將「成聖」一詞修正為「擬聖」,則更符合玄學家的思維。不過「擬聖」終不等義於「成聖」,王、郭性情論中提供的是凡人擬似聖境的修養工夫,凡俗並不能因此而成為聖人。因為以氣稟為前提的學說中,「聖人」之定義即已涵括先天生而即有的條件在內,凡人透過後天努力僅可趨向聖境,然而其成就人不在聖人之列。筆者認為盧氏之說深有見地,將魏晉時期順氣以言性的聖人觀深刻的形容出來。因此此處採用其「擬聖」觀點來註明魏晉時期的聖凡關係。本文收錄於《台大中文學報》(台灣大學中文系,2006年12月),頁99～101。

〔註27〕見〈列禦寇〉:「必且有感,搖而本才,又無謂也。」句後注。
〔註28〕見〈刻意〉:「故曰,悲樂者,德之邪;喜怒者,道之過」句後注。
〔註29〕見〈齊物論〉:「惡識所以然!惡識所以不然!」句後注。

追求上，失其本然面貌，而導致愛尚之情於其中。在這些言論中，「情」都被認知爲干擾本性的波動，同時也是欲望顯露的樣貌，這兩者都是人心流弊的展現。

另一方面，情的過度發揚，對個體自身的確會造成傷害，同時也可能造成其他人的災禍，郭象也注意到這點，例如他說的：「此皆堯桀之流，使物喜怒大過，以致斯患也。人在天地之中，最能以靈知喜怒擾亂群生而振蕩陰陽也。故得失之間，喜怒集乎百姓之懷，則寒暑之和敗，四時之節差，百度昏亡，萬事失落也〔註30〕」。因此「情」的禍害不止是傷害個體生命而已，倘若恣情縱欲，沉淪於得失是非之中，導致喜怒交集，則恐導致群生之亂。

因此郭象要求要「事不任力，動不稱情〔註31〕」以及「死灰槁木，取其寂莫無情耳〔註32〕。」在這樣的訴求下，身體往往是不顯露情感的。例如：

> 恬愉自得，乃可長久。(〈在宥〉：「夫不恬不愉，非德也。非德也而可長久者，天下無之。」句後注)

> 夫體天地，冥變化者，雖手足異任，五藏殊官，未嘗相與而百節同和，斯相與於無相與也；未嘗相爲而表裏俱濟，斯相爲於無相爲也。若乃役其心志以卹手足，運其股肱以營五藏，則相營愈篤而外內愈困矣。故以天下爲一體者，無愛爲於其間也。(〈大宗師〉：「子桑戶孟子反子琴張三人相與友，曰：「孰能相與於無相與，相爲於無相爲」句後注)

> 故有情於爲離曠而弗能也，然離曠以無情而聰明矣；有情於爲賢聖而弗能也，然賢聖以無情而賢聖矣。豈直賢聖絕遠而離曠難慕哉？

〔註30〕見〈在宥〉：「人大喜邪？毗於陽；大怒邪？毗於陰。陰陽並毗，四時不至，寒暑之和不成，其反傷人之形乎！使人喜怒失位，居處無常，思慮不自得，中道不成章」句後注。

〔註31〕見〈逍遙遊〉注：「此皆明鵬之所以高飛者，翼大故耳。夫質小者所資不待大，則質大者所用不得小矣。故理有至分，物有定極，各足稱事，其濟一也。若乃失乎忘生之(主)〔生〕而營生於至當之外，事不任力，動不稱情，則雖垂天之翼不能無窮，決起之飛不能無困矣。(「且夫水之積也不厚，則其負大舟也無力。覆杯水於坳堂之上，則芥爲之舟；置杯焉則膠，水淺而舟大也。」句後注)」。

〔註32〕見〈齊物論〉注：「死灰槁木，取其寂莫無情耳。夫任自然而忘是非者，其體中獨任天眞而已，又何所有哉！故止若立枯木，動若運槁枝，坐若死灰，行若遊塵。動止之容，吾所不能一也；其於無心而自得，吾所不能二也。(「何居乎？形固可使如槁木，而心固可使如死灰乎？」句後注)」。

雖下愚聾瞽及雞鳴狗吠，豈有情於為之，亦終不能也。不問遠之與
近，雖去己一分，顏孔之際，終莫之得也。(〈德充符〉：「人而無情，
何以謂之人」句後注)

要長治久安，要天下一體，就要脫離情的干擾，讓自己恬愉自得、無愛為於
其間。情的彰顯在郭象思維中是不被鼓勵的，只要有情感的彰顯，就算只有
一分，也就遠離了孔顏聖人。因此郭象特別重視情感恣肆的危機，認為情感
的恣肆會讓身處其中的人冰炭滿懷抱，因此郭象也說：「若乃不彫不琢，各全
其樸，則何冰炭之有哉〔註33〕」。因此郭象期待下的聖人，往往不帶有情感的
顏色，甚至是能夠對情感逆向操作，臨尸能歌、齊死生、忘哀樂、得之不喜、
失之不怒：

人哭亦哭，俗內之跡也。齊死生，忘哀樂，臨尸能歌，方外之至也。
(〈大宗師〉：「嗟來桑戶乎！嗟來桑戶乎！而已反其真，而我猶為人
猗」句後注)

與變為體，故死生若一。況利害於死生，愈不足以介意。(〈齊物論〉：
「死生無變於己，而況利害之端乎」)

求之不喜，直取不怒。(〈齊物論〉：「不喜求」句後注)

聖人與情感的遭遇，帶有一種不受情累的樣貌。情自來自去，與聖人似乎形
成一種不相干的關係。

聖人受不受情累當然是魏晉時期重要的課題，王弼首先提出「聖人有情
但不被情累」的說法，認為聖人與凡人一樣有五情，但卻能夠「體沖和以通
無」。而由「體」與「通」的角度來看，王弼聖人對情的掌控，是能夠由「情」
達「性」的，儘管聖人有情，但卻可以因應情的擾動，回到沖和本性中，因
此聖人不受情累。所以王弼的聖人，尚能認同「情」的存在性。由情達性、
性其情，則是王弼聖人工夫轉進的施力點。

而郭象對於情的看法則與王弼略有不同，在適性結構下，性情自爾，凡
人不可「中易其性」〔註34〕，稟何種性，便受何種情的干擾。在這種先天的
限制與封閉下，「情」所彰顯的已經不是能夠轉進通達於「性」的樣貌，而更

〔註33〕見〈在宥〉注：「夫焦火之熱，凝冰之寒，皆喜怒並積之所生。若乃不彫不
琢，各全其樸，則何冰炭之有哉！(「廉劌彫琢，其熱焦火，其寒凝冰」句
後注)」

〔註34〕見〈齊物論〉注：「言性各有分，故知者守知以待終，而愚者抱愚以至死，豈
有能中易其性者也！(「一受其成形，不忘以待盡」句後注)」

偏向於人必然要面對的先天障礙。但不可忽略的是，聖人在面對適性這樣的封閉結構時，面臨情的來去，卻是超脫的。因爲聖人是秉性最精妙者，故而聖人常能「無樂〔註35〕」、「無喜〔註36〕」、「無愛若鏡」、儘管有時會有喜怒之色，但這些喜怒之色都只是「暫寄」，而不是常駐於聖人之心的。例如郭象所說的：

> 夫體道合變者，與寒暑同其溫嚴，而未嘗有心也。然有溫嚴之貌，
> 生殺之節，故寄名於喜怒也。(〈大宗師〉：「喜怒通四時」句後注)

儘管有情的發顯，但這並非眞正聖人本然樣貌、或心中所有，因爲聖人是無心的，因此情的彰顯都只是因緣際會下暫時的借寄而已，因此聖人之情，不似凡夫之情，受到喜怒哀樂愛惡欲的影響，聖人是無愛爲於其間的。因此，若與王弼「五情同」思維相較，「五情同」之看法，乃認爲聖人與凡人之間都同樣具有與生俱來的五情，因此情感是恆在的。故而工夫重點即在於如何讓情「體」、「通」於純眞本性中。而郭象之聖人，則是「磅礴無心，亭毒均等，所遇斯適，何惡何欣〔註37〕」的，他們對於情，是「無心玄應」、「唯感之從，汎乎若不繫之舟」的，「情」似乎不在他們的心靈之中常駐，只是一個因緣偶合的暫寄罷了。因此「情」對聖人是沒有作用的，只顯出時間偶合下的自生自化而已。

　　既然情的發顯都是偶合的狀態，因此，郭象更強調喜怒的無常〔註38〕。而聖人是「無心」的，因此他們不顯情擾〔註39〕，故而不落入無常之情當中。

〔註35〕 見〈大宗師〉注：「夫聖人無樂也，直莫之塞而物自通。(「故樂通物，非聖人也」句後注)」

〔註36〕 見〈大宗師〉注：「至人無喜，暢然和適，故似喜也。(「邴邴乎其似喜乎」句後注)」

〔註37〕 見成玄英疏：「夫用二儀造化，一爲鑪冶，陶鑄群物，錘鍛蒼生，磅礴無心，亭毒均等，所遇斯適，何惡何欣！安排變化，無往不可也。(〈大宗師〉注：「人皆知金之有係爲不祥，故明己之無異於金，則所係之情可解，可解則無不可也。」句後疏)」

〔註38〕 見〈人間世〉注：「喜怒無常。(「采色不定」句後注)」

〔註39〕 但不可否認的，郭象思維裡的凡人則受到情擾，而如果人在喜怒哀樂裡落實了自己，那麼自我也將沉淪於無常當中。然而人都是「人生而靜，天之性也；感物而動，性之欲也」的，因此必然會有喜怒易感之情。而凡人的「擬聖」工夫，即在於如何適性於聖人所統的大情之中。例如郭象說的：「夫聖人統百姓之大情而因爲之制，故百姓寄情於所統而自忘其好惡，故與一世而得淡漠焉。亂則反之，人恣其近好，家用典法，故國異政，家殊俗。(〈天下〉：「察焉以自好」句後注)」凡夫安適聖人所統，忘己之好惡，而能夠趨近於聖人。

然而聖人並非完全不具有「情」的作用，相反的，聖人雖不受人間小情的干擾，但卻是身負「大情」重任的，例如：

> 無所藏而都任之，則與物無不冥，與化無不一。故無外無內，無死無生，體天地而合變化，索所遯而不得矣。此乃常存之大情，非一曲之小意。（〈大宗師〉：「若夫藏天下於天下而不得所遯，是恆物之大情也」句後注）

> 唯聖人與物冥而循大變，爲能無待而常通。豈獨自通而已！又從有待者不失其所待，不失則同於大通矣。（〈逍遙遊〉篇目注）

在大情的壟罩下，聖人是與物冥合、與大化如一的。因大情的作用，所以聖人可以內外相冥、齊死生、合變化；也因爲大情的彰顯，聖人同時也顯現出通於萬物、迹冥圓融、遊外宏內的特色。因此，在大情彰顯下的聖人身體，是與萬物相通的。而這個「通」是複雜意義的通〔註40〕，是小大、俗隱、勝負、是非、爲與無爲……等等混而相通下的「通」。而彰顯大情的聖人身體，其與萬事萬物相通的背後則帶有作用性解除的面貌，是無心、無爲、無情、無我、無無〔註41〕……的。

而聖人便以無爲、無情、無我、無無等等作用性的解除，反映出萬事萬物的自我面貌。

故而在「大情」壟罩下的萬物身體，是現實界一切都可以落實的可能〔註42〕，小者可以落實其小於身體上、大者可以落實其大於身體上；愚者永遠落實其愚在身體上、而智者則永遠落實其智在身體上。所有的一切與差異，都在大情的顯露下，落實並且塵埃落定。

而這樣的「通」，除了讓所有差異在其身體持有者上落實外。另一方面，「通」還具有一個融通仕隱的企圖。因此「無待而常通」背後也彰顯出迹冥

〔註40〕 此處說複雜意義的通，是相對於莊子單純化意義的通而言的。與郭象相較，莊子的身體主要是明晰的往通於萬物的理境上進程，其「通」乃一明白而直截的通。與郭象身體的通，必須通於萬物、仕隱、小大、勝負、爲與無爲……等等相較，莊子的「通」無疑直截並且明晰的多，而郭象的「通」，則顯得複雜。

〔註41〕 見〈齊物論〉注：「有有則美惡是非也。有無而未知無無也，則是非好惡猶未離懷。（〈齊物論〉：「有有也者，有無也者」句後注。）」

〔註42〕 但卻不是轉化的可能，小者永遠爲小、大者永遠爲大；智者永遠爲智、愚者永遠爲愚。因此表面上郭象用「通」讓萬物得以可能的展現自己，但這個「通」的背後，卻幽微的轉進了「不得轉化」的封限於其中。而這個論點，筆者將於後文中詳細論述，此處爲行文方便，僅在此點出。

圓融之特色。而迹冥圓融，同時也返照出聖人身處於用世與修行的兩種情境。用世與修行，是聖人身體所要完成的兩個面向。

　　然而若從一個工夫論述上來看，不可否認的，郭象對於聖人如何彰顯大情的處理，是較爲缺乏的。這其實是修行身體要完成其修行必然要有的次第，然而郭象卻往往以無心、無爲、無情、無我、無無……，作一個語言上的言說，卻未深刻呈現出工夫修行的面貌。因此聖人的身體，儘管具有大情面貌，但在工夫的失落下，聖人的身體更像「情」作用的抽離，身體反而失去身爲身體的豐富性。因爲「情」的作用，雖然會讓身體陷入喜怒哀樂愛惡欲當中，而有血氣失調、陰陽失衡的景況〔註43〕，但如何由「情」的發散，到「情」的適度調合，更進而可以不受情累，這反是一種身體工夫豐富化、境界化的歷程。

　　然而，郭象聖人對於「情」的隔離，身體成了一種不帶有情的存在，理境也成了不需要工夫即可證成的存在。相較於《莊子》由工夫層層疊進豁顯萬物大情的身體，郭象聖人的身體，無疑較偏向一個客觀之理的存在。儘管郭象也試圖爲修行的身體訂出一個意義，但顯然這個意義，在工夫的缺乏下，反而突顯了架空的樣貌；而修行，也就成了一種虛談。

二、氣化的身體與稟氣的身體

（一）《莊子》氣化身體的特質

　　《莊子》最後理境的的身體敘述，往往具有泛氣化的面貌。例如〈逍遙遊〉：

> 故夫知效一官，行比一鄉，德合一君，而徵一國者，其自視也亦若此矣。而宋榮子猶然笑之。且舉世而譽之而不加勸，舉世而非之而不加沮，定乎內外之分，辯乎榮辱之竟，斯已矣。彼其於世，未數數然也。雖然，猶有未樹也。夫列子御風而行，泠然善也，旬有五日而反。彼於致福者，未數數然也。此雖免乎行，猶有所待者也。若夫乘天地之正，而御六氣之辯，以遊無窮者，彼且惡乎待哉！故曰：至人無己，神人無功，聖人無名。

〔註43〕例如《黃帝內經素問・陰陽應象大論篇第五》中說的：「天有四時五行以生長收藏，以生寒暑燥濕風。人有五臟化五氣，以生喜怒悲憂恐。故喜怒傷氣，寒暑傷形。暴怒傷陰，暴喜傷陽。厥氣上行，滿脈去形。喜怒不節，寒暑過度，生乃不固。故重陰必陽，重陽必陰。」

至人是要能夠「乘天地之正，御六氣之辯」的。六氣之辯郭象將之解釋爲「即是遊變化之塗也」。郭象的解釋雖未脫離《莊子》遊於大化的目標，但是單以「遊變化之塗」來解釋御六氣之辯，卻未能深切的詮釋出《莊子》泛氣化的思維，僅能緊緊扣住郭象「各安其性，天機自張」的思維。而泛氣化思維是《莊子》與大化相待時的重要連結，甚至是《莊子》工夫論的施力點。若忽視這樣的連結，《莊子》與大化之間的關係，甚至《莊子》的功夫論述，都將無法呈顯出來。然而本文認爲，郭象僅在「變化之塗」、「順有待者，使不失其所待」、「各安其性」上解釋「御六氣之辯」，或許是一個有意識的簡化。

此處或可先回轉至「乘天地之正」與「御六氣之辯」進行一個探討。成玄英與釋文都對六氣進行過詳細地解釋：

【成疏】六氣者，李頤云：平旦朝霞，日午正陽，日入飛泉，夜半沆瀣，並天地二氣爲六氣也。又杜預云：六氣者，陰陽風雨晦明也。又支道林云：六氣，天地四時也。辯者，變也。

【釋文】《六氣》司馬云：陰陽風雨晦明也。李云：平旦爲朝霞，日中爲正陽，日入爲飛泉，夜半爲沆瀣，天玄地黃爲六氣。王逸注楚辭云：陵陽子明經言，春食朝霞，朝霞者，日欲出時黃氣也。秋食淪陰，淪陰者，日沒已後赤黃氣也。冬食沆瀣，沆瀣者，北方夜半氣也。夏食正陽，正陽者，南方日中氣也。並天玄地黃之氣，是爲六氣。沆，音戶黨反。瀣，音下界反。支云：天地四時之氣。

成疏與【釋文】在此特別詳細地解釋了何謂六氣。六氣，不論是李頤、杜預以及支道林、王逸等人的說法，「六氣」都與天地自然之氣有關。此外，《莊子》對天地六氣是用「乘」與「御」的動詞做連結，在這樣動詞的運用下，似乎已然隱含了工夫的作用在其中。而「乘天地之正」一句，若從字義上來看，「乘」字主要有駕馭、乘坐、治理、著，穿、登、升、順應、凌駕等義〔註44〕。而「正」字，根據小篆的寫法，乃作「止、一」。《說文》曰：「正，是也。從一，一從止」。而「止」字，本義爲腳趾的趾，即腳的大拇指。因爲我們走到那裡，停在那裡。腳趾頭就在那裡之意。所以「止」字有停止之「止」這個意思。古人在停止之止之上，加「一」劃即是「正」字，而這「一」劃則表義爲「天」，亦即人是可以接通天地的。

〔註44〕見漢語大字典編輯委員會編纂：《漢語大字典》（湖北：湖北辭書出版社，1986年），卷1，頁 0040 第 01。

　　而「御六氣之辯」，根據《說文解字》對「御」的解釋來看，「御」主要
是放在駕馭、統治、治理、侍奉、進獻、抵擋、阻止等義上說的：

> 「御，使馬也。」如：「駕御」、「御馬」。韓非子‧難三：「知伯出，
> 魏宣子御，韓康子爲驂乘。」統治、治理。書經‧大禹謨：「臨下以
> 簡，御眾以寬。」國語‧周語上：「瞽告有協風至，王即齋宮，百官
> 御事。」侍奉。書經‧五子之歌：「厥弟五人，御其母以從。」孔安
> 國‧傳：「御，侍也。」進獻。禮記‧曲禮上：「御食於君，君賜餘
> 器之溉者，不寫，其餘皆寫。」抵擋、阻止。通「禦」。詩經‧邶風‧
> 谷風：「我有旨蓄，亦以御冬。」史記‧卷一一○‧匈奴傳：「是歲
> 漢兵之出擊匈奴者，不得言功多少，功不得御。」

而「辯」字，若根據郭象、成玄英、支道林等的解釋，均釋爲「變」之義。
大抵說來，「御六氣之辯」與「乘天地之正」是一組對文關係。「正」與「辯
（變）」又適爲反義。因此我們合理認爲，「天地之正」與「六氣之辯」，極有
可能均指涉著自然之氣〔註45〕。例如《黃帝內經》之中便有以「正」、「變」
對舉稱氣者，如：

> 黃帝問曰：五運六氣之應見，六化之正，六變之紀何如？岐伯對曰：
> 夫六氣正紀，有化有變，有勝有負，有用有病，不同其候，帝欲何
> 乎？帝曰：願盡聞之。（《素問‧六元正紀大論篇第七十一》）

此處主要說明天地萬物均相應著自然之氣的「正常循行」與「異常變化」而
有各自不同的徵候出現。若回到人身來說，氣的勝負變化，甚至會造成人之
用或人之病等等徵狀。因此若氣屬於變氣或賊氣，那麼對人身就不是一種助
益，而有可能是種侵擾。因此氣是有著多元的形式的。

　　此外，不只人身，六氣的變化與天地歲時也有著密切的關連：

> 夫六氣者，行有次，止有位，故常以正月朔日平旦視之，睹其位而
> 知其所在矣。運有餘其致先，運不及其至後，此天之道，氣之常也。
> 運非有餘，非不足，是謂正歲，其至當其時也。（《素問‧六元正紀
> 大論篇第七十一》）

〔註45〕這樣的說法蔡璧名先生亦曾提出過，他說：「『乘天地之正』與『御六氣之辯』
　　　　爲對文；『正』與『辯』（『變』）又適爲反義，既然『六氣之辯』衡諸古籍確
　　　　指自然之氣的變化，則著實無法排除『天地之正』意指自然之氣的可能。」，
　　　　見《身體與自然——以《黃帝內經素問》爲中心論古代思想傳統中的身體觀》
　　　　（台北：國立台灣大學出版，1997出版），頁252。

六氣變化是有規律的，若氣運有餘，則時節未至而氣候已至；氣運不足，則時節已至而氣候未至。而當氣運無過與不及時，則氣候與時節恰好相應，此則稱爲「正歲」。此也可知，自然天地中的「正氣」與「變氣」〔註46〕，與天地之氣是否正常運行、氣候與時節是否相應有著極大的關係。

而以上述「氣」的觀念以及字義解釋來看「乘天地之正而御六氣之辯」一句或可這麼解釋：至人透過身體乘順與駕御著天地的正氣，達到與人與天地之氣的相應、感通；此外，至人面對變、賊之氣，則可以駕馭、阻止六氣之賊變。

那麼既然至人可以「乘天地之正」與「御六氣之辯」，而此二者又與自然之氣有著密切的關係，同時也指涉著身體的正、變之氣；那麼它與人身經驗以及天地自然就有著不可分的關連，人身是受著天地之氣之感應的，人身之氣與天地之氣是相互融涉的。這段話同時也涵藏了這樣的思維：人身不是獨存於天地之間的，而是處於天地之「場域」中的。可以說，氣的氤氳流通，營構了天地爲一「場域」概念，「氣」便是放在整體場域中，讓個體與整體之間具有意義連結的那個環節。也因爲「氣」的存有，故而人成爲一個整體場域下的存有，而非獨身式的存有。

那麼再從一個人之主體的角度來看與氣之間的關係，往往可以發現主體本身對於氣的長養消竭往往有著積極參與的作用。例如醫家所說的「守其門戶」、「早遏其路」〔註47〕，當中便可以看出人對氣的調節作用。而這樣的思

〔註46〕 所謂的「變」，若落實在「氣」的脈絡下而言，應是指邪、賊之氣。就像《管子·四時》中所說的：「春凋秋榮，冬雷夏有霜雪，此皆氣之賊也。」氣候逆反違背時節則爲「氣之賊」。蔡璧名先生亦曾對《管子》中的這段引文提出這樣的說法：「《管子》一書雖無《內經》言五運六氣繁複精細的時位推移，但以氣候反時節爲『氣之賊』，則雖在稱謂上有『賊』、『邪』、『變』之不同，但是彼此對自然之氣應時爲『正』（常）、違時爲『變』（『邪』、『賊』）的基本看法，則是相互一致的。」見《身體與自然——以《黃帝內經素問》爲中心論古代思想傳統中的身體觀》（台北：國立台灣大學出版，1997出版），頁254。可知天地之「正」，與六氣之「變」的說法，即指涉了氣之順、逆、常、變的概念在其中。

〔註47〕 畢竟人身經絡中所固存的是「正氣（眞氣、精氣）」，只有在正氣受到干擾的時候，才會有疾病的產生，此便是「邪氣」的入侵。但邪氣入侵後，透過正氣與之交爭、遇合，以及善下針砭、藥物等方式，將邪氣驅逐出體外，人體也就恢復如常正氣。因此，邪氣始終是外來的，他無法同化成人體中經脈之氣的一部分。因此醫家也不斷提出「守其門戶」、「早遏其路」的說法，並提升人體的榮、衛之氣，以防止邪氣的入侵。

維在「乘天地之正，而御六氣之辯」一段話中也可以看出。「乘」與「御」的動詞運用，及顯示修行者透過功夫修養，達到境界之後，對於正、變二氣的主體駕馭能力。對於正氣（真氣、經氣）可以乘順之、長養之；對於變氣（邪氣、賊氣）也可以駕馭之、阻止之，修行者可以說是統御著整全的天地之氣，而當中也喻示了修行者本身與天地六氣之間融攝的模式。故而，在《莊子》的修行者當中，不僅「心」不為「氣」動〔註48〕。在逍遙遊此段裡，更可看到主體對「氣」的駕馭，修行者對氣的參與調節是充滿著主動性意味的。

此外，若從工夫角度來看，「氣」與修行者身體感官間的關係，也似乎有著一種奇妙的連結，例如〈大宗師〉所說的：

> 孔子曰：「彼，游方之外者也，而丘，游方之內者也。外內不相及，而丘使女往弔之，丘則陋矣！彼方且與造物者為人，而游乎天地之一氣。彼以生為附贅縣疣，以死為決疣（且換成丸）潰癰。夫若然者，又惡知死生先後之所在！假於異物，托於同體；忘其肝膽，遺其耳目；反覆終始，不知端倪；芒然仿徨乎塵垢之外，逍遙乎無為之業。彼又惡能憒憒然為世俗之禮，以觀眾人之耳目哉！」

「遊乎天地之一氣」與「乘天地之正」、「御六氣之辯」有著異曲同工之妙，然而修行者的主動性在動詞改換為「遊」之下，與宇宙大化之間更有一種悠游與暢遊的融入樣貌。而「游方之外」同時也揭示著「莊周超越天下意識而朝著宇宙意識的轉向〔註49〕」並且帶有超越、解放、對自由的嚮往，並藉著「遊」的實踐，完成自我為一個自由自在、不受拘束、超越固有界域的自由人〔註50〕。但此處不可忽略的是，「遊」的完成，與「氣」的連結有著極大的

〔註48〕 例如〈大宗師〉中所說：「陰陽之氣有沴，其心閒而無事」。

〔註49〕 見鄭雪花：《非常的行旅──〈逍遙遊〉在變世情境中的詮釋景觀》（成功大學中國文學研究所博士論文，2005年6月），頁4。

〔註50〕 鄭雪花在其博士論文：《非常的行旅──〈逍遙遊〉在變世情境中的詮釋景觀》中曾對「遊」這個字的字源及其引申進行過一番探討，他說：「『遊』，古作『斿』，或寫為『游』或『遊』。『斿』和『旅』一樣，都是拉著旗子出遊，這是古代適足遷移遊居時常見的現象。旗子代表是族的徽號，奉氏族神以出遊『遊，乃謂神之應有狀態之語』。『畢竟能夠暢遊者，本來就唯有神而已。神雖不顯其姿，然能隨處地、自由地冶遊。』惟有神之遊，其方法或以『降神』，或以『扮神』，或以做夢，都是擺脫日常性的自我與社會角色，在神聖空間或潛意識裡獲得非常性的體驗。然而，這些都只是暫時的神遊，莊周的方法是通過精神性的轉化昇華而成為自由人，像〈逍遙遊〉裡藐姑射山的神人一般逍遙自在，具有宗教意涵的『遊』，通過哲思的轉化，成為具有人生意義的字眼，

關連性，而「游乎天地之一氣」又與身體的「虛己」〔註51〕有著某種關係，這三者在《莊子》的修養境界中是緊密相連的。

此處或許先岔開來，先由《莊子》對凝定狀態的描述作一個轉進，以下的引文都有一個共通的特色，即凝定狀態與「氣」的流動，有著相互的關係：

> 南郭子綦隱机而坐，仰天而噓，荅焉似喪其耦。顏成子游立侍乎前，曰：「何居乎？形固可使如槁木，而心固可使如死灰乎？今之隱机者，非昔之隱机者也？」子綦曰：「偃，不亦善乎，而問之也！今者吾喪我，汝知之乎？女聞人籟而未聞地籟，女聞地籟而未聞天籟夫！」子游曰：「敢問其方。」子綦曰：「夫大塊噫氣，其名為風。是唯無作，作則萬竅怒呺。而獨不聞之翏翏乎？山林之畏佳，大木百圍之竅穴，似鼻，似口，似耳，似枅，似圈，似臼，似洼者，似污者；激者、謞者、叱者、吸者、叫者、譹者、宎者、咬者，前者唱于而隨者唱喁。泠風則小和，飄風則大和，厲風濟則眾竅為虛。而獨不見之調調，之刁刁乎？」〈齊物論〉

> 回曰：「敢問心齋。」仲尼曰：「若一志，無聽之以耳而聽之以心，無聽之以心而聽之以氣。聽止於耳，心止於符。氣也者，虛而待物

含有自由自在、不受拘束、超越固有界域等意義。」（成功大學中國文學研究所博士論文，2005 年 6 月），頁 17。

〔註51〕虛己的概念來自於吳光明先生，吳先生認為莊子的身體思維展下了以下特徵：其一，莊子認為身體之於俗稱「好的生活」具有絕對的重要性；所謂好的生活指的是「善夭善老〈大宗師〉」。所以「養身〈養生主〉」和「保身〈人間世〉」就成了人生最高的目標；故而莊子強調「不以好惡內傷其身〈德充符〉」乃是人生當中最重要的原則。其次，專心致志於身體，至少包括兩項活動：「體」現人生的理想，以及與宇宙萬有合為一「體」。能體現人生理想的古之真人，「其寢不夢，其覺無憂，其食不甘，其息深深。真人之息以踵……」莊子的這種真人有「不記憶的心，冷靜的容貌、清澈的眉宇，冷若春天，暖似秋天」，「他們的情感適合任一季節、任一事物」。同時，真人的官能（視覺、聽覺、心）是與他們自己合而為一的，這種境界就是與萬有合為一體，這就是身體朗現事物之大道，不論是在它們無形無聲的原始狀態之下，或我們對待它們的態度上，都與之俱化。第三，在泛身體的觀點裡，所有莊子的論證和故事在進展。因為若沒有身體，這些都將失去意義；因為它們在身體方面的具體性是不可被抽離的。最後一點，以上這些都來自泛身體論中「虛己」的概念。莊子發現身體能虛化自身，以至「槁木死灰」，成為「虛室」來容納萬物，或成為「靜水」來反映萬物，如實照見萬物而了無扭曲，由此獲得普遍性。見〈莊子的身體思維〉一文，收錄於楊儒賓主編：《中國古代思想中的氣論及身體觀》（台北：巨流出版，1993 年 3 月一版一刷），頁 399～401。

　　　者也。唯道集虛。虛者，心齋也」〈人間世〉

在這兩則引文中，都可以看到至人進入凝定狀態時，其身體感官共同呈現一種「虛己」的特徵。身體成了空白的「虛室」，而「虛室」是能夠容納萬物進出的，同時也讓萬物呈現其自己，因此說「虛室生白，吉祥止止」。而「虛己」境界的呈現，卻都是充滿著「氣」的形容。在「心齋」一段中，耳的感官消融後，是以「氣」來與萬物遇合，因為氣是「虛」的最極至呈現，它是虛己掉主體之「我」後的通透。另如〈齊物論〉中的「吾喪我」一段，當南郭子綦進入槁木死灰的喪我之境後，他所提出的三籟境界，開宗明義即是：「夫大塊噫氣，其名為風。是唯無作，作則萬竅怒呺。而獨不聞之翏翏乎？」風是大塊噫氣的產物，同時也是生命氣息的來源，風的存在，讓世界充滿律動，就如同郭樸詩中所說的「林無靜樹，川無停流」一般，原本蕭瑟的山景也因為風的起落，而有種種搖曳生姿的生命型態〔註52〕。如果天地間沒有風，那麼天地間必然是燠熱窒息，沒有生命力的〔註53〕，風使得天地間有了搖曳之美；它推動了雲，喚來了雨，成為自然界變化運行的原動力，生育了樹木及農作物，是天地的能量。同時，風也是使萬物說出其自身的重要媒介，就如同〈齊物論〉所說的：「山林之畏佳，大木百圍之竅穴，似鼻，似口，似耳，似枅，似圈，似臼，似洼者，似污者；激者，謞者，叱者，吸者，叫者，譹者，宎者，咬者，前者唱于而隨著唱喁。泠風則小和，飄風則大和，厲風濟則眾竅為虛。而獨不見之調調，之刁刁乎？」風不帶任何聲響，但風吹萬物，卻成了萬物說出自己的契機。所以天地間有風，天地間也就有了律動與聲響，風使得天地有了活力。因此，風可以說是象徵了天地間的生命氣息，是大塊俯仰吐納的生生之機。而氣息的有無正是生命力的象徵，所以「喪我」之後

〔註52〕　《世說新語‧文學第四‧76》中有一則記載：「郭景純詩云：『林無靜樹，川
　　　　　無停流。』阮孚云：『泓崢蕭瑟，實不可言。每讀此文，輒覺神超形越』。」

〔註53〕　梅洛‧龐蒂在論塞尚繪畫時也有一段關係著「風」的論述，未必符合齊物論
　　　　　中的風，但或許可以給予我們有另外一種觀看風的視界，他這麼說：「比如說
　　　　　風景是無風的，阿奈西湖的水紋絲不動，而那些游移著的冰冷之物就像初創
　　　　　天地的時候那樣。這是一個缺少友愛與親密的世界，在那裡人們的日子不好
　　　　　過，一切人類感情的流露都遭禁止。要是我們丟開塞尚去看看別的畫家的畫，
　　　　　會大大地鬆一口氣，覺得如同一次出殯結束了，大家又恢復交談，把令人室
　　　　　息的『絕對永生』掩飾過去，也把勇氣還給了活著的人們。」見〔法〕梅洛‧
　　　　　龐蒂著劉韵涵譯，張智庭校：《眼與心》（北京：中國社會科學出版社1992年
　　　　　2月第一版），頁50。

的子綦,首先提到的便是大塊之氣,他看到了大地的律動以及那無限的生生之德,透過氣息的相互呼應,子綦關注的不再是感官的相對應,而是生物之以息相吹的感通,這樣的感通帶著無限的生命意趣在其中。

而「大塊噫氣」的展現,表面上似乎是對大地萬物之生生不息的形容,不在修行者的「身體」上著墨。然而不可忽略的是,南郭子綦能夠體察萬物的生命氣息,並朗現「怒者其誰邪」的道境,其歷程即是建構在「形如槁木,心如死灰」、「荅焉似喪其耦」這樣的身體工夫上。也可以這麼說,通過「吾喪我」的「虛己」功夫後,軀體的執著性逐步瓦解。而「我」之氣息則沛然流轉於這執著性瓦解的身體上;氣的充滿,也擴大了原本「我」的身體邊界,身體不再只是以肉體為邊界、以肉體來感知萬物。而是以源源充沛的氣與萬物相感通,身體也由肉身界限的軀體,轉化為場域漸漸地氛圍。這樣的身體,粉碎了肉身界限,開啟了「通天地之一氣」的可能。此也即是讓子綦喪我功夫之後,便參透大塊噫氣,進入大塊的原因。

而本真之「我」透過流轉之氣的沛然,將身體範圍逐步的擴大,擴大到「我」散入萬物之中,形成「天地與我並生、萬物與我為一」的大塊之我。在這樣的境界中,「我朗現為萬物,萬物朗現為我」,我與大塊是不隔的。因此,由這樣的觀點來看〈齊物論〉「大塊噫氣」的說法,已然可以得出這樣的思維:身體透過虛己的功夫歷程後,充滿純一之氣,此純一之氣讓「我」與大塊相互感通,感通大塊的我,已然跳出肉身的我,那侷限在感官生理下,與物相刃相靡的我,同時也不再是淪陷於主動/被動、宰制/反宰制、國家/天下、是/非、主/客……下的「我」,所有因「我執」所產生的對立相、執著相,在這樣全新的「我」之觀照下,已然不是個被關注的議題了,因為我早已悠然忘此對立相,而冥契於我與大塊的涵詠陶融中了。

因此「虛己」到一個極至,反而是一種「擴己」。而真正完美的擴己,「是自我能夠居處於別人的地位(身處其境),而在別人裡解消自己。這可以說是虛己的自我所達成的崇高境界,浸淫在這種情境中,實在具有美學和道德的意味。〔註 54〕」所以虛己與擴己的完成,身體與萬物的關係成了一種情境的涵詠融合,「我」必須是全身投入於這樣的涵詠當中,其「天地之一氣」才能完成其意義。

〔註 54〕見〈莊子的身體思維〉,收錄於楊儒賓主編:《中國古代思想中的氣論及身體觀》(台北:巨流出版,1993 年 3 月一版一刷),頁 402。

　　所以《莊子》的身體工夫，是讓身體氣息充滿，使身體成爲一種氣化的身體，以氣來與大化相感通。

　　而由虛己、擴己到「我」與天地之一體，氣息的流轉具有功不可沒的角色。氣的導養與調節，也有助於修行者進入虛己／擴己／天地之一體中。《莊子》關於至人境界的形容，也似乎都脫離不了氣息的形容，例如〈大宗師〉中的一段話：

　　　　夫道，……狶韋氏得之，以挈天地；伏戲氏得之，以襲氣母。

此處的「襲」即調和之意，「氣母」指陰陽二氣。劉武《《莊子》集解內篇補正》謂「〈則陽篇〉云『陰陽，氣之大』，則氣母者，即陰陽。」這一句話意思是說，伏戲（羲）得道，就能調和陰陽二氣〔註55〕。

　　那麼何謂「陰陽二氣」呢？大抵而言，「陰陽」是一氣流行變化中所彰顯的二大屬性，陰陽是純一之氣流行的動態對比相，彼此密切相聯，相互往來。那麼調和了陰陽二氣會呈現如何的身體樣貌呢？在〈人間世〉中同樣有一段關於伏戲（羲）的描述：

　　　　瞻彼闋者，虛室生白，吉祥止止。夫且不止，是之謂坐馳。夫徇耳
　　　　目內通而外於心知，鬼神將來舍，而況人乎！是萬物之化也，禹、
　　　　舜之紐也，伏戲、几蘧之所行終，而況散焉者乎！

「耳目內通」指收視返聽、觀照於內，「外於心知」指排除雜念，這即是前所言感官的超越與解構。伏羲調和陰陽二氣後，所呈現的樣態即是耳目內通的凝定與淵靜，這樣的凝定是冥契〔註56〕於天地萬物的。

　　然而，既言工夫，則不得不關注工夫的障礙之處，因此我們也可反問，若陰陽二氣不調，所呈現的樣態又是如何呢？試看〈在宥〉篇所說的：

　　　　崔瞿問於老聃曰：「不治天下，安藏人心？」老聃曰：「汝慎無攖人
　　　　心。人心排下而進上，上下囚殺，淖約柔乎剛強，廉劌雕琢，其熱
　　　　焦火，其寒凝冰。其疾俯仰之間而再撫四海之外。其居也淵而靜，

〔註55〕關於伏羲「襲氣母」之說法，乃參考張榮明的詮解，見《中國古代氣功與先
　　　　秦哲學》（台北：桂冠圖書1992年1月初版一刷），頁54。
〔註56〕所謂的「冥契」，楊儒賓先生曾定義爲：「前人釋『冥』，亦多解爲『玄而合一』
　　　　之意，如釋其言爲『幽深』、『了無』皆是。『契』字亦然，『契』字成爲重要
　　　　的哲學用詞，大概起於東漢時期的《周易參同契》，此處的『契』字，具有『合』
　　　　義。後式用法亦緣此義而來。……『冥契』兩字合用，顧名思義，我們取的
　　　　是『合』義。此種界定與冥契主義第一義『內外契合，世界爲一』，是相符合
　　　　的。」見：《冥契主義與哲學》，頁10〜11。

其動也縣而天。

陰陽之氣不和諧，便是喜怒失位，居處無常，思慮不自得，中道不成章〔註57〕；如此便會冷熱頻交攻，冰炭滿懷抱〔註58〕。而陰陽失調，往往來自於欲望所產生的有爲之心，修行者若處於這樣的有爲之心之中，心境隨之得失上下，那麼所稟之氣也將受到熏擾，淵靜之心將失去凝定，落陷於俯仰上下之間，如此則是傷身累形。

　　由這些例證中也可以察知，人身體能量的變化與心性意識之間具有著相互影響的微妙關係，身與心之間，透過「氣」的互滲作用，能夠達到一個和諧的平衡。因此，《莊子》在提到心靈意識的淵靜時，是站在一個身心和諧的立場上來講的，回到那無爲清靜之中即是愛身的表現〔註59〕。因此身與心之間，需要靠養氣的工夫使其達到一個連續性的平衡，故而《莊子》重養氣，如何導養氣息，進入氣息深深之中，便是《莊子》眞人境界的完成。

　　若由道、氣的關係來看：「道」是內在於氣中條理氣的秩序及氣化的規律，而氣充塞於天地之間，故而道亦隨之而遍在自然萬象間。所以「氣」是屬於宇宙發生論的存有，「道」是本體論的存有。道、氣之間相依互動，「道」以率「氣」，「氣」以順「道」，因此，「氣」的導養，其最後目的即在於得「道」。所以，《莊子》對進入最深沉的凝神冥契境界時，往往會有泛「氣」化的形容，例如：

> 古之眞人，其寢不夢，其覺無憂，其食不甘，其息深深。眞人之息以踵，眾人之息以喉。〈大宗師〉

> 藐姑射之山，有神人居焉，肌膚若冰雪，淖約若處子。不食五穀，吸風飲露。乘雲氣，御飛龍，而遊乎四海之外。〈逍遙遊〉

> 游心於淡，合氣於漠，順物自然而無容私焉，而天下治矣。〈應帝王〉

> 孔子曰：「吾乃今於是乎見龍！龍，合而成體，散而成章，乘乎雲氣

〔註57〕見〈在宥〉：「人大喜邪？毗於陽；大怒邪，毗於陰。陰陽並毗，四時不至，寒暑之和不成，其反傷人之形乎！使人喜怒失位，居處無常，思慮不自得，中道不成章。」

〔註58〕「冰炭滿懷抱」乃借用陶淵明〈雜詩〉中之句子：「孰若當世士，冰炭滿懷抱。」

〔註59〕就如同莊子在〈在宥〉篇所說的：「無爲也而後安其性命之情。故貴以身於爲天下，則可以托天下；愛以身於爲天下，則可以寄天下。故君子苟能無解其五藏，無擢其聰明；尸居而龍見，淵默而雷聲，神動而天隨，從容無爲而萬物炊累焉。吾又何暇治天下哉！」

而養乎陰陽。予口張而不能嗋，予又何規老聃哉？」〈天運〉

子列子問關尹曰：「至人潛行不窒，蹈火不熱，行乎萬物之上而不慄。
請問何以至於此？」關尹曰：「是純氣之守也，非知巧果敢之列。居，
予語女！凡有貌象聲色者，皆物也，物與物何以相遠？夫奚足以至
乎先？是色而已。則物之造乎不形，而止乎無所化。夫得是而窮之
者，物焉得而止焉！彼將處乎不淫之度，而藏乎無端之紀，游乎萬
物之所終始。壹其性，養其氣，合其德，以通乎物之所造。夫若是
者，其天守全，其神無郤，物奚自入焉！〈達生〉

梓慶削木爲鐻，鐻成，見者驚猶鬼神。魯侯見而問焉，曰：「子何術
以爲焉？」對曰：「臣工人，何術之有！雖然，有一焉。臣將爲鐻，
未嘗敢以耗氣也，必齊以靜心。〈達生〉

夫復謵不餽而忘人，忘人，因以爲天人矣。故敬之而不喜，侮之而
不怒者，唯同乎天和者爲然。出怒不怒，則怒出於不怒矣；出爲無
爲，則爲出於無爲矣。欲靜則平氣，欲神則順心。有爲也，欲當則
緣於不得已。不得已之類，聖人之道。〈庚桑楚〉

在這些例證中，不論是氣、息、虛、遊、通、陰陽等詞語，都含有「氣」的
描繪在其中，是一種泛氣化的言說。甚至，《莊子》好言「游」，好言「守」，
常言游乎天地之一氣、純氣之守等等。「游」、「守」多與「氣」連文，若以氣
功角度來看，「游」與「守」或許即是導引調和的最初意義〔註60〕。《莊子》

〔註60〕 在莊子時代，或許氣功脈輪的觀念尚未完全形成，但不可否認的是，莊子在
〈養生主〉中即曾提出「緣都以爲經」，在〈刻意〉中也提及：「吹呴呼吸，
吐故納新，熊經鳥申，爲壽而已矣。此道引之士，養形之人，彭祖壽考者之
所好也。」的線索，由這些例子，似乎可以看到，莊子已然初具呼吸吐納的
脈、氣經驗了。而近代學者經過考據，所提出的論點似乎也佐證了這樣的觀
念，例如杜正勝在〈形體、精氣與魂魄——中國傳統對「人」認識的形成〉
一文中提到：「從《莊子》〈養生主〉這兩段資料來看，人體經脈體系到戰國
中期基本已具雛形了。」而李建民在《死生之域——周秦漢脈學之源流》一
書中也提到：「脈及其所派生的概念，文獻所見出現於西周末年周室太史的禮
論。至戰國中晚期，民間方技之士大概已明確使用於身體、生命的相關知識
領域。方技的突破，脈學各說平流競進是這一時期的特色。自西漢中期以
下……數術的身體觀益加系統化……換言之，脈學體系化的過程大約是從戰
國到西漢中晚期。」由這些學者的考證可以得知，莊子思想中，儘管尚未有
完整的氣功功法，但卻已然隱含了脈、氣的經驗與想法，由此也可以解釋何
以莊子書中常有泛氣化言論的原因。

重視陰陽二氣的調和，這樣的調和工夫，或許即是氣的導引得宜之證明。故而可知，氣的導引涵養與理境的完成必然有著絕對而深刻的關係。

而氣的導養往往呈現出凝神的樣貌，凝神的樣貌與《莊子》所說道的神妙往往不可分割。或者可以這麼說，凝神與養氣是工夫的一體兩面，因此，論養氣則不可忽略「神」的工夫；而論凝神，則不可不關注「氣」的涵養。

那麼，「氣」與「神」之間的關聯性又是如何呢？

前有提及陰陽二氣調和的問題。但另一方面，《莊子》提到最高理境時，所說的往往是「一」，是「通天下之『一』氣」，那麼此處或許該追問的是，這「一」氣與陰陽「二」氣，由一到二的轉化原因是如何？一氣與二氣之間的主從關係是如何？而這與《莊子》工夫修養的關係又是如何？

萬物森然羅列，而一氣的渾然同一要如何生化出這複雜的變化呢？當「道」派生出天下萬物時，這樣的過程，若全以渾渾然之一氣來說明道生天下萬物，似乎是無法明白說清的，畢竟天地萬物森羅萬象，四時六氣各有代謝，天地間的變化是吹萬不同，是活潑豐富、無窮無盡的。那麼又要如何使這樣變化與派生得以可能呢？

或許，由老子道生一，一生二，二生三，三生萬物的理論中，已然可以見到這個過程的端倪了。天地之渾然一氣必然要有轉化才能擔任起派生天下萬物的責任，而這轉化即是由一氣轉而形成陰陽二氣，經過陰陽二氣的交相變化後，於是化生出宇宙萬象的種種分殊。因此萬物的生死流轉、形變聚合，都乃稟此陰陽二氣之作用而起，《莊子》特殊的形變觀念，也是在這樣的思維基礎下推展開來的，就像他在〈大宗師〉中說的：

> 浸假而化子之左臂以爲雞，予因以求時夜；浸假而化子之右臂以爲彈，予因以求鴞炙；浸假而化子之尻以爲輪，以神爲馬，予因以乘之，豈更駕哉！且夫得者，時也；失者，順也。安時而處順，哀樂不能入也，此古之所謂縣解也，而不能自解者，物有結之。且夫物不勝天久矣，吾又何惡焉！」

儘管在道生萬物的過程裡，《莊子》有時會認爲是道的坎陷虧損〔註61〕，但

〔註61〕例如他在〈齊物論〉中所說的：「古之人，其知有所至矣。惡乎至？有以爲未始有物者，至矣，盡矣，不可以加矣！其次以爲有物矣，而未始有封也。其次以爲有封焉，而未始有是非也。是非之彰也，道之所以虧也。道之所以虧，愛之所以成。」道成萬物，然而成就萬物之後，勢必會有是非成敗愛惡欲形成，此也就逐步使得道開始虧損。

是，道落陷於天下萬物，成就貌相聲色之物卻是必然的過程。依前所述《莊子》的存在觀念來看，一切萬物的存在與否，都是氣之聚散來決定，陰陽二氣的暫時呈現，不論是美醜惡腐，都只是這二氣因緣而起的機緣變化，因此，一切都是脩然而往，脩然而來而已。所以《莊子》對氣之聚散、生命的無常，是有深刻感觸的，就像他說的「吾生也有涯，而知也無涯〈養生主〉」、「悲夫，世人直謂物逆旅耳！〈知北遊〉」……等等。但儘管他對陰陽二氣之無常變化有深刻體會，但放在整個永恆的宇宙變化來說，也因為這無常的陰陽二氣之變化，才使得天地萬物能夠無窮的存在，例如《莊子》在〈天運〉篇所說的：

> 四時迭起，萬物循生；一盛一衰，文武倫經；一清一濁，陰陽調和，流光其聲；蟄蟲始作，吾驚之以雷霆；其卒無尾，其始無首；一死一生，一僨一起；所常無窮，而一不可待。

陰陽二氣的交相變化，才有可能生發出萬象萬物，使萬物生生不息，進入一死一生，一僨一起的生命流轉當中。然而，陰陽二氣之所以能夠永恆，即是因為調和的工夫，陰陽二氣其作用之所以能夠無限生發，乃因調和得宜，否則只會帶來禍患，四時不至，寒暑之和不成。陰陽二氣得宜地配合，將使得萬物永恆地生生不息。而從這段引文來看，陰陽二氣與萬物生成的關係，即類似於母與子的關係。陰陽二氣就像是生發萬物的父母，陰陽相應，就像是自然界的驚蟄，電光雷震之後，大地於是復甦，生命的循環由此開始迴旋。

那麼，陰陽二氣與天地，與渾沌一氣之間的關係是如何？從《莊子》在〈田子方〉中的這段敘述或許可以稍見端倪：

> 老聃曰：「吾游心於物之初。」孔子曰：「何謂邪？」曰：「心困焉而不能知，口辟焉而不能言。嘗為女議乎其將。至陰肅肅，至陽赫赫。肅肅出乎天，赫赫發乎地。兩者交通成和而物生焉，或為之紀而莫見其形。消息滿虛，一晦一明，日改月化，日有所為，而莫見其功。生有所乎萌，死有所乎歸，始終相反乎無端，而莫知乎其所窮。非是也，且孰為之宗！

若必然要將陰陽二氣與渾沌一氣作位階上的比較的話，渾沌一氣較之陰陽二氣則更根源一層，若陰陽二氣是萬物生發的父母，那麼渾沌的純一之氣更像是陰陽二氣的大母。混沌的純一之氣，坎陷〔註62〕於現象界後，便成了陰陽

〔註62〕此處說的坎陷，僅就存在樣態而言，並不是一個價值用語，因此也不具有毀譽或褒貶等意義。

二氣。就型態上而言，純一之氣較偏向形上層，而陰陽二氣則較偏向形下層，它們類似於一種體用結構。但雖然陰陽二氣較偏向形下層，它卻不等同於「物」，它是物生發的契機；只是以「一生二」的觀念來看，相較於純一之氣，它較偏向於形下的界域。也因為一生二，純一之氣化生為陰陽二氣，所以陰陽二氣追溯其根源，則通向這渾沌一氣，此即是純一之氣與陰陽二氣的連續性關係，擴而展之，此也是道與天地萬物間的連續性關係。而《莊子》的工夫也即在這連續性關係的貫通上努力。

而陰陽二氣作用的場域，即是「天地」，肅肅出乎天，赫赫發乎地。「天地」一詞與「天」或「天道」是不同的，天或天道偏重根源性說，就像純一之氣相較於陰陽二氣，是一個根源性的生發大母一樣。天或天道也偏向形上的根源性說，而「天地」則是陰陽二氣的作用場域，陰陽二氣相依相成，所形成的萬物，即是處在這個奼紫嫣紅開遍的天地之間。換言之，純一之氣化生為陰陽二氣，一生二的作用開始後，天地之間也就由一個混沌狀態，生發出種種萬象（此或者即是老子所說二生三、三生萬物的歷程）。而這樣的萬象，也就隨之而來充滿了喜怒、是非、對錯、生殺、福禍、聚散、壽夭、安危、離合……等等的二元相生相立的景況。這二元景況必定不斷地對處於其中的修行者進行影響，修行者或沉淪、或超脫、或了然、或執著、或起心動念、或不喜不懼……這種種一切不斷地在修行者的身心之間產生作用。然而，用「氣」的角度來看，這一切也都只是陰陽二氣的暫時聚散罷了。

也因為這陰陽聚散的天地間（或說物的世界），是一個形下的現象界，因此萬物在此都不可避免的具有成住壞空。然而，《莊子》思維下的真人，處在這樣的現象界下，卻可以「其神凝，使物不疵癘而年穀熟〈逍遙遊〉」或是「死生亦大矣，而不得與之變；雖天地覆墜，亦將不與之遺。審乎無假而不與物遷，命物之化而守其宗也〈德充符〉」。可以知道，這些已達至人理境的修行者，已然體證不死不生、殺生者不死、生生者不生之道的理境了，因此是不與物遷，命物之化而守其宗的。

然而，這些證入道中的修行者是如何證入此理境的？他們是如何能夠超脫時空與那二元相生相立的影響？或許此仍可由純一之氣與陰陽二氣的變化關係來看。

前曾提及，當純一之氣下貫為陰陽二氣時，是一種坎陷的過程，在現象界裡，萬物脫離永恆，進入到死生之域當中。而處於其中的人，在熱鬧萬象

以及生死交攻的種種作用下，必然會受到這些變遷所拖絆影響，心電神馳、心猿意馬、悲欣交集、感慨萬千，而生命也就如此如夢似幻地流逝，俯仰之間，已爲陳迹。因此，如果順由此陰陽二氣聚散變遷所導引，修行者也就在此現象界中不斷輪迴反覆、失卻永恆的回歸。故而，《莊子》講「凝神」，他重視凝神的定止狀態，這樣的凝定狀態，將使得擾攘紛紛的念頭爲之止息，進入到「無無」〔註 63〕當中。因此，也可把這樣的凝定當作是一個逆覺的體證，它使得修行者脫離陰陽二氣的坎陷牽引，回到那純然的靜寂當中。修行者秉此純化之氣，便脫離陰陽聚散的紛擾，重新回返於永恆當中，脫離生命情境外馳的痛苦。因此，已達至人境界的修行者，能夠超出了現象界的有無生滅，不再受到陰陽二氣的聚散無常所造成的變化給影響，便是因爲他們能夠將陰陽二氣凝定逆覺，純化爲純一的混沌之氣，進入「道」境。故而他們不再受到陰陽二氣聚散所影響，他們是「陰陽之氣有沴，其心閒而無事〈大宗師〉」的，同時也是「獨與天地精神往來」的。這個「獨」就是「一（氣）」就是「神（氣）」，而「獨來獨往」就是宇宙一人的合一絕對〔註 64〕。而他們的精神則回到最初的純粹當中：

> 而聖人之生也天行，其死也物化。靜而與陰同德，動而與陽同波。不爲福先，不爲禍始。感而後應，迫而後動，不得已而後起。去知與故，遁天之理。故無天災，無物累，無人非，無鬼責。其生若浮，其死若休。不思慮，不豫謀。光矣而不耀，信矣而不期。其寢不夢，其覺無憂。其神純粹，其魂不罷。虛無恬惔，乃合天德。〈刻意〉

這也就是《莊子》重視靜默，反對勞形傷神〔註 65〕的原因。他說「靜默可以補病，眥搣可以休老，寧可以止遽。〈外物〉」靜默凝定便可達到虛無恬淡，

〔註 63〕 〈知北遊〉中有這麼一段話：「光曜問乎無有曰：『夫子有乎？其無有乎？』光曜不得問，而孰視其狀貌，窅然空然。終日視之而不見，聽之而不聞，搏之而不得也。光曜曰：『至矣，其孰能至此乎！予能有無矣，而未能無無也。及爲無有矣，何從至此哉！』」在這一段敘述中，光曜所讚嘆的境界，不只是無的境界，更甚至要達到無無的境界。如何斷緣絕智，回歸無無，是莊子工夫修養中重要的理境。

〔註 64〕 「獨」爲「一氣」的說法乃參考賴錫三著：〈《莊子》精、氣、神的功夫和境界——身體的精神化與形上化之實現〉，《漢學研究第 22 卷第 2 期》，（2004年 12 月），頁 142。

〔註 65〕 見〈在宥〉：「至道之精，窈窈冥冥；至道之極，昏昏默默。無視無聽，抱神以靜，形將自正。必靜必清，無勞女形，無搖女精，乃可以長生。目無所見，耳無所聞，心無所知，女神將守形，形乃長生。愼女內，閉女外，多知爲敗。」

無憂無夢當中。此也即是《莊子》重視耳目內通，收視返聽的價值所在。

故而凝神與氣的導養調和是一體之兩面，氣的導養調和，一方面在於使天地萬物得到順暢適宜的和煦之氣，一方面也在於使修行者透過這純化的氣逆覺回返此混沌純一當中。而精神凝定之後，修行者的主體與萬物之間，即達成一種神妙的關係。美國學者卡普拉曾對這樣的現象進行描述，他說〔註66〕：

> 當理性的思維沉寂下來時，直覺狀態就會產生一種特殊的意識，能
> 以一種直接的方式體驗到周圍的一切，而無須對概念性的思維進行
> 反思。莊子有一句話：「聖人之心靜乎！天地之鑒也，萬物之鏡也」。
> 對於上下四方這個環境獨特的體驗是沉思的主要特點。在這種意識
> 中，各種局部的形式消退了，融化成渾然的一體。

卡普拉的敘述是有意思的，在這樣的冥契境界當中，所有的理性思維、所有人間瑣事的來去，似乎都已經無法作用在至人的身上，而時間在這些已達化境的修行者身上，似乎也已然不帶有任何的意義，他們已經跳出了事物的流轉，回到其「大本大宗〈天道〉」當中了。

而論述到此，或許可以做這樣的一個小結：氣化的身體，是《莊子》修行工夫裡必然的參與面貌，也是落實《莊子》體道過程裡的實踐面向。氣的調節，是一種「在之中」的實踐。同時也宣告著這樣的意義：我透過我的身體體道，而不是透過其他的什麼來體道。身體即是我進入道境的根本，同時也是一個開顯的場域。可以這麼說，《莊子》的身體具有揭示性意味，它是一個生成之理。如果說《莊子》的「道」其意義在於顯現、敞開的過程。那麼身體就爲這個顯現、敞開的過程提供了一個展演的場所。所以如果體道過程中沒有身體這個束聚點存在，那麼所謂的「體道」過程，將會顯得多麼地貧乏以及抽象，「道」也將成了架空的玄談，失去下貫的實踐性。

（二）郭象的稟氣身體

郭象的身體，與《莊子》氣化的身體不同，而主要在於氣稟上呈現。氣性結構決定了身體的樣態。

氣在《莊子》的工夫思維下，其實具有一個不穩定面貌，它是可改變的。因為工夫之所以可能，就在於氣的不穩定性以及可改變性下才能說。若氣是生來固定的，那麼透過氣而達到工夫的轉進與提升就難以完成。因此，《莊子》

〔註66〕見〔美〕卡普拉（F.Capra）著朱潤生譯：《物理學之道──近代物理學與東方神秘主義》（北京：北京出版社 1999 初版），頁 26。

書中的人物，境界未到時，依舊是受著肉體上的種種氣性牽絆。而境界完成後，身體精氣神的充滿，使得身體的深度與廣度也隨之朗現。故而境界前與境界後，在《莊子》書中是兩種不同的描述。境界前的肉身，是「形」，因此《莊子》說「一受其成形，不亡以待盡」、「其形化，其心與之然，可不謂大哀乎？〈齊物論〉」肉身是人有可能被遮蔽而走入芒昧的陷落因素。當人受到肉身執著的牽動時，原本光明的本真存有也就受到了蒙蔽，被蒙蔽後的狀態即是人在世存有的陷落，也就是《莊子》的大哀之慟！

而境界後的身體，則是精氣神充滿的，是「精神四達並流，無所不極，上際於天，下蟠於地，化育萬物，不可為象，其名為同帝〈刻意〉〔註67〕」的。氣在身體中沛然流動，身體的感官轉化其與物接觸的方式，不再是外馳的，而是內通〔註68〕的。

而儘管境界前的身體與境界後的身體是兩種描述，但境界前、境界後的身體卻是連續的，彼此有一工夫的連結。工夫讓修行者能夠由此達彼，由我到無我（吾喪我），故兩種境界並非是絕然不相干的兩者，相反的，是一個存有的連續性關係。也因為境界前與境界後，可以透過工夫由此達彼，因此境界後的型態是人人都可達到的。

回過頭來看郭象氣稟的身體，郭象也講「氣」，但他的氣並不在工夫上言說，而偏向氣性結構上言說，試看他所說的：

> 俱食五穀而獨為神人，明神人者非五穀所為，而特稟自然之妙氣。
> （〈逍遙遊〉：「不食五穀，吸風飲露」句後注）

> 夫松柏特稟自然之鍾（五）氣，故能為眾木之傑耳，非能為而得之也。言特受自然之正氣者至希也，下首則唯有松柏，上首則唯有聖人，故凡不正者皆來求正耳。若物皆有青全，則無貴於松柏；人各自正，則無羨於大聖而趣之。（〈德充符〉：「受命於地，唯松柏獨也在冬夏青青；受命於天，唯舜獨也正」）

〔註67〕或許可以看刻意這段原文，會有更清楚的表述：「精神四達並流，無所不極，上際於天，下蟠於地，化育萬物，不可為象，其名為同帝。純素之道，唯神是守。守而勿失，與神為一。一之精通，合於天倫。野語有之曰：『眾人重利，廉士重名，賢士尚志，聖人貴精。』故素也者，謂其無所與雜也；純也者，謂其不虧其神也。能體純素，謂之真人。」

〔註68〕見〈人間世〉：「夫徇耳目內通而外於心知，鬼神將來舍，而況人乎！是萬物之化也，禹、舜之紐也，伏戲、几蘧之所行終，而況散焉者乎！」

「氣」的思想在他的思維中主要在氣稟上呈現。稟何種氣，決定人的位置及修行的可行性與否問題，因此稟氣是重要的。稟氣不只決定了人的積習方向，同時也決定了道德修養的高低。

所以郭象境界前與境界後的身體，是分屬兩種型態的身體，兩者互不交涉。因為境界後的身體，是屬於稟氣神妙的聖人所獨有，非凡夫俗子所能涉入。凡夫俗子，只能「擬聖」，而不能成聖。因此郭象的理境，成為聖人的專區。

而聖人之所以成為聖人，與所稟之氣是息息相關的。大抵而言，魏晉時期的的宇宙論依舊是延續兩漢的氣化宇宙論，氣化宇宙論強調個體在先天氣稟上即有所不同，並以此作為個體本質性分相異之關鍵。例如《人物志・九徵》云：「凡有血氣者，莫不含元一以為質，稟陰陽以立性，體五行而著形。苟有形質，猶可即而求之。」此認為人皆是稟氣而生者，也因為稟氣而生，因此所稟陰陽、五行之氣之濃淡厚薄各有不同，故而每個不同的個體有不同的本質呈現，各有偏至。而聖人則是稟陰陽之氣中最精者，同時是兼備各氣，能調合各材之人，因而為聖，例如《人物志》中所說的：

> 凡人之質量，中和最貴矣。中和之質，必平淡無味；故能調成五材，變化應節。是故，觀人察質，必先察其平淡，而後求其聰明。聰明者，陰陽之精。陰陽清和，則中睿外明；聖人淳耀，能兼二美。〈九徵〉

> 中庸之質，異於此類：五常既備，包以澹味，五質內充，五精外章。〈九徵〉

《人物志》中詳細的描述了各種人才所稟的各種不同之氣，其重點在於聖人如何各用其才、並調和眾才。但值得注意的是，《人物志》當中，所著重的是各式人才該如何被善才善用，聖人如何面對不同偏至的人才而能知人善用的問題。所以《人物志》並不強調偏至之才如何透過修養工夫來補足所缺，成就一完善之質。《人物志》更重視的是聖人如何用人之術，因此天生氣稟的問題才是《人物志》所關注的議題，氣稟問題涵攝了性情論、聖人論與道德論，因此稟氣對人的材質來說成了絕對的指標。

不只《人物志》中有這樣的想法，魏晉時期面對稟氣的看法亦不脫這樣的看法，例如張湛《列子》注：

> 夫體適於一方者，造餘塗則閡矣。王弼曰：「形必有所分，聲必有所

屬；若溫也，則不能涼；若宮也，則不能商。」順之則通也。皆有
素分，不可逆也。方員靜躁，理不得兼；然尋形即事，則名分不可
相干；任理之通，方員未必相乖。故二儀之德，聖人之道，煦育群
生，澤周萬物，盡其清寧貞粹而已。則殊塗融通，動靜澄一，蓋由
聖人不逆萬物之性，萬物不犯聖人之化。凡滯於一方者，形分之所
閡耳。道之所運，常冥通而無待。形、聲、色、味皆忽爾而生，不
能自生者也。夫不能自生，則無爲之本。無爲之本，則無當於一象，
無係於一味；故能爲形氣之主，動必由之者也。〔註69〕

張湛在這裡不僅提出「皆有素分，不可逆也」的觀念，認定稟氣與材質是不
可逆、不可改的。在有物渾成時，就已然「陰陽既判，品物流形〔註70〕」
了。因此在陰陽稟氣的判別下，質性是「方員剛柔，靜躁沉浮，各有其性〔註71〕」
的。除了張湛有這樣的想法，張湛在《列子》注中所引王弼之說法：「若溫
也，則不能涼；若宮也，則不能商」，同樣也認爲每個人各有其性，性不可
改易，就像水之溫涼，或音樂之宮商。他們同樣都將人的稟性視做是不可改
易，不可更替，先天而成的材質。因此，稟何種氣，則決定了人成就爲何種
材質，而何種材質，則決定了人處於人間世的位置。或可這麼說，稟氣決定
了性情材質，而性情材質則決定了命運，故而《列子》注中也說：「不知所
以然而然者，命也，豈可以制也？」、「萬物皆有命，則智力無施〔註72〕」。
稟氣是不可逆的，所引伸出的就是命運不可改制這樣的觀念。人對於氣稟的
絕對性是無所施力，只能承擔與接受。因此，如孟子一般「盡心知性知天」

〔註69〕《列子‧天瑞第一》：「故天職生覆，地職形載，聖職教化，物職所宜。然則
天有所短，地有所長，聖有所否，物有所通。何則？生覆者不能形載，形載
者不能教化，教化者不能違所宜，宜定者不出所位。故天地之道，非陰則陽；
聖人之教，非仁則義；萬物之宜，非柔則剛：此皆隨所宜而不能出所位者也。
故有生者，有生生者；有形者，有形形者；有聲者，有聲聲者；有色者，有
色色者；有味者，有味味者。」句後注。見楊伯峻撰：《新編諸子集成‧列子
集釋》（北京：中華書局，1997年10月第五刷），頁9～10。

〔註70〕見《列子‧天瑞第一》：「太始者，形之始也」句後注。見楊伯峻撰：《新編諸
子集成‧列子集釋》（北京：中華書局，1997年10月第五刷），頁6。本文關
於《列子》注引文均引自本書，故僅註明篇卷及頁碼，餘者不再贅注。

〔註71〕見《列子‧天瑞第一》：「太素者，質之始也。」句後注，頁6。

〔註72〕此二引文均見《列子‧力命第六》：「命曰：『既謂之命，奈何有制之者邪？朕
直而推之，曲而任之。自壽自夭，自窮自達，自貴自賤，自富自貧，朕豈能
識之哉？朕豈能識之哉？』」句後注，頁193。

或「吾善養吾浩然之氣」這樣的逆覺工夫，並不是魏晉時期所慣行的工夫方式。甚至儘管莊學旺盛，但《莊子》的工夫——「心齋」、「坐忘」——如何透過我執的遮撥、使氣脈充滿，並逆覺回混沌初始的道境，也往往不是魏晉時期所採行的工夫模式。可以說，魏晉時期的人論，氣稟成了一個絕對的方針，在稟氣如何的先天條件下，人只能無爲、無用、無心於其間。

然而這樣的天人關係，也必然影響到身體的鍛鍊型態，因爲主體工夫如何達至理想的存有狀態之境界，必須是要在宇宙論知識中說明的。而魏晉時期的氣稟態度，也轉換了其工夫模式，改以順氣言性的方式來取代逆覺體證的工夫。

回到郭象的氣性結構來看，在順氣以言性的前提下，人的所作所爲、才德質性，都嚴密的受到「氣」的影響，這樣的影響同樣決定了其工夫走向。

此處姑且先從「氣」的轉型處講起，郭象思維中對《莊子》思想的一大改造，便是解構了「道」的根源性以及其本體性意義，所以雖然稟氣對人具有絕對性的塑形意義，但對於「氣」的偏重面，卻也有所改變。

前有言，《莊子》的氣化觀，氣與道是相輔相成的，因此如何養氣，讓自己精神氣脈能夠四達遍流是體道工夫的重點。但郭象解構了道的價值後，道成了萬物之總名，它化散於萬物之中。在道的解構下，「氣」已然不是一個與「道」互釋的存在，也不再是體道所必須的重點，因爲「道」已然解構，因此工夫中的「道——氣」結構也已然轉換。所以「氣」轉型成了無風自來，自來自去的天地間之一「物」，例如：

> 大塊者，無物也。夫噫氣者，豈有物哉？氣塊然而自噫耳。物之生也，莫不塊然而自生，則塊然之體大矣，故遂以大塊爲名。（〈齊物論〉：「夫大塊噫氣，其名爲風」句後注）

「氣」已然不似《莊子》是與道相輔相成的純一之氣了。郭象的氣論，在自生說之下，已經轉而成爲現象界中一個「物」的位置了，它自生自爾、塊然自噫。郭象思維下的「道」已然不存在了，已然是「大塊無物」了，故而與大塊相連的「氣」也就不再是一個與「道」同流的關係，它偏向一個現象界下的「物」的角色，雖然這個「物」具有不斷流動之特性，但它也不過就是天地間一個自生自來，姑且名之爲「氣」的一個物件罷了。因此「氣」不再是一個聖人要不斷鍛鍊修養、使之充沛，並藉此可推測到宇宙之間精氣氤氳的東西，它偏向一個物的存在，而不再是一個貫通萬物的憑藉。

此或許也可以回頭解釋何以郭象在詮解《莊子》逍遙遊中「乘天地之正，而御六氣之辯」一段時，僅以「遊變化之塗」的角度來解釋《莊子》言意背後那充沛的氣之流動。因爲至人如何使自我之氣充滿，以及氣之充滿後與天地宇宙的相通，在郭象這裡其實並不是一個重點，郭象的重點是如何的順氣以言性。所以在詮解此段時，主要的重點也就放在「順萬物之性」的角度上講，因爲萬物萬性，所以聖人既要順應萬物萬性，則必然要能夠「遊變化之塗」。所以遊變化之塗的用意，依舊放在「順性」上來說。故而修行主體之氣的充沛已經不是郭象關注的，郭象關注的是如何順萬物之性，並以此順性而進入萬物同流當中。

也因爲「氣」在郭象這裡開始有著「物」化的傾向，因此，儘管還是在一個氣化宇宙觀下觀看人的稟氣，但體、氣的關係已經轉變。氣的保養結構，例如「專氣致柔」、「吐故納新」的養氣模式，也在郭象氣論的物化下被解構掉了。試看郭象對〈外物〉篇的這段注解：

> 當通而塞，則理有不泄而相騰踐也。生，起也。凡根生者無知，亦
> 不恃息也。殷，當也。夫息不由知，由知然後失當，失當而後不通，
> 故知恃息，息不恃知也。然知欲之用，制之由人，非不得已之符也。
> 通理有常運。無情任天，實乃開。（〈外物〉：「目徹爲明，耳徹爲聰，
> 鼻徹爲顫，口徹爲甘，心徹爲知，知徹爲德。凡道不欲壅，壅則哽，
> 哽而不止則跈，跈則眾害生。物之有知者恃息，其不殷，非天之罪。
> 天之穿之，日夜無降，人則顧塞其竇。」句後注）

《莊子》外物這段原文，重點在於氣的流通，認爲萬物都有知覺，也都能相通徹。而萬物之所以能相通徹，便是由大氣的流轉不息，此乃通天下之一氣也。那麼人要如何接通流轉不息的大氣呢？便是透過自身養氣工夫，並使得氣息通徹，修行者不以聲色嗜欲阻塞氣的流通。在這樣的養氣結構下，六根將窮徹暢通、循耳目之內通，完成「氣息通而生理全」的工夫。因此《莊子》這段引文，可以看作是一段透過身體感官之實踐修養來養氣的歷程，是層層轉化身心感官之結構後，使氣息暢通不雍塞，進而接通天地宇宙之精氣的歷程。所以成疏點出《莊子》面對感官的一個態度，是「天生六根，廢一不可。耳聞眼見，鼻臭心知，爲於分內，雖用無咎。若乃目滯桑中之色，耳淫濮上之聲，鼻滋蘭麝之香，心用無窮之境，則天理滅矣，豈謂徹哉！故六根窮徹，則氣息通而生理全。」感官是人天生所有，廢一不可，而在《莊子》的工夫

歷程中,也並非要否定感官的存在,相反的,是要感官往內通徹,到一個最幽深冥極的所在。

而這樣的通徹之氣也必然是以清氣的導養爲主,若以中國古代的呼吸法來看,通徹感官的工夫往往在於將濁氣排出體外,清氣引入體內,這樣的呼吸法,一但將出入體內的氣清化、純化,那麼就會產生凝神的思維,而暢遊於天地。此即《莊子》所說的吐故納新,通天下之一氣的用意〔註 73〕。但這個歷程之所以可能,則必須建構在萬物之間的氣息流轉上,因爲氣息流轉是生命延續的根本,同時也是接通萬物的方式;因此《莊子》面對「氣」是一個審慎的態度,必須要「一」、要「虛」、要「擺落我執」,要導引至全身精脈,甚至要與之接通萬物。因此《莊子》對於「氣」是一種有意識的調理,這個有意識的調理便是工夫的窮徹〔註 74〕。

回到郭象來看「氣」的調理,郭象對「氣息流轉之調理」往往是放在「凡根生者無知,亦不恃息也」的角度解釋,將有意識的調理工夫放在「不爲不恃」、「無情任天」的項下講。因此「夫息不由知,由知然後失當,失當而後不通,故知恃息,息不恃知也。」所以他將《莊子》的「恃息」轉化爲「不恃息」。任氣息自生自爾,來則來、去則去,人則無知、無爲、無恃於其間。因此,《莊子》有意識的氣之調理工夫,在郭象這裡已然解構,「氣」也成爲任之自化的一物。

若再以工夫歷程來看,《莊子》的工夫歷程,是需要透過大量的「時間精力」的投入而修練出來的境界,例如〈大宗師〉〔註 75〕說的:「吾守之三日,而後能外天下……吾又守之,七日而後能外物;……吾又守之,九日而後能外生;……無古今,而後能入於不死不生。」或如〈達生〉〔註 76〕中所

〔註 73〕關於的吐故納新之養氣法,乃參考林永勝著:《南朝隋唐重玄學派的工夫論》(清華大學中國文學系博士論文,97 年 6 月出版),頁 91。

〔註 74〕此處也順帶一提,《莊子》儘管也認爲氣有清濁之分,但氣之清濁,往往是在工夫修行上展現,而不是在人性類別上展現。

〔註 75〕此段原文如下:「吾守之三日,而後能外天下;已外天下矣,吾又守之,七日而後能外物;已外物矣,吾又守之,九日而後能外生;已外生矣,而后能朝徹;朝徹,而後能見獨;見獨,而後能無古今;無古今,而後能入於不死不生。殺生者不死,生生者不生。其爲物,無不將也,無不迎也;無不毀也,無不成也。其名爲攖寧。攖寧也者,攖而後成者也。」

〔註 76〕此段原文是如此:「臣工人,何術之有!雖然,有一焉。臣將爲鐻,未嘗敢以耗氣也,必齊以靜心。齊三日,而不敢懷慶賞爵祿;齊五日,不敢懷非譽巧拙;齊七日,輒然忘吾有四枝形體也。當是時也,無公朝。其巧專而外骨消,

說的：「齊三日、……齊五日、……齊七日」等等，這均是一段段充滿時間敘述的工夫。而郭象以無情任天，並以無為、無力於其中的方式作為進入體道天然的手段相比，郭象這樣的手段，所更需要依恃的基礎已然由「時間精力」的工夫，轉變成不經修煉，純任自我天賦才情來達到了。所以郭象的工夫基礎，依舊是在其稟氣思維的項下來言說。除此之外，若從一個時空項下來看，「氣」所影響的性分，是不可改變的。這個不可改的性分，就像時空切片下的一刻，但這切片的一刻，卻定案了生命總長度下的必然模式，郭象無疑以一刻代全體，在生命形成的當下即決定生命的走向。另一方面，郭象卻又同時認為萬物都在時空項下自生自爾的流轉，時間有著無限之功。因此，時空對萬物來說，往往只呈現一個流轉之功，卻缺乏一個向上提升的工夫意義。

　　也因為對「氣」概念的轉變，故而也將改變《莊子》思想中至人、神人、真人身體在時空中的呈現。

　　何謂時空呈現下的身體？大抵而言，凡人肉身必然受到時空拘限的影響，落限於時空之中，悲死樂生，死生成了最難以解脫的痛處，「死生亦大矣，豈不痛哉！」因此時空網絡，是肉身凡人最難以堪破的羅網，也是拘陷人處於某時某地的生命座標，此不可逃亦不可解。

　　然而，反觀《莊子》修行者的身體，會發現修行者的身體經驗，透過工夫修行已然跳脫現象界的一般模式，而進入到與物同化、上下與天地萬物同流的境界。若說時空是人生在世最後的拘限，那麼這些修行者，便可以說是透過工夫修為，而對於時空的支配有了反支配力，甚至進而達到不受到時空系統中的任何力量支配〔註77〕。更甚至，時空的界限在這些修行者身上已然是被消解掉的，絕對時間與絕對空間已然不復存在。體「道」之「道」在修行者身上的作用即是穿透時空與形身的界限，使修行者的身體可以進入到與天地合流的無盡之中，而這樣的關係即是〈齊物論〉中所說的：「天地與我並生，而萬物與我為一」〔註78〕的關係。

　　然後入山林，觀天性；形軀至矣，然後成見鐻，然後加手焉；不然則已。則以天合天，器之所以疑神者，其是與！

〔註77〕畢竟，「可以隨時逆反的循環時間，它是最原始，但也是最簡捷的救贖法門。」見 M・耶律亞德／著，楊儒賓／譯：《宇宙與歷史——永恆回歸的神話》（台北：聯經出版，2000 年 6 月初版），譯序。

〔註78〕這種超時空存有，與天地合流的描述看似神奇，並且超出人類的經驗之外，

因此，透過工夫修養，身體縱深度開展開來，達到上下貫徹於天地；身體成了根源性主體，改變了人與天地萬物的時空序列。

而回到郭象以「自生自化」之「物」的角度來看待「氣」，氣偏向形而下的存有，而稟氣而生的人，同樣也稟受了氣的聚散無常，故其面對時空的態度也改變了：

> 人形乃是萬化之一遇耳，未足獨喜也。無極之中，所遇者皆若人耳，豈特人形可喜而餘物無樂耶！（〈大宗師〉：「特犯人之形而猶喜之。若人之形者，萬化而未始有極也」句後注）

人形只是萬化之一遇，而這場相遇，是偶然的；而過程，也是時空之流下的因緣和合罷了：

> 夫無力之力，莫大於變化者也；故乃揭天地以趨新，負山岳以舍故。故不暫停，忽已涉新，則天地萬物無時而不移也。世皆新矣，而自以爲故；舟日易矣，而視之若舊；山日更矣，而視之若前。今交一臂而失之，皆在冥中去矣。故向者之我，非復今我也。我與今俱往，豈常守故哉！而世莫之覺，橫謂今之所遇可係而在，豈不昧哉！（〈大宗師〉：「然而夜半有力者負之而走，昧者不知也」句後注）

因此，郭象對萬物的認識，是站在一個不斷變動的角度去認識，天地萬物無時而不移，時間是永不暫停、忽已涉新的。所以若執著於此聚散偶然和合的「形」，則會「陷於憂樂，左右無宜〔註79〕」。故而郭象對「形」所採取的態度，便是「忘形遺形〔註80〕」。故而時間的流逝，在郭象這裡是特別被強調的，不管是凡人，或是聖人，都在這個變化之流中被不斷沖刷代謝：

> 夫聖人遊於變化之塗，放於日新之流，萬物萬化，亦與之萬化，化

但在中國典籍當中，卻有許多關於這樣的敘述，例如：「夫大人者。與天地合其德。與日月合其明。與四時合其序。與鬼神合其吉凶。先天而天弗違。後天而奉天時。天且弗違。而況於人乎。況於鬼神乎。《易經・乾卦》」、「孟子曰：『萬物皆備於我矣。反身而誠，樂莫大焉。強恕而行，求仁莫近焉。』《孟子・盡心章句上》」、「聖者，通也，道也，聲也，道無所不通，明無所不照，聞聲知情，與天地合德，日月合明，四時合序，鬼神合吉。《白虎通德論》」……在這些敘述中，皆可以看到人與天地萬物之間關係的改變。可知，這樣的敘述並非是莊子的特例，在中國古代的典籍中這種例證比比皆是。

〔註79〕見〈外物〉注：「苟不能忘形，則隨形所遭而陷於憂樂，左右無宜也。（「有甚憂兩陷而無所逃」句後注）」（「有甚憂兩陷而無所逃」句後注）

〔註80〕見〈外物〉注：「謂仲尼能遺形去知，故以爲君子。（「丘！去汝躬矜與汝容知，斯爲君子矣」句後注）」

　　者無極，亦與之無極，誰得遯之哉！夫於生爲亡而於死爲存，則何
　　時而非存哉！（〈大宗師〉：「故聖人將遊於物之所不得遯而皆存」句
　　後注）

　　是以至人無心而應物，唯變所適。（〈外物〉：「人親莫不欲其子之孝，
　　而孝未必愛，故孝己憂而曾參悲」句後注）

而聖人便是了解日新又新，不斷變化之人。並且對變化能夠處之泰然，所遇
而樂、唯變所適之人。而郭象之無窮，也在「變化」上說，因爲萬物萬化、
日夜更易，所以體悟萬物都不斷在變化之理，並且讓所有的變化都獲得認肯，
並隨之俱化、遇之而安，那麼處在變化中的人，就能夠體會無窮。而聖人便
是因應變化之人，進入變之又變的萬物中、理解變化無極之理，並冥合於其
中，故聖人能夠體無極之道。

　　因此《莊子》的至人，面對時空有一種反支配的逆覺，而郭象的聖人，
面對時空則剛好相反，有一種順應其變化的特質。處在變而又變之中，處變
不驚。也因爲順應變化，變化是永遠在改變的，而變化又是不可逆的，因此
死生大事，也就在不斷的上演與代謝之中，稀釋了其重量。郭象便以此轉換
了死生之大事的哀慟：

　　方言死生變化之不可逃，故先舉無逃之極，然後明之以必變之符，
　　將任化而無係也。（〈大宗師〉：「夫藏身於壑，藏山於澤，謂之固矣」
　　句後注）

　　知變化之道者，不以〔死生〕爲異。更相爲始，則未知孰死孰生也。
　　俱是聚也，俱是散也。（〈知北遊〉：「生也死之徒，死也生之始，孰
　　知其紀！人之生，氣之聚也；聚則爲生，散則爲死。若死生爲徒，
　　吾又何患」）

因爲特別了解時空的瞬息萬變，氣之聚散充滿著偶然性，因此死生的變化也
不斷地被強調，故而郭象說「死生變化之不可逃」。然也因爲了解時空變化的
無常，變化是不可逃的。在這樣的不可逃之籠罩下，郭象採取的便是「任化」
的作法、與時俱也〔註81〕、聚散無常。既不可逃，那就隨之變化、任其變化
吧，從無常之中了解無常、接受無常、順應無常，並以此爲常，這就是面對
死生大事的態度。

〔註81〕見〈寓言〉注：「與時俱也。（「孔子行年六十而六十化」句後注）」。

　　所以，郭象的思維常帶著濃重的「命定」感。前曾言，《莊子》儘管也認爲氣有清濁之分，但氣之清濁，往往是在工夫修行上展現，而不是在人性類別上展現。但郭象在面對稟氣問題時，卻往往將氣稟放在才性類別、聖凡差異、道德厚薄上來論述。因此，儘管「氣」是一種類似於「物」的存有，但卻對人產生一種絕對的分判作用。

　　這樣的分判或許還必須回到漢代的氣化宇宙論上說，郭象的氣稟思維乃繼承了漢代氣化宇宙觀。漢代的氣化宇宙觀，所型塑的天人關係，對人也有著絕對的籠罩性。例如董仲舒所提出的「人副天數」之說法〔註82〕：

　　　　人有三百六十節，偶天之數也；形體骨肉，偶地之厚也；上有耳目
　　　　聰明，日月之象也；體有空竅理脈，川谷之象也；心有哀樂喜怒，
　　　　神氣之類也；觀人之體，一何高物之甚，而類於天也。

天人之間，透過形體的相符，證明天人之間有著絕對的感應模式。然而這樣的天人感應卻也爲「天」型塑了絕對賞罰、絕對權威的至上神形象。這個至上神，對人間有著絕對的力量。因此天人關係走向一個絕對的、不可跨越的、封閉型態的天人模式當中，人無法解脫「天」絕對的籠罩。這樣的天人關係，下貫到人事上，使君王成了天子，君、天之間有著人世的父子關係：「天子者則天之子也，以身度天，獨何不欲其子之有子禮也，今爲其天子而闕然無祭於天，天何必善之？《春秋繁露·郊祭》」。董仲舒的立意，原本或許是爲了以天來約束人君，讓人君至少因爲對天的忌憚而有善行，但眞正實行的結果，卻反而確立了人君的權威性，甚至推而廣之，所有的倫常關係都已然不只是禮的關係，更加諸了權力力量在其中。人間世的權力結構反而得到強化，形成一更不可解的羅網。因此，董仲舒獨尊儒術的結果，儒學卻反而在董仲舒的詮解之下走向一個神學化傾向。而天人、君臣、父子、夫婦等倫常，反而成了極度強化，封閉型的結構關係。

　　這樣的天人關係，在郭象這裡是改變的，郭象解構了天的根源性意義。也解構了自漢以來天的權威性，認爲天乃「萬物之總名〔註83〕」也，同時

〔註82〕見〔漢〕董仲舒著，周桂鈿等譯注：《春秋繁露》（濟南市：山東友誼出版社，2001出版）。關於《春秋繁露》的引文均引自此，故僅註明篇名，不再另行作注。

〔註83〕見〈逍遙遊〉注：「天地者，萬物之總名也。天地以萬物爲體，而萬物必以自然爲正，自然者，不爲而自然者也。故大鵬之能高，斥鴳之能下，椿木之能長，朝菌之能短，凡此皆自然之所能，非爲之所能也。不爲而自能，所以爲正也。」（「若夫乘天地之正，而御六氣之辯，以遊無窮者，彼且惡乎待哉」

「天」也喪失了生化萬物的意義：「無既無矣，則不能生有；有之未生，又不能爲生。然則生生者誰哉？塊然而自生耳」。這樣的解構無疑將漢代思維中天人之間的絕對性關係隨之解除。但不可否認的，郭象儘管解構了絕對權威的天人關係，但他卻仍未改變其在氣稟結構上論人的模式，氣稟對人型構了「類」的規範。儘管氣稟是在性情、聖凡、道德上展現，但氣稟對人的種種「類」之規範，卻依舊將權力結構隱含在「類別」之內。因此，儘管郭象解構了天的存有，但卻又重新以「氣稟」思維，讓人依舊落入了封閉型的限制當中，也依舊回到「命限」的角度來看待生命歷程，就像他說的：

> 生之所無以爲者，分外物也。知之所無奈何者，命表事也。(〈達生〉：
> 「達生之情者，不務生之所無以爲；達命之情者，不務知之所無奈
> 何」句後注)

回歸到「命」的項下看待生命歷程，那麼生命中所有、所無、富貴貧賤、愚智窮通、妍醜壽夭，都是一種無可奈何，不得不的命定了。那麼身體處在其中，也就是命限之下的一個氣之聚散的暫時性存在了。成玄英對這一段注疏解的好，他完全看出郭象的命定說法：

> 夫人之生也，各有素分，形之妍醜，命之脩短，及貧富貴賤，愚智
> 窮通，一豪已上，無非命也。故達（生）於性命之士，性靈明照，
> 終不貪於分外，爲己事務也，一生命之所鍾者，皆智慮之所無奈之
> 何也。

因爲稟氣作用的結果，所以天生人成，人從生命的初始處，便決定了他的類別，也因此學習只是爲了「成性」〔註84〕，成天定之性，因此非在性分之內的學習，都是多餘並且無用的，就像穿井通泉一般，無泉則無所穿〔註85〕。因此，郭象論述「性分」或是「知能」等概念時，皆帶有強烈的限制義，不論是生理的本然質性、才能，或是居於人文制度中當守的禮分，都有著不得不然的特點，此即所謂「命」也。面對這樣的命定思維時，主體的工夫只能在性分之內鍛鍊成就。

句後注)

〔註84〕見〈列禦寇〉注：「夫積習之功爲報，報其性，不報其爲也。然則學習之功，成性而已，豈爲之哉！(「夫造物者之報人也，不報其人而報其人之天」句後注)」

〔註85〕見〈列禦寇〉注：「夫穿井所以通泉，吟詠所以通性。無泉則無所穿，無性則無所詠，而世皆忘其泉性之自然，徒識穿詠之末功，因欲矜而有之，不亦妄乎！(：「齊人之井飲者相捽也。故曰今之世皆緩也」句後注)」

　　然而，什麼叫做「性分」呢？各個不同的人之性分限定又是什麼？而性分的有無又是由誰來決定呢？郭象對於性分是這麼說的：

> 言自然則自然矣，人安能故有此自然哉？自然耳，故曰性。(〈山木〉「人之不能有天，性也。」句下注)
>
> 不知其然而自然者，非性如何？(〈則陽〉「而不知其然，性也。」句下注)

郭象放在「自然而然」的角度上去說性分。然而，性分卻又是郭象修行主體所必須落實的實踐，那麼僅在「自然而然」的角度上去解釋性分，卻未對性分有嚴格的定義，要修行者如何按圖索驥來努力完成這自足之性呢？因此，這往往會形成工夫上的滑脫。故而性分思維是是郭象最基礎的思維，也是郭象完成逍遙的重點，但卻也是最容易掉入虛無的講法。

　　所以回到郭象的工夫上來看，因爲著重的是「性」的自然而然，非爲「我」也（即個體之主體性）所能操控，因此，郭象的工夫傾向於如何將主體的作用抽離，抽離人對自然之性的可能性介入。「人」退後一步，讓「物」出現，萬物之流映現目前。而物的流轉，重新帶領人進入無常之常的無極領域中。所以回到身體論述上來看，因爲「人」的退後一步，故而工夫的實踐在郭象這裡其實是被弱化的。身體成了一種思辯，只要心中存著自生自化、任其自爲、無爲、無心、稟氣適性的想法，逍遙便可達至。因此如何在思辯上達到這樣的理境是郭象所努力的。故而身體不再在工夫上呈現其實踐，而是在思辯上呈現其實踐〔註86〕。

　　而郭象的身體思維，也反映了這樣的情形：

> 守形（太）〔大〕甚，故生亡也。非我所制，則無爲有懷於其間。故彌養之而彌失之。養之彌厚，則死地彌至。莫若放而任之。性分各自爲者，皆在至理中來，故不可免也，是以善養生者，從而任之。(〈達生〉：「有生必先無離形，形不離而生亡者有之矣。生之來不能卻，其去不能止。悲夫！世之人以爲養形足以存生；而養形果不足以存

〔註86〕孫中鋒先生曾探究郭象的玄冥理境時亦曾得出這樣的結論：「郭象所揭示的『玄冥』之境，畢竟僅是一種玄學辯證思維下的產物：它既非植根於主體之生命實踐工夫，則亦並不眞能超拔於個體主觀情識意欲之上。郭注中的玄冥獨化之境，究實言之，乃是由理論思變所構擬的思維境界，而非在主體之功夫實踐基礎上所開顯的生命解脫之境。」見《莊學之美學義蘊新詮》（台北：文津出版社，2005年12月一刷），頁146。

生，則世奚足爲哉！雖不足爲而不可不爲者，其爲不免矣」句後注）
郭象標榜「俱不爲也〔註 87〕」之論，彌養之而彌失之、莫若放而任之；因此
郭象的養生之法便是從而任之、無爲有懷於其閒。故而身體退居於物之後，
讓物的流轉帶領身體體驗無窮變化，而身體就在不斷的時空流轉下「無時不
適」。時間之流加諸於物上，則萬物沒有不生滅無常的，身體也即進入這現象
界的時空流轉當中，順應之、代謝之、變化之，並且深化無常之常的理解，
因爲一切都是氣聚氣散、因緣自然。所以郭象是特別理解流變無常的人。他
從一個形下的世俗世界角度來觀看物，萬物沒有不流轉改變的：

　　日夜相代，代故以新也。夫天地萬物，變化日新，與時俱往，何物

　　萌之哉？自然而然耳。（〈齊物論〉：「日夜相代乎前，而莫知其所萌」

　　句後注）

郭象回到現象界觀看萬物〔註 88〕。現象界是郭象的寄託之所，他的哲學是脫
離不了現象界的，現象界是他的「自得之場」，如何在現象界中，各自得、各
自生、各自流轉、各自逍遙，是郭象更爲關注的。因此身體工夫的步步提昇，

〔註87〕見〈達生〉注：「夫形全精復，與天爲一」句後注。
〔註88〕郭象恆是「有」者，有無之辯一直是魏晉玄學的重要主旨之一。郭象解構了
　　　「無」，一切從萬物自身開始說起，而不從「無」或「道」的角度論宇宙生成，
　　　因此郭象恆是「有」者。而這樣的「自生」觀念，同樣也展現在他對萬物的
　　　觀看角度上，他是在現象中觀看現象的，甚至可以更進一步說，他是在人世
　　　間觀看人世的。所以他的重點也總是放在人世上說，從儒道的角度上看，這
　　　無疑也隱含了郭象外道內儒的本質。林俊宏曾在〈玄學與政治的對話：郭象
　　　《莊子注》的三個關懷〉一文中提出這樣的看法，或許可以作一個參照，他
　　　說：「道家的『無』在起始處說的是整體，這與『有』的論述強調的整體看來
　　　一致，不過細究之則不同，因爲『無』說明或是強調了平等與個別性的可能，
　　　它說明了自性發展與變動的無限可能性，萬物與大道是就這點上相通的，人
　　　當然也是透過這條途徑的；而『有』傾向於指涉一種存在的樣態，是一種出
　　　現於完成的樣態；從『有無相生』的觀點來看，整體的一致是可以肯定的，
　　　不過若就『有生於無』而言，其間的高下與指涉的內容就有所不同了，這裡
　　　的『無』是沒有限圍的可能，而『有』則是一種成就的狀態（老子說的『道
　　　生一，一生二，二生三，三生萬物』就有這樣的味道），因此，『有』與『無』
　　　是有所別的。本文以爲，『無』相當程度反映了『個別到整體的可能』（強調
　　　的是個別性的尊重），而『有』則是政治社會構成的指涉，循此，個人與社會
　　　的一致與否明顯地反應在共同生活的秩序樣態上，玄學處理的『無與有』或
　　　是『自然與名教』乃至『個人與社會』都是關於原始道家『無』與『有』觀
　　　點的延伸，衹是本質上，玄學處理的『有』無疑帶有較濃厚的儒家特性。」
　　　見（《政治科學論叢》第十六期，2002 年 6 月）頁 35，注 14。

甚至理境中對於時空的超越與逆轉，對郭象來說反而是個難以言詮的歧出，試看他說的：「鵬鯤之實，吾所未詳也。……達觀之士，宜要其會歸而遺其所寄，不足事事曲與生說。自不害其弘旨，皆可略之耳。〔註89〕」因為這樣的超越，在現實世界，尤其是世俗化的現實世界〔註90〕是一個殊異性的特例，而非眾生普遍面貌，尤其當郭象弱化了其身體工夫面向後，這樣的超越更成了一種絕響；難以言詮、難以想像、更難以企及，因此，郭象必須回到現實世界中尋找另一種非關功夫的超脫法門，他提出的「物任其性」以及「與物流轉」無疑是一種方便法門。但也因為脫離不了現象界，所以人在物任其性當中，隨著時空流轉而流轉，生命歷程就處在這樣的不斷變動流轉中，進入無常的行列。而「我」，就成為時空流轉下的一個「非我所制」而「與時俱往」的「我」。

而郭象這樣的企圖，或許也是讓人與物合流的手段。這樣的手段擴大來看，可以看作是「個人內在秩序」與「政治社會秩序」互動時所不得不有的一種想法。因為郭象的期許，人是要回到世俗社會中的，所以他所看到的不再是工夫的超越面，而是人如何從超越中退後，以一種與萬物齊平的身心位階，融入物、融入全體社會當中，而這或許也是郭象化成天下外在事功的意圖〔註91〕。當我與萬物是合流狀態時，那麼我便不與社會整體或天下萬物有任何的衝突。我要進入到天下事功之中，也就不再具有名教與自然的衝突與

〔註89〕此乃郭象的寄言出意也，整句注如下：「鵬鯤之實，吾所未詳也。夫莊子之大意，在乎逍遙遊放，無為而自得，故極小大之致以明性分之適。達觀之士，宜要其會歸而遺其所寄，不足事事曲與生說。自不害其弘旨，皆可略之耳。(〈逍遙遊〉：「北冥有魚，其名為鯤。鯤之大，不知其幾千里也。化而為鳥，其名為鵬」句後注)」

〔註90〕林俊宏曾在〈玄學與政治的對話：郭象《莊子注》的三個關懷〉一文中這麼說過：「郭象的道家思想發展出一種『自生』的概念，試圖融合存在於個人與政治社會之間差異，進而主張『名教即自然』向上直承王弼，致力消解『無』的絕對性，將道家的政治思想落入更加世俗的層面。」見(《政治科學論叢》第十六期，2002年6月) 頁34～35。

〔註91〕這是否也是一種悲劇性的展現？就像李康在《運命論》中所說的：「故木秀於林，風必摧之；堆出於岸，流必湍之；行高於人，眾必非之。」老子也曾說過：「高者抑之，有餘者損之。」畢竟郭象所處的年代是一個矛盾動盪的年代，在這樣的年代裡，超群脫俗是否反而是一種原罪。合於人群才是最穩定地安身立命之方法。因此，郭象不再高蹈地呈現境界的超脫，只寄望如何將超群者拉進人事當中，萬物齊平。然這樣的想法畢竟無法證實的，畢竟郭象已然逝者已矣，僅筆者個人臆測，故僅在注文處言及，聊備一格。

予盾問題，因為名教之中自有逍遙，自然也就不再是高於名教的選擇；相反的，能在名教中得到自然，才真正是圓滿至足的境界。所以，不可否認，若從一個「適性」即人人皆可達逍遙的思維上看，郭象的確使所有現象界的個體得到高度的尊重以及個性化的展現，但從一個身體工夫的角度來看，修行者的確已然在功夫歷程中，轉換其位置及施力點，從《莊子》式積極參與功夫歷程模式的修行者，轉換為一個對現象界任順之、從流之的修行模式了。

第三節　小　結

因此，從身體與世界關係的改變，以及體、氣模式的轉變，也可以看出莊、郭二者理境的改變，以及理境改變下，其工夫態度的不同。

以工夫歷程來看，郭象的工夫歷程是弱化身體的參與以及時間精力的投入的，他的的身體思維與《莊子》的身體思維相比，更傾向於一個思辨下的證成。在身體思維的改變下，理境也隨之而轉，成為一種當下直接現前的存在。而逍遙的齊物傾向：小大異趣、性各有極、不可相跂，更造就了逍遙成為不需藉助工夫的存在即能進入的理境。因此，郭象的理境，相較於《莊子》，更走向一個主體隨順任化下之存有：為而非為、待而無待、不治治之、忘而為之，在辨證歷程當中顯現其理境。

這樣的工夫轉向，無疑是走向一個思辨化的過程，也將《莊子》無極之野的超越境界，拉入人世現實境遇來完成。但不可否認的，《莊子》的工夫，儘管非一促可及，但在工夫歷程下，修行者生命的深度與廣度都獲得最大的可能。但這樣透過的工夫所達成的理境，在郭象「萬物各反所宗於體中而不待乎外」的思維下，卻成為一種絕響。

儘管部分學者認為郭象思維是一種「自力救贖，自我治療」乃 〔註92〕：

> 藉由身體修鍊，可超越形軀天生對我們的限制，亦即此為一種「生命意義的自我治療」。中國思想的縱深處，隱含「生命治療學」發展之可能。郭象認為生命的缺失，只能靠自己「遺」、「忘」、「無」、「任」的力量來解決，不能仰賴他人。此為一種「自力救贖」，而非「他力救贖」。

〔註92〕見孫世民著：〈郭象身體思維研究〉，收錄於《國文學誌》第 13 期，2006 年 12 月。

從治療學觀點觀看郭象哲學，或許是可以的。因爲郭象哲學仍舊是相應於魏晉世代下所生的哲學，因此必然有因應當代而特有的關注視域，也必然有時代的現實關懷。然而若說郭象哲學是一種不仰賴他人，是「自力救贖」，而非「他力救贖」的哲學，那麼本文便持保留意見。因爲郭象所說的「各反所宗於體中而不待乎外」，更偏向一種將主體封閉於身體之中的現象，他的思維背後其實是有一個「安分」、「安命」的目的在，要萬物各安於其各自性分的封陷。因此，僅管「萬物各反所宗」具有一種回到本質的表象，或「自力救贖」的表象，但這樣的表象，其背後卻諭示了一種權力的封閉型結構，其更深層的目的是要能夠「用得其所」、「各當其分」。

因此，從理論上看來，郭象的適性逍遙、自生獨化，的確帶給《莊子》逍遙學說一個詮釋的制高點；但若就工夫的實踐面向來看，郭象所提出的逍遙理境，儘管小大皆可達、壽夭皆可安，使逍遙展現在各適其性、各展其才上，但「逍遙」在適性的籠罩下，卻的確隱含了「身體工夫」的弱化傾向。

第二章　由復性到適性：
由「神」入「聖」的身體轉型

第一節　前　言

何謂「性」？在《中庸》一書中，即開宗明義地點出：「天命之謂性」。「性」這個思維在中國思想中佔有舉足輕重的地位。不只是儒家的孟子言性善，荀子言性惡，在道家當中同樣重視「性」的問題，就像《莊子》所講的「性修反德」、或是性之可易與否的問題一般。可以說，如何面對「性」，如何看待性的善惡清濁，更是中國各家學術分異之關鍵。

然而不可忽略的是，中國思想中看待「性」，往往不是從種性、類性、理性等等問題上去探究，所以也就不會將「性」做一客觀事物來分析論述其普遍性、特殊性或可能性等等；中國思想看待「性」，乃是從人面對天地萬物，並對其內部所體驗之人生理想，而自反省此人性何所是，以及天地萬物之性何所是的角度去言「性」。〔註1〕因此，「性」就不會是一個客觀對象，而將是一個與天地萬物，與人生息息相關的思考點。所以當中國思想家提出對「性」的不同看法時，就已然牽涉到理論的殊異性了。同時也牽涉到人內在理想如何實踐，以及此實踐與天地人我的關係。因此「性」的探究，將不再只是一個單獨片面的論述角度，而應包含更多更廣的思想面向；同時也是一個探究思想家思維內部的絕佳維度。就像前所述孟、荀對性的善惡之辯，

〔註1〕　此一論點，乃受到唐君毅先生著：《中國哲學原論‧原性篇》，第一章所引發。（九龍：新亞書院民57年二月出版）。

不論孟子的「性善說」，或如荀子的「性惡說」，此二說的說法提出，「性」便不再單一的僅具有中性的自然義，而是開啓了另一種指標的可能，即善惡的價值指向義。因此，「性」成了一種自我檢視的反省準則。同時，對「性」的不同看法，更深入地牽涉到孟子與荀子不同的人身修養方法。不僅是孟、荀如此，各個思想家在面對「性」的詮釋時，也同樣影響到整體思維的面相。例如當《莊子》提出「性修反德」之路線時，德與性的結合，以及復性的提出，將性視爲一個預設的本眞時，這樣的對「性」之詮釋，也可以看出《莊子》思維體系的價值取向以及修養標準。

而郭象看待「性」的態度，與《莊子》有著極大的不同。郭象看待「性」是放在「適、足、任」的角度上去看，因此「性」的意義，已然開始由《莊子》「性修返德」的路線上有所轉換，「性」也開始由《莊子》帶有本體根源義的「性」當中釋放了出來。而郭象所做的轉變，同樣也可以發現其思維體系相應的變化。

然必須注意的是，《莊子》的工夫絕非是脫離經驗式的抽象思維，工夫的達成往往需要全身的實踐來證成，因此，在即存有即活動的經驗內涵下，本眞的回歸必然無法脫離身體的參與，這是無庸置疑的。那麼做爲一個《莊子》的注家，其詮釋面向的改變，是否影響到工夫的走向與身體的擺放？這是本文所試圖討論的課題。

所以，本文擬從「性」的角度出發，以身體的工夫爲脈絡，探究工夫對「性」的作用以及此工夫理境完成的種種路線。如此或能一窺《莊子》與郭象思維中的工夫特徵及意義。

第二節　由復性到適性：兩種性的擺放

前所言，《莊子》看待「性」，往往是走向「性修反德」〔註2〕之路線的。這個「德」並非是儒家仁義道德意義下的德，而是〈德充符〉裡「遊心乎德之和」意義下的德。〔註3〕

〔註2〕 見〈天地〉：「泰初有無，無有無名。一之所起，有一而未形。物得以生，謂之德；未形者有分，且然無間，謂之命；留動而生物，物成生理，謂之形；形體保神，各有儀則，謂之性。性修反德，德至同於初。同乃虛，虛乃大。合喙鳴；喙鳴合，與天地爲合。其合緡緡，若愚若昏，是謂玄德，同乎大順。」
〔註3〕 儒家式的「德」是人倫意義下的道德，而道家的「德」是到下貫於萬物的表現，並且是萬物可以據以回朔於「道」的一種接通與涵養。因此德與道往往

唐君毅先生曾對《莊子》回歸於本眞之性的工夫歷程有過說明〔註4〕：

> 莊子所謂復其性命之情之實義，即不外化除一切向外馳求知心知，
> 或收回此心知，以內在於人生當下所遇所感之中之謂。是之謂知與
> 恬交相養。人有所感而生情，人一時只感此所感而非他，是爲命。
> 人之所以能感所感而生情者，即吾人之生命之性。合性與命，爲一
> 性命之情。性命之情之所在，即吾人之生命之當下自得自適之所在，
> 亦即生命之恬愉之所在。人心知不外馳而止於是，是謂以心復心，
> 以復性命之情。

此處點出了《莊子》對於「復性」的重視，簡單來說，「復性」即是回復那本
眞之性。在《莊子》思想中，性的本質是素樸的〔註5〕，因此如何回復本質的
素樸中是《莊子》所重視的；而由「復性」的提出來看，《莊子》論「性」不
只是牽涉到「性」的價值意義，同時也具有「復」的工夫歷程，因此「復性」
的提出，也即包含了逆覺的工夫體證。也因此《莊子》提出了「性之正」與
「性之惑」的兩種可能：

> 彼正正者，不失其性命之情。〈駢拇〉

> 夫小惑易方，大惑易性，何以知其然邪？〈駢拇〉

此處可以明顯看到，「性」若未修返德，將有可能芒昧在本性的遮蔽當中。既
然性有正、惑的可能，那麼工夫修養就會是「性之正」或「性之惑」的差別
原因。

此處或許可以看看《莊子》的「性」與工夫修養之間的關係。《莊子》在

是一種連慣性質。簡單來說，「德」是「道」展現其存養萬物的具體現象，而
道則是德的核心，萬物透過德，皆可通達於「道」。
〔註4〕見唐君毅先生著：《中國哲學原論・原性篇》（九龍：新亞書院民57年二月出
版），頁44，45。
〔註5〕試看莊子在〈庚桑楚〉中的敘述：「道者，德之欽也；生者，德之胸也；性者，
生之質也。」以及〈天地〉中所說：「泰初有無，無有無名。一之所起，有
一而未形。物得以生，謂之德；未形者有分，且然無間，謂之命；留動而生
物，物成生理，謂之形；形體保神，各有儀則，謂之性。性修反德，德至同
於初。」「欽」乃本也。「光」乃顯發之意。「未形者」指「道」。「儀
則」意謂形式、特性。由此可以看出「性」乃是天生的素質，是「得以生」
者。「德」生而有形後所表現出來的形體儀則。《莊子》認爲宇宙萬物的本
根是「道」，人和萬物所得於道以生者是「德」，德表現在形體方面的是「性」。
「性」作爲「德」的顯現是素樸的、自然的。莊子稱人的本性爲「性命之情」。
「性命之情」，即性命的眞實狀態。

〈逍遙遊〉中開宗明義的提出一個「化」的歷程：

> 北冥有魚，其名為鯤。鯤之大，不知其幾千里也。化而為鳥，其名
> 為鵬。鵬之背，不知其幾千里也；怒而飛，其翼若垂天之雲。是鳥
> 也，海運則將徙於南冥。南冥者，天池也。

〈逍遙遊〉一開始所呈現的是一個宏闊的境界，鯤由水中拔尖而起、化而為鵬；並且直上雲霄，奔向南冥。而鯤化鵬的拔地而起，即衝破所有人存在於天地間的界限網絡，自下而上、自海而天、自北而南，由渾沌而轉向回歸於南冥的離明之處〔註6〕。整個場景飛揚壯闊，意興遄飛。而這樣轉向與回歸的歷程，又是奠基在「化」的基礎上。「化」是一種轉化，它不是區隔，不是鯤與鵬的界線，而是鯤與鵬的化合。在「化」的過程中，鯤有了轉變的契機；而鵬也有了生發的基礎。因此，「化」的歷程是包含了兩者，鯤中有鵬、鵬中有鯤；「鵬」需有「鯤」為基礎，「鯤」需有「鵬」為飛騰；如此才能彰顯出「化」的意義。因此，此處稱「化」為一個「歷程」，而非一個「區隔」。

而「化」同時彰顯了一種跳脫義，鯤化鵬代表一個時間空間的轉變，在這樣的敘事中，跳脫了現實的時間與空間，進入到一個超越時空的絕對自由當中，並進入一種永恆的象徵裡。換句話說，《莊子》的工夫修為，是借著主體我的工夫參與，進入到永恆的「道」之中，也即進入到永恆的存有之中〔註7〕。在這樣的歷程式意義下，「進入」成了道完成的重要過程，唯有進入，道才有開顯的可能。因此，如何由初始到終了，由此到彼，這才是《莊子》的工夫意義。而這樣的概念，或許可以用海德格的思想來相互參酌。

海德格所認定的「存有」意義，並不是霎那間的「在」，因為霎那間的在，亦即不可能存在，因為「昔物不至今」、「今物亦不往」〔註8〕。刹那間的「在」，在時空中只能停格於一點，而無法走入永恆。也因為他只能停格於一點，因此，這樣的「在」成為虛懸的對象，人無法參與完成。所以海德格存有的重點在於其「延續性」，要如何「去進行存有」（to be）才是「存有」的真意。在這樣的思維下，存有之意義是偏向動詞式的；而非靜態的名詞稱

〔註6〕 見王夫之著：《莊子解・卷一・內篇・逍遙遊》：「自北而南，寓緣混沌向離明之意」。（里仁書局印行）。

〔註7〕 然而，也因為工夫必然有歷程，所以這樣的超時空之永恆，依舊是與時間空間是緊密相連的。

〔註8〕 見僧肇：〈物不遷論〉，收錄於洪修平釋譯：《肇論》（臺北：佛光文化，1997出版）。

謂。也因為這樣，所以存有的完成，必須靠主體參與其中。因為存有已然不是一個虛懸的、擺在那裡的，或處於某處的一個「在」；而必須是從此到彼的探索過程〔註9〕。

試看〈達生〉當中的這段記載：

> 齊三日，而不敢懷慶賞爵祿；齊五日，不敢懷非譽巧拙；齊七日，輒然忘吾有四枝形體也。當是時也，無公朝。其巧專而外骨消，然後入山林，觀天性；形軀至矣，然後成見鐻，然後加手焉；不然則已。則以天合天，器之所以疑神者，其是與！

三日不敢懷慶賞爵祿→五日不敢懷非譽巧拙→七日輒然忘吾有四枝形體也→巧專而外骨消→觀天性、形軀至、成見鐻→以天合天。這一段的論述明顯地是充滿時間性的，也充滿了歷程次第、層層累進的，在時間之中逐步完成工夫。因此，完成即是一種歷程，歷程是人去參與的。完成者是「吾」這個主體。而《莊子》所說的「道」，也便是是透過這個階段逐步開顯的。人與道的關係，因為歷程的存在，因此人成了「道」彰顯過程中的實行者、完成者。「道」對於人來說，不再是虛懸的空談義，而是實際參與的實行義。經過實際參與之後，本真的「道」則慢慢被彰顯、揭露出來。

回過頭來觀看《莊子》所論的「性」，《莊子》對「性」有過這樣的言說：

> 惡乎知君子小人哉！同乎無知，其德不離；同乎無欲，是謂素樸。
> 素樸而民性得矣。〈馬蹄〉

他認為「性」應該是素樸無欲的，歸返到那無欲無知的「性」當中，也就合乎於「德」了。而回到那素樸當中，民之「性」才可彰顯。另外，徐復觀先生在《中國人性論史》中也提到〔註10〕：

> 莊子內七篇雖然沒有「性」字，但正與《老子》相同，內七篇中的「德」字，實際便是性字。因為德是道由分化而內在於人與物之中，所以德實際上還是道；因此，便可以說『通於天地者德也』（〈天地〉）。」

徐先生認為內七篇中的「德」即是「性」之意，而德又是道下貫於萬物，落實萬物之內的展現，就如同老子所說：「道生之，德畜之」。以此理路來看，

〔註9〕 此想法乃受到陳榮華著：《「存有與時間」闡釋》一書之引發（台北：台灣大學出版中心 2003 年 12 月初版），頁 1～9。

〔註10〕見徐復觀先生著：《中國人性論史》（東海大學出版 1963 年 4 月出版），頁 369。

道與德（性）之間，乃一脈相連，因爲德（性）對道的承續﹝註11﹞，所以「道」得以內在於每一物中。因此，我們也可以說，「性」是每個人與生具有最爲眞璞的本質，這個本質同時也是《莊子》工夫中所要回歸的本眞，此本眞乃「道」之下貫，同時也是人往上接通於道的基礎，故而本眞即是一個沒有任何染執，無知無欲的絕對之存有，即是修行者所要回歸的眞存實感。

因此，如何遮撥除去外在的雜染，回歸到一個性命之正、本眞之「性」當中，即是《莊子》的工夫目標。所以《莊子》講「復性」，「復性」是在本眞之性的回復上講，也在道的實踐上講。因此「性」在《莊子》思維中的原型，是素樸本眞的純一；同時也是可以回復的，在回復的過程中，便有逆覺體證的工夫在其中。

而郭象所說的性，往往是在「任性」、「性分」、「適性」、「足性」這些要項上來說。而「適性」也是貫穿整個《莊子注》的重要線索：

> 夫大鳥一去半歲，至天池而息；小鳥一飛半朝，搶榆枋而止。此比所能則有閒矣，其於適性一也（〈逍遙遊〉：「去以六月息者也」句後注）。

﹝註11﹞ 徐復觀先生亦曾在《中國人性論史》中這麼說過：「一是從無到有（現象界之有）的中間狀態；因尚無分別相，所以是一，所以說『有一而未形』。德依然是將形而未形，但他已從『一』分化而爲多，所以說是「未形者有分」；見德在『未形』的這一點上，與『一』相同；而在『有分』的這一點上，卻已經較『一』更向下落實一層。因爲『有分』，所以才能分別凝結而成就萬物。寬泛點地說，德是靠近道而較性爲抽象的。……德雖然『未形』，但他從『一』分化出來的作用即是『生』，生的成就即是『物』；『流動』是形容分化而生物過程中的活動情形。『物成生理』是說成就物後而具有生命、條理，即是形；形因爲是德的具體表現，所以他一定是合理性的，故謂之『生理』，但德是『未形』，而形是『已形』，未形已形之間有了距離、間隔。形也可能脫離德而成爲獨立性的存在，有如母親生出了兒子以後，兒子可能脫離母親而獨立活動，各不相干：這是創造過程中的一種危機。但『形體保神』，即形體之中，還保有精神的作用；而這種精神作用，是有儀有則的，這即是性。所以性是德在成物以後，依然保持在物的形體以內的種子。……因之，不僅在根本上，德與性是一個東西；並且在文字上，也常用在一個層次，而成爲可以互用的。性好像是道派在人身形體中的代表。因之，性即是道。道是無，是無爲，是無分別相的；所以性也是無，也是無爲，也是無分別相的一。更切就人身上說，即是虛，即是靜。換言之，即是在形體之中，保持道地精神狀態。凡是後天滋多蕃衍出來的東西都不是性，或者是性發展的障礙。」（東海大學出版 1963 年 4 月出版），頁 373、374。徐先生這段話點明了「性」是回歸於德，上溯於道的種子。

夫年知不相及若此之懸也，比於眾人之所悲，亦可悲矣。而眾人未
嘗悲此者，以其性各有極也。苟知其極，則毫分不可相跂，天下又
何所悲乎哉！夫物未嘗以大欲小，而必以小羨大，故舉小大之殊各
有定分，非羨欲所及，則羨欲之累可以絕矣。夫悲生於累，累絕則
悲去，悲去而性命不安者，未之有也（〈逍遙游〉：「楚之南有冥靈者，
以五百歲為春，五百歲為秋；上古有大椿者，以八千歲為春，八千
歲為秋」句後注。）。

夫小大雖殊，而放於自得之場，則物任其性，事稱其能，各當其分，
逍遙一也，豈容勝負於其間哉。（〈逍遙遊〉篇目注）

「性各有極」、「物任其性」、「適於身而足」、「足性而止」、「任性而所適」
……等等，在郭注所論的「性」裡，似乎可以找到一個特點：「性」，往往在
「適」的角度上說（也可說是在「足」與「任」的角度上說）。當「性」與
「適」相提並論之後，意即是不論小大、是非、高下、貴賤、天人……所
有一切二元對立以及層級高低等等概念，通通都在「適性」的籠罩下冥合
為一。因此郭象之「性」實含有「必然性」意義在其中。「性」成了必須去
「適」的規範。「適」在郭象這裡具有遵守義、安住義。而「性」則是要安
住遵守的那個原則；「適性」意即人秉何種性而來，必然要安住於此種「性」
當中，不假外求、不攀緣於外的意思。如同唐君毅先生所認為的：「郭象乃
以一純現象主義之態度觀照萬物之所是，不再去追問此萬物現象之外、之
內、之上、之下、之前、之後，更有何物為之根本或緣由〔註12〕。」這段
話可以說是點出了郭象論「性」的重點，「性」代表了所有萬象間之生物所
應遵循的規範，儘管這規範下有多少的不合理或是多少的無可奈何，但只要
「適」於此「性」的性分籠罩，一切的平與不平都將化歸於無形。

因此郭象的適性思維無疑的將《莊子》復性工夫的逆覺體證，轉化為任
順承受的型態。所以根源性的「道」是否存在往往不是郭象所關心的，郭象
所關心的是萬物的「自建」、「自生」、「自存」、「自得」等現象。這些現象的
流轉不依賴任何的「造物主」或是「道」來使其存在，而是「自己而然」的。
除此之外，由於郭象之「性」是在一個純現象客觀法則義下去言說，所以它
的重點便在於如何去呈現它的規則形式，以及這規則形式的遵守方式。就像

〔註12〕見唐君毅先生著：《哲學概論・下》（台北：台灣學生書局 1974 年 5 月 3 版），
　　　第二章，現象主義，頁 682～693。

他所說的：

> 自己而然，則謂之天然。天然耳，非爲也，故以天言之。〔以天言之〕
> 所以明其自然也，豈蒼蒼之謂哉！而或者謂天籟役物使從己也。夫
> 天且不能自有，況能有物哉！故天者，萬物之總名也，莫適爲天，
> 誰主役物乎？故物各自生而無所出焉，此天道也（〈齊物論〉：「子綦
> 曰：「夫吹萬不同，而使其自己也」句後注」）。

此處表面講自生，實際上，「自生」即是郭象所認定萬物生發的規則，也因
爲萬物的生發乃是自己而然，因此，所謂的「天然」便解消了其超越性，而
回到萬物本身來說，因此，「天」乃萬物之總名，而非一超越的根源性。此
處，萬物遵循生發的規則乃「天然」的，而萬物的生發卻又是自己而然，因
此，天然（或天）便是就回歸萬物本身的規則而言了〔註13〕。此處即有一個
與《莊子》思維的根本性差異存在了。《莊子》雖同樣講「使其自己」，但《莊
子》的「使其自己」，重點在於回到「道」境界下的自己，是在道的朗現下
所呈現的萬物自身之本眞，此本眞乃修行者要回歸的根源性。而回歸此本眞
根源性的修行者，將以最不受限的寬闊本心去面對萬物之差異，因此可朗現
萬物的生生之機。

而郭象的「使其自己」，重點則在於萬物成住壞空的的歷時規則，並遵守
這樣的規則，以完成各自的生命際遇。所以郭象義下的「物各自生」在於呈
現出萬物各自類別的自己，人有人的類別及際遇、牛馬有牛馬的類別及際
遇，……萬物各自有各自的類別與際遇。每一種際遇不可橫跨不可突破，萬
物都必須去遵守依循。因此，郭象所說的「性分」，也可以說是回歸到「物性」
來論性分。所以「性」往往與「分」是合併來說的。各種不同的「性」，便有
各種不同的「分」別，就像萬物的聖俗愚智或是生命的壽夭長短；以及物物
所秉何性、所別何類，都是各有定分的。此一定分不可踰越也不可強求。

除此之外，郭象說「外不資於道，內不由於己〔註14〕」也可與「天者

〔註13〕除此之外，郭象也說：「天也：天之所生者，獨化也。」（〈大宗師〉：「彼特以
天爲父，而身猶愛之，而況其卓乎」句後注）。此段話同樣是在化生之跡上講
「天」，可以知道，「天」是一個軌跡，而不是一個超越性的根源意義。

〔註14〕見〈大宗師〉注：「道，無能也。此言得之於道，乃所以明其自得耳。自得耳，
道不能使之得也；我之未得，又不能爲得也。然則凡得之者，外不資於道，
內不由於己，掘然自得而獨化也。夫生之難也，猶獨化而自得之矣，既得其
生，又何患於生之不得而爲之哉！故夫（四）爲生果不足以全生，以其生之
不由於己爲也，而爲之則傷其眞生也。」（「傅說得之，以相武丁，奄有天下，

萬物之總名」的想法合併來看。「外不資於道，內不由於己」同樣也是種解消法，它解消了「道」之於「物」的作用義，因爲一切都是純任客觀的現象規則，所以「道」的創生義便不復存在，人與萬物也都成了自生自化的生命獨體。任何存在都各有定分，自不容「道」作用於其間。此也即是前所說的：「『性分』之後，就再沒有其它的什麼。」

　　所以莊、郭二人雖然都講回歸物自身，但他們兩人根本義下的物自身已然有所不同了。也因此，郭象的「適性」往往要與「自生」同說。因爲在「適性」的思維底下，「性」是一個必須遵守的客觀法則，也即是前所說的是一個「純現象客觀法則義」；這個現象是萬物離合生發、直接映現在前的景況。萬物都將依循此「性」的稟賦（亦即這映現在前，純任承受所遇之現象），來完成各自的際遇。也因爲「性」是一個客觀法則，所以在郭象思維中，並沒有一個代表創生的至高根源在背後，因爲萬物的一切都是依照這個自然的客觀法則在運行即可，也就無須一個創生性的根源來作爲萬物背後的創生依據。這也就是郭象論性分往往與「自生」相連的原因。唐君毅先生也曾對郭象的「自生」說有過以下的解釋，他說〔註15〕：

　　　　觀郭象之意，乃只是言物之生，非其先之他物命之生、使之生，並於「道」與「自然」、「陰陽」、「造物主」等，皆不視之爲物之生之先之另一物，而謂物之生乃物自具此生之意，即言，此生之義，亦即在物之所以物之義之中，而非在其外，以說物之自生自然。故吾人可超出一切因果相待之觀念，以直下觀物之自生自然，則其說固可自立。在宥篇注：「夫莊老之所以屢稱無物者何哉？明生物者無物，而物自生；自生非爲生也，又何有爲於已生乎？」蓋即在一般所謂有因果相待關係之事物，吾人亦可視爲不相待各自生，以相應合。上文所謂「彼我相因，形景俱生，雖復玄合，而非待也」，即此義也。

唐先生此處點出郭象之「性」乃在物之中言物，因此「性」是回到物本身的類別與物性中去論述。即是在物之自己中，或物之義中，此乃物自生之義；所以郭象是以「有」來論「物之生」〔註16〕。以「有」來論物之生，則「何

乘東維，騎箕尾，而比於列星」句後注）

〔註15〕見唐君毅：《中國哲學原論・原道篇・式》（台北：台灣學生書局1976年8月修訂再版），頁388～389。

〔註16〕唐君毅先生亦曾謂：「唯謂物之生，即在物之自己中，或物之義中；此物之生之義，與物之爲物或爲有之義，不可相離，故其有即其生耳。于此物之有即

以生」的問題將不再是重點，重點將轉變爲「如何生」的問題。因此，「生」之後的景況相較於回歸「性」的本始材樸這兩者間，郭象無疑更關心的是後者。所以如何在已然獲得的「性命秉賦」中，按照這個「性命秉賦」所賦予的規範，完成這個性分命限的際遇，並使的生命得以安順的歷時下去才是郭象的重點。

　　所以《莊子》與郭象對於「性」的擺放是放在一個不同的論述下去言說的，《莊子》講復性，必然有著工夫歷程做爲理論的配套。而郭象講適性，也必然弱化掉了《莊子》的工夫配套，而另闢蹊徑以另外一種修養方式，來面對這是非成敗的五濁世間。

第三節　用世的轉型：差異性的泯除

　　郭象的哲學思考，是要提出一個既能適性，又能存活於世俗中安於現狀的哲學命題。由於否定了本體造物主的觀念，因此對於萬物生發的基礎只能以不可知來作結。但根源性本體往往是調適而上遂的目標，所以當郭象將本體空無化之後，逍遙之途必然要另闢蹊徑才能覓得。而郭象所另闢的蹊徑，便是他的「適性」之說，適性是郭象進入逍遙的必然進路，甚至可以說「適性」是郭象達成逍遙境界的重要命題。

　　也由於適性與否是郭象能否達到逍遙的重要命題，因此，單獨個體不斷超越昇華與道同體的境界不再是郭象所追求的，郭象所關注的是如何在整體的生活現象界中，殊異的個體都能夠依其自然性分如實的呈現自己。因此既然上遂的本體空無了，那麼境界的達成，便改成向內尋求自我性分的滿足了，這也就是郭象講獨化的原因，一切回歸到獨自的個體中，任單獨的個體於大

觀其生，則生屬於物之自己，是爲自生。觀物之自生之旨，重在不尋責其所由之前或其他之物，即不只往觀其所由，遂忘當前所觀之物之自生自爾。當知人之尋責其所由，而只往觀其所由，仍終須止於此所由知自生自爾。如尋責至造物主或天之初生物，而更無由可尋責時，即仍須視其生物爲自生自爾。是見此尋責之終點，仍是止于觀一『自生自爾』，則何不直下觀當前所遇會之物之自生自爾，而不更尋責其所由乎？能不于當前之物之自生自爾，更尋責其所由；則此當前之物，即朗然呈現於吾人之心，亦不與心相爲對待。物我相冥，玄同爲一，而物我即皆得見其自生與自然，以同獨化于玄冥中矣。」此處點出郭象不是在「物之先」或「造物主」的角度論「物之生」，而是在「物之有」當中論物之生。見《中國哲學原論‧原道篇‧弎》（台北：台灣學生書局 1976 年 8 月修訂再版），頁 389。

化中生生滅滅。

　　然而，郭象的適性，是回歸物的殊異性去觀看萬物，盡一己之性便可達到逍遙，在這樣的思考脈絡下，自我之性分將是被強化的部分，它成了存在的表徵、最後的依據。所以個人的「性分」如何將是很重要的，因為存在的基礎已純然的回歸於一己之性分上去展現。此即「物任其性，事稱其能，各當其分，逍遙一也」的思想來源。而由性分開始，連帶引發的便是郭象對於人（自）的觀看角度。

　　所以要理解郭象的聖人身體美學，由「性分」切入是必然的。因為性分是所有物類之所以成為此物類的因素；同時也就是人之所以成人、聖人之所以成聖的主要因素。那麼或許我們該回過頭去叩問的是：當「性分」成為一種絕對化或最後化〔註17〕的訴求時，到底屬於「人」的性分是什麼？郭象又是從什麼樣的觀點去界定人？〔註18〕或許還可以把問題進一步的定位：整體社會對聖人的身體期望值，是站在發揚展現自我的脈絡下觀看，或是站在道德規範、社會規範的角度下觀看？

　　探究此問題前，或許可先看看魏晉時期對人（聖人）的敘述〔註19〕：

> 凡人之質量，中和最貴矣。中和之質，必平淡無味；故能調成五材，變化應節。是故，觀人察質，必先察其平淡，而後求其聰明。聰明者，陰陽之精。陰陽清和，則中睿外明；聖人淳耀，能兼二美。《人物志·九徵》

《人物志》雖作於漢末，但它對魏晉時期的人論卻有著極大的影響，是魏晉時期論人所不能忽略的一本書。當中「聖人」形象的訴求是「中和平淡」。中和平淡是深入認識世界萬物的開始，只有中和平淡者，才擁有洞察甚微而玄

〔註17〕楊儒賓先生曾在〈向郭莊子注的適性說與向郭支道林對於逍遙義的爭辯〉一文中言及：郭象認為「既然一切都是自然、自生、獨化，因果觀念渺不可解。則在於當下所呈現出的現象就是終極的了，它不但不能有創造因促使它存在，也不能有任何超越此依現象以外的規範因趨使此依經驗的現象，向一理想的層次邁進。因此，任何現實的存在都是自然，自然即是性，性即是現象的存在。所以只要順著現象的存在而不跨越此存在，即是順性，即是自然，而且還可以說：即是自生、即是自造。」（史學評論第九期），頁97。

〔註18〕如果將問題更縮小，也可以這麼問：「若落馬首穿牛鼻是牛馬的性分，那麼屬於人的性分是什麼？或可進一步地追問：屬於聖人的性分又是什麼？」

〔註19〕見吳家駒注譯黃志民校閱：《新譯人物志》（台北：三民書局2003年5月初版一刷），頁9。

的情性之理〔註 29〕，所以「中和平淡」是聖人鑑識用人時所應具有的前提態度〔註 21〕。除此之外，中和平淡也是聖人之所以爲聖的基底；因爲聖人必須超越情感的牽絆，不受私情的煩擾，要能夠「體沖和以通無〔註 22〕」的，也因爲這樣的特性，所以聖人能夠調和生發勇、智、仁、信、忠等五材的基本原則。因此「中和平淡」是聖人之所以成聖的基本色調，同時也是個開始。

那麼中和平淡的聖人是如何形成的？《人物志》這麼說著：「凡有血氣者，莫不含元一以爲質，稟陰陽以立性，體五行而著形。苟有形質，猶可即而求之。〈九徵〉。《人物志》對聖人之所以爲聖是站在天生人成的角度上說，之所以能夠「中和平淡」，是因其天賦中稟受了均衡而不偏頗的五行之氣，乃先天秉性優良所成就的。這是承襲漢代先天氣化的觀點來看待人格的形成，因此重點仍舊不在工夫上講，而在氣稟上說〔註 23〕。

〔註 29〕 見《人物志·九徵第一》：「情性之理，甚微而玄，非聖人之察，其孰能究之哉。」

〔註 21〕 《人物志》的寫作目的是論人，所以將人對萬物的認識縮小到人對人的認識。而人之所以要對人有所認識，乃是爲了用人。所以《人物志》除了是漢末清議的遺緒外，它同時也開展了魏晉知人用人這條路線，因此是站在一個政治運作的訴求下去看待人的。除此之外，中和平淡往往也是一種態度，它是一種不受「私」所影響的態度。「私」可以是私情、私心或是個人好惡、黨同伐異等等。被「私」影響會造成鑑識上的失誤，這是應該避免的。而《人物志》也在〈七繆〉中大量敘述了這種謬誤有可能產生的原因，因爲鑑識的失誤，是會造成整個政治運作的失誤，這就已經不是品評人物的單向問題了，而是整個社會政治所需負擔的代價問題了，因此人物志所開啓的更是人由品評過程而達用世目的的路線，此三者是環環相扣的，而這樣的路線完成，也是一種言說力量的完成。

〔註 22〕 此處借用王弼與何晏辯論的一段言語，王弼這段話所要論述的是聖人有情無情的問題，這在當時是重要的論述，但不論是站在聖人有情或無情的任何立場，聖人對於情都是超越不受牽絆的，這或許也可以視做平淡中和的另外一種展現。見《三國志·魏書》卷二十八《鍾會傳》注引何劭《王弼傳》。

〔註 23〕 但值得一提的是，從《人物志》在哲理敘述上，重視形質與天地的相對應關係。就像〈九徵〉中所說的：「若量其材質，稽諸五物：五物之徵，亦各著於厥體矣。其在體也：木骨、金筋、火氣、土肌、水血，五物之象也。五物之實，各有所濟。是故骨植而柔者，謂之弘毅；弘毅也者，仁之質也。氣清而朗者，謂之文理；文理也者，禮之本也。體端而實者，謂之貞固；貞固也者，信之基也。筋勁而精者，謂之勇敢；勇敢也者，義之決也。色平而暢者，謂之通微；通微也者，智之原也。五質恒性，故謂之五常矣。五常之別，列爲五德。是故：溫直而擾毅，木之德也。剛塞而弘毅，金之德也。愿恭而理敬，水之德也。寬栗而柔立，土之德也。簡暢而明砭，火之德也。雖體變無窮，猶依乎五質。故其剛、柔、明、暢、貞固之徵，著乎形容，見乎聲色，發乎

　　這樣的定位方式，在魏晉時期並不是單一的言說。在劉邵之後，對聖人陸續也有類似的觀點。例如曹植在〈相論〉〔註 24〕中即以爲聖人之形異於凡人，他說：

> 使行殊於外，道合其中，名震天下，不亦宜乎。語云，無憂而戚，憂必及之；無慶而歡，樂必還之。此心有先動，而神有先知，則色有先見也。故扁鵲見桓公，知其將亡，申叔見巫臣，知其竊妻而逃也。

聖人因所受的氣稟與凡俗之人不同，所以異於常人、風格秀出。而曹植在〈典論論文〉中論氣之清濁時，同樣也站是在氣稟的角度上來論〔註 25〕。其後的王弼、嵇康，大抵也都在這個氛圍下去論述聖人〔註 26〕。可以說，魏晉時期是一個重視聖人思潮的時期。而聖人之所以成聖，又是連結在氣稟概念上來看的。在這樣的觀念下，聖凡是殊途的，聖人乃天生人成。這樣的觀念進而影響到當時對聖凡的論述，故而由凡入聖的工夫論述往往不是當時最重要的關注點，最重要的關注點是放在聖凡如何各在其位、各安其事。

　　也因爲聖、凡殊途，所以聖人握有識鑑常人的權利，而鑑識常人最重要的目的，便是知人善用，因此人學形成的很重要因素，便落實於「用」之上。各在其位、各安其事背後更重要的目的，乃「用」於世。這樣的觀念同樣也

情味，各如其象。」個性呈現，與形體自天地所稟執的元質是有交互關係的。也因爲如此，所以開展出身體各部位的特殊意義，身體部位開始進入屬於自己的詮釋系統中，例如骨所稟的爲木，其理想展現爲弘毅，其代表德行爲仁；氣所稟的爲火，其理想展現是文理，其代表德行爲禮等等。這樣的身體觀，是將身體視作人與天地自然的體現場域，天地人乃共在的，共在的最根本匯結處便是身體。而這樣的身體解釋，無疑是將人放在一個自然宇宙的脈絡下去看待，人乃天地中的人，而不是獨存於這個環境中的人。

〔註 24〕 見嚴可均校輯：《全上古三代秦漢三國六朝文》（北京：中華書局，1958 年），第二冊，《全三國文・卷十八・陳王植》，頁 1150。

〔註 25〕 見〈典論論文〉：「文以氣爲主；氣之清濁有體，不可力強而致。譬諸音樂，曲度雖均，節奏同檢；至於引氣不齊，巧拙有素，雖在父兄，不能以移子弟。」

〔註 26〕 例如王弼在老子注中所說：「自然已足，爲則敗矣。智慧自備，爲則僞也。」以及嵇康在〈明膽論〉所說的：「元氣陶鑠，眾生稟焉，賦受有多少，故才性有昏明，唯至人特鍾純美，間周外內，無不畢備。」以及在〈養生論〉中所說：「夫神仙雖不目見，然記籍所載，前史所傳，較而論之，其有必矣。似特受異氣，稟之自然，非積學所能致也。」可見這樣的聖人觀是當時社會上所認同的看法。王弼之言見樓宇烈校釋：《王弼集校釋》（台北：華正書局 1992 年 12 月初版），頁 6。嵇康之文見嚴可均校輯：《全上古三代秦漢三國六朝文》（北京：中華書局，1958 年），第二冊，《全三國文・卷五十》，頁 1335～1336。

影響到了郭象注莊的目的，郭象所推展的性分觀念，便是以「用世」爲其目的；性分觀念穩定了各在其位、各安其事的執行。就像前曾舉的例子：「牛馬不辭穿落者，天命之固當也。苟當乎天命，則雖寄之人事，而本在乎天也。」在這裡似乎可以看出來，天命的寓意已然被轉化了，儘管最後郭象仍必須將牛馬不辭穿落歸結於天，但實際上更重要的是爲人事所用，因此實際上合不合乎自然天命反而不是郭象所關注的，郭象所關注的是馬與牛如何安於其位，爲人所用，這才是背後更重要的寓意。

而以這樣的觀點來看郭象所描繪的聖人樣貌，同樣也可以看出聖人「用世」的形態：

> 人之生，必外有接物之命，非如瓦石，止於形質而已。……未有自疏外於人而人存之者也。畏人而入於人舍，此鳥之所以稱知也。(〈山木〉：「吾命其在外者也……其畏人也，而襲諸人間」句後注)

此處講人均外有接物之命，已然與《莊子》所說的「外物」是完全不同的想法了，儘管《莊子》也提到攖寧之說。

此處或許應先釐清《莊子》所說的「攖寧」與郭象所說的「接物」之不同。「攖寧」出現在〈大宗師〉中，這一段論述本文在前文亦曾引用過，是關於《莊子》工夫修養極爲重要的敘述：

> 吾守之三日，而後能外天下；已外天下矣，吾又守之，七日而後能外物；已外物矣，吾又守之，九日而後能外生；已外生矣，而后能朝徹；朝徹，而後能見獨；見獨，而後能無古今；無古今，而後能入於不死不生。殺生者不死，生生者不生。其爲物，無不將也，無不迎也；無不毀也，無不成也。其名爲攖寧。攖寧也者，攖而後成者也。

在《莊子》這裡可以明顯看出，工夫歷程是逐步而來的。然而工夫的初始即是外天下與外物，外天下與外物的態度，是一種以內外分立的方式來面對世間與物的態度。但外天下外物之後，依舊要面對人間世諸般煩擾，因爲人生於世不可逃於世間，這是人所圈限的空間視域，因此是「無可逃於天地之間」。但若工夫階段僅停留於此，那麼人與物之間將始終是外內分立，而非相容的，此境界頂多是定乎內外之分、辯乎榮辱之境，但卻是猶有未樹的〔註27〕。所以眞人欲達至道境，必須再進一步，由外天下、外物、

──────────

〔註27〕見〈逍遙遊〉：「舉世而譽之而不加勸，舉世而非之而不加沮，定乎內外之分，

外生進入到朝徹、見獨當中，最後到達攖寧境界，而聖人便是以「攖寧」的態度來面對這五濁惡世。

所謂的攖寧，根據成玄英疏中所說：「攖，擾動也。寧，寂靜也。夫聖人慈惠，道濟蒼生，妙本無名，隨物立稱，動而常寂，雖攖而寧者也。」成疏認為攖寧乃遭逢外物的擾動後，修行者隨順物化，以靜應動，故而不損內在的寧定。

而〈釋文〉中對攖寧的解釋是：「攖，迫也。物我生死之見迫於中，將迎成毀之機迫於外，而一無所動其心，乃謂之攖寧。置身紛紜蕃變交爭互觸之地，而心固寧焉，則幾於成矣，故曰攖而後成。」此處同樣認為攖寧乃應世擾動之後，透過已具有的工夫力量而能夠使自我無動於心、寂兮寥兮，依舊保有原初的寧定。

今人關於攖寧的解釋大多也類似於此二者，例如錢穆先生在《莊子纂箋》中所說：「外物雖來牽引而依然不失其大寧」〔註28〕。以及黃錦鋐先生所說的：「攖寧，謂雖在攖擾泪亂之中而起定者常在。攖，拂亂。寧，定的意思。」因此，攖寧實有一種以寧定之態度來面對擾動的方式，這是工夫最後階段的境界。而攖寧境界已然與外物、外生的境界有所不同了，外物外生仍有一個內外、物我之區隔。然而攖寧境界，已然由外內分立，物我對等的模態，進一步走入物我、內外彼此交融互涉的關係中，而這樣的關係同時也具有自由與圓融的特色。若用身體感的語言來詮釋這段話也可以這麼說：外天下是拉開身心與社會、家國、人文的距離；外物則進一步拉開身心與物的距離，而外生則又更進一步，回歸到自我身心當中，了解我執之所在，並反思身心的可解離處，以及生命中所可以滅度的貪嗔痴。所以是以一個認知到自己正在認知的角度來觀看自我的生命，並進行生命的淨化。因此，距離的拉開是一個反照的開始，同時也是身心虛化、解構自己的重要手段。身心必先經過一個將我執之我虛化、解構的階段，使其成為「槁木死灰」後，萬緣滅盡，方能有另外其他的什麼於其中生發出來，整體生命的新機能也於此開展出來。而身心與外物的距離同時也具有一種警醒作用，可以將自我由外馳的一切中抽離開來，並重新觀看自我的種種，也因為這重新的觀看反思，一個新的身體感也在此萌生，而這樣的身體感往往有著生生之機的靈動於其中。因此這

辯乎榮辱之竟，斯已矣。彼其於世，未數數然也。雖然，猶有未樹也。」
〔註28〕見錢穆著：《莊子纂箋》（台北：東大圖書，1985重印版），頁53。

樣的距離之拉開的「外」之歷程，隱含了一個對原本之我的反照及解構，同時也是一個全新之我的萌芽。用《莊子》的話來說，就是一個「吾喪我」的歷程。而完成這歷程的身心體現，將會有全新的型態，這個型態便是朝徹、見獨、無古今、不死不生。試看「朝徹」的描述，便是一個充滿著身體感知的描述。成玄英在疏中說道：「朝，旦也。徹，明也。死生一觀，物我兼忘惠照豁然，如朝陽初啟，故謂之朝徹也。」而王夫之在《莊子解》中對朝徹的解釋是這樣的：「如初日之光，通明清爽。〔註29〕」而王先謙在《莊子集解》中是這麼說的：「朝徹，如平旦之清明。〔註30〕」在這幾處注家的詮釋中，都可以看到他們共同關注的部分，都是一種關乎視覺、觸覺的身體感描述。在清晨的時刻，陽光初啟，整個天地也都為之光照，生機勃然發動，而此時的空氣，是清爽宜人的。視覺感知到光的照耀，觸覺感知到清晨的爽然，一切都充滿著欣欣向榮的生命力；而生命力是直接的進入我的身體知覺之中，為「我」所感知，朝徹照耀著我，而我就在其中。如果抽離掉身體知覺的體驗，將很難構造想像朝徹的樣態〔註31〕。可以說，工夫的描述，必然牽涉到知覺經驗的描述。朝徹必須在這些身體知覺的建構下，方能逐步構築出其理境意義。

　　而知覺的參與，也使得境界模態具象化，並且得以想像。所以身體知覺反而成了理境完成的基礎，在身體知覺的豐富感知下，理境的模態也隨之清晰。同時，身體的知覺描述，也透露出了這樣的訊息：境界的完成不再只是一個虛空的理想狀態，不是一個虛懸的言語模式，而是一個由「我」開始，並由「我」全身投入後的結果。所以身體在這歷程中的最後階段，已經不是一個待解離、待觀看（外物、外生）的形軀，而是一個身心一如；我回歸於我、與物相融通，並且寧定貞靜，充滿豐富性意義的身體，此即是「攖寧」的身體展現。

〔註29〕見王夫之著：《莊子通‧莊子解》（台北：里仁書局，1984 年 9 月 25 日），頁63。
〔註30〕見〔清〕王先謙。〔民國〕劉武撰：《莊子集解‧莊子集解內篇補正》（台北：漢京文化，1988 年 12 月 30 日初版），頁61。
〔註31〕而朝徹郭象對朝徹的解釋為：「遺生則不惡死，不惡死故所遇即安，豁然無滯，見機而作，斯朝徹也。」相較於成玄英與王夫之等人，郭象對朝徹的解釋反而不在身體感上論述，而是在事件的時序性上言。郭象著重在事件由顯露到發展的洞燭機先上講，故將「朝徹」解釋為見機而作。此處或許也隱約展現了郭象工夫模式的轉變，身體的經驗性描述已不是郭象的重點，聖人如何用於世的先見之機才是他所關注的要項。

綜上所述，眞人在面對人間世，最初是以外天下、外物、外生爲第一階段，最後則以攖寧的圓融方式來面對。因此《莊子》的「攖寧」是經過一個身心抽離反思的「自外於物」、「自外於我」之階段，而後才以新的身心樣態，重又回歸到現實世界中。而這個回歸已然改變與物相刃相靡、物我兩分的態度，轉而以兩面得其環中的圓融來應對天地萬物。所以由外天下、外物、外生到攖寧的過程，實際上也隱含了出世而後以圓融自由的關係重新建立我與世間的關係〔註32〕。

然而不可否認的，《莊子》對超世抑或圓融的確有所偏重以及理論上的著重處。因此《莊子》書中對已達至道之人的描述常偏重在「相忘於江湖〈大宗師〉」、「天之小人，人之君子；人之君子，天之小人」、「無所用天下爲」、「孰肯以物爲事〈逍遙遊〉」、「聖人不從事於務〈齊物論〉」、「芒然仿徨乎塵垢之外，逍遙乎無爲之業。彼又惡能憒憒然爲世俗之禮，以觀眾人之耳目哉！〈大宗師〉」……這類的敘述中。或許可以這麼說，世間既是人不可逃之大戒，《莊子》也同樣了解到人與世間彼此的不得不，以及處世的艱難處；因此，儘管《莊子》眞人的處世態度是站在一個圓融前題上來看待，但這樣的圓融卻隱含了一種不得已的包容在其中，既然處世是人所不可避免的，那麼就以「安時而處順〈養生主〉、〈大宗師〉」，「不遣是非，以與世俗處。〈天下〉」、「遊於物之所不得遯而皆存〈大宗師〉」的態度來處於世間。而這個不得已處，卻也同時返照出《莊子》面對世間時的敦厚與深沉。

回到郭象的「接物」之說。郭象的接物之說，與《莊子》攖寧思維儘管都在講至人處世逍遙之可能，但兩者是有根本處的不同的。郭象的逍遙是在「適性」思維上去建構的，認爲萬物的存在價值、聖賢愚惡都是回歸於自我的「性分」中去論定。而能回歸自我性分之中，也就達到逍遙了，就像郭象所說的：

> 賢出於性，非言所爲。(〈徐无鬼〉：「狗不以善吠爲良，人不以善言爲賢」)

> 直任之，則民性不竄而皆自有，略無弗及之事也。(〈外物〉：「抑固竄邪，亡其略弗及邪！」)

人賢或不肖，乃是性分上的向度，是天生氣稟下所注定的，而非外在言說上的聲譽善惡所能改變。這性分上的注定，也成爲政治主宰者的治人指標。因

〔註32〕關於此關係本文於前已做過大篇幅的論述，在此便不再贅述。

此「性分」思維在郭象思想中實有一指標性意義，這個指標性除了是執政者治人的方針外，同時也是各人之所以成爲各個不同人物的指標，也是郭象對人的認識論。故而「性分」說實有一種隱喻特徵在內，它隱喻了人的所有生命向度，人所有的可能，都在性分的思維下，被逐步構作。但不可否認，在這樣的思維下，人生命的所有面向也都被性分給限定了，因爲性分是不可改易、不可逆〔註33〕的。人的型態透過性分的指標性意義而被塑型。賢與不肖；聖與不聖都在性分之中被註定。

郭象的接物觀念是與性分觀念結合的，當接物與適性合構而論時，由於性分的塑型與限制，人以「順性發展」爲主要修養模式，對於物便也是籠罩在順任的態度上去面對，人與物的關係便連結出放而任之、從而任之〔註34〕、任而不強〔註35〕、任而不助〔註36〕、唯變所適〔註37〕的態度。這樣的態度在處世時，便呈現出無所止，無所爲、無所動的態度，對人間世以一種任順的方式來自處。

推而廣之，當「性」與「適」相提並論之後，意即是不論小大、是非、高下、貴賤、天人……所有一切二元對立以及層級高低等等概念，通通都在「適性」的籠罩下冥合爲一。因此郭象之「性」實含有「必然性」意義在其中。「性」成了必須去「適」的規範。「適」在郭象這裡具有遵守義、安住義。而「性」則是要安住遵守的那個原則；「適性」意即人秉何種性而來，必然要安住於此種「性」當中，不假外求、不攀緣於外的意思。如同唐君毅先生所認爲的：「郭象乃以一純現象主義之態度觀照萬物之所是，不再去追問此

〔註33〕例如〈天運〉篇注中這麼說：「夫假學可變，而天性不可逆也。」（「帝王順之則治，逆之則凶」句後注）。

〔註34〕例如〈達生〉注：「莫若放而任之。性分各自爲者，皆在至理中來，故不可免也，是以善養生者，從而任之。（「則世奚足爲哉！雖不足爲而不可不爲者，其爲不免矣」句後注）」

〔註35〕例如〈大宗師〉注：「若夫知之盛也，知人之所爲者有分，故任而不（強）〔彊〕也，知人之所知者有極，故用而不蕩也。故所知不以無涯自困，則一體之中，知與不知，闇相與會而俱全矣，斯以其所知養所不知者也。（「知人之所爲者，以其知之所知以養其知之所不知，終其天年而不中道夭者，是知之盛也」句後注）」

〔註36〕例如〈駢拇〉注：「夫物有常然，任而不助，則泯然自得而不自覺也。（「故天下誘然皆生而不知其所以生，同焉皆得而不知其所以得」句後注）」

〔註37〕見〈外物〉注：「是以至人無心而應物，唯變所適。（「人親莫不欲其子之孝，而孝未必愛，故孝己憂而曾參悲」句後注）」

萬物現象之外、之內、之上、之下、之前、之後，更有何物爲之根本或緣由〔註38〕。」這段話可以說是點出了郭象論「性」的重點，「性」代表了所有萬象間之生物所應遵循的規範，儘管這規範下有多少的不合理或是多少的無可奈何，但只要「適」於此「性」的性分籠罩下，一切的平與不平都將化歸於無形，唐君毅先生對「純現象主義」曾經做過這樣的詮釋〔註39〕：

> 故純現象主義，能任順現象之任何變化。任順任何種現象之呈現於
> 前，與其無定限之更迭，而無所執定，無所期必，無所沾戀，無所
> 排拒，而接加以承受。吾人亦可說純現象主義之態度，爲一純承受
> 之態度，其宇宙觀或世界觀，爲純承受所遇之現象，而如其所如而
> 觀之之態度。

唐先生認爲郭象的思想，便是「純現象主義」，而這的確也符合郭象對「性分」的解釋，「性分」便是一切世間事的解釋，在性分之下，一切同與不同都將泯合爲一，所有的悲歡離合，在性分之中也都無須深究，只要承受即可。

　　在這樣的觀念下，純現象主義的性分觀是無須承認背後根源之理以及道的。以此觀念來檢視郭象對「性」的看法，同樣可以發現這樣的特徵，當「性分」成了必須遵守的規範以及純承受之態度時，郭象所論的「性」就已然成爲最後的階段了，「性」之後則不能再有任何的什麼，因爲一切都只是現象的流轉，並無共同普遍之原理或道爲其根源，所以在郭象思維下，「性分」往往與「自生」概念相連，因爲「性分」在郭象那裏是現象義，而不是創生的形上意義。因此，郭象之「性」的重點則在於如何去呈現它的規則形式，以及這規則形式的遵守方式。故而郭象的適性觀念，其背後實有一種類似於主體的抽離模式，例如郭象在解釋「吾喪我」時是這麼說的：

> 吾喪我，我自忘矣；我自忘矣，天下有何物足識哉！故都忘外內，
> 然後超然俱得。（〈齊物論〉：「子綦曰：偃，不亦善乎，而問之也！
> 今者吾喪我，汝知之乎？」句後注）

不可否認，道家的遮撥工夫的確有將自我的忘去的成分。道家所謂的自我，就是流轉於情感、慾望、我執中的我；然而，郭象所欲解離的自我，除了情

〔註38〕見唐君毅先生著：《哲學概論・下》（台北：台灣學生書局 1974 年 5 月 3 版），第二章，現象主義，頁 682～693。

〔註39〕見唐君毅：《哲學概論・下篇》（台北：台灣學生書局 1974 年 5 月 3 版），頁 688。

感、慾望、我執的我外，或許還包括了境界高低下差異的我。就像郭象在注解〈齊物論〉中「隱几而坐」一段時是這麼說的：

> 同天人，均彼我，故外無與爲歡，而荅焉解體，若失其配匹。死灰槁木，取其寂莫無情耳。夫任自然而忘是非者，其體中獨任天眞而已，又何所有哉！故止若立枯木，動若運槁枝，坐若死灰，行若遊塵。動止之容，吾所不能一也；其於無心而自得，吾所不能二也。(〈齊物論〉：「南郭子綦隱机而坐，仰天而噓，荅焉似喪其耦。顏成子游立侍乎前，曰：「何居乎？形固可使如槁木，而心固可使如死灰乎？」句後注)

荅焉解體之後，人便進入到無任何情緒波動的狀態中，以「無情」來擺落一切人間是非，一切純任自然。在「無情」觀念下，物與物的關係逐漸弱化，彼與此回到各自本位上來論述，故而「物之自性」便成爲被彰顯出來的主題。相對的，物之自性成爲最主要的指標，人所稟之性是如何是不能改變的，「離曠」、「聖賢」乃至「下愚聾瞽」、「雞鳴狗吠」皆是生來如此〔註40〕。因此，所有的大體小體之差異，也都在郭象獨任天眞的思維下被泯除了。

去除境界大小的差異後，身體的差異性也隨之泯除。身體是差異形成的根源，它隱喻了人的所有差異性，同時也是人的無聲表達，更是一個符號，是各人氣質精神的表達符號，而在這表達當中，生存的一切豐富性也都隱含在其中〔註41〕。然而，郭象重視「彼我玄同」的思維，在強化「同」的作用下，身體所展現的境界差異便成爲被弱化掉的部份。例如：

> 常無心而順彼，故好與不好，所善所惡，與彼無二也。其一也，天徒也；其不一也，人徒也。夫眞人同天人，均彼我，不以其一異乎不一。無有而不一者，天也。彼彼而我我者，人也。夫眞人同天人，齊萬致。萬致不相非，天人不相勝，故曠然無不一，冥然無不在，

〔註40〕此一論點吳冠宏先生亦曾提出：「郭象論『無情』不僅從『道』與『物』之間解消一切外力他爲的作用因素，也注意到『物』與『物』間的微妙關係，是以主張『離曠』、『聖賢』乃至『下愚聾瞽』、『雞鳴狗吠』皆是生來如此、自然而然的生命現象。有其任當自足的內在性分，此非後天或外力所能改變。」見〈莊子與郭象「無情説」之比較——以《莊子》「莊惠有情無情之辯」及其郭注爲討論核心〉一文，收錄於《東華人文學報，第二期，2000年7月），頁93。

〔註41〕此乃受到張文喜：《自我的建構與解構》一書的啓發，(上海：人民出版社出版，2002年11月第1刷) 頁137。

而玄同彼我也。（〈大宗師〉：「故其好之也一，其弗好之也一。其一
也一，其不一也一。其一與天爲徒，其不一與人爲徒。天與人不相
勝也，是之謂眞人」句後注）

好與不好、善與惡、彼與我，在眞人的境界裡都是萬致相齊，曠然無不一、
彼我無不二的。因此在「彼我玄同」的訴求下，個我境界的獨特性是不被鼓
勵的，被鼓勵的只有各自性分的不同。

　　然而在「玄同」想法下的思維，在處世時雖也是不將不迎、應物而不傷，
並且同樣希望能夠達到「會通萬物之性〔註42〕」。但相較於《莊子》「我回歸
於我」的「攖寧」身體，郭象更著重於呈現「不爲爲之」、「不以事爲事」的
態度；亦即一種純任自我飄泊於物物之中的態度。在這個前提下，郭象也就
認爲人之所爲有分、人之所之有極〔註43〕。是無須強、無須爲的。

　　因此，由適性→任物→無爲的過程中，郭象逐步建構出的是一個泯除
境界差異的世界。在這樣的差異泯除下，身體境界的所有差異也都被泯除
了，所以，小境界的身體、大境界的身體，或如孟子說的「大體」與「小
體」〔註44〕等等，都是被同一看待的，這些小大的差別在郭象那裡都只是
現象的呈現，而不是境界高低的呈現。所以小者有小者的逍遙，大者有大者
的逍遙。

　　然而，不可否認的是，人的確是有聖凡之別，儘管郭象試圖泯除小大的
差異，但他依舊得對聖凡的不同境界給出合理的解釋，面對這樣的差異，郭
象還是要回歸到氣稟的角度上來解釋：

夫松柏特稟自然之鍾氣，故能爲眾木之傑耳，非能爲而得之也。言
特受自然之正氣者至希也，下首則唯有松柏，上首則唯有聖人，故
凡不正者皆來求正耳。若物皆有青全，則無貴於松柏；人各自正，
則無羨於大聖而趣之。（〈德充符〉：「受命於地，唯松柏獨也在冬夏
青青：受命於天，唯舜獨也正。」句後注）

〔註42〕見〈逍遙遊〉注：「然則體玄而極妙者，其所以會通萬物之性，而陶鑄天下之
　　　化，以成堯舜之名者，常以不爲爲之耳。孰弊弊焉勞神苦思，以事爲事，然
　　　後能乎！」（「大浸稽天而不溺，大旱金石流土山焦而不熱」句後注）

〔註43〕見〈大宗師〉注：「若夫知之盛也，知人之所爲者有分，故任而不（強）〔彊〕
　　　也，知人之所知者有極，故用而不蕩也。」（「知人之所爲者，以其知之所知
　　　以養其知之所不知，終其天年而不中道夭者，是知之盛也」句後注）

〔註44〕見《孟子章句・告子章句上》：「公都子問曰：『鈞是人也，或爲大人，或爲小
　　　人，何也？』孟子曰：『從其大體爲大人，從其小體爲小人。』」

松柏稟自然之氣故能長青。同樣地，放在人上講，聖人也因爲特稟了專屬於聖人的神妙之氣，故而能夠自別於凡人，所以聖凡之差，並不在修爲高低上講，而在氣稟清濁上講。而既然是稟氣的問題，那麼稟何種氣就不是人所能決定的，氣的聚散離合都是因緣巧合下造成的。因此儘管郭象泯除了小大的差異，但卻更強化了聖凡的殊途。

　　而這個由小大差異的泯除到聖凡殊途的強化，可以發現《莊子》以身體爲基礎的工夫論述，已不再是郭象所關注的，郭象所關注的身體型態，是在性分思維籠罩下，被型塑出來的任物無爲之身體：

> 夫形充空虛，無身也，無身，故能委蛇。委蛇任性，而悚懼之情息也。(〈天運〉：「形充空虛，乃至委蛇。汝委蛇，故息。」句後注）

> 夫體神居靈而窮理極妙者，雖靜默閒堂之裏，而玄同四海之表，故乘兩儀而御六氣，同人群而驅萬物。苟無物而不順，則浮雲斯乘矣；無形而不載，則飛龍斯御矣。遺身而自得，雖淡然而不待，坐忘行忘，忘而爲之，故行若曳枯木，止若聚死灰，是以云其神凝也。其神凝，則不凝者自得矣。世皆齊其所見而斷之，豈嘗信此哉！(〈逍遙遊〉：「不食五穀，吸風飲露。乘雲氣，御飛龍，而遊乎四海之外。其神凝，使物不疵癘而年穀熟。吾以是狂而不信也」）

> 夫身者非汝所能有也，塊然而自有耳。身非汝所有，而況（無）〔道〕哉！(〈知北遊〉：「汝身非汝有也，汝何得有夫道。」句後注）

身體在郭象的處世思維中，往往是被無掉、被遺身的。但，郭象所說的「無」並不是去除掉身體、無身而活，因爲身體是無法去除的，人不可能迴避自己的身體，更不可能沒有身體而存活，所以去除身體而活的想法是荒謬而不可能的。就像郭象也同樣認爲「故雖區區之身，乃舉天地以奉之」，以及「天地萬物，凡所有者，不可一日而相無也」〔註45〕。身體是人在天地間所不可相

〔註45〕此二條引文均引自〈大宗師〉注：「人之生也，形雖七尺而五常必具，故雖區區之身，乃舉天地以奉之。故天地萬物，凡所有者，不可一日而相無也。一物不具，則生者無由得生；一理不至，則天年無緣得終。然身之所有者，知或不知也；理之所存者，爲或不爲也。故知之所知者寡而身之所有者衆，爲之所爲者少而理之所存者博，在上者莫能器之而求其備焉。人之所知不必同而所爲不敢異，異則僞成矣，僞成而眞不喪者，未之有也。或好知而不倦以困其百體，所好不過一枝而舉根俱弊，斯以其所知而害所不知也。若夫知之盛也，知人之所爲者有分，故任而不（強）〔彊〕也，知人之所知者有極，故用而不蕩也。故所知不以無涯自困，則一體之中，知與不知，闇相與會而俱

無之物，是不可少、不可缺的。然而，既然身體是不可少，不可缺的，那麼郭象所說的無身、遺身，他所「無」所「遺」的是什麼？此處或許可以由成玄英的一段解釋來側面的理解郭象的「無身」想法，成玄英曾在〈大宗師〉疏中這麼說：

> 人之所爲者，謂手捉腳行，目視耳聽，心知工拙，凡所施爲也。知天之所爲，悉皆自爾，非關修造，豈由知力！是以內放其身，外冥於物，浩然大觀，與眾玄同，窮理盡性，故稱爲至也。(〈大宗師〉注：「知天人之所爲者，皆自然也；則內放其身而外冥於物，與眾玄同，任之而無不至者也。〔註46〕」句後疏。)

成疏認爲郭象之所以可以做到「內放其身，外冥於物」，乃因爲凡所施爲皆天之所爲，皆自然爾爾，非關修造，非由知力。而透過無修造無知力的方式，便能夠達到與眾玄同，窮理盡性的境界。

　　成疏這段話透露出一個訊息：郭象的理境達成，其工夫就在於無所施爲、無由修造的「任」與「適」之方式中。因此萬事萬物都是自生、自化，自爲的。是「突然自生，制不由我，我不能禁；忽然自死，吾不能爲〔註47〕」的。因此，在自生自化的「任」、「適」訴求中，人的主體性被逐漸弱化掉、小大的差異性也被忽略掉，一切都回歸到物之性上來說，以各自本性爲各自的典範。所以任物之性、適物之性，不論物之性如何，都順任其性去發展。在這樣的前提下，四肢百體將是各有御用、各有所用、不相及、不相待的，所以是「物各自造而無所待〔註48〕」的，因此物與物間是獨化的。儘管彼我

全矣，斯以其所知養所不知者也。」(「知人之所爲者，以其知之所知以養其知之所不知，終其天年而不中道夭者，是知之盛也」句後注)

〔註46〕　〈大宗師〉：「知天之所爲，知人之所爲者，至矣」句後注。

〔註47〕　見〈則陽〉：「未生不可忌，已死不可徂」句後注。

〔註48〕　見〈齊物論〉注：「世或謂罔兩待景，景待形，形待造物者。請問：夫造物者，有耶無耶？無也？則胡能造物哉？有也？則不足以物眾形。故明眾形之自物而後始可與言造物耳。是以涉有物之域，雖復罔兩，未有不獨化於玄冥者也。故造物者無主，而物各自造，物各自造而無所待焉，此天地之正也。故彼我相因，形景俱生，雖復玄合，而非待也。明斯理也，將使萬物各反所宗於體中而不待乎外，外無所謝而內無所矜，是以誘然皆生而不知所以生，同焉皆得而不知所以得也。今罔兩之因景，猶云俱生而非待也，則萬物雖聚而共成乎天，而皆歷然莫不獨見矣。故罔兩非景之所制，而景非形之所使，形非無之所化也，則化與不化，然與不然，從人之與由己，莫不自爾，吾安識其所以哉！故任而不助，則本末內外，暢然俱得，泯然無跡。若乃責此近因而忘其自爾，宗物於外，喪主於內，而愛尚生矣。雖欲推而齊之，然其所尚已存

有著相因的關係，但相因的關係卻依舊是回到獨化上來說的〔註49〕。而身體的四肢百體因爲各有各的用處，所以彼此不相及、不相待，只有在獨化系統下隱隱約約之相因關係。故而郭象也說：「身之所有者知或不知也。理之所存者，爲與或不爲也」認爲目能知色，卻無法知聲，故以聲爲不知；耳能知聲，卻無法知色，故以色爲不知。同樣的，全身上下的所有官能，儘管也都是有各自的功用，各有各的特長，但這個回到「各自物」的思維，相對的將使得所有感官無法超出單一功用的限制，做共感的超領域連結。因此官能與官能間只有彼此相因的關係，卻沒有「皆備」的型態。然而「皆備」的身體型態，在《莊子》思維中卻是常常出現的，試看《莊子》對「天樂」的敘述：

> 聖也者，達於情而遂於命也。天機不張而五官皆備。此之謂天樂，
>
> 無言而心說。故有焱氏爲之頌曰：『聽之不聞其聲，視之不見其形，
>
> 充滿天地，苞裏六極。』〈天運〉

呂惠卿對這一段的註解是：「耳如目，目如耳，心凝形釋。」這應是一種「共感覺」的特徵〔註50〕，是感官的超連結狀態。這樣的官能超連結在《莊子》修行中是很常見的模式，例如《莊子》也說：

> 若然者，其心志，其容寂，其顙頯；凄然似秋，煖然似春，喜怒通
>
> 四時，與物有宜而莫知其極。〈大宗師〉
>
> 其動也天，其靜也地，一心定而王天下；其鬼不崇，其魂不疲，一
>
> 心定而萬物服。』言以虛靜推於天地，通於萬物，此之謂天樂。天
>
> 樂者，聖人之心，以畜天下也。」〈天道〉

「通於萬物」、「通於四時」是《莊子》修行中很常見的狀態，是一種與外物的感通，這樣的感通，是一種感官深層本質的體現〔註51〕。透過身體最深層

乎胸中，何夷之得有哉！」

〔註49〕 見〈大宗師〉注：「卓者，獨化之謂也。夫相因之功，莫若獨化之至也。故人之所因者，天也；天之所生者，獨化也。人皆以天爲父，故晝夜之變，寒暑之節，猶不敢惡，隨天安之。況乎卓爾獨化，至於玄冥之境，又安得而不任之哉！既任之，則死生變化，惟命之從也。」

〔註50〕 此一說法乃參考楊儒賓先生主編：《中國古代思想中的氣論及身體觀》（台北：巨流出版社，1997年2版），頁439

〔註51〕 楊儒賓先生在〈支離與踐形〉一文中提到：「感官與氣化在現實上是對立的知覺功能，但在根源上是同一本質展現的不同面相。因此，從深層的氣之觀點考量，緣順著感官，可深之又深，抵達一不可名狀的境界。但從表層的感官觀點考量，我們可以說它體現了氣，或者說它使得深層本質表象化。反過來說，感官可以視爲同一種深層本質的分殊化作用。」或可這麼說，在理解感

的體現，身體已然成爲天人、人己、物我之間的橋樑，彼與此沒有隔閡，是「無涯無門」、「四達皇皇」〔註52〕的狀態。然而，這樣的狀態，在郭象注莊中所說的「目不知聲、耳不知色」；以及各有御用的說法，就有著很大的不同了。儘管郭象也講「冥」，講「唯聖人與物冥而循大變」，然而郭象與物冥合的方式已然不同於《莊子》透過全身修行來與萬物感通的方式了〔註53〕。

再回到郭象「各有御用」的說法上看，郭象的身體感官，乃著重在「用」的層面，因此，耳有耳的用途、目有目的用途，以用的角度來看待身體，身體的功能性意義於爲建立，彼與此乃回到各自的功能性上言說。也因爲各有所用，所以各自管轄、各在其位、各有其用、互不相及，故而有所知也有所不知。郭象這樣的思維，使的《莊子》身體整體性的思維有了重新的組合。在郭象那裡，身體總體成爲功能性的統合，是「各有御用」的功能性身體。或可這麼說，郭象所解構的《莊子》式的身體，以及解構後又重新建立起的郭象式身體，其身體模式已然將《莊子》具有小大差異的身體，轉型爲一個無小無大，小大泯同的身體；而這樣的身體同時也是不論境界高低，只論「性分」如何的身體；這個著重性分思維的身體，也將使得身體意義轉型爲一個人倫日用型的身體。

而這樣的論點亦可將前所言的「區區之身，乃舉天地以奉之」做這樣的解釋：郭象的天地意義，是一個自然式的天地，而自然天地所奉行的身體，將使天地人式〔註54〕的身體型態轉型爲現實世界的身體型態。亦即身體型態將以如何在現實中生活爲主被論述，而這樣的身體型態也將使得身體意義從《莊子》的修行式意義轉型爲郭象的人倫日用性意義。

湯一介先生曾經在《郭象與魏晉玄學》一書中說過〔註55〕：

官是是同一深層本質的分殊化作用的前提下，感官必然是有共同的根源性的。因此透過某種工夫修行的方式，感官必然已不是欲望的外馳器官，而有可能是回朔其根源，達到一種根源深處的融通現象的知覺。故而感官深層本質的體現，乃是一種我我、物我、天人的融通體現。見《中國古代思想中的氣論及身體觀》（台北：巨流出版社，1997年2版），頁438，439

〔註52〕見〈知北遊〉：「其來無跡，其往無崖，無門無房，四達之皇皇也。邀於此者，四肢彊，思慮恂達，耳目聰明。其用心不勞，其應物無方。」

〔註53〕關於郭象「玄冥」的身體型態，將於後文中詳述，此處僅稍作提及，不再贅言。

〔註54〕所謂天地人式的身體型態，所偏重的便是天人、物我、人己透過工夫修行達到泯然爲一模式的身體，人成了天地間的一個參與者，構成者，甚至是賦予意義者。人在天地間具有一個主體參贊的積極性意義。

〔註55〕見湯一介著：《郭象與魏晉玄學》（台北：谷風出版1987年3月），頁165、166。

> 莊周理想的最高人格的人是「離人群」、「超世間」的神人、至人；
> 而郭象理想的「聖人」則是「合世俗」、「即世間」的帝王，所以他
> 說：「游外者依內，離人者合俗」。郭象還在《逍遙遊注》中批評那
> 種把「離人群」、「超世俗」看成是高超的觀點……莊周認爲，「神人」、
> 「至人」等超現實的人和「聖人」、「聖王」等在現實中的人是對立
> 的，而郭象卻把他們看成一回事，所以他說：「神人者，無心而順物
> 者也」……這樣就把超現實和現實之間溝通起來了……聖人什麼都
> 可以幹，只要說他是「無心而順物」就可以了。只要是「無心」，那
> 就並不因其方內之事而對聖人的人格有什麼損害；只要是「順物」，
> 那聖人所做所爲都是「天理自然」。所以聖人越是「揮形」，越是享
> 受世間的榮華富貴，就越能「超凡入聖」……這樣一來，莊周的超
> 現實的「神人」一變而爲最現實的門閥世族了。郭象的「外內相冥」
> 的觀點，就是他的《序》中說的「內聖外王」之道。

可見郭象的聖人身體型態已然是回到人世間的聖人。除此之外，因爲郭象意
義下的聖人需要統理方內之事，所以聖人形象已經由《莊子》立身修行的修
行者形象，轉而成爲政治領域中的君主人物之形象了。因此，聖人所關注的
目光一開始便是回到事物之上，進入事物當中處理事物。如何統領事物，給
予單一人、事、物最洽切的擺放位置，以簡馭繁、事半功倍，將是政治人物
所必須思考的問題，因此回過頭去觀看郭象所提的適性、足性之說法，在其
聖人觀的脈絡之下，適性、足性是必然會產生的思考路線，因爲它牽涉到的
是如何「各得其宜」的用世問題。故而如何讓萬物的天性成爲聖人得以使用
的利器，便是郭象所提出的聖人策略。例如郭注中所說的：

> 人之生也，可不服牛乘馬乎？服牛乘馬，可不穿落之乎？牛馬不辭
> 穿落者，天命之固當也。苟當乎天命，則雖寄之人事，而本在乎天
> 也。穿落之可也，若乃走作過分，驅步失節，則天理滅矣（〈秋水〉：
> 「北海若曰：「牛馬四足，是謂天；落馬首，穿牛鼻，是謂人。故曰，
> 無以人滅天」句後注〕

儘管穿落馬首牛鼻並非自然而然，但在面對牛馬的自然天性時，郭象選擇以
人事來代換自然。他扭轉自然天性的觀念，提出服牛乘馬本是天經地義，所
以加諸予人爲同樣是合乎天然的。在這裡可以看出郭象自然說法的策略性，
只要合於節度，在某個可接受範圍內自然是要爲人爲服務的。而這樣的論點

推而廣之，亦可看出郭象試圖溝通人爲與自然二者的企圖。而此亦可看出玄學時期名教與自然間的分合遺跡。擺盪在名教與自然之間的玄學家們，必須要處理的就是如何安放這兩者，而郭象的調和點，便是將放蕩的任自然之風收攝於禮法名教之中。這樣的收攝一方面可以將統治階層的君王轉化成爲聖人形象，作爲政治人物等同於聖人的背書；一方面也可以爲政治人物開啓一扇通往玄遠的門徑，使統理政事的要角通達於玄冥之中。所以由「物各自是」到「彼我玄同」，這種種關係的辯證轉化，以及在這樣辯證過程中所形構出的聖人特質，有時不止是玄妙的抽象思辨，更是郭象解釋士人與政體之間微妙關係的隱微前身，同時也可以看出郭象試圖融通自然與名教兩端的企圖。而郭象思維中的身體美學，也在這樣的自然名教的調和間呈現出來。

此處可先岔開來看看《世說新語》中的紀錄，或許可以爲莊學在當世所開啓的身體在名教、自然「玄同」下的多元呈現，以及郭象穿針引線，試圖以莊學融通儒、道所呈現出的自然名教縮合下的身體樣貌，做出一個隱性向度的證成：

> 阮宣子有令聞，太尉王夷甫見而問曰：「老、莊與聖教同異？」對曰：「將無同？」太尉善其言，辟之爲掾。世謂「三語掾」。衛玠嘲之曰：「一言可辟，何假於三？」宣子曰：「茍是天下人望，亦可無言而辟，復何假一？」遂相與爲友。〈文學第四·18〉

文學篇第十八則的紀錄，藉阮修與王衍的對話，呈現出當代認爲老莊與聖教「將無同」的思想。名教與自然在名士們的清談下，開啓了一道交流的門戶。然而，不可忽略的是，在這一段敘述中對於人物身體的形容是「語度舒緩」，余嘉錫在其後的案語中解釋「將無」二字爲：「『將毋』者，自以爲如此，而不欲直言之，委婉其辭，與人商榷之語也。」這樣的言語姿態帶有一種寬緩，不絕決的姿容，亦即意味著這樣的意思：「儘管我認爲如此，但我容許多種意見在其中滋生。」

而余嘉錫在此條後亦又下了這樣的案語：

> 嘉錫案：今晉書阮瞻傳亦作「瞻見司徒王戎，戎問曰：『聖人貴名教，老、莊明自然，其旨同異？』瞻曰：『將無同？』」

此紀錄與文學篇第十八則的紀錄相似，只是問題已然由「老、莊與聖教同異？」更聚焦爲「聖人貴名教，老、莊明自然，其旨同異？」之「自然名教」的問題了。當然其回答仍是「將無同」，認爲名教與自然是玄同合一的。

名教即自然是當時所高喊的玄理哲思，然而當名士們詮解莊學，認爲其與名教「將無同」時，所配合的身體樣貌又是舒徐寬緩時。在這樣的配套下，我們不得不往這方面思考：藉由身體姿容的落實，名教即自然的思維，已然不只是一種玄理哲思的高喊，更有可能是一種行爲舉止的經營。

大抵而言，名教的原義當起於儒家的名分之教，依其名而責其實，依其名而盡其倫常、盡其職分，因此名與實之間必求名實相符。因此名教的初始義，既有道德性，也有政治性。然而，在宗法制度的強調下，以及漢代天人三策的提出後，名教已然走上外在化、形式化的模態。到了三國時期，崇尙刑名法術，名教更帶著「法」的意味，除了外在化、形式化之外，更走上了絕對化的面貌。然而，名教卻又是人倫治國所必須，魏晉當代該如何安排調適，使之在整體社群中適用，必然會是當代士人所致力的目標。

故而回過頭來看《世說新語・文學篇》第十八則的紀錄，當名士們以一種寬緩徐雅的姿態，去陳述帶有外在化、禮儀化、形式化的名教時，他們的身體姿態已然洩露出這樣的意涵：名教已然從絕對化、刑名化的框架下釋放出來，而包含了一種從容悠遊以及包容性在其中，它已然涵容了道家「自然」思維的不執不滯、與時推移的想法。

然而，不可否認的，這樣的身體姿容，卻仍是帶有身分、權力、地位等意味在其中的，甚至有可能是一種權位的宣示。鄭毓瑜先生即曾在〈身體表演與魏晉人倫品鑑——一個自我「體現」的角度〉一文中提及魏晉士人對於舒緩徐雅之儀形的重視，並認爲這樣的重視，是帶有某種領袖群倫的意義，同時也是一種地位的象徵，文中是這麼說的〔註56〕：

> 一則是「堅坐不動」與「逡巡欲去」的比較，一則是「遽走避」與「徐喚左右」的差別（分見《世說新語・雅量・26、36 則》），不但牽涉起／坐、去／留的時間點（早、晚、快、慢）的選擇，即便要離場，連如何離開的身體行動都要講究，如王獻之「徐喚左右」後，還要「扶憑而出」，絲毫不簡該有的演出排場。而當這類神色自若的表現成爲評價要目，個體多變的情緒就彷彿必須接受純依的固定手續，以變成爲被認可或稱賞的社會我的典型，當然這種理想化的典型必然會被投注更高的期待，甚且賦予某種領袖群倫的意義。……換句話說，這種掩藏情緒變化、保持容止自若的身體表演，在社交

〔註56〕見本文，收錄於《漢學研究，第 24 卷第 2 期》（2006 年 12 月），頁 94、95。

場合中也可能是一種地位的扮演。扮演一種可以承擔重任、並擁有

高出於在場他人的權力的角色。

因此，若我們用這樣的身體儀形來解釋郭象調和名教與自然的企圖，似乎可以重新從一個身體角度來詮釋名教與自然調和後的人事企圖：當身體的雅重儀形已然不只是個人個性的表現，而更代表了社會典範的期許時，我們必須重新對郭象聖人「雖在廟堂之上，然其心無異於山林之中……徒見其戴黃屋，佩玉璽，便謂足以纓紱其心矣；見其歷山川，同民事，便謂足以憔悴其神矣；豈知至至者之不虧哉！」有一個新的理解，這個理解，當然是建構在名教即自然的雙邊融合之上，但這個融合，卻主要是放在放在人倫用事上的融合。儘管聖人作爲縮合名教與自然的代表者，他所呈現出的樣貌，也已然不只是一個廟堂之上位高權重的君主樣貌，而包含了曠遠、自若、舒緩、從容、同民事、更甚至是日月清朗的舒徐樣貌。但這樣的形貌，卻仍是一個偏向用世的形貌，是在廟堂之上的權位施行者的表現。而身體儀形上的舒遠曠然，也往往是爲了符合社會的期待，以證明並展現自我的身分地位而有的舉止儀態。因此，儘管郭象所建構出的莊學身體樣貌，呈現聖人的多元形貌──具有用世與玄遠的結合、是「極兩儀之會」的──但不可否認，經國體致之大業、有用於世之言說，卻依舊是聖人最終的關懷。

　　而以這樣的「用世」關懷來看待郭象的適性說法，很容易的會發現，在用世的前提下，「適性」是一種「各當其形」、「各當其才〔註57〕」、「各有所適〔註58〕」的安放，這個安放同時帶有「逍遙」的高調在其中，因爲適性即逍遙。故而不論種種差異，只要適其性，那麼不論個別的差別小大，皆各有各自的逍遙。

　　然而不可否認的是，當郭象以適性來證成小大萬物的逍遙時，這個逍遙是隱含著爲聖人所用、所安放的意味在其中的。而「性分」的標準，又是放在順氣以言性的結構下來說的。故而儘管郭象試圖以此進行著泯除差異的理

〔註57〕見〈天道〉注：「得分而物物之名各當其形也」、「官各當其才也。」（見「是故古之明大道者，先明天而道德次之，道德已明而仁義次之，仁義已明而分守次之，分守已明而形名次之，形名已明而因任次之，因任已明而原省次之，原省已明而是非次之，是非已明而賞罰次之。賞罰已明而愚知處宜，貴賤履位；仁賢不肖襲情，必分其能，必由其名。以此事上，以此畜下，以此治物，以此修身，知謀不用，必歸其天，此之謂大平，治之至也。」句後注）

〔註58〕見〈外物〉注：「此言志趣不同，故經世之宜，小大各有所適也。（「是以未嘗聞任氏之風俗，其不可與經於世亦遠矣」句後注）

想，但卻往往滑脫成爲一種階級結構，形成每一個獨特的個體安置於一個不容逾越的階位之下的情形，以使其展現其最佳的功能性意義，以完成用世的理想；並使得整體社會透過這樣的階位固定系統，得到一種結構上的穩固。因此適性結構反而有著讓階級性更爲強化的趨勢。

　　不過，此處卻也不得不承認，儘管性分結構使得小大差異成爲一種無法逾越的分際，但從另一個角度上看，適性的完成，卻同樣也有著讓個體極至展現自我的可能。萬物眾生只要適其各我性分，都可說是完成了各自的逍遙。因此逍遙儘管不再由工夫角度證成，但卻有著向多元眾生開放的現象。在這樣的開放之下，身體的多元樣貌也於焉展現開來〔註59〕。

第四節　關係結構下的身體：人倫日用的身體

　　前已提及，郭象的身體已然將《莊子》修行式的身體轉型爲人倫日用型的身體，並重視階位系統的穩固。也因爲將修行式的身體拉到人倫日用的脈絡上言說，故而現實功能的展現將是郭象所重視的。所以郭象的身體隱喻，往往也隨著對人事的重視，而連結在人事上的階位來講，因此講君講臣，講臣講妾，就像他說的：

> 若皆私之，則志過其分，上下相冒，而莫爲臣妾矣。臣妾之才，而不安臣妾之任，則失矣。故知君臣上下，手足外內，乃天理自然，豈眞人之所爲哉！夫臣妾但各當其分耳，未爲不足以相治也。相治者，若手足耳目，四肢百體，各有所司而更相御用也。夫時之所賢者爲君，才不應世者爲臣。若天之自高，地之自卑，首自在上，足自居下，豈有遞哉！雖無錯於當而必自當也。任之而自爾，則非偏也。（〈齊物論〉：「如是皆有爲臣妾乎？其臣妾不足以相治乎？其遞相爲君臣乎？其有眞君存焉？」句後注）

身體的各個部位均是各有所司、各有所用的。郭象的目的在於將身體各部功能歸位，臣妾之才則安於臣妾之位，君臣上下則安於君臣上下的階位，彼與

〔註59〕魏晉身體的多元面貌，在《世說新語》或《晉書》中即多所記錄，而關於魏晉身體多元樣貌的研究專著，亦可參考本人的碩士論文：《時空下的身體展演──《世說新語》之研究》一書（臺北：花木蘭文化出版，2009 年 3 月初版）。以及王岫林之博士論文：《魏晉士人之身體觀》（中山大學中國文學所博士論文，2006 年 6 月出版），本文在此不再贅述。

此不容踰越。郭象並將這個位階論定歸宗於天理自然。有了一個極高的天理自然為根源，在其壟罩下，位階更不容許任何的改變。君便是君、臣便是臣、妾便是妾，彼此、上下是不可相冒的。而除了以身體部位做位階的展現外，郭象更進一步，以身體的位階形式來轉喻人事的層級：

> 凡得真性，用其自為者，雖復皁隸，猶不顧毀譽而自安其業。故知與不知，皆自若也。若乃開希幸之路，以下冒上，物喪其真，人忘其本，則毀譽之間，俯仰失錯也。（〈齊物論〉：「如求得其情與不得，無益損乎其真」句後注）

皁隸安於皁隸之位，不用知曉其他的什麼，只要安然於自己的位階，不踰越此階位即可，這同樣是君臣上下階位的強化。而由身體所呈現出來人事階位的強化，可以看出郭象提出的手足耳目之說法，其背後目的更想傳達的是他理想中的社會模式，也隱喻了更深一層的社會型態，這樣的社會型態是有著強化階位的特性。而在不可相逾的階位前提下，各式各樣的人均安於此階位下，自安其業、各謀其用。這是郭象認為社會不俯仰失錯的原則。換句話說，由郭象泯除差異的身體思維，往下所推展出來的，其實是一種企圖安定社會，使全體社會皆能相治、相安的用世原則。

　　然而，郭象認為，這樣的階位結構之所以有穩固的可能，仍必須架構在他的「適性」觀點上。皁隸安於皁隸之位、君安於君之位、臣妾安於臣妾之位。能夠安於其位便是「得真性」者，而得真性者便能夠達到逍遙。因此，由「適性」到「逍遙」之間，郭象扭轉了《莊子》復性所欲回歸的最素樸本真之「性」，並將此素樸之性轉向一個社會化階位結構的版圖上開展。「性」的意義也隨之由《莊子》偏重修行取向的「復性」意義轉型為用世取向的「適性」意義。也由於偏重性的轉移，所以郭象亦將《莊子》放諸於天地宇宙間的身體，轉而放諸於日用人倫之中，使身體成為人倫日用的身體〔註60〕。因

〔註60〕此人倫日用的身體當然並不同於西方在後工業社會裡所說的機械化、物化的身體。機械化、物化的身體純粹被界定為勞動力的產值，身體像是一件極為馴良的工具，為我們的商業、教育和醫學實踐所運用。在這樣的趨勢下，身體成為生產與被管理的角色，身體的規約性同時也在生產需求的欲望下被無限強化，身體成為一個物化的生產機械，是一個漂流異域的他者，而不是回歸於其自己的「我」。而此處所說的郭象人倫日用之身體則與此不同，它雖然也重視身體的治用面，強調「至治」的訴求。但此治用卻並不在機械化管理上呈現，而是在身體回歸於人間世時，所體現的人與生活世界之關係與模式上呈現，人與人間世是共在的，而非分離相對待的二元。這樣的身體儘管相

此，郭象的身體重視「治」的問題，身體被歸類爲在政治中能夠物盡其用的基礎，例如〈駢拇〉注中所說的：

> 長者不爲有餘，短者不爲不足，此則駢贅皆出於形性，非假物也。然駢與不駢，其性各足，而此獨駢枝，則於衆以爲多，故曰侈耳。而惑者或云非性，因欲割而棄之，是道有所不存，德有所不載，而人有棄才，物有棄用也，豈是至治之意哉！夫物有小大，能有少多，所大即駢，所多即贅。駢贅之分，物皆有之，若莫之任，是都棄萬物之性也。（「駢拇枝指，出乎性哉！而侈於德。附贅縣疣，出乎形哉！而侈於性」句後注）

《莊子》的原文中所說的駢拇枝指，是在於其多餘層面上說。駢拇枝指乃指人所多餘的身體構造，《莊子》並藉此來隱喻仁義道德，暗指仁義道德乃人之所多餘，是不需要的附贅，同時也是造成人心扭曲，失其常然的禍首。然而郭象卻把這樣的觀念轉向，認爲即便駢拇枝指是多餘的，但也必有所用，若因此將駢拇枝指視爲棄材棄用，則是棄萬物之性也。同樣的，仁義並不是扭曲心性的禍首，造成仁義謬誤的是人不當的希慕之心，這樣的企慕之心，才是使仁義作僞，使人失其眞性的禍首。

所以郭象試圖重新爲仁義正名，並將治亂成敗回歸到性分上來說，一切存在的意義都復歸於性分而定，身體議題同時也是緊扣在性分議題之後的。性分既是各有小大，而「用」的可能又必須靠身體來達成，所以身體形軀的駢贅與否，同樣也在「用」的基礎上被弱化掉了。駢贅與否已然不是重點，重點在於駢有駢之用、贅有贅之用，能有所「用」才是最後的期待。因此，儘管在形體上有所駢贅，但若「其性各足」，也就可以扭轉形體上的駢贅差異、小大異同了。在這樣的思維脈絡下，身體能夠成爲治事所用才是最終理想的落實。而這樣的身體型態改變，也可以看出郭象理想的聖人型態已由《莊子》「超世間人倫之人〔註61〕」轉型爲「內聖外王」之道的模式了。

所以性分觀的提出，以及身體意義的改變，無疑地將人從《莊子》思維

較於莊子將身體做爲人回歸宇宙化、自然化的修行基礎不同，它顯得過於用世，重視人在人倫日用之中如何自處。但儘管如此，這樣的身體卻仍有其縱深度，它依舊企求一個更深度的與物冥合的物我關係。

〔註61〕 見唐君毅：《中國哲學原論・原道篇・卷一》（台北：學生書局，1986 出版），頁 348。

中的離世方外，拉回到人間世的入世方內之中。成爲朱門蓬戶皆可遊〔註62〕的景況，唯一的差別只在於心的取捨，心逍遙則一切逍遙。而郭象做這樣的扭轉企圖，必然是有其背後深意的。

　　郭象所處的年代，正是歷史上少有的黑暗時期〔註63〕，而這段時期也正是玄學中「自然」與「名教」的緊張時期。因此方內方外的混一，是郭象調解「自然與名教」兩難抉擇下的時代困惑。他試圖在莊周的逍遙齊物理想人格中，透過寄言出意的方式，性分齊一、外內冥合，解決自然與名教間的緊張關係。

　　因爲當性分各足之後，能夠體現性分，便是完成自然逍遙的境界。如此，在「名教與自然」之間，也就不再具有衝突的樊籬，而是「將無同」〔註64〕的儒道越界。而這樣的越界更深遠的目的，便是使方內與方外、天道與人事、逍遙與治事都渾然爲一。

　　而樊籬的瓦解在當時是有時代意義的，畢竟自然與名教、方內與方外、入世與出世、求仕與歸隱，這種種二元的選擇在極權時代的政體下，有可能就是生死的抉擇〔註65〕；如何在生死二元的邊界上完成逍遙與治事的兼得企

〔註62〕此處借用世說新語中的記載：「竺法深在簡文坐，劉尹問：『道人何以游朱門？』答曰：『君自見其朱門，貧道如游蓬戶。』或云卞令。」

〔註63〕據《晉書》本傳載，郭象病卒於晉懷帝永嘉末年，亦即公元312年。據推測，郭象約生於公元252年，即魏齊王芳嘉平四年。這段時期，正是司馬懿、司馬師父子誅殺曹魏重臣曹爽、何晏，並緊接著篡奪曹魏政權以及對支持曹魏政權的名士橫加誅戮的時期。司馬氏奪得政權後，雖然平靜短暫的時間，但之後惠帝賈后所發動的宮廷政變，又引發了「八王之亂」，所有的名臣士紳，身家性命都朝不保夕。與八王之亂相交接的，更有慘酷的「永嘉之亂」，根據《資治通鑑》對永嘉之亂的紀錄是：「內外斷絕，城中饑甚。鬥米值金二兩，人相食，死者大半，亡逃不可制」。處在此種世代中，士人們往往陷入現實與理想日益分裂的深刻矛盾中。

〔註64〕此處借用《世說新語‧文學第四‧18》中的記載：「阮宣子有令聞，太尉王夷甫見而問曰：『老、莊與聖教同異？』對曰：『將無同？』太尉善其言，辟之爲掾。世謂『三語掾』。」

〔註65〕例如《世說新語‧言語第二‧18》中有這樣的記載：「嵇中散既被誅，向子期舉郡計入洛，文王引進，問曰：『聞君有箕山之志，何以在此？』對曰：『巢、許狷介之士，不足多慕。』王大咨嗟。」嵇康處在司馬氏專政下，不願做司馬氏的臣僕，在進退兩難間，選擇一種消極厭世的人生觀來面對世局，後來仍舊因爲「非湯武而薄周孔」而遭司馬氏羅織致死。嵇康的死與向秀的入仕有著很大的關係，向秀了解到不入仕便容易引來殺身之禍的危難，因此放下箕山之志，踏入仕途以明哲保身。除此之外，在《晉書‧向秀傳》中也有這樣的紀錄：「後爲散騎侍郎，轉黃門侍郎、散騎常侍，在朝不任職，容跡而已。

圖，這是哲學家所必須思考的保身策略。除此之外，郭象更企圖在哲學思考上，完成「即內聖即外王、即天道即人事」的混同訴求〔註66〕，因為唯有奠基在理論上的基礎，其逍遙與治事的結合才會有更深刻的意義。

因此在整個適性思維之下所呈現出的身體意義之扭轉，其實是方內方外的越界下，一種不得不的方便法門。

然而人倫日用的身體，與修行的身體畢竟是兩種不同的呈現。人倫日用的身體是以進入社會之中為主要訴求。如何在現實日用中體現身體的功能，是人倫日用身體的訴求。這樣的身體或可稱為「交往的身體」〔註67〕，此種身體型態與社會之間有著密切的相互滲透關係。人處在人倫日用之中，必不可否認社會加諸於身體上的種種痕跡。因為身體是一個可見的所在，是人在社會上被注視的基礎，也是群我聯繫的基點。身體是社會的可滲透單位，甚至可以說，我們的身體就是社會的肉身〔註68〕，身體與社會也形成一個緊密的互滲結構。〔註69〕

（見《晉書·卷四十九·列傳第十九》）」故知向秀在嵇康被誅後入仕，實因懼禍的緣故，入世在當時的環境中實是一種保身策略，以表示對執政者的認同，因此入仕也是容迹的方式。

〔註66〕周大興先生在〈袁宏「道本儒用」的名教觀〉一文中曾這麼說過：「從玄學的實際脈絡著眼，『自然與名教』的關係課題，牽涉方內與方外、入世求仕與避世山林的兩個領域，乃是兩種人生道路的轉換問題，在極權專制的時代更是生死大事；從哲學思想上看，則是傳統內聖外王、天道與人事的主題，這是玄學家孜孜以求的天人之際的問題。」收錄於：《自然·名教·因果──東晉玄學論集》（台北：中央研究院中國文哲研究所，2004初版），頁166～167。

〔註67〕〔美〕約翰·奧尼爾曾在《身體型態──現代社會的五種身體》一書中提到：交往的身體不僅是所有社會道德的基礎，也是任何一種社會科學實踐的基礎。人不可能離群獨處……我們總是用身體構想著社會，同樣的也以社會構想著身體。見本書，（瀋陽：春風文藝，1999年6月第一刷），導論，頁8、第二章，頁42。

〔註68〕此說法乃受到〔美〕約翰·奧尼爾的啟發。約翰·奧尼爾曾在《身體型態──現代社會的五種身體》一書中提出這樣的說法：「我們自己的身體就是社會的肉身。查爾斯·霍頓·庫利（Chrles Horton Cooley）在提請社會學家和心理學家注意『觀鏡自我』（looking glass self）這一觀念時，採用了類似於身體的術語來談論這種可滲透的基礎。我們在鏡子中所看見的也正是他人所見。透過此肉身聯繫點，自我和社會獲得了溝通。」（瀋陽：春風文藝，1999年6月第一刷），頁10。

〔註69〕儒家中的禮身結構便偏向此種型態的身體。身體呈現了禮，而禮也檢束了身體，彼與此形成互滲的緊密結構。從消極面來說，這樣的緊密結構會使的社會及禮俗形成一種禁制力量，並且用這樣的力量來規範處於其中的人；但若從積極面來看，這樣的禮身結構卻能將人的動物野性，食色慾望日漸馴服，使其合

　　這樣的結構之所以可能，在於人不可能脫離群體而居。如果站在主體具有實踐力、行動力的角度上看，人的實踐往往也要在群體所構築的文化傳統與社會脈絡下完成。儘管極端試圖擺脫人己、相利關係的楊朱之流，都仍是在一個群體氛圍下完成自我論述的。所以世上沒有絕對外在的社會環境，也沒有絕對內在的觀念意識。觀念意識必然是由內外相會中，不斷辯證發展出來的。而社會化身體，所偏向的便是如何在群體社會中，安放自我，並且同時也將這個安放擴展，由我出發，推延至整個社會群體的安放，這是社會型身體的實踐意義〔註70〕。因此，社會化身體的特徵性，就是它在群體中實踐，也同時展現了群體的力量。

　　而人與社會的辯證關係，往往也決定了身體所呈現的樣貌，身體與社會不論是強迫與被強迫的關係〔註71〕，或是彼我相互交流的創建關係〔註72〕，身體都呈現出社會的刻痕，社會也呈現出身體的風氣〔註73〕。

於節度，並使得人異於禽獸的幾希部分完整的呈現出來。而禮身結構往往也代表了文化模式，因為社會氛圍所共同營造出的禮義觀，往往是文化價值體系的呈現。所以處在其中的身體，只要一展現自己，便涵藏了社會文化的價值體系在其中，其與社會調整構造後的價值意義，也同時被呈現出來。這樣的呈現過程，往往也帶出了一種空間意義。在這樣的禮身交融下，身體形成一種場域，它體現了社會文化的意義氛圍；而社會文化同時也創造了身體。

〔註70〕以儒家禮義型身體來說，禮是一種展現與實踐，略過了展現與實踐的意義，禮就成為一種空洞。因此儒家說「禮者，屨也」。禮在這樣的觀念下，也就成了個人生命實踐的基本價值意義，因為「不學禮，無以立」。然而，雖然禮有個人價值性，但此價值卻不能脫離社會群體而獨立存在，由此也可以看出，在儒家禮義傳統下，禮已經與個人的生命的成立是息息相關、生息與共的了。

〔註71〕例如福科站在權力角度上看待身體與全體的關係，身體便呈現了一種「身體政治」。由於身體具有不穩定性和可變性，使它一定會和權力遭遇，一定會被權力有意地揉捏，在這裡，身體，它的器官，它的功能，它的所有被認為是生物學意義的組織，都被動搖和改變了，都被認為是權力和社會的塑造產品。於是身體進入到權力的視野中，進入到機制的視野中。福科將身體引入譜系學的目的就是「表明權力機制如何同身體直接相關，如何同眾多身體功能、生理過程、感官和快感相關；身體並沒有被抹去，有必要通過分析使身體變得可見。」此論點乃參考王民安主編：《身體的文化政治學》（河南：河南大學出版，2004年7月第二刷），導言。

〔註72〕例如完善的禮身關係，「禮」其實是幫助處世者脫離野獸盲昧，馴化食色性也的動物性，使其進入文明社會的手段。在這種完善的禮身關係下，禮成了身體的安居，身體也同時承擔了禮的展現，彼此互為展現，互為創立。

〔註73〕然而在儒家的典籍中來看，禮身之間的關係大多仍是從一個交流的相互創建角度來看的。就像楊儒賓先生在《儒家身體觀》一書中所說：「儒家所期待的教育，乃是培養一種內外交融／身心交攝／心氣交流的幾體性人格。儒家不會反

　　但，不可否認，當社會的企圖與身體的展現，兩者的結構過於緊密時，社會對於人往往會形成一種羅網式的壓抑。處在此種壓抑之下，物我之間往往也會由彼此相安的秩序，轉換為相刃相靡的衝突。在這種情況下，屬於「自我」私密的「身體」該如何由社會的羅網束縛中解放鬆綁，則會是另一個被重視與詢問的課題。

　　《莊子》一書中所偏重的身體思維便是試圖針對這種陷落在社會羅網、食色慾望以及功名執著等等外在羅網中的身體進行檢討與鬆綁〔註74〕。以此種型態展現的身體，或可稱之為修行的身體〔註75〕。修行的身體，所偏重的

對人格有『自我完成』的一面，但人格不會僅止於此一面，因為依據儒家的文化／人格理論，學者的生命是要在社會性的禮、知、詩、史的層層滲透中，才能血肉化成形的。儒家也不會完全反對人格需要家、國、社會的規範甚至操控，他才得以具體成長。但儒家不會認為這是主要的因素，因為人格最根源的神秘，在於它具有不可化約的『主體性』、『個體性』，這個因素不管是否需要受到『外在』的師、禮之扶持，他總有當事者本身才能知曉的獨特質性。」

〔註74〕　不可否認，這樣的身體往往也是陷落於「己」、「功」、「名」等高度企求中的身體。而處在這樣景況中的「我」往往是失卻純粹本質的「我」，是一個外馳的我。而被這樣的我所掌控的身體，往往具有工具性的傾向。儘管它仍是「我」的外在展現，但這樣的「我」顯然已經是異化外馳，失去本真之我的「我」。賴錫三先生在解讀莊子時，便對莊子面對「我」的異化處理，有過深刻的見解，他這麼說：「米德這個社會人的自我價值，卻是《莊子》為體現其宇宙人（即『天人』）時，其工夫所要虛無解構的對象。用最簡要的話就是〈逍遙遊〉所提及的：『至人無己，神人無功、聖人無名。』，即『天人』必須達到解構、超越『己』、『功』、『名』。此處的『己』就是社會化的主體『自我』，而這個自我必受社會意義典範決定而採取『有用之用』的價值取向（即『功』），而這整個自我、意義的建構、追逐過程，當然是由語言（即『名』）這個機制來推動的。所以，當《莊子》宣說『天人』是『無己、無功、無名』的境界時，他正是透過對整套社會價值意義系統的解構來體現的。（見：〈《莊子》「真人」的身體觀——身體的「社會性」與「宇宙性」之辯證〉（台大中文學報第十四期，2001年5月），頁10、11。）」所以，人無可避免的必須在社會群體中生活，並且在社會群體之中成立自己。但修行者在面對「本真之我」的重建時，也必然要先面臨到一個的把社會所成就的『我』先解構掉的過程，回到喪其耦，超脫相對狀況下的「我」，亦即是一個莊子稱為「吾喪我」後，「死灰槁木」的我。

〔註75〕　各種型態的身體，也有各種不同的視域，人倫日用的身體，所關注的視域是社會人倫，因此如何安放自我於社會人倫中，是人倫身體所關注的重點。而修行的身體，所關注的則是天人之間該如何共構的問題，因此，修行的身體的視域是邁向整個宇宙天地的，人身如何透過各種工夫方式與天地宇宙聲息相通，是修行身體所關注的重點。但這並不是說修行的身體與社會人倫是扞格不入的。相反的，修行的身體對於社會人角色的扮演，可以是自由的，藝術的、脫俗的、甚至是遊戲其中的。就像〈養生主〉中所說的：「今臣之刀十

是一種氣息深深的樣貌〔註76〕。導養氣息是修行身體的基礎工夫，修行者要將受到「己、功、名」種種我執慾望衝突下，將失衡的氣脈導養至平衡，使自我從這種種社會典範下壓抑的桎梏中釋放出來。

而氣脈的導養與桎梏的解消之所以相輔相成，乃因爲傳統身體觀中認爲人身體能量的變化與心性意識之間是有著相互影響的微妙關係的。所以氣的導養往往可以紓緩被社會價值典範所桎梏的身體。而身心之間，透過「氣」的互滲作用，也能夠達到一個和諧的平衡狀態。

人處在複雜的人間世當中，必然會遭遇慾望外馳、喜怒失位，居處無常、思慮不自得、中道不成章〔註77〕的情形。身體意義在這樣的情形下，往往被社會價值視域所觀看與限定，在這樣的情形中，修行者身心的和諧就會失衡，而導致冷熱頻交攻，冰炭滿懷抱〔註78〕的困境，嚴重者甚至導致陰陽二氣的

九年矣，所解數千牛矣，而刀刃若新發於硎。彼節者有間，而刀刃者無厚；以無厚入有間，恢恢乎其於游刃必有餘地矣。是以十九年，而刀刃若新發於硎。雖然，每至於族，吾見其難爲，怵然爲戒，視爲止，行爲遲。動刀甚微，謋然已解，如土委地。提刀而立，爲之四顧，爲之躊躇滿志，善刀而藏之。」或如〈人間世〉中所說的：「彼且爲嬰兒，亦與之爲嬰兒；彼且爲無町畦，亦與之爲無町畦；彼且爲無崖，亦與之爲無崖；達之，入於無疵。」在這些敘述中，都可以看到一種深戲於道的自在氣氛。但此處要一再強調的是，儘管修行的身體亦能夠與世俗處，但此種與世俗處的方式，與社會人倫者那種積極肯定人間社會、人文典範、文化價值，甚至企圖給予社會文化以本體論的意含是不同的（此亦即是儒道之不同處）。

〔註76〕雖然修行的身體所實踐的未必僅有導氣養氣，但導養氣息，卻是修行身體中的一個基礎工夫。賴錫三先生亦在〈《莊子》精、氣、神的功夫和境界〉一文中認爲，中國古代身體觀的大傳統乃是將形體作爲一種具體場所的存在，這樣的觀念不同於西方自古希臘以來，將身體視爲解剖意義下的肌肉型身體觀。所以中國古典觀的身體，本身並不是獨存的擴延物，不是笛卡兒心物二元論下的自然物、身體物，它其實是一種內在精、氣、神的流布和呈現。而內在精氣神與外在形體之間，不但非牆內牆外的阻隔，反而是不斷內外流通的存有連續。而這個連續性的完成，即是仰賴「氣」的流動。身體既是一種連續性的存有，那麼內與外之間便是一種朗現與根源的關係。外在的形體顏色，是由內在的脈、氣所充實和朗現，而內在的氣脈則是外在形體的依據與根源。外顯的軀體，可稱之爲「場所的身體」，內在流動的氣脈走勢，則稱爲「流動的身體」。在這樣的身體觀下，「氣」的走勢與導養，就成了完成一個整全身體所不可或缺的部分。

〔註77〕見〈在宥〉：「人大喜邪？毗於陽；大怒邪，毗於陰。陰陽並毗，四時不至，寒暑之和不成，其反傷人之形乎！使人喜怒失位，居處無常，思慮不自得，中道不成章。」

〔註78〕「冰炭滿懷抱」乃借用陶淵明〈雜詩〉中之句子：「孰若當世士，冰炭滿懷抱。」

失調〔註 79〕。那麼人所稟的純一之氣也將受到熏擾。氣的擾動結果將更牽動身心的寧定〔註 80〕，淵靜的身心關係也將失去平靜，因此身心都落陷於俯仰上下之間，傷身累形。

修行的身體便是對此失調之氣進行調和與維修。所以當《莊子》提到心靈意識的淵靜時，必然是站在一個身心和諧的立場上來講的。並認為回到那無為清靜之中即是愛身的表現〔註 81〕。所以身心之間的存有連續關係是《莊子》思想中的前提，而存有連續的和諧完成，則需要靠養氣的工夫〔註 82〕。養氣工夫的修煉，也將使的修行者進入到一種通透的境界，與萬物無隔無礙。修行者解消了物我之間的分別，並更高一層的達到一種冥契狀態〔註 83〕，這也是修行身體的理境。

因此，人倫日用的身體偏重事理的安放，如何安置人事，讓人事得以正

〔註 79〕 例如〈在宥〉篇所說的：「崔瞿問於老聃曰：『不治天下，安藏人心？』」老聃曰：『汝慎無攖人心。人心排下而進上，上下囚殺，淖約柔乎剛強，廉劌雕琢，其熱焦火，其寒凝冰。其疾俯仰之間而再撫四海之外。其居也淵而靜，其動也縣而天。』」

〔註 80〕 身體的精、氣、神之間有著存有連續的關係，而這存有連續的關係，則是透過氣的貫通來達成的。因此，身心若失衡，氣也連帶受到熏擾；相同的，氣的失衡，也連帶影響身心的和諧。所以也可進一步這麼說，形是身體的外在表現形式，氣是身體的內在蘊積之力，內與外必須有一個和諧的平衡，才能夠完成一個整全的身體。

〔註 81〕 就如同莊子在〈在宥〉篇所說的：「無為也而後安其性命之情。故貴以身於為天下，則可以托天下；愛以身於為天下，則可以寄天下。故君子苟能無解其五藏，無擢其聰明；尸居而龍見，淵默而雷聲，神動而天隨，從容無為而萬物炊累焉。吾又何暇治天下哉！」

〔註 82〕 莊子書中亦常見與「氣」相關的論述，例如大宗師中所說的：「古之真人，其寢不夢，其覺無憂，其食不甘，其息深深。真人之息以踵，眾人之息以喉。」或如「夫道，……狶韋氏得之，以挈天地；伏戲氏得之，以襲氣母」等等。關於前者，提到古之真人其息深深，真人之息以踵等等，這些都可以看到導養氣息的痕跡；而後者「以襲氣母」的形容，根據劉武《莊子集解內篇補正》所說：「〈則陽篇〉云『陰陽，氣之大』，則氣母者，即陰陽。」這一句話意思是說，伏戲（義）得道，就能調和陰陽二氣，因此，「襲」即調和之意，氣母指陰陽二氣之意，從這些敘述中，都可以看到泛氣化的形容。

〔註 83〕 所謂的「冥契」，楊儒賓先生曾定義為：「前人釋『冥』，亦多解為『玄而合一』之意，如釋其言為『幽深』、『了無』皆是。『契』字亦然，『契』字成為重要的哲學用詞，大概起於東漢時期的《周易參同契》，此處的『契』字，具有『合』義。後式用法亦緣此義而來。……『冥契』兩字合用，顧名思義，我們取的是『合』義。此種界定與冥契主義第一義『內外契合，世界為一』，是相符合的。」見：《冥契主義與哲學》，頁 10～11。

常的運行，並使自我在社會之中體現價值，這是社會型身體的著重點；而修行的身體則偏重一種深度的氣息充滿，讓自我在形開外馳之中，回復到最凝定狀態，收攝心神，不搖汝精、不勞汝形，藉著調適而上遂的過程中，達到生命力的飽滿〔註84〕。儘管兩種身體呈現，未必是全然的衝突與矛盾，依舊會有某種程度的交集與相關，甚至有時候可能是各為互補。但即便如此，這兩種身體觀卻依舊各有偏重與偏廢，並非是相同的。

　　因此，當郭象以進入人倫日用當中為主，卻企圖達至修行者境界，此二者，勢必要經過某種調整與變形，以使兩者的融合成為可能。

　　而進入人倫日用的身體，往往會有其工具性的作用。身體透過其積極作為，能夠在與社會交接時，呈現某種人事上的功效。郭象在聖人型態的描述裡同樣重視到了這個部分，例如：

> 夫體神居靈而窮理極妙者，雖靜默閒堂之裏，而玄同四海之表，故乘兩儀而御六氣，同人群而驅萬物。苟無物而不順，則浮雲斯乘矣；無形而不載，則飛龍斯御矣。遺身而自得，雖淡然而不待，坐忘行忘，忘而為之，故行若曳枯木，止若聚死灰，是以云其神凝也。其神凝，則不凝者自得矣。世皆齊其所見而斷之，豈嘗信此哉！（〈逍遙遊〉：「乘雲氣，御飛龍，而遊乎四海之外。其神凝，使物不疵癘而年穀熟。吾以是狂而不信也。」句後注）

> 夫王不材於百官，故百官御其事，而明者為之視，聰者為之聽，知者為之謀，勇者為之扞。夫何為哉？玄默而已。而群材不失其當，則不材乃材之所至賴也。故天下樂推而不厭，乘萬物而無害也。」（〈人間世〉：「子綦曰：「此果不材之木也，以至於此其大也。嗟乎神人，以此不材。」句後注。」

> 知天人之所為者，皆自然也；則內放其身而外冥於物，與眾玄同，任之而無不至者也。（〈大宗師〉：「知天之所為，知人之所為者，至矣。」句後注）

────────────

〔註84〕莊子在〈齊物論〉中提到：「其覺也形開，與接為構，日以心鬥」人的感官趨向總是不斷地向外擴延，在不斷地擴延之中，落入貌相聲色的外馳裡，這是一種形開的結果。而這樣的外馳，往往會讓生命耽溺於大恐小恐的因循相待中，而生命也就在不斷地外馳追逐中，行盡如馳的走向消亡。因此，當莊子提到正形、守形的工夫修養時，其重點就是讓外馳的生命收攝凝定，讓自己「形不勞」、「精不虧」，使精力內斂上移，充實蘊積，進而飽滿到生命精力的充沛狀態。

　　夫聖人之道，悅以使民，民得性之所樂則悅，悅則天下無難矣。（〈天

　　下〉：「使人憂，使人悲，其行難爲也，恐其不可以爲聖人之道」句

　　後注）

在這幾段引文中，都可以看到聖人的形象是：同人群而驅萬物、御事、與眾
玄同、悅以使民等等。聖人的身體是要進入人群當中，統馭群臣、統馭萬物、
統理人民、與群體相接洽的，並且更要「能治天下」〔註85〕。因此郭象的聖
人是需要治事的，這是他們處於世中所必須的身體力行。所以郭象式的聖人，
是進入人倫日用之中的聖人，是要日理萬機，戢機應物的〔註86〕。

　　但是更重要的是，儘管聖人進入人群、統馭萬物、治理天下，但他們卻
不受繁瑣事務的累形影響，在染不染〔註87〕，甚至還能夠「涉至變而無改於

〔註85〕例如〈逍遙遊〉注中所說：「夫能令天下治，不治天下者也。故堯以不治治之，
　　　　非治之而治者也。今許由方明既治，則無所代之。而治實由堯，故有子治之
　　　　言，宜忘言以尋其所況。而或者遂云：治之而治者，堯也；不治而堯得以治
　　　　者，許由也。斯失之遠矣。夫治之由乎不治，爲之出乎無爲也，取於堯而足，
　　　　豈借之許由哉！若謂拱默乎山林之中而後得稱無爲者，此莊老之談所以見棄
　　　　於當塗。〔當塗〕者自必於有爲之域而不反者，斯之由也。」（「許由曰：『子
　　　　治天下，天下既已治也』」句後注）

〔註86〕此處似乎也可以看到，莊子的眞人，所面臨的險境，是「大浸稽天而不溺，
　　　　大旱金石流土山焦而不熱。〈逍遙遊〉」、「登高不慄，入水不濡，入火不熱〈大
　　　　宗師〉」等等天地自然之景況。而郭象聖人所面臨的險境，則是「臨人群」、「應
　　　　萬機」、「驅萬物」、「治天下」等等人事上之困境，此處也可以看出兩種險境
　　　　所象徵的不同隱喻。莊子的險境，代表眞人所面對的，是天地宇宙的大視域，
　　　　人與這樣的大視域相互辯證交涉，逐步建構出屬於眞人的理境，同時這個理
　　　　境也包含了天地宇宙對人的凝視。而郭象聖人所面對的險境，在於進入人事
　　　　之中，對人事進行處理與安放，並使人事得以保存的運行下去。因此，由險
　　　　境的隱喻性質來看，莊、郭二人的視點已有極大的不同了。

〔註87〕見成玄英疏：「言聖人動寂相應，則空有並照，雖居廊廟，無異山林，和光同
　　　　塵，在染不染。冰雪取其潔淨，綽約譬以柔和，處子不爲物傷，姑射語其絕
　　　　遠。此明堯之盛德，窈冥玄妙，故託之絕垠之外，推之視聽之表。斯蓋寓言
　　　　耳，亦何必有姑射之實乎，宜忘言以尋其所況。此即肩吾述己昔聞以答連叔
　　　　之辭者也。」（〈逍遙遊〉注：「此皆寄言耳。夫神人即今所謂聖人也。夫聖人
　　　　雖在廟堂之上，然其心無異於山林之中，世豈識之哉！徒見其戴黃屋，佩玉
　　　　璽，便謂足以纓紱其心矣；見其歷山川，同民事，便謂足以憔悴其神矣；豈
　　　　知至至者之不虧哉！今言王德之人而寄之此山，將明世所無由識，故乃託之
　　　　於絕垠之外而推之於視聽之表耳。處子者，不以外傷內。」句後疏）。成疏在
　　　　此處將郭象認爲莊子藐姑射山之神人寓言爲「寄言」之說法推到極致，認爲
　　　　所寄之意，乃在於隱喻的呈現，「冰雪取其潔淨，綽約譬以柔和，處子不爲物
　　　　傷，姑射語其絕遠」。而藐姑射之山的神人，在隱喻系統之下，其神話性質逐

己」〔註88〕。聖人雖處於現象界中，但卻能夠玄同四海、與眾玄同、體與物冥、玄默而已的，並且在玄默、玄冥的境界中，達到不治治之的目的。因此，郭象的聖人，其形軀是要入世並治事，但同時卻又不顯治事之跡以及治事之繁瑣。他們必須要在氣定神閒之中，完成統理之功、禮義之節的〔註89〕，這也就是聖人以不治治之的身體美學。

所以，自然與名教的雙重價值，都必須展現在聖人的身體美學之中，聖人的身體型態，既要體道玄冥，又要統理事功；既要自然自安，又要能令天下治。因此聖人必須回到現實世界中，安放自我於名教樂地中，同時又要在現實雜染中，處於玄遠自然裡。因此自然與名教的冥合為一將是聖人身體型態所必須具有的皆備哲學。

因此，若單方面以社會型身體或出世型身體來描述郭象的身體美學，所得到的結果可能均是片面而失去其立體面貌的。郭象式的身體美學，已然兼融社會面貌以及隱者面貌在其中，他所構建的聖人身體，是既出世，又入世的。是兩者玄冥的結果。

但不可否認的，儘管郭象試圖調整名教與自然間的界線，其身體美學亦以名教與自然的共同呈現為最高境界。但郭象的最終的目的仍舊是要使拱默山林的《莊子》思想，轉換到廟堂之上，以同民事、悅以使民的。因此儘管郭象表面上將「不治」與「無為」作為「治」與「為」的背後根源，將「不為為之」、「無心玄應」提高到一個更形上的根源中做為一個典範依據，以自然為「所以迹」之體；以名教為「迹」之用〔註90〕。但實際上，郭象真正要

漸被弱化，一切只是為了寄言之呈現。而這從樣的角度來看郭象，亦可發現其將莊子的故事性轉換到現實裡的走向，使莊子的故事系統逐步脫離寓言的隱喻性質，而轉化成了「理」的言說。

〔註88〕 例如〈齊物論〉注中所說：「無心而無不順。夫神全形具而體與物冥者，雖涉至變而未始非我，故蕩然無（蘦）〔蔓〕介於胸中也。」（「至人神矣！大澤焚而不能熱，河漢沍而不能寒，疾雷破山〔飄〕風振海而不能驚」句後注）

〔註89〕 見〈繕性〉注：「仁義發中，而還任本懷，則志得矣，志得矣，其迹則樂也。信行容體而順乎自然之節文者，其迹則禮也。」（「中純實而反乎情，樂也；信行容體而順乎文，禮也」句後注）

〔註90〕 林聰舜先生曾於：《莊子》一書中提到：「若矜心於方外，屬然以獨高為至，如隱者之流所為，亦非無待之自然……這種以超世絕群、遺俗獨往，非真有得於無待之自然的論調，與向秀對司馬昭所說的『巢、許狷介之士，不足多慕』的觀點是一致的，而這也正是《莊子注》中，要求迹冥圓融，駁斥陷溺一偏的一貫立場。向郭既掊擊陷於一偏的名教與自然，乃主張自然為所以迹，

落實的卻是「爲之」與「治之」的目的。因此，就身體型態上來講，郭象的聖人身體雖仍有隱者遺跡，但聖人所必然的呈現，卻是進入人倫日用之中，進行人事事務的經營。

　　但就如前所說的，治事的身體，與修行的身體畢竟是兩種不同的呈現。所以此處要問的是，既要出世，又要入世，要如何可能？

　　回到治事層面來說，統理事務乃是「涉有物之域〔註91〕」，然而，既涉有物之域，必然因物事的繁雜，以及種種雜染，往往導致修行者有沉墮不反的困境。這也就是《莊子》所說的：「一受其成形，不亡以待盡。與物相刃相靡，其行盡如馳，而莫之能止，不亦悲乎！終身役役而不見其成功，苶然疲役而不知其所歸，可不哀邪！〈齊物論〉」人處在人事當中，難免受到人事的干擾，與物相刃相靡。

　　郭象對這樣的困境，提出了自性具足的論點，並且提出自生、自爾、自然、自足的境界，試圖以此來衝破有可能的沉墮。物物只要足其性分，獨化於自己而然當中，一切便可「圓滿自足」。牟宗三先生亦曾對此種境界進行過這樣的言說〔註92〕：

> 向、郭注莊，平視萬物，個個圓滿自足，自然其然，自化其化，無有生之者，無有然之者。此即「靜觀則無」也。然無論動觀之有，或靜觀之無，要皆「主觀性之花爛映發」，聖證所至之「內容眞理」。在動觀之有上，既不可執「無」爲一物，在靜觀之無上，復不可下委於平視之萬物而直認此物自身即爲道爲自然。此不過捲之於主觀化境之觀照：平視一切，任之而圓滿自足。此是一種境界，一種意義。此仍是提起來，虛靈起來，無執無著而至之境界意義。此即是「自然」。

郭象是否使現象界下之雜染「虛靈起來」，這仍可再議。但牟先生提出了郭象思維是一種「境界」與「意義」，其說的確是甚有深意的。郭象對萬物自生自

爲體：名教爲迹，爲用，而二者正可相反相成。……由上可知，自然並非孤懸於方外，名教亦無源之涵澤，遊於禮義之藩籬，未嘗無自然之玄心，端視能否體冥以致迹耳。」見本書導讀，（台北：金楓出版），頁 19～21。

〔註91〕見〈齊物論〉注：「世或謂罔兩待景，景待形，形待造物者。請問：夫造物者，有耶無耶？無也？則胡能造物哉？有也？則不足以物眾形。故明眾形之自物而後始可與言造物耳。是以涉有物之域，雖復罔兩，未有不獨化於玄冥者也。」（「惡識所以然！惡識所以不然！」句後注）

〔註92〕見牟宗三著：《才性與玄理》（台北：臺灣學生，2002 年出版），頁 271～272。

爾的平視，的確是回歸到了無物不然的各自價值中去看待萬物，是「萬物各反所宗於體中而不待乎外〔註93〕」的，這的確是《莊子》齊物系統下的理想，是「吹萬不同，使其自己」的呈現。因此，自生自爾的觀念，若放在天地宇宙中來看待，的確能夠使萬物「個個圓滿自足」、使其自己，各自呈現生機勃發的健壯，有著天行健，自強不息的力道。

　　但是，若將此一觀念若放在人事系統當中看待，是否能夠使人事「虛靈起來」，轉化沉贅不反的弊端，這其實是令人質疑的。周大興先生即曾這麼說過〔註94〕：

> 若從另一個角度亦即郭象的「平視」對於現實之物的解釋效力著眼，無物不然的自爾如此，對於事實上可能沉墮不反的弊端（這主要是人類名教社會的問題）並沒有「虛靈起來」的轉化之功。追根究底，這是自爾獨化的無執無著境界與現實殘酷的因果世界「相悖」的地方。

以及〔註95〕：

> 如果物物自爾獨化都是各如其分的絕對存在，這樣的玄冥和諧在大自然鳶飛魚躍的世界裡也許問題尚不明顯，然而一牽涉人類的行為與處境，尤其現實裡千差萬別高低不齊的「僅免刑焉」的人間世，自生自爾的逍遙便顯得觸處皆滯了。碰到了現實的困境，任性自得的自然，積極的自由自主意義也就滑轉為不可逃亦不可加的命運，消極的命定論說法。

周先生在此點出了一個重要的現象，自爾獨化的「適性」思維，是否真能轉化了現象界中的雜染以及小大的差異，這是可議的。適性理論的提出，放在人事當中，能否讓現實名教的煩瑣回歸於自然，並轉化人事的雜染為玄同四海之表？這的確是一個理論與實踐上的考驗。因為處在現實人性之中，若必須要交接人事，其逍遙層面難免會有所滑脫，這是無可避免的。然而，這樣

〔註93〕　見〈齊物論〉注：「故彼我相因，形景俱生，雖復玄合，而非待也。明斯理也，將使萬物各反所宗於體中而不待乎外，外無所謝而內無所矜，是以誘然皆生而不知所以生，同焉皆得而不知所以得也。」（「惡識所以然！惡識所以不然！」句後注）
〔註94〕　見周大興撰：《王弼玄學與魏晉名教觀念的演變》（中國文化大學哲學研究所博士論文，1995 年 12 月），頁 215。
〔註95〕　見周大興撰：《王弼玄學與魏晉名教觀念的演變》（中國文化大學哲學研究所博士論文，1995 年 12 月），頁 229。

的困境產生，或許反而可以在郭象對身心的擺放中略窺一二。

　　葛紅兵先生曾經在論述中國身體原初概念時，提到「實體／虛體二元論身體觀」的觀念，此觀念認爲，從孔子開始中國已經懸設與「身」對應「心」、「志」，等精神虛踐概念，並且試著用此概念表達與「身」之不同，是以其「實體論一元之身體觀」中，隱含著「實體／虛體二元論身體觀」，爲後代形成身心二元論與重道賤身提供了某種隱約之線索〔註96〕。

　　這樣的論點雖仍有值得商榷之所在，但他卻提供了一條思維上的可能線索。當郭象一方面講身體「用世」的積極參與，一方面卻又提出一個「其心玄遠」的境界時。是否他同時是在處在一種「實體論一元之身體觀」下的「實體／虛體」之隱微二元身體觀當中。

　　因爲不可否認的，郭象的聖人是必須回到人倫日用當中的，當聖人面對這人事的必然時，他的修爲勢必要面臨這人事上可能「沉墮不返〔註97〕」的磨難。因此，將理境轉型成爲心靈型式態的保存，似乎是有其必要性的。而在實踐上，也就採取了一種「實／虛」二元的實踐。身體實踐於人倫日用當中，而心靈就實踐於逍遙境界當中。當然這樣的說法或許挑戰了郭象身心觀念的一體論，但若回過頭去搜檢郭象思想中的話語時，卻往往可以找到大量關於「無心」的用語。「無心玄應」往往便是郭象爲入仕者提供了處於世中卻依舊超脫的可能，因爲「無心」的態度中和了既要符合「人論日用」，又要「虛靈起來」的兩端矛盾。

　　然而無心的態度，的確隱含著一種「實體／虛體二元論身體觀」的思維在其中，「心」的玄遠與不在場便是逍遙的達成方式。也或可進一步這麼說：當郭象面對人世中沉贅不返之可能時，是以一種「無心」的主體的抽離式來

〔註96〕見葛紅兵著：〈中國思想的一個原初立場——公元三世紀前中國思想中「身」的觀念〉（探索與爭鳴，2004 年 12 月），頁 4-5。

〔註97〕此處言郭象學說的「沉墮不反」並非是妄加於其上的貶辭。郭象本身也並不希望見到此沉墮不反的情景，相反的，郭象更希望藉由對現實世界的虛靈轉化，改造人處於現實中可能的沉墮。但郭象所提出的「自爾獨化」之理論，其後果卻往往無法將現實世界有效的虛靈起來，反而使實踐過成爲一種滑脫，成爲如錢穆先生所說：「只要存在的，都是合理的，而且不可逃，如是則有自然，無人生。有遭遇，無理想。有放任，無工夫。決非莊子本意。（見《中國思想史》，頁 138）」。而這也或許正是牟先生在《才性與玄理》中認爲郭象注莊與莊子思維上的精神差異之因，是郭象「欠缺了莊子低回慨嘆，對於現實人生最具之『存在之悲感』。」

轉化沉墮的困境。將人的精神主體從人事煩擾當中解離出來，使「我」在人事雜染當中「無」掉，因此便可不沾染繁瑣人間。而這種方式，也因為對世間改以「無」的態度來面對，因此反而使得郭象的思惟具有一種純理式的強化，一切的實踐唯乎一心，只要其心玄遠，縱然身在廟堂，亦能夠玄應四方、逍遙無滯，與萬化同流，如此便轉化了可能沉墮的現象。不過，這樣的轉化，也隨之將《莊子》的逍遙轉化成了另一個面向，將《莊子》的逍遙改向成純理式的逍遙；而這樣的走向，也將《莊子》的逍遙轉型成一種境界與意義的型態，反使得《莊子》「低回慨嘆」的存在之悲感〔註98〕被弱化掉了，成了一種純理式的論說。

　　錢穆先生曾經這麼說過：

　　　　郭象雖不貴言道，而頗愛言理。蓋言道，則若在事先，有使然之義。

　　　　言理，則在事中，在事與事之間。言理不害自然，故郭象喜言之。

言「理」乃不害郭象「純現象」式的思維〔註99〕。因為「理」是萬物流變的軌跡，而不是萬物創生的根源。因此言「理」乃在事與事中言說，就存在言存在，而不是就存在言根源，這也正符合了郭象「物自生」說法，一切回歸到「物之性」來言說「物」的種種可能。因此「性分」便是一切世間事的解釋，在性分之下，一切同與不同都將泯合為一，所有的悲歡離合，在性分之中也都無須深究，只要承受即可。

　　吳冠宏先生在〈莊子與郭象「無情說」之比較──以《莊子》「惠莊有情無情之辯」及其郭注為討論核心〉一文中也注意到郭象這種「理」化的現象，

〔註98〕牟宗三先生在《才性與玄理》一書中提到：「自『南郭子綦隱几而坐，仰天而噓』起，直至天籟止，從天外飛來，清機徐引。自『大知閒閒，小知閒閒』起，直至『其我獨芒、而人亦有不芒者乎』止，則低回慨嘆，對於現實人生最具『存在之悲感』亦猶『天下篇』首段，對於『古人之大體』、『道術將為天下裂』之慨嘆，亦具存在之悲感。此中悲感意識亦向郭之所缺。全篇空靈透脫，無一敗筆。誠是『死與生與？天地並與？神明在與？芒乎何之？忽乎何適？萬物畢羅，莫足以歸』。此種神來之興，飄忽之筆，誠是『其理不竭，其來不蛻，芒乎昧乎，未之盡者』亦非向郭所能至。」，頁196。

〔註99〕此處乃藉用唐君毅先生的說法，唐先生認為郭象的適性是一種「純現象主義」，他說：「故純現象主義，能任順現象之任何變化。任順任何種現象之呈現於前，與其無定限之更迭，而無所執定，無所期必，無所沾戀，無所排拒，而接加以承受。吾人亦可說純現象主義之態度，為一純承受之態度，其宇宙觀或世界觀，為純承受所遇之現象，而如其所如而觀之之態度。」見《哲學概論‧下篇》（台北：台灣學生書局，1974年5月3版），頁688。

他說〔註100〕：

> 可見郭象論「情」，亦言及「性命之情」與「益生之情」兩個面相，
> 而其中的判準即在「當理與否」，從其「任當而直前者，非情也」、「生
> 理已自足於形貌之中，但任之則身存」、「生之自生，理之自足」看
> 來，正是由此「益生之情」對顯出的「性分之理」探入，若能「任
> 當」、「止當」，便可得理去情，反之則陷情失理。由此可知，郭象對
> 於「無情」的討論，已隨其玄理解析的特質，轉向推衍「情」與「理」
> 之關係與論題。……可見郭象論「理」爲其思想之一大特色，故注
> 莊子無情說時仍不改其宗，而暢言「理之自足」、「生理已自足」，由
> 此豁顯莊子「自然」與「無心」的勝義，但也淡化了如何解消「情」
> 的工夫體證，削弱了莊子直探生命根源而來之工夫進程的開展。

因此，若回歸到身體現象上來看這樣的現象，也可以發現郭象身體觀中常出
現的「無身」、「遺身」的思維，也可視爲是「純理式」的思維下的一種奠基。
要回到人倫日用之中，身體是具有功能性的，但身體卻同時也要淡化種種的
差異性，在淡化的過程中，便也將《莊子》身體工夫的「體知」〔註101〕性轉
化，改而代以一種「理型」〔註102〕型態的身體。而關於身體的體知意義，也

〔註100〕見本文，頁 96。

〔註101〕此處借用杜維明先生的說法。杜先生曾經對「體知」作過這樣的解釋：「由身
體來進行認知，簡化地說即『體之』，是中國哲學思維的特色。這種思維的方
式不走歸約主義的道路，而是以多向度的具體事物作爲運思的起點。在思維的
過程中具體事物的多樣性和複雜性，沒有消解成單純的數據，也沒有抽離爲單
一的共相。認知者和被認知的對象不夠成主客對立的外在關係，而是主體的辨
證的內在關係。」見〈身體與體知〉(《當代》第三十五期，1989 年 3 月 1 日)，
頁 50。本文認爲莊子即是一種體知哲學，當莊子說「乘雲氣，御飛龍，而遊
乎四海之外〈逍遙遊〉」、以及「今子有大樹，患其無用，何不樹之於無何有之
鄉，廣莫之野，彷徨乎無爲其側，逍遙乎寢臥其下〈逍遙遊〉」、「天地與我並
生，而萬物與我爲一」時，便可以知道，莊子的逍遙是屬於主體全身性的投入，
是身體與世界的一氣相連，同時也是工夫經驗下的直貫透析，所以莊子的理境
是當下生命力的返響，有著對生命的整全觀照與直感在其中。

〔註102〕柏拉圖提出理型的觀念，認爲理型（Forms）或觀念（Ideas）不是思想的
創造物，而是獨立於思想而存在；這些理型是永恆的，不變的和不具體的；
因爲他們是感覺不到的，我們只能通過思想認識他們。因此，在這樣的思
維下，柏拉圖認爲美與美的物體是不能等同的。然而，亞里斯多德對於柏
拉圖的理型論做出了批評。他認爲，根據理型論，任何事物皆有理型，而
理型卻又獨立於事物而存在。理型是「超然於眾多的單一體」（One over
many），而作爲對象的理型，當事物消失後，其理型竟然還會存在，對於

就在純理式的境界之中，給逐漸弱化與隱沒了。

　　而郭象的身體美學，便在這種治而不治、在而不在、著而不著、隱而不隱的種種擺盪當中，既抽離又入世地呈現了出來。

第五節　小結：兩種擬人的身體

　　《牛津英語辭典》中有這樣的記載：

> 擬人說（anthropomorphism）：人的形象或性格之特徵。a. 以人的形象或特徵比擬神；b. 以人的特徵或性格比擬任何非人類或非理性之物。

「擬人說」是人與世界相關聯的一大明證。如果沒有擬人說，人類將難以在世上立足。假設人們徹底拋棄擬人說，世界之於我們將變得比任何一位神祇更為陌生。所以擬人說是人類（對世界）的一種最根本的反應方式；它是人類在構建其自身、構建其世俗組織及神祇系譜過程中的一種創造性力量。這是邏輯學者們的一種曲喻（conceit）比附方式，藉此我們才能作不尋常之思〔註103〕。

　　「擬人化」是人與世界交流的一大步，同時也是世界如何與人相關的重要連結。而擬人的隱喻要能夠完成，往往必須仰賴身體做喻體，以身體做為

理型的真實性，亞氏認為有關這方面的立論是非常不充分的。除此之外，亞里斯多德也認為，理型論無助於我們追求事物的知識，因為他是超然獨立、寂然不動的。此外，理型同時也具有一種邏輯上的矛盾，它作為經驗事物的本體，又如何能獨立於經驗事物而自存呢？換言之，獨立自存的非感性事物之本體，如何能具感性事物之真實性呢？因此亞氏認為理型說法只是一種空言。關於理型的論述，乃參考《劍橋哲學辭典》（台北：貓頭鷹出版，2002 年 7 月初版），頁 951。本文在此並非是要探究柏拉圖與亞里斯多德關於理型的說法，而本文此處所用的「理型」也不同於柏拉圖所提出的理型論述。然而不可否認，本文此處所用的「理型」一語，一方面除了是為了呼應郭象思維中的「理」化現象，另一方面，卻也的確受到柏拉圖的某種啟發。在郭象思維中，身體經驗未必如柏拉圖「理型」論述般的絕對而獨立，甚至是一種永恆不變的本體，但卻不可否認，郭象對於身體經驗的論述，的確有某種經驗或實體上的淡化特質，這當然是與其「純理式」思維相關的。因此，儘管此處用的理型意義已然不同於柏拉圖所言的理型，但為了顯題郭象純理式思維下那對經驗與實體淡化的特質，故而此處借用「理型」一語來作為解釋。

〔註103〕見〔美〕約翰·奧尼爾著，張旭春譯：《身體型態──現代社會的五種身體》（瀋陽：春風文藝出版社，1999 年 6 月第一刷），導論。

一種詮釋的媒介,並在詮釋當中,型塑出自我的世界觀〔註104〕。所以可以這麼說,是身體成就了隱喻,這個隱喻是人與生活世界的連結。一旦隱喻完成,人與生活世界都在這個譬喻結構中得到雙重定位,而定位的完成也就使得人與生活世界的意義於焉存在。

因此,隱喻的偏重處往往也彰顯了作者企圖與生活世界所保持的模式。就像《莊子》與郭象,他們利用身體所完成的生命譬喻,以及他們各自與世界所保持的關係就有很大的不同。以郭象來說,他透過身體各部位的功能,來指涉君臣之間的階位象徵,這同時也可以觀看出他對整個世界的詮釋角度是放在一個以人事立場爲主的角度來詮釋。而這樣的詮釋,無疑也轉型了《莊子》身體思維的作用性,使的修行者的在世模式隨之改變。

而《莊子》的身體譬喻,則往往有著「進入」的特色。不論是幻想怡遊、機智言辨、或是生命哀感的嘆息,身體往往都是投入其中,去歷受這一段段的過程,並使之刻骨銘心成爲自己生命中的一部分。因此,《莊子》的身體必須是去感受、去經歷,也是帶領「人」進入整個場域當中的重要樞紐;同時更是完成自我生命境界所不可獲缺的前提與基礎。而透過身體的親臨,修行者將有著調適上遂,與天地相感通的可能;修行者也透過身體的參與,與天地相接榫,達到整體的存在感。

然而在身體「進入」場域之前,必須先理解的是,身體譬喻往往是以外在形象作爲譬喻表徵。我們對身體的省視不過是寄託於身體形象上的隱喻,其實此一身體形象遠非魚躍鳶飛之生命,而是截取尸居餘氣造作之刻板印象

〔註104〕維科曾這麼說過:「值得注意的是在一切語種裡大部分涉及無生命的事物的表達方式都是用人體及其各部份以及用人的感覺和情慾的隱喻來形成的。例如用『首』(頭)來表達頂或開始,用『額』或『肩』來表達一座山的部位,針或土豆都可以有『眼』,杯或壺都可以有『嘴』,耙、鋸或梳都可以有『齒』,任何空隙或洞都可叫做『口』,麥穗的『鬚』,鞋的『舌』,河的『咽喉』,地的『頸』,海的『手臂』,鐘的『指針』叫做『手』,『心』代表『中央』……風吹,波浪『嗚咽』……田地『乾渴』……這一切事例都是那條公理的後果:人在無知中就把他自己當作權衡世間一切事物的標準,在上述事例中人把自己變成整個世界了,因此,正如理性的玄學有一種教義,說人通過理解一切事物來變成一切事物。這後一個命題也許比前一個更真實,因爲人在理解時就展開他的心智,把事物吸收進來,而人在不理解時卻憑自己來造出事物,而且通過把自己變形成事物,也就變成了那些事物。(朱光潛譯文)」見〔美〕約翰·奧尼爾著,張旭春譯:《身體型態——現代社會的五種身體》(瀋陽:春風文藝出版社,1999年6月第一刷),頁18。換言之,擬人論往往才是人類社會發展所必經的第一階段。

也〔註105〕。因此當《莊子》說「喪我」的槁木死灰時，實是將此尸居餘氣之身體導入極致的幽寂死亡當中，在極致的幽寂死亡下，將殘存餘氣盪除，而後進入「有情有信，無爲無形；可傳而不可受，可得而不可見；自本自根，未有天地，自古以固存；神鬼神帝，生天生地；在太極之先而不爲高，在六極之下而不爲深，先天地生而不爲久，長於上古而不爲老。〈大宗師〉」的境界中，以時空之超越、感知之超越、常識之超越、理性之超越，一一穿破身體皮相，重新以「神遇而不以目視」的新身體感來交接此有情世界，而有情世界也於焉重新建構。

因此，由身體立場出發，觀看《莊子》與郭象身體思維的差異，可以發現《莊子》站在「復性」立場，在復性的過程中，同時也讓身體「進入」。復性讓「我」到回到最素樸之眞我，而眞我乃一氣充滿下的我，故而有著身心虛化的現象；也因其身心虛化如槁木死灰，故反能以開放之態度，讓萬物自在自得，進入萬物，也讓萬物進入。

而郭象站在「適性」的立場上，一切在「適」的規範下，任順之、接受之，故而「我」對現世的態度往往是站在一種調和，甚至是妥協的態度上去言說，而調合與妥協的態度，往往也使得身體的工夫面向有著被弱化的傾向，而心靈層面則開始走向純理式的型態。若以勞思光先生論「聖人與我（自我）境界」（「德行、情意、認知、形軀〔註106〕」）來看待自我境界之分化以及「性」的原型與型變，可以發現，《莊子》的「性」仍與「德」合構而論，「性」仍具有根源性的本質，也因此奠基了復性的可能。而郭象對於「性」的看待，「性」成了物的屬性，只能任順與安適，那麼「性」已然脫離「德性」意涵，而泛指人的氣性智能上的稟賦了。這樣的態度大有將「性」從「德」當中釋放出來的趨勢，聖人不再是以「德」爲取向，而是以稟賦之氣爲取向。而聖人境界也將由《莊子》的眞人型態型變爲郭象的聖人模式，由宇宙化境界，轉型爲人事化境界。

因此兩種對待「性」的方式，以及其隱喻手法，都可以看到其對於人生

〔註105〕見李霖生著：〈莊子的身體哲學〉收錄於（第一屆中西風水比較學術研討會：文化與空間管理的對話，94 年 6 月 2 日），頁 5。

〔註106〕自我境界之分化依勞思光定義如下：「情意我」（以生命力、生命感爲内容）、「德性我」（以價值自覺爲内容）、「形軀我」（以生理、心理欲求爲内容）、「認知我」（以知覺理解及推理活動爲内容），詳見勞思光：《新編中國哲學史》（一）（臺北：三民書局，1991 年），頁 148、149。

視域的不同，以及兩種「我」的呈現；而兩種擬身的態度，同時也可以看出兩者境界的對比以及落差。

第三章　從用心到無心的轉變：
《莊子》的心與郭象的心

第一節　前　言

一、心之範疇：家族類似視角

　　「心」一直是中國先哲們所關注的議題。對於「心」的範疇亦有種種見地，約略來說，在中國哲學中論「心」大約有以下這些內涵 [註1]：（一）「心」是主體意識。所謂主體意識，是指人在與外界、主體與客體的關係中，主體對於客體的映象。意識總是從人化的角度和以人為尺度把握客體世界。換句話說，即從主體的利益和需要來認知、把握世界。（二）「心」是天地萬物的本原或本體。包羅萬象的宇宙整體就在一心念的活動之中。事事物物是一心的產物，是心的變現。因此心往往成為世界萬物存在的根據以及萬法現象背後的本體。所以心包含了自然萬物和人類社會的萬事以及萬物萬事之理，心是他們的根源。（三）「心」是心理活動或心理狀態。在中國哲學中，心也往往是人的思想、感情、意志、慾望等心理狀態、心理活動的表現。（四）「心」是指道德倫理觀念。例如孟子所說的惻隱之心、羞惡之心、辭讓之心、是非之心。這是「人皆有之」的族類道德倫理之心，擴充、發揚這種道德倫理之

〔註1〕　關於心的內涵，乃節錄修改自張立文主編：《中國哲學範疇精粹叢書（一）心》
　　　　　（台北：七畧出版，1996 年 11 月初版），頁 4～6。

心，便可作為做人、持家、治國、平天下的準則。它不是道德倫理原則向道德主體的灌輸，而是根據人的本心建立起來的道德自覺，這種道德自覺，也就是一種「良知」，「良知」是一個綜合價值判斷。

　　綜合以上的說法，「心」具有家族類似〔註 2〕的視角。具有作用義，同時也具有創生義，是實體，也是功能，更具有多種的意義在「心」範疇中被滋生。所以觀看「心」往往必須用「家族類似」的視角在整體結構之下觀看。而以「家族類似」視角來觀看「心」，精、神、志、意、靈、魂、魄、性、情皆與之相關。除了主體的心識狀態外，「心」更包含主體交接於外界客體後所引發的心識情狀，亦即人與物相接後，主體心理現象的變化。甚至心物相接後，所映射回主體本心的波動，此更是修行者的工夫著力之處。就像《莊子》所說的：

〔註 2〕周與沉在《身體：思想與修行——以中國經典為中心的跨文化觀照》中曾提出「心」的「家族類似」視角概念。所謂「家族類似」視角，並不是規定事物的共同抽象涵義，而是強調相關系列性現象中各自的獨特性。所以「家族類似」視角儘管其內涵與外延的不確定直接造成了邊界的模糊，但在實踐中的運用卻富有彈性，是處於一種開放的狀態。而以「家族類似」視角來觀看「心」，便會發現「心」並非單一的名理概念，而是具有多重解釋的豐富性，所以「活生生的人心」將涉及「心」家族結構裡，諸多層面的解釋，「心」成了一種要在整體結構下去解釋的概念。因此「心」的解釋在家族類似視角下，乃開啟了其多種意義。大抵說來，「心」顯然並不只是心臟器官，亦不只是心理活動，而是包含知覺、思慮、情感、意志、魂魄乃至形上精神，以及超覺感知在其中。所以「心」是含知、情、意、理的統一體。除此之外，心除了與「性、情、意、知、思、樂」有直接的聯繫之外，還有一個十分重要的意義，就是「以體會為心」，意即在「心——性——天」相通的境域中，學者全身心的踐履、體悟、及所得所會在此實修過程中的自然呈現。在這樣的視角下觀看「心」，心既是動詞，也是名詞；既是實體，也是功能；既是存在，也是作用，「心」的問題已然關涉到人整體生命的全歷程了。見本書（北京：中國社會科學出版社，2005 年 1 月第 1 版），第四章〈心：「家族類似」的視角〉。而蔡璧名亦在《身體與自然——以《黃帝內經素問》為中心論古代思想傳統中的身體觀》一書中對「心神」此一統名作過擘肌分理的論析，當中認為魂、神、意、魄、志五神乃一整全的靈魂，共名之為「神」（即抽象之「心」）。相較於肝、心、脾、肺、腎五臟，五神具有生命根據與動力因，而五臟乃物質基礎與構造因。「神」因特具思考功能而居於宰制五神的中樞位置，所居之「心」（具象之心、臟器之心）亦因此而為五臟之精、君主之官。這一關係生理與心理的互動，「心神」與「形氣」的互涉，是先秦經典思想與醫家傳統的身體共識。此處雖然偏重於醫家的解釋，但從這樣的角度來看「心」，依舊可以發現「心」的多重意義。見本書（台北：國立台灣大學出版委員會），第三章〈心神的認識〉。

> 汝慎無攖人心。人心排下而進上，上下囚殺，淖約柔乎剛強，廉劌
> 雕琢，其熱焦火，其寒凝冰。其疾俯仰之間而再撫四海之外。其居
> 也淵而靜，其動也縣而天。僨驕而不可係者，其唯人心乎！〈在宥〉

人心交於外物，任何變化都將引起心識的波動，情感也隨之擺盪，或高或低、或起或伏，甚至冷熱交攻、冰炭滿懷抱。而心境的轉變，更是萬般無常，從淵深沉靜到騰躍飛揚，其變化之迅捷，更是難以捉摸。而身體，也往往因為心靈的轉變而隨之有不同的生理變化。早在《黃帝內經》時代，便已然發現身心之間的交涉互滲之關係，例如《素問・陰陽應象大論》中所說的：「喜怒傷氣，寒暑傷形。暴怒傷陰，暴喜傷陽。……喜怒不節，寒暑過度，生乃不固。」喜傷陽氣，怒則傷陰氣，喜怒與寒暑都同樣並列為疾病的要因，可知在傳統醫家的疾病觀中，喜怒等精神狀態對於身體的作用，絕不亞於飲食、寒暑等物質條件上的制約〔註3〕。

　　而這樣的身心互滲模式，並非醫家的單一論點，而是整個中國思想中的基本氛圍。例如《莊子》說的：

> 人大喜邪？毗於陽；大怒邪，毗於陰。陰陽並毗，四時不至，寒暑
> 之和不成，其反傷人之形乎！使人喜怒失位，居處無常，思慮不自
> 得，中道不成章。於是乎天下始喬詰卓鷙，而後有盜跖、曾、史之
> 行。〈在宥〉

就醫家來看，《莊子》這樣的論述是非常符合醫學知識的。人喜怒哀樂的形成與發洩，如果不合乎節度，則將毗於陰陽，進而使得形體受到折害，失其定位，更進而失其本來面貌。

　　而這樣的身心互滲模式，不只是醫家與道家，在儒家也同樣有類似的想法，但儒家的身心調節，與醫家、道家重視養生立場的身心調節是有著不同的：

> 所謂脩身在正其心者，身有所忿懥，則不得其正；有所恐懼，則不
> 得其正；有所好樂，則不得其正；有所憂患，則不得其正。心不在
> 焉，視而不見，聽而不聞，食而不知其味。此謂脩身在正其心。〈大
> 學章句〉

所謂的「正」或許可以視作道德典範的把持，此處已然點出身體的合乎典範，

〔註3〕　參考蔡璧名著：《身體與自然——以《黃帝內經素問》為中心論古代思想傳統中的身體觀》（台北：國立台灣大學出版委員會），第三章〈心神的認識〉。

是必須連同「心」的合乎典範,如此才是整全地實踐道德的歷程。而朱熹對此也有進一步的解析:

> 程子曰:「身有之身當作心。」忿,弗粉反。懥,敕值反。好、樂,並去聲。忿懥,怒也。蓋是四者,皆心之用,而人所不能無者。然一有之而不能察,則欲動情勝,而其用之所行,或不能不失其正矣。心有不存,則無以檢其身,是以君子必察乎此而敬以直之,然後此心常存而身無不脩也。

忿懥、恐懼、好樂、憂患是人之所不能無的情感,然這樣的情感若任其發展無度,甚至會掩蓋眞正的本心,使得本心不存,則連帶影響到對身體的檢視。儒家在此是將「心」視爲「身」的優位的。「心」的擺放將優先於「身」,心在身在,心不在,則身亦無法修。「心」相較於「身」更具有實踐上的根源義。

然而不可忽略的是,不論身心的擺放是如何,儒家同樣注意到了心、身之間失衡的影響,「心」的種種過度情緒,往往會帶來身體的「失其正」,而身體又必須是道德顯現的最後指標,因此,「心正→身正」的路線將會是完成道德的必經之路。在這裡可以進一步看到,身心之間除了具有生理上的平衡關係,更展現出道德上的平衡關係。相較於醫家重視情緒對生理的影響,儒家更關注情緒對「道德」的影響。因此身心平衡之思維,並不只是在生理項下呈現,同樣也在道德項下展現。也在這種身心互滲的共同參與,並使得道德充滿下,儒家所說的「富潤屋,德潤身,心廣體胖,故君子必誠其意〈大學章句〉」等思維才能夠開展出其實踐的力道與施力處。

因此,中國思想中,論「心」儘管會因爲思想立足點的不同,而與「身」有不同的優位,但不論其位置擺放是如何,「心」的修養也必然是與修「身」交互滲透的,「身心」在實踐前提下,是共同達成一個整全觀點的。所以,中國對「心」的看待,絕非西方心理學式的,將心視爲被研究、被觀看、被治療的客體,而是涵攝到整個生命全景的存有概念。〔註4〕

〔註4〕 徐復觀先生也有一段話可以爲「身心」互滲作爲一個證明:「中國文化所說的心,指的是人的生理構造中的一部分而言,即指的是五官百骸中的一部分;在心的這一部分所發生的作用,認定爲人生價值的根源所在。也像認定耳與目,是能聽聲辨色的根源一樣。孟子以耳目爲『小體』,因其作用小;說心是『大體』,因其作用大;但不論作用的大或小,其都爲人身生理構造的一部份則一。可以把生理構造的這一部份說成西方唯心論的心嗎?西方唯心論的心,指的是

　　既然身心交融互涉，那麼論「心」必然無法脫離認知情境，意即無法脫離對整體場域的體知。而對場域體知的過程，必然不可忽略人的主體意識，以及人與物相交之後，所傳移到主體意識中的認知。而此處講「體知〔註5〕」，便牽涉到身體對物的知覺，以及此知覺收攝回主體意識後，與主體交融所形成的境象。「體」即具有「體貼、體驗、體會」等親身親臨的經驗性質；而「知」則具有「知覺、情知、知識」等精神活動之性質。所以「體知」必然是牽涉到主體與客體之間的交流，當中也含攝了知覺、經驗、體證、踐履等等歷程在其中。因此「體知」也必然是身體全幅地在場。身體的在場，讓我們認識、了解、和領會身處之境域，同時，這樣的覺察，也會讓「人」透過「內外／主客」的交融，返照回自身，並連帶的形成「人」的主體意識之建構。

　　再從一個「家族類似」的視角來看，「心」並不是單一的臟器器官或心理概念而已，從肉體慾望、非理性衝動到理性思考、功利衡量、形上訴求乃至神秘體驗，都是其涵攝的領域〔註6〕。所以心理現象往往為縱橫交錯、相互重疊，在此處平行，在他處又分開的巨大道路網絡。也因此，心具有涵攝「物我／主客」之間交流的聚束點特徵。也因為「心」具有這樣的特徵，所以「心」也往往被各種相互牽涉的心理現象所圍繞、烘聚，成為中心清晰、邊緣模糊的現象集合體。然而，也因為「心」具有多種軌道交錯縱橫，再加上身體所面臨外界萬象萬物的多種牽動與刺激。兩者相互交錯的結果，往往對「人」

　　　　　人身上生理構造的一部分嗎？所以把中國文化中的心，牽附到唯物的方面去，
　　　　　還有點影子：因為生理本是物；心的作用正是生理中某一部份的作用。牽附到
　　　　　唯心方面去，便連一點影子也沒有了。」見〈心的文化〉一文，收錄於《中國
　　　　　思想史論集》（台北：台灣學生書局，1993 年 10 月初版），頁 243。
〔註5〕　「體知」，根據杜維明先生的解釋，體知乃「體之於身」，而從體知設想，「身
　　　　　體」實含著「以身體之」。由身體踐履而獲得的體知，不僅不是偶然拾取的觀
　　　　　解，而且是我們主體意識的組成部分。另一方面，我們根據「知情意」的一
　　　　　分法，常常習慣地把道德意識和美感經驗嚴格區劃為兩個不相管屬的範圍。
　　　　　美學的感性和道德的理性，因為是屬於不同層次的課題，其間沒有什麼內在
　　　　　聯繫可言。因此用來理解美感經驗的體知，便和建立道德理性的主體意識（如
　　　　　通過勵志的存在抉擇）扯不上什麼關係。不過體知所表現的認知，既是情是
　　　　　意，既有豐富的感情內涵，又有強烈的意志因素，絕不是一般的觀解。體知
　　　　　必然意味著創造的轉化，有體知而不能因受用感而達到變化氣質的功效，是
　　　　　自相矛盾的。固然，體知的創造轉化，不一定是道德理性的突出表現，但道
　　　　　德理性的體現，必然借助體知的形式，否則便難逃觀解的格套。見〈身體與
　　　　　體知〉一文，收錄於《當代》（第 35 期，1989 年 3 月 1 日），頁 47～48、50。
〔註6〕　見周與沉：《身體：思想與修行──以中國經典為中心的跨文化觀照》，頁 151。

具有莫大的干擾與誘惑。因此，如何使「心正」→「身正」、「用心若鏡」→「體盡無窮」成爲可能，將會是修行者最重要的一項挑戰。

二、《莊子》之靜與郭象之靜

《莊子》面對心身可能的誘惑，所提出的工夫方式，即是「靜」：

> 水靜則明燭鬚眉，平中準，大匠取法焉。水靜猶明，而況精神！聖人之心靜乎！天地之鑒也，萬物之鏡也。夫虛靜恬淡寂漠無爲者，天地之平而道德之至也。故帝王聖人休焉。休則虛，虛則實，實則倫矣。虛則靜，靜則動，動則得矣。靜則無爲，無爲也，則任事者責矣。無爲則俞俞。俞俞者，憂患不能處，年壽長矣。夫虛靜恬淡寂漠無爲者，萬物之本也。〈天道〉

心如一面鏡子般的平靜，而「心靜」則可以映照萬物、明鑑天地，止息外物的干擾牽動，物我之間是「不將不迎，應而不藏，勝物而不傷」的，心如明鏡之說無疑解消掉人感知上的紛擾可能，並且物我關係呈現一種相互照見的模式，物我在彼此的照見下，各各呈現其本來面貌。因此「心靜」是《莊子》治心的首要工夫。

相較於《莊子》以「心靜」的工夫治心，郭象所用的方式則是以「無心」來治心：

> 夫莊子者，可謂知本矣，故未始藏其狂言，言雖無會而獨應者也。夫應而非會，則雖當無用；言非物事，則雖高不行；與夫寂然不動，不得已而後起者，固有間矣，斯可謂知無心者也。夫心無爲，則隨感而應，應隨其時，言唯謹爾。故與化爲體，流萬代而冥物，豈曾設對獨遘而游談乎方外哉！此其所以不經而爲百家之冠也。〈莊子序〉

「無心」的操作模式，是一種隨順任化的方式，是「應而非會」、「雖當無用」將自我的主觀操作解消到「無」的程度，一切的反應與作爲，都是不得已而後起的，如此相應於外物，則是隨感而應，應隨其時。這樣的操作模式在其它注文中也有相類似的說法，例如：

> 夫自任者對物，而順物者與物無對，故堯無對於天下，而許由與稷契爲匹矣。何以言其然邪？夫與物冥者，故群物之所不能離也。是以無心玄應，唯感之從，汎乎若不繫之舟，東西之非己也，故無行

而不與百姓共者，亦無往而不爲天下之君矣。以此爲君，若天之自高，實君之德也。若獨亢然立乎高山之頂，非夫人有情於自守，守一家之偏尚，何得專此！此故俗中之一物，而爲堯之外臣耳。若以外臣代乎內主，斯有爲君之名而無任君之實也。（〈逍遙遊〉：「而我猶代子，吾將爲名乎？名者，實之賓也。吾將爲賓乎」）

以及：

無心而無不順。（〈齊物論〉：「王倪曰：『至人神矣』句後注」）

無心而隨物化。（〈應帝王〉：「吾與之虛而委蛇」句後注）

或如：

淵者，靜默之謂耳。夫水常無心，委順外物，故雖流之與止，鯢桓之與龍躍，常淵然自若，未始失其靜默也。夫至人用之則行，捨之則止，行止雖異而玄默一焉，故略舉三異以明之。雖波流九變，治亂紛如，居其極者，常淡然自得，泊乎忘爲也。（〈應帝王〉：「列子入，以告壺子。壺子曰：『吾鄉示之以太沖莫勝。是殆見吾衡氣機也。鯢桓之審爲淵，止水之審爲淵，流水之審爲淵。淵有九名，此處三焉。嘗又與來』句後注」）

郭象與《莊子》一樣，都用「水」做爲意象的呈現。《莊子》著重水的平中準、能映照萬物的特點，來呈現心靜的工夫，而郭象則用水的委順外物以及儘管鯢桓之與龍躍，卻依舊維持淵然自若、不失其靜默的特徵來說其「無心」的作用。

　　《莊子》平中準，映照萬物的「心」，心與物乃直接的相映關係，「心」呈現出全幅朗現、全幅包容萬事萬物的特徵。而郭象言「心」的淵然自若、未失其淵然靜默，其重點則在於表現「心」的淵深難測，因此心與外物的關係，偏向一種「澄之不清、擾之不濁」〔註7〕的關係，「心」是沉潛在最深廣難測的淵深處的。

〔註7〕　見《世說新語・德行第一・3》中的記載：「郭林宗至汝南造袁奉高，車不停軌，鸞不輟軛。詣黃叔度，乃彌日信宿。人問其故？林宗曰：『叔度汪汪如萬頃之陂。澄之不清，擾之不濁，其器深廣，難測量也。』」這種淵深難測的身體語言，一直是魏晉時期士人們所讚賞的。儘管黃叔度是漢末人物，但本文認爲，這樣的文化走向，對於魏晉時期是有着氛圍上的型構作用的。而郭象「無心」說所呈現的淵深靜默，應也是不脫離此氛圍下的一種思想展現，有著內在思維的相似性的，故而在此借用〈德行〉篇的修辭。

　　所以「無心」除了是「隨順」的態度，讓自己處世澹然、泊乎忘為，不參與決定、不介入走向之外，其另一個面向，是將自己涵藏於事事物物的最底層，藉此與化為體，與物相冥，並且不顯自我的情感，此與郭象所提出的「無情」之說，無疑是個互文關係。

　　除此之外，就詮釋角度來看，郭象抓住了《莊子》原文中治心的靜默特徵。「靜」是詮解治心方式的關鍵詞，但抓住此關鍵詞後，郭象卻轉化「靜默」映照萬物，不將不迎，應而不藏的手段與目的，而使「靜默」凸顯成為一種「不為」、「無為」、「任其自為」、「淵然自若」的面相，所以郭象說：「夫有其具而任其自為，故所照無不洞明。凡不平不至者，生於有為〔註8〕」。而郭象更進一步論及此目的是：「夫無為也，則群才萬品，各任其事而自當其責矣。故曰巍巍乎舜禹之有天下而不與焉，此之謂也。」因此「靜」最重要的目的已不再是「天地之鑑，萬物之鏡」了，而是「群才萬品，各任其事，自當其責」了。所以「無心玄應」與「用心若鏡」兩種境界，它們的工夫目的已然不同了。由此也可以看出，郭象論「心」，與《莊子》論「心」所佔的位置與態度已然轉變了。而這樣的轉變，用前所述「家族類似」視角來看，必然也包括物我／主客的位置轉變、情意知的轉變、身體位置的轉變、甚至是體知方式的轉變等等。而這些也是本文企圖由「心」切入，所探討的主題。

第二節　用心若鏡到無心玄應：遊的兩種方式

一、《莊子》「用心若鏡」以及「遊」之點提

　　《莊子》在〈德充符〉中這麼說著：

> 「自其異者視之，肝膽楚越也；自其同者視之，萬物皆一也。夫若然者，且不知耳目之所宜，而遊心乎德之和；物視其所一而不見其所喪，視喪其足猶遺土也。」常季曰：「彼為己以其知，得其心以其心，得其常心。物何為最之哉？」仲尼曰：「人莫鑑於流水而鑑於止水。唯止能止眾止。受命於地，唯松柏獨也正，在冬夏青青；受命於天，唯堯、舜獨也正，在萬物之首。幸能正生，以正眾生。」

〔註8〕　〈天道〉：「水靜猶明，而況精神！聖人之心靜乎！天地之鑑也，萬物之鏡也。夫虛靜恬淡寂漠無為者，天地之平而道德之至」句後注。

「心」一直是個困難的修養項目。前所言，心具有「家族類似」的視角，因此，「心」的範疇並非是一條明確可以劃界爲限的界限式範疇，而是一種光譜式的，在中心之外，以漸行漸弱的方式逐步構成其氛圍。因此，「心」的意義邊界往往是模糊混沌的，只能說是逐漸弱化到無，而不能說是清楚劃分的「到此爲止」。也因爲其範圍的廣袤，所以心靈的修養，將會是一個修養上的深刻著力之處。當然在家族類似視角下論「心」，心必然包含了「身」的部份。感覺和所感覺的事物、物我主與客的交流，甚至天人關係等等，往往都能夠在「心」之光譜中找到其顯色處。因此，論「心」必然脫離不了身體的所有感知與接收，除此之外，脫離身體的「心」亦是讓人難以理解的。「身體是思想的可見形式，所以身體思維就是身體處於思想的行動：這種行動是發生在身體之中，憑身體而行的」〔註9〕，所以身體在思維中並不是伴隨來的條件，而是不可或缺的本質。在身體的當然性參與下，思想便具有情境性格，它是人在世界之中的証明，同時也是人與物保持何種關係的基點。因此，身心分離的思維早已是不可理解並且難以存在的。也因爲身體是思想進行的環境，故而身心之間往往難以區分出絕對地主客模式。因爲即便是想像與記憶的的「出神」，以及思維上的「判斷」，它都是在身體環境中完成的。彼此不可相缺、不可相無。所以單純的將心視作身體的主宰，或是將身心各自置放於主客的兩端，或許都是將身、將心單向化的作爲，反而脫去了彼此的勃勃生機與豐潤性。所以或許可以這麼看身體與心靈的關係：身體與心靈彼此是彼此的背景、彼此是彼此的氛圍、彼此是彼此的作風，也彼此瀰漫於彼此之中。

在這樣的視角下看「心」，「心」之家族類似視角的豐富性將會受到認定及開展。

此處或許可以用梅洛龐帝的一段話作爲一個開場白〔註10〕：

當感覺者／被感覺者之間的火星點燃，人的身體就出現了；當這把不會停止燃燒的火，讓身體鬆脫出任何偶然都無法達成的偶然之舉，人的身體就出現了……

感覺與感覺之間讓身體成了一個慶典。這個慶典是物與我之間所爆開的知覺

〔註9〕 見吳光明著：〈莊子的身體思維〉收錄於楊儒賓主編：《中國古代思想中的企論及身體觀》，頁394。

〔註10〕 見梅洛龐蒂著，龔卓軍譯：《眼與心》（台北：典藏出版，2007年10月，初版），頁83。

慶典,知覺緊緊扣問著思想,思想緊緊延伸著知覺。兩者在身體之中跳躍、舉杯歡騰,而「我」悠游於這慶典之中,顯影出一個個的存在樣貌。在思想與知覺的交通中,身體成了知覺的海綿,滿溢著種種感官,生成屬於「我」的體會,也召喚出屬於「我」的生命景致。身體已然不是它之所處,也不是它之所是,身體成了一種意義,而意義卻又溢出了自身。

然而,知覺是一個開場白,卻不是一個結束〔註11〕,在中國思維裡,知覺的體會也絕對不會是最後的目的地。相反的,知覺是一個敲門磚,是進入經驗層面、技術層面,甚至「道」境界的開始。就像〈養生主〉裡說的:

> 始臣之解牛之時,所見無非全牛者。三年之後,未嘗見全牛也。方今之時,臣以神遇,而不以目視,官知止而神欲行。

庖丁與牛的最初遭遇,是在知覺層面的「見」當中。但若解牛功夫只落限於「見」當中,那麼我與牛的關係,也就只能是「割也」、「折也」的強悍對立關係。因為感官是有對象性的,是以執取的方式來相應於外物,而這也絕非是《莊子》所企圖完成的物我關係。因此,《莊子》所要完成的解牛方式,必然是由感官開始,再步步解構掉感官上的執取,進入到「官之止而神欲行」的結構當中〔註12〕。這種解構不是指形體的瓦解,而是指人由感官認知狀態

〔註11〕不可否認的,梅洛龐帝所還原描述的身體現象,主要還是就一般身體經驗而言的。儘管梅洛龐帝在《知覺現象》學中提到:「身體不是自在的微粒的集合,……身體不是它之所處,不是它之所是——因為我們看到身體分泌出一種不支來自何處的『意義』,因為我們看到身體把該意義投射到它周圍的物質環境和傳遞給其他具體化的主體……身體為了表現這種能力,最終應成為它向我們表達的思想和意向。是身體在表現,是身體在說話。」見梅洛龐帝著,姜志輝譯:《知覺現象學》(北京:北京商務印書館 2001 年),頁 237、255～256。此處對身體意向性的洞察,點出身體就是精神力量表達呈現的本身,並且也把這個精神力量向世界輻射出去。然而,這樣的身體描述應該還是就一般的身體經驗而言的,與莊子真人那種精神化的身體境界之命題仍是有所區隔。莊子真人化的身體敘述,更帶有一種超感官、超知覺的層面,所謂「遊乎一氣」、「同於大通」是帶有人與整個世界彼此的相互開顯,相互進入,而不只是一個表達或是意義的投射而已。賴錫三先生亦認為:「真人境界,其精神的身體向世界開放四射時,那種精神、身體、世界交融共振、直觀感應的氣化現象,應該是會更顯題盡地被實現出來(見:〈《莊子》精、氣、神的功夫和境界——身體的精神化與形上化之實現〉,頁 130、131。)」。所以,此處認為「知覺經驗」對莊子的身體境界來說,是一個開端,而不是一個結束。

〔註12〕陳昌明先生曾說過:「討論『感官』無法離開『知覺』的配合,人的官能作用所呈現的內涵,不能只是官能與生理的,只有感官,不能認識這個世界,必須經由知覺的運作,才能認識這個世界。」見《六朝文學之感官辯證》(台北:

進入到一種極度的感官專注狀態，並深入到一種不同於普遍性感官的狀態，這樣的狀態，反而有著非感官認知的模式。在這個新的物我結構裡，「牛」與「我」依舊存在，但「牛」與「我」的遭逢方式已然改變，已然不再是普遍式感官執取的遭遇，而是一種視覺極度凝止，反而超越了視覺進入到一種想像著迷的「遊」之狀態，這樣的狀態或可稱之爲「神」，牛與人，以「神」的方式相遇。因此，人與牛亦是在最純粹當下的直觀中彼此遭遇。這樣的遭遇，並不是「人」停留在感官之中，以感官爲跳版，跳到牛身上去。而是物與我卸下了複雜的、矯情的、思索式的相遇方式，代之以直接的彼、我本眞之樣貌來遭逢彼此。因此透過視爲止的凝止狀態，視覺深度投入到了被觀看的對象——牛——身上，也因知覺的深度投入，因此，我與對象反而消解了主客對立的現象，彼此對彼此敞開，人與牛共同開啓了「遊」的可能。所以在「神欲行」的物我關係裡，身體邊界是對著物敞開的，物我關係因爲邊界的敞開而有著主體的不確定性，因爲主體邊界在交融共振、直觀感應的當下，已然走向通透模糊了。所以彼與我依舊是彼與我，但彼與我卻成就了一種無邊界的相遇，也成就了萬物一體的物我觀。

　　因此，解牛的完成，同時也宣告了這樣的現象：物我結構的改變，是從「神」與「氣」的充滿開始說起的，物我之間是一種「神」化的相遇、「氣」化的相遇。也是一種純一式的相遇，這樣的相遇，不參雜其他的什麼，就是我與你單純的相遇，而我與你就在這單純的相遇中，彼此純粹地遊於彼此之中、彼此是彼此的無限，同時彼此是彼此的存有。彼此之間擺落了時間與空間、人與我種種駁雜的介入，形成一場「永恆回歸」的完成。〔註13〕

　　而林永勝在其博士論文中亦曾對庖丁解牛這一段有過這樣的解釋〔註14〕：

里仁書局，2005 年 11 月 10 日），頁 3。嚴格說起來，感官與知覺是有著不同的，感官只是攜帶外界訊息而已，而大腦的整個活動才是決定最後的知覺體。但本文認爲，儘管知覺是感官之後的總和體，但當莊子提出官知止而神欲行時，這也已然超越了知覺層面，進入到一種超感官，超知覺當中。

〔註13〕專注到某種純一、守一模式之後，反而能有一種無限的暢遊在裡面開展，同時也能進入到道境當中，因此守一與得道是一體而成的，就像《莊子·天地》篇所說的：「通於一而萬事畢」。而這樣的反本得道，若以 M·耶律亞德的話來形容，就是一種「永恆的回歸」了。見 Mircea Eliade／著，楊儒賓／譯：《宇宙與歷史——永恆回歸的神話》一書（台北：聯經出版，2000 年 6 月初版）。

〔註14〕見林永勝著：《南朝隋唐重玄學派的工夫論》（清華大學中國文學系博士論文，97 年 6 月出版），頁 46。

心透過技術的操作讓身體活動，而身體卻也可以透過技術的操作修養此心。身心以技爲中介，互相反饋，故在身心高度集中的狀態中，身心的位階會發生變化，覺得全身都是心，甚至對時間與空間都會有不同的感受，從而可以進入道，或是完成某種奪天地的造化。入道之後所體悟到的技術，就類似於伯昏無人講的「不射之射」一樣。

物我在高度的專注之下，會改變身心的慣性模式，成爲全身是心，甚至是全心在身的方式。這樣的高度凝定，同時也開啓了遊的可能。物我共同進入到出神忘我當中，官知止而神欲行，甚至於在物我高度凝止時，疊進窅然喪其天下的出神之遊中，當下進入無時間相、無空間相的混沌世界。

然而這樣的物我遭遇方式，畢竟是一個果地式的遭遇，這是一個境界的形容。對於未達果地的修行者來說，這當然是一個願景。但對尚未達此果地的修行者而言，更切身的問題反而應該是：「該如何完成修行」的問題。在未達境界時，要如何使這樣的境界得以可能？

這或許依舊要回歸到「心」的主題上來思考。〈齊物論〉中說到：「與接爲構，日與心鬥」。「心」因爲其範圍的廣袤，以及承載了太多的可能，所以極有可能成爲一個對外界過度好奇，過度接收的收放器，此即是《莊子》所說的「坐馳」。「坐馳」與世界所形構的關係，若用海德格的話來說，就是一種「沉淪〔註15〕」的關係。將自己沉淪到物當中，隨著物流轉，而失去「樞」的軸心。《莊子》說：

> 彼是莫得其偶，謂之道樞。樞始得其環中，以應無窮。是亦一無窮，
> 非亦一無窮也。故曰：莫若以明。〈齊物論〉

〔註15〕「沉淪」一辭，在中文中有深刻的負面價值意涵。但實際上，在德文中，沉淪是 Verfallen，其字面意義與英文的 falling 相同，是指掉落或掉下來。但在閒聊，好奇和歧義中，此有如何掉下來？從何處掉落？又掉落在哪裡？大抵而言，在閒聊中，此有是以「人人」所說的語言去瞭解事物，他不是讓事物顯示自己，「人人」所說的，就是事物本身了。而在好奇中，好奇的帶領讓此有不斷追尋新奇的東西，他不自反於自己的存有，而只是一味向外追逐世界中之物，從一物跳到另一物，而沉迷於世界中之物，難以自拔。而閒聊、好奇和歧義往往讓此有在「人人」的指導下，無止境的追逐和沉迷在世界中之物，讓他難以回來正視自己的存有，因此，此有遺忘他自己的存有，無法瞭解本自己本眞的存在，從他自己的存有掉落，並且掉落到世界中之物去。見陳榮華：《海德格存有與時間闡釋》（臺北：臺大出版中心），頁 223～225。

「樞」是意義構成的起點，也是意義的回歸之所，因此它有著圓轉自如的軸心義，門戶如果沒有樞，就無法自在開闔旋轉。相同的，人若失去道樞的軸心，那麼人也就會滯留或外散於種種時空、語言、人事……等生活現象中。「道樞」代表一種根源，一種轉環自如的開闔，也意味立腳絕對的太一，超越一切對立與矛盾，是「恢詭譎怪，道通為一」的顯題化。故而保有「樞」之特性，便可在千變萬化的現象世界中，如如相應。

然而，沉淪式的物我關係，心對物成了一種渙散不集中，或是過度滯留的模式；而物對心則變成一種彼我相互干擾的關係。在這樣的情況下，人與物之間失去了凝止的平和狀態，也失去了「靜默」的平衡。而海德格所提出的「沉淪」與《莊子》所說的「坐馳」以及「與接為構，日以心鬥」是有著若合符節的相似性的，此處便以海德格所提出的沉淪為《莊子》做進一步的注解。

海德格所說的「沉淪」，主要在於「閒談」、「好奇」與「歧義」三者中顯現。此三者所針對的是此有與存在的背離。在「閒談」、「好奇」與「歧義」的氾濫下，此有將不再正視自己的存有意義，而只不斷地追逐世界中之物，將自己沉淪到世界中之物去。而處在這樣境遇下的「人」，就形成一種沉淪與被拋狀態。

海德格認為，言語的最終目的是要傳達，要說出事物自身的真實存在，由言談而得的，不是一些意義空虛的感覺與料（sense-data）。所以，關乎存在的交流，是在被說出的東西背後那讓人所領悟的意義。當得到言語背後的真實存在後，彼我雙方也就不會停留在語言之上，而是向前步步揭露著事物的存在面紗。因此，在言談中，彼此交換的不僅只是語言本身，更重要的是語言背後所要傳達對事物的瞭解，這是言語交流的作用與價值。甚至海德格認為，當人了解語言背後的事物後，就不需停留在話語音聲之中，而是以知覺這些話語音聲的意義為跳板，跳到事物裡去，所以傾聽時，人不是要聽聲音而是要了解其中的事物，甚至還可以說：「傾聽者並沒有聽到聲音，而僅是了解事物〔註16〕」。然而，當言語的交談被「閒談」活動所取代時，交談者「無需深入考慮各種證據，也不用親自觀察事實，就立即以為他所聽到的，就是事實。於是，他繼續說著相同的話語，傳播出去。這樣，語言的一般意

〔註16〕見陳榮華：《海德格存有與時間闡釋》（台北：台大出版中心），頁116。

義代替了事物本身，大家甚至懶得理會事實，而只注意人人所傳播的語言。〔註17〕」海德格認爲，在不斷地傳播中，閒聊將使語言成爲完全的無根狀態。因爲它不帶有背後的領會與深思，因此是缺乏存在感的交流。然而，儘管「閒聊」是語言的無根狀態，但這樣的狀態卻常常支配著我們對日常生活中的了解。這無疑切斷了交談者與事物之間地存在關係，讓交談者「封閉」在閒聊當中。因爲交談者不再需要在本眞的存在中了解事物，而只在閒聊中的語言去瞭解一切。

　　除了「閒談」之外，「好奇」也是眞理悖離事物的原因。海德格認爲，在世之中環視是一種重要的觀看方式，用以了解它的週遭世界中之物。環視是要看到世界中的存有者，或者是用觀看的方式，拉近存有者的「樣子」，使各存有者以它們的樣子呈現自身。然而，當環視過度釋放自己，讓他不再專注於事物的「樣子」上，意即是，「他只要去看看事物的『樣子』，並且，它是爲了看而去看。這是說，它的看不是爲了深入了解它們，而僅是爲了讓它能不斷地去看世界中之物而已。這種爲了看而去看，海德格稱之爲好奇（Neugier, curiosity）。〔註18〕」好奇有以下三個性格：「a.從不停靠（Unverweilen,nottarrying）。好奇的看不是爲了了解事物，因此他不會停靠在事物之上，仔細觀察它。它完全是爲了追求新鮮和刺激，所以它永遠不安於一物，而是不停轉換對象，追逐更多新奇的東西。在追逐中，此有把自己投入於世界中之物，不再自反自己的存有。b.分散（Zerstreuung, distraction）。好奇追求新奇，他不會感到驚訝，更不會由驚訝而引起研究的興趣。它追求新奇，只是爲了能看到別的新奇，這是說，他不是爲了要達到一物而去看此物，而是爲了能繼續跳到別物去。當他到達一物時，他已經往著別物了。於是，好奇總是不斷把自己分散在各事物上。C. 居無定所（Aufenthaltslosigkeit, neverdwellinganywhere）。由於好奇永不停靠於一物，又把自己分散到各物去，那麼，它似乎到過所有地方，但也似乎從未到過任何地方。在與別人共存時，好奇在閒聊中是無所不知的，因爲它到過所有地方，然而，他也一無所知，因爲他根本未到過任何地方，他所瞭解的，全都是誤解。〔註19〕」

　　「歧義」則與「閒聊」、「好奇」有著密切的關係。當人在閒聊和好奇中

〔註17〕見陳榮華：《海德格存有與時間闡釋》（台北：台大出版中心），頁121。
〔註18〕見陳榮華：《海德格存有與時間闡釋》（台北：台大出版中心），頁122、123。
〔註19〕見陳榮華：《海德格存有與時間闡釋》（台北：台大出版中心），頁122、123。

獲得很多訊息後，即使是一個相同的事物，也有雜多的訊息。因此，「閒談」、「好奇」這兩種言語模式，往往呈現出語言的飄忽不定，甚至是前後矛盾，每個訊息都似乎是眞的，也似乎是假的。雜多又無法確定的意義充塞在此有之中，但他又要在這許許多多的意義下繼續存在。對於這種存在方式，稱爲歧義。歧義、兩可一旦形成，眞理便在過剩的語言結構中，被淹沒遮蔽。

　　閒聊、好奇、歧義這三者，將會使人悖離眞理，同時這三者對於眞實也具有排它性。因爲眞實一但出現，閒聊、好奇與歧義就將消失而無法繼續，因此，若眞實的確出現了，沉淪於此三者當中的此有也會拒絕接受出現的眞實。因此更造就了閒聊、好奇、歧義的交錯纏繞。而這三者的交錯纏繞，也將使人離開他自己的存有，也離開以本眞的存在去了解事物本身，而只以「人人」的意見去瞭解一切，做成對它們的誤解。

　　海德格關於在世沉淪的描述清晰並且有力，將人存在於世間種種可能的擾亂清楚的批露出來。然而，面對這樣的在世沉淪，《莊子》並不只是以一個觀察者的立場，做現象上的描述。《莊子》面對這樣的沉淪，是有著深刻體會，並且包含著自我情感的深深嘆息的，他對沉淪後的生命模式是這麼形容的：

> 大知閒閒，小知間間；大言炎炎，小言詹詹。其寐也魂交，其覺也形開。與接爲構，日以心鬥。縵者、窖者、密者。小恐惴惴，大恐縵縵。其發若機栝，其司是非之謂也；其留如詛盟，其守勝之謂也；其殺若秋冬，以言其日消也；其溺之所爲之，不可使復之也；其厭也如緘，以言其都溢也；近死之心，莫使復陽也。喜怒哀樂，慮歎變慹，姚佚啓態；樂出虛，蒸成菌。日夜相代乎前，而莫知其所萌。
> 已乎，已乎！旦暮得此，其所由以生乎！〈齊物論〉

此處對於言語的不確定性是有著深刻的形容的，閒閒、間間、炎炎、詹詹、縵者、窖者、密者、若機栝、如詛盟等等，每一種言語模式，都無疑是一場場的權力競逐，競逐者不斷地要將自己於各個權力場中勝出，因此不斷地說出自己，這個說出，並非是眞理的說出，而是是將自己置放於權力場中的說出，讓被說出的「我」能夠得到「己」、「功」、「名」的勝出。所以說出的背後，是有著慾望、企圖、不安、憂慮……等種種情緒在其中，也或者是輕挑放縱、張狂作態，以奪取更多的目光，此即「慮歎變慹，姚佚啓態」。而己、功、名的追求，往往會讓身處其中的人自以爲自己正邁向安身立命之途，故而安住於這樣的模式中，自得其樂，反而失去對本眞存在的覓求。而在「己、

「功、名」的追求中，人往往在攀緣營構裡，將自我與世界都異化為工具性存在，而生命也就侷限在功名利祿的格局中，只為了實踐世俗性存在而努力。就像海德格說的「這種非本真存在中的安定卻不是把人們誘向寂靜無為的境界，而是趕到『暢為』無阻的境界中去，沉淪於世界的存在現在不得寧靜。〔註20〕」

所以，這樣的說出模式，在「道」的觀照下，往往顯的多麼空洞虛無，只是一個又一個的空虛說出，「樂出虛，蒸成菌」，言語成了方生方死、方死方生之物，隨時可被淹沒與代換。就像一個又一個的波浪，潮起潮滅，潮滅潮起，變動與代換成了它的存在模式，而人在這樣的言語模式中，也就不斷地被言語浪潮淹沒。

「言者，風波矣」，風波易以動。語言成了說不出真理的言說，卻反而成為說出種種隔堵的言說，人被言語隔堵在說的囚籠裡。落陷在種種是非對錯、你我彼此的二元情境中，彼亦一是非、此亦一是非。落陷在二元無窮的循環中，成為「己」「功」、「名」的追求者，或說是囚禁者。生命型態便落陷在自我優越感的滿足、權力的追求，以及對世俗榮譽的獲取上，而遮蔽了本真的澄明。

然而這樣的言說方式，追根究底，必脫離不了那一顆「成見之心」：

> 人之生也，固若是芒乎？其我獨芒，而人亦有不芒者乎？夫隨其成心而師之，誰獨且無師乎？奚必知代而心自取者有之？愚者與有焉！未成乎心而有是非，是今日適越而昔至也。是以無有為有。無有為有，雖有神禹，且不能知，吾獨且奈何哉！〈齊物論〉

「心」因為其視角的廣袤，若用科學的語言說，「心」就是一種不斷地活動，藉由當下經驗中不可預測因素與神經元慣性之間的互動而不斷進行。因此，「心」是一種不斷的活動，而不是一個明確的實體。但它卻是人所專有，也是人異於禽獸的幾希部分。但也因為其視角的廣袤，以及變動無常的特性。因此反而有可能是修為的擾亂。尤其在私我的欲望、執取的介入下，成見、師心的干擾，往往會造成生命秩序、甚至世界秩序的紊亂，「今日適越而昔至」、「以無有為有」等等，落入「馳蕩而不得，逐萬物而不反」的窘境中。在秩序的紊亂下，人便落陷於精神的外馳，「外乎子之神，勞乎子之精」或是

〔註20〕見馬丁‧海德格著，王慶節、陳嘉映譯：《存在與時間》（台北：桂冠圖書，1990年元月初版一刷），頁241。

「窮響以聲，形與影競走」的無窮循環當中。而秩序的紊亂，反噬回自身，更加深了「芒」的顯題，使私我的執取以及秩序的紊亂成為比此相輔相成的惡性循環，讓生命型態走向勞形怵心、無可奈何當中，成為一沉淪式的生命。

在沉淪式的生命裡，物我關係往往是「相刃相靡」的模式，彼與此乃一二元相對的模式，因此是「有左，有右，有倫，有義，有分，有辯，有競，有爭」的共在模式。也因為是二元相對的模式，「心」落入其中，必然會不斷地擺盪無休、難以止息。所以在這種模式下的心物關係，往往會有物強而心弱的走向，心隨著物而擺盪，終身無窮，心物之間難以達到和諧的平衡。而在這種模式下，真理也成為「被言說」的狀態，落入邏輯推演之中。只要邏輯推演的合理，真理便在其中駐守。然而，邏輯的合理化往往帶有各種可能，彼有彼的推演、此有此的推演，各種推演都可以說的通，這是一種無窮無止的狀態。所以存活在「被言說」狀態下的真理，其真理樣貌往往具有不斷變動的特性，「是其所非而非其所是，是其所非而非其所是」。故而《莊子》發出了叩問：

> 彼亦一是非，此亦一是非，果且有彼是乎哉？果且無彼是乎哉？

此有此的是非、彼有彼的是非，只要立場一轉變，是非對錯、成毀因果也就隨之而轉，沒有定格。這並不是《莊子》所要的「道」，《莊子》所希求的「道」，是「獨與天地精神往來，而不敖倪於萬物，不譴是非，以與世俗處」的，這是超越二元對立模式的心物關係，而走向心物的和諧當中。在這樣的模式下，心與物有著更深一層的交流，而「道」也呈現為超越言說與名相的型態，「可傳而不可受，可得而不可見」。不論言語擺盪如何，道的本質都是「恢詭譎怪，道通為一」，是回到意義根源的「道樞」之中的。因此，這樣的真理將不再是依賴言語生存的，而是依靠「達者知通為一」、「天地與我並生、萬物與我為一」、「莫若以明」的了然、物與我直觀地進入彼此來進行其存有模式的。徐復觀先生亦曾對《莊子》心物之間的直觀模式進行這樣的疏解 [註21]：

> 心齋之心，是由忘知而呈現，所以是虛，是靜；……而莊子在心齋的虛靜中所呈現的也正是「心與物冥」的主客合一；並且莊子也認為此時所把握到的是物的本質。莊子忘知後是純知覺的活動，……但此知覺的活動，乃是以純粹意識為其活動之場，而此場之本身，即是物我兩忘，主客合一的，這才可以解答知覺何以能洞察物之內

〔註21〕見《中國藝術精神》（台北：學生書局，1984 年 10 月 8 版），頁 79。

部，而直觀其本質，並使其向無限中飛越的問題。

此處徐先生將「知覺」與前所謂的「超知覺」取得了聯繫的可能，儘管此處徐先生依舊稱忘知是一種「知覺活動」，但這樣的知覺活動，卻已然有著超知覺的面相，「知覺」在「忘知」的操作下一一被純化，逐漸往「超知覺」的路程邁進〔註22〕。物我之間所達到的「直觀」交流，便是一種知覺的純化作用下的結果。

而知覺的純化，往往是一種感官攝收的減低，感官攝受不斷降低，損之又損，達到幾乎無視無聽無嗅無味的地步，方能體道，就像老子所說的：

> 爲學日益，爲道日損，損之又損之，以至於無爲。〈四十八章〉

> 塞其兌，閉其門。〈五十二章〉

> 爲無爲，事無事，味無味。〈六十三章〉

感官的不受外界與私我的擾動，達到最無欲的境界，方能體道。關於「體道」，《莊子》也有這樣的形容：

> 夫體道者，天下之君子所繫焉。今於道，秋豪之端萬分未得處一焉，而猶知藏其狂言而死，又況夫體道者乎！視之無形，聽之無聲，於人之論者，謂之冥冥，所以論道，而非道也。〈知北遊〉

道必須經由「體知」方能完成這是無庸置疑的，但體知的路線，卻剛好是一個「反體知」的過程，是一種感官的不斷減少，「視之無形，聽之無聲」，以

〔註22〕在 W．T．Stance 著，楊儒賓譯：《冥契主義與哲學》一書中曾經有過這樣的紀錄，或許可以與此處知覺邁向超知覺的純化作用互相參酌來看：「假如學者能去除掉所有的感官，進而將所有的感性意象排出意識之外，更進一步再排掉所有抽象思考、推理過程、心理意願以及種種的心靈內涵，那麼，意識到底還能留下什麼呢？它沒有了任何的心靈內涵，它純是空、虛、無。論者可能會理所當然地認爲：這樣的意識將會完全倒塌，學者必將倒地昏睡，不醒人事。然而全世界千千萬萬的內向型冥契者卻異口同聲，宣稱他們曾體證心靈空無一處之境，但其結果卻不是昏迷不醒人事。剛好相反，當時呈現的是種純粹意識——我們用『純粹』一詞，意指它沒有觸及到任何經驗內容，除了自己外，它空無一物。既然經驗沒有內容，所以冥契者常稱呼它爲『空』或爲『無』；但也可稱之爲『一』，稱之爲『無限』。說它毫無分殊之物，其實等於說它內部毫無區隔；或等於說它是無分之統體。因爲它無雜多，所以它是『一』。它內部無區隔，此無異於說事物與事物間毫無界線，因此，他無邊無際，亦即無限。」這段引文與莊子式的修爲有著極爲相似的方式，感官知覺經過純粹化之後，可以走向一個無邊無界的超感官、超知覺之路。而這條超知覺之路同時是打破事物之間的分殊相，而走向統體一太極的境地中。見本書（台北：正中書局，1998 年 6 月台出版），頁 100、101。

非聽之聽、非視之視的方式與外界交涉，將眼、耳、鼻、舌、身、意等感官知覺都降低到最低。以泯除感官、泯除經驗的種種面相來直觀地進入事物之中。而這樣的過程，也可以看出進入知覺純化、物我直觀的境界並不是因緣偶然一蹴可及的，而是奠基在「無之」的工夫的修爲上。也因爲奠基在「無之」的實踐工夫上，所以「體道」乃落實於身心的踐履上。

　　除此之外，徐先生在前段引文中，還點出了一個重要的觀念，亦即物我直觀的達成，與「心齋」活動有著密不可分的關係。唯有心的虛、靜、無，方能使物我之間無一絲一毫的間隙，完成觀照的操作，就像徐先生也說〔註23〕：

> 觀照所以能使對象成爲美地對象，是來自觀照時的主客合一，在此主客合一中，對象實際是擬人化了，人也擬物化了；儘管觀照者的自身在觀照的當下，常常並未意識到這一點，觀照時的所以會主客合一，是因爲當觀照時，被觀照之物，一方面能與觀照之人，直接照面，中間沒有半絲半毫間隔。同時，在觀照的當下，只有被觀照的赤裸裸地一物，更無其他事物、理論等等的牽連。……凡是進入到美地觀照時的精神狀態，都是終止判斷以後的虛，靜地精神狀態，也實際是以虛靜之心爲觀照的主體。

心齋是心的齋戒〔註24〕，也就是前所謂的「無之」的工夫，「心」齋戒到最純粹專一的境地後，與物之間的遭逢，將是最純化的遭逢。而這樣的遭逢，也將使得物映現出其最本然的樣貌。若以這樣的角度來看《莊子》所提出的「用心若鏡」之說法：

> 無爲名尸，無爲謀府；無爲事任，無爲知主。體盡無窮，而游無朕；
> 盡其所受乎天，而無見得，亦虛而已！至人之用心若鏡，不將不迎，
> 應而不藏，故能勝物而不傷。〈應帝王〉

《莊子》試圖將所有聲名、謀略、權勢、機心……逐步瓦解，回歸到「無」的狀態，「無」爲一切的根本，同時也是意義的生發之始，因此具有無窮的豐

〔註23〕見《中國藝術精神》（台北：學生書局，1984 年 10 月 8 版），頁 80。

〔註24〕〈人間世〉中所提的心齋描述是如此：「仲尼曰：『齋，吾將語若。有而爲之，其易邪？易之者，皞天不宜。』顏回曰：『回之家貧，唯不飲酒不茹葷者數月矣。若此，則可以爲齋乎？』曰：『是祭祀之齋，非心齋也。』回曰：『敢問心齋。』仲尼曰：『若一志，無聽之以耳而聽之以心，無聽之以心而聽之以氣。聽止於耳，心止於符。氣也者，虛而待物者也。唯道集虛。虛者，心齋也』顏回曰：『回之未始得使，實自回也；得使之也，未始有回也，可謂虛乎？』」

富性在其中。同時，回歸到「無」之後，「心」如明鏡的寓義才有展開的可能。《莊子》用「鏡」諭示了人與物之間的狀態，當「心」回歸到最純粹的狀態，至人之心將如鏡一般明亮，佛來佛現、魔來魔現，他們與萬物的相遇，是一切靜觀皆自得的，因此事物的本質，能夠在直觀映現的當下被整全地朗現出來。所以，映照在至人之心與眼中的萬物，是「包含了整體的力量、意義和功效的眞正的在場」〔註25〕。而這樣的直觀與映現也同時呼喚出彼物與主體的兩者在場，也因爲兩者在場，故萬物與主體者的關係，得以是完全的浸潤與參與，彼與此不即不離，構成一高度集中與凝聚的圓整狀態。而人與物的和諧，也就在其中開顯出一整體有機的狀態，而生命的原動力便也在此活躍開來。所以身體是人最直接地把握的對象，也最爲親切體已的東西。就此而言，身體即爲「親身」，若用現象學的語言來說，則是「親在」。

親身與親在的「遊」，建構出一種詩意的來往。至人與萬物的遭遇，往往是一種詩意的往來，是逍遙之遊。而物與我的融通流動，則構築出一逍遙的場域，此場域廣漠無何有，物徹疏明，虛室生白。而我之眼與心，便如鏡一般通透，照見萬物，而物也映現於我。我與物融通成一體，形成一種相互觀照的互依互滲的關係；彼此映現出彼此、彼此也安居於彼此。物與我沒有黏著與偏執，只有緣順萬化的流動，以及彼此召喚所形成的詩意迴盪。這樣的至人，其修行境界已然明亮到足以照見一切，他們對所有萬物，不將不迎，應而不藏，勝物卻與物兩不相傷。

而若以知覺的立場來看待「用心若鏡」的境界，也可以作出這樣的解釋：只有在澄明當中，「視」這樣的事情才成爲可能〔註26〕。凝視往往是知覺純化的契入點，在凝視的過程之後，物我的關係有了新的結構。而鏡子的存在，更使的物我照鑑（召見／照見）出彼此，「與其說我看它（鏡子），不如說我依著它看，或著隨著它看。〔註27〕」透過對鏡的凝視，物照鑑於我；而我照鑑出物。在凝視的過程中，人與物的關係，已經不只是單向度的我對物之關係，而是我隨物，物隨我，物我透過鏡子，透過凝視，透過對自身的照見，

〔註25〕 此處借用恩斯特・卡西勒著于曉等譯：《語言與神話》中的句子。（台北：桂冠圖書 1990 年 8 月初版一刷），頁 79。

〔註26〕 見馬丁・海德格著，王慶節、陳嘉映譯：《存在與時間》（台北：久大文化，1990 年元月，初版一刷），頁 232。

〔註27〕 見梅洛龐蒂著，龔卓軍譯：《眼與心》（台北：典藏出版，2007 年 10 月初版），頁 84。

彼我間的界限漸漸溶化，溶成一種氛圍，彼此成爲彼此的原點，彼此成爲彼此的延伸。而自身處在氛圍之中，「就像結晶中的母液，感覺端和被感覺端持續處於未分狀態（indivision）〔註28〕」。

也可以這麼說，物不止反映在鏡上；同時鏡也隨物轉，物是何種樣貌，鏡子也映照何種樣貌，所以不只是物在照鏡，同時也是鏡在照物。鏡子成了物我轉換的介面。鏡子的出現就像是一場魔法，「這種魔法將事物變成景象，又將景象變爲事物，將自我變成他人，又將他人變成自我。〔註29〕」人便穿梭在物我、人己當中，擴而展之，也穿梭在整個天地宇宙之間，而「遊」的寓意便在任何的「照鏡」穿梭當中顯露出來，「體盡無窮，而游無朕」。「遊」反映出人們心靈深處對於自由的根本性、普遍性的嚮往。《莊子》透過身心的轉化，透過用心若鏡的工夫，同時也開啓了一場場的「遊心」之饗宴：

且夫乘物以游心，托不得已以養中，至矣。〈人間世〉

汝游心於淡，合氣於漠，順物自然而無容私焉，而天下治矣。〈應帝王〉

老聃曰：「吾游心於物之初。」……孔子曰：「請問游是。」老聃曰：「夫得是，至美至樂也。得至美而游乎至樂，謂之至人。」〈田子方〉

「心」唯有完成「遊」的特質〔註30〕，人才能獲得完全的自由與解放。而心之「遊」的場景，往往也是超時空的場景。若必然要用言語形容這樣的超時

〔註28〕見梅洛龐蒂著，龔卓軍譯：《眼與心》（台北：典藏出版，2007年10月初版），頁82。

〔註29〕見梅洛龐蒂著，龔卓軍譯：《眼與心》（台北：典藏出版，2007年10月初版），頁93、94。

〔註30〕莊的「遊」當然並不只是心之遊而已，其意義是更廣闊的，遊的完成甚至可以涵攝整個文化政治的態度、理境境界的完成、或者是詩意的汪洋恣肆等等，鄭雪花在其博士論文：《非常的行旅——〈逍遙遊〉在變世情境中的詮釋景觀》中即曾對莊子之「遊」進行過精闢的解析，她說：「作爲『遊』意識的經典，〈逍遙遊〉反映出人們心靈深處對於自由的根本性、普遍性的嚮往，再加上其無可取代的原創性——〈逍遙遊〉的原創性表現於三個方面：①跨越了當時文化語境的『天下』意識，意識，提出了『遊於方之外』的另類哲思；②觸及人之存在的根本性問題，『遊』作爲精神性的轉化昇華，體現詩意存有的自由境界；③創造了一種詩意道說，以意象傳移意涵，以情境體現哲思——遂輻射其影響二千餘年，成爲許多知識份子精練其世界觀和價值觀的重要支點，也在理解和詮釋之中蛻化各種新的理論型態，開展出不同的意蘊內涵。」（成功大學中國文學研究所博士論文，2005年6月），頁17。

空經驗，或許可以說這是進入一場「太初時間」與「神聖空間」〔註31〕的「遊」。也因爲超越現象界的時間與空間，因此這樣的「遊」更有一種廣袤、無拘無束的特質，這是了悟現實時空的短暫與無常後的「遊」，因此「終古不息」、「莫知其始、莫知其終」、「以挈天地」、「以遊大川」將會是契入「遊」境界中的人所要完成的理想：

> 夫道，有情有信，無爲無形；可傳而不可受，可得而不可見；自本自根，未有天地，自古以固存；神鬼神帝，生天生地；在太極之先而不爲高，在六極之下而不爲深，先天地生而不爲久，長於上古而不爲老。狶韋氏得之，以挈天地；伏戲氏得之，以襲氣母；維斗得之，終古不忒；日月得之，終古不息；勘坏得之，以襲崑崙；馮夷得之，以游大川；肩吾得之，以處大山；黃帝得之，以登雲天；顓頊得之，以處玄宮；禺強得之，立乎北極；西王母得之，坐乎少廣，莫知其始，莫知其終；彭祖得之，上及有虞，下及五伯；傅說得之，以相武丁，奄有天下，乘東維、騎箕尾而比於列星。〈大宗師〉

時空的超越，隱喻了自由的絕對。時空往往是人身最後的限制，身體的具體化，具體了生，也具體了死，同時也具體化了「人」。只要身體一旦形成，時空就會成爲最後、最難以逃脫，以及最大的權力羅網。「涉世」經驗越豐富，網線也就越緊縮，緊緊拘限著「在世」的人。

　　因此，道的完成，必然脫離不了「遊」，道如果沒有「遊」的支持，將顯得蒼白而單調。而「遊」所要完成的企圖，便是對時空拘限的弱化：「在太極之先而不爲高，在六極之下而不爲深，先天地生而不爲久，長於上古而不爲老〈大宗師〉」。現實的時空在這裡被逐漸稀釋了，「道」觸動了無限延展的契機，將時空延展成「太初時間」，以及「神聖空間」〔註32〕。不只修身道場進

〔註31〕 此乃參考楊儒賓先生在《莊周風貌》一書中所做的形容：「他們（眞人）縱浪無礙，不生不死，他們活在物理時間、歷史時間之前的『太初時間』。『太初時間』事實上沒有時間相，它彷彿是神聖舞台上經歷的一個表演時段，這個表演時段雖然有一個歷程，但因爲這個歷程被神聖舞台籠罩住了，與週遭環境及週遭時間隔離開來，所以其表演雖經歷了一種事件的連續性，卻沒有綿延性質的時間相。同樣的，它們活動的空間也是在世俗的地理空間之外的『神聖空間』。而『神聖的空間』也是沒有空間相，因爲它坐落於地理連續體之外的虛無飄渺之鄉。」（台北：黎明文化事業 1991 年初版），頁 187～188。

〔註32〕 從超時空角度看待莊子的「天下」觀，同樣可以發現天下義在莊子的轉換下，已然從政權上的權力範圍，逐步轉化成無邊境的概念：「無何有之鄉，廣莫之野」、「遊心於淡，合氣於漠」、「以遊無窮」、「遊乎塵垢之外」……。而無邊

入太初時間與神聖空間，連修行者所透顯出來的身體形貌也具有超時空面相，例如〈在宥〉篇所說的：

　　天地有官，陰陽有藏。慎守女身，物將自壯。我守其一，以處其和。

　　故我修身千二百歲矣，吾形未常衰。

廣成子修身千二百歲，卻形未常衰，他的身體通過守一處和的工夫歷程，同樣稀釋掉了時空加諸於身體上的痕跡，進入了超越時空的境界。

　　而超時空的太初時間與神聖空間，並非人類透過理性思維所能達到的時空意識，因此往往具有言說上的困境〔註33〕，只能姑妄稱之爲「道」。因爲一旦落入理性言詮當中，就必然會有個我性、相對性的思維產生，如此便會脫離絕對普遍的性質。然而，既然「道」難以言說，那麼它要如何去完成？根據《莊子》「吾喪我」說法中所透露出來的訊息：「形固可使如槁木，而心固可使如死灰乎？今之隱机者，非昔之隱机者也？〈齊物論〉」這樣的叩問，正引出了觀者的反思〔註34〕，使問題進入讀者自身。觀看到這個問題的讀者，必然會發出詢問：「身心何以如槁木死灰？而今昔何以不同？」這一個個的叩問，引導著讀者以自身進入問題，也逐步進入自身的存在叩問當中。這樣的方式，或許類似禪宗的「起疑情」，修行者在不斷地叩問當中，讓原本之我（習氣）大死一番，「形如槁木、心如死灰」。大死一番後的我（吾喪

境的天下觀，也逐步返回單純的時空意義中，而瓦解了其政權義。「天下」所具有的知識份子之實踐義，逐步轉換成一種具有宇宙意識的「遊」之面相時空觀。所以政權上豐功偉績，在莊子的時空觀中已然不是被關注的主體。相反的，如何從一個一無所有、並卸除所有時空權力，反照自身的覺知中，發現自身意義，才是莊子所關心的。

〔註33〕日人館也正美曾經提出過這個論點，與本文此處所提及的時空拘限以及言說的困境或可參酌來看，他說：「在莊子思想中，時間對於『道』的超越世界而言，是一種強大的障礙。唯有超越時空，才能夠真正地了解真實的『道』。然而，若想要透過語言表達來描述『道』時，就不得不將『道』當作我門知識的能思——所思（noesis-noematic）形式中的感官與料（sense data）。於是，就只留下『道』世界的結構了。」見〈荀子和莊子對「時空」與「存在」的反思：中國古代哲學思想的形上學層面〉（清華學報，新三十五卷第一期，2005年六月，第131～146頁），頁131。

〔註34〕本文認爲，「讀者反思」是莊子的書寫策略，莊子書中不斷可以看到一個個的叩問，也同樣可以看到一段段試圖讓讀者進入沉默與空白的書寫方式，這樣的閱讀，無疑是莊子的一種書寫企圖，這個企圖要達成的目的即是讓讀者不以無條件接受的方式來閱讀，相反的，是進入一個個的反思當中，在反思的過程中，回返自身，同時也回返問題性當中，在回返的過程裡，重新審視自我生命的意義及價值，也同時，讓問題與自身相關。

我），重新生發起一個全新的身心結構，今昔差異的力量便在解構與結構當中透顯出來。這或許正是《莊子》所要的，《莊子》要修行者超越語言向度，直接以身體做爲證入道場，身心逐步瓦解、今昔也顯出其差異。由今昔的差異，呈現歷程性意義。而歷程性意義，又呈現工夫的深度。透過身心兩方的深化，使自我超越於理性思維的脈絡，親身參入意識的深層領域。而進入此領域後，將會超越小、大的空間面向，也超越壽、夭的時間面向，開闢所謂「萬物齊同」的境地，並於此境地中進行一場場的逍遙之遊，體現：「天下莫大於秋豪之末，而大山爲小；莫壽於殤子，而彭祖爲夭。天地與我並生，而萬物與我爲一」的悠遊容與。

所以「遊」的完成，人也就擺脫時空拘限下，難以脫離種種羅網的自我，進入到一種絕對的「自身」當中，這樣的境界同時也是一種絕對的自由。而在這樣的「遊」之經驗裡，物我關係是彼此順應的「與物有宜而莫知其極」，因爲彼此都是以最本眞的物自身樣貌來相遇，也是以最敞開的方式來相遇。因此，在這一場場的「遊」之饗宴裡，物我雙方都也昇華成爲一個自由人。

因此，「用心若鏡」顯題了「遊」的可能，也因爲「遊」的可能性介入，更使得「用心若鏡」並不只是一個境界語，而是一個生活上的落實，透過「遊」的發生，「用心若鏡」成爲具有人生意義的字眼，同時，這樣的人生型態，也彰顯出《莊子》自由自在、不受拘束、超越固有界域的逍遙理境。而「遊」的點題，同時也可以看出用心若鏡的無對象化以及無利害性。因此，「用心若鏡」的操作，同時也開啓了異質性意義共存的場域，因「心」（鏡）對萬物的整全包容，所以也開顯了萬物多元化的可能，讓萬物多元的呈現其自己，萬物都能在「鏡」中見到自我。因此，《莊子》自由意義的形成，非但不是如西方個人主義式的唯我獨尊，相對的，還是使得眾聲得以各自喧嘩、各自發聲：「激者、謞者、叱者、吸者、叫者、譹者、宎者、咬者」眾生說出自己，並開放出自我意義。若再從這角度進一步，更可以得到這樣的詮釋：鏡像的寓意，不只是讓萬物說出其自己，也是體道者開放自我主體的象徵。所以在「用心若鏡」的寓意中看到了「物」與「我」之間的相融交契，而這樣的相融交契所展現的結構是如此的：當身體凝視萬物的同時，也正凝視著自己；當「我」在映現萬物時，同時也映現了我自己，因此我與萬物，共同的進入直觀的存在當中，也共同的朗現出彼與此〔註35〕。因此在照鏡的過程中，身體成了看

────────────

〔註35〕徐復觀先生也曾提及這樣的直觀觀照，認爲物我之間的直觀是人通向「解放

與被看、照見與被照見的基點，同時也是反射與迴響的場所。

二、郭象「無心玄應」以及「遊」之轉化

（一）適性與無心

用心若鏡是《莊子》面對心的態度，同時也是《莊子》治心的期許，因此它既有工夫義也具有境界義。而用心若鏡中的照見義，同時也呈現了這樣的義涵：物我之間透過工夫的提點，使得「我」能夠超化物的陷溺，也使得物能夠呈現客體之妙用。因此，物我之間是能夠出「有」而入「無」、體「無」以通「有」的，故而是動靜自由、出入無礙的，此亦即《莊子》超越無執的「遊」之精神。

而談「心」必無法不談「情」，以《莊子》「用心若鏡」來說，其對物的態度乃「不將不迎，應而不藏，故能勝物而不傷」，因此反而豁顯對物的大情〔註36〕。

相較於《莊子》提出用心若鏡的說法，郭象對「心」則提出「無心玄應」的工夫。郭象之「無心」，是他思想上的重點，郭象思維欲達圓融無礙之境的

向無限之境」的活動，他是這麼說的：「所謂觀照，是對物不做分解地了解，而只出之以直觀的活動。此時的態度，與實用地態度及學問（求知）地態度分開，而只憑知覺發生作用。這是看、聽的感官活動，是屬於感性的。但知覺因其孤立化、集中化，而並非停留在物之表面上，而是洞察到物之內部，直觀其本質，以通向自然之心，因而使自己得到擴大，以解放向無限之境。」但徐復觀先生在這裡是站在「人」的主體上去看待直觀的朗現，如此往往會有「一存在則一切存在」的強勢，反而忽略了「物」作為一個「開放性」歷程裡的客觀性援助立場。本文認為朗現的過程，是物我之間共同的存在朗現，若由我及物而言，這朗現是主體的妙用；就物及我而言，這朗現則呈現客體之功。因此，朗現的過程是物我主客共同完成的一整體面相。然儘管如此，徐先生側重於知覺的進入，從知覺的純化講直觀的當下契入，這是很有洞見的，也是本文所認同的。見《中國藝術精神》，頁73。

〔註36〕吳冠宏先生在〈莊子與郭象「無情說」之比較——以《莊子》「惠莊有情無情之辯」及其郭注為討論核心〉一文中亦曾這麼說過：「莊子『無情說』的生命向度，那是忘我無私後遂得以物我兩忘進而與物逍遙的人生理境，故當主體修至『哀樂不能入』的境界時，並非是冷漠無情、冥頑不靈的，反而能夠通達於性命之情，活潑潑地顯現出與天地萬物相通的『大情』，而充分領略自然無為的情意及物我兩忘的道境。」，刊載於《東華人文學報》，第二期（東華大學人文社會科學院，2000年7月出版），頁90、91。吳先生從情的角度探究，發現莊子物我兼忘的大情，與本文所說的物我兩不相傷所豁顯的大情正是一個互釋。

工夫，「莫若無心」，因爲無心乃「既遣是非，又遣其遣。遣之又遣之以至於無遣，然後無遣無不遣而是非自去矣。〔註37〕」在由「遣」而進於「無遣」，乃至「無遣無不遣」，方可達於玄冥圓融之境。因此由「無心」出發，經過「情之遣」，到「玄冥」理境的路線，「歧尚之情」便逐步與「性分之理」遊移轉化並且逐步冥合了。

然而，此處還可再問的是，這樣的轉化與冥合是如何的可能？而工夫的走向又是如何？

大抵說來，郭象之性分觀，偏向的還是「順氣以言性」的系統〔註38〕，既是順氣以言「性」的系統，必然面臨到「性」之清濁有體的問題。「性」有清濁之分，若秉性「清」之人，要達到「適性」圓滿，尚不會有多大的問題；但若秉性「濁」之人，甚至是秉性「惡」之人，若也「適性」圓滿，那整體社會將會爲這樣的適性付出代價。而郭注中在論情與性的問題時，也的確出現「以性論情」的思維：

> 群品云云，逆順相交，各信其偏見而恣其所行，莫能自反。此（皆）〔比〕眾人之所悲者，亦可悲矣。而眾人未嘗以此爲悲者，性然故也。物各性然，又何物足悲哉！（〈齊物論〉：「與物相刃相靡，其行盡如馳，而莫之能止，不亦悲乎」句後注）

> 言其心形並馳，因而不反，比於凡人所哀，則此眞哀之大也。然凡人未嘗以此爲哀，則凡所哀者，不足哀也。（〈齊物論〉：「其形化，其心與之然，可不謂大哀乎」句後注）

「性然故也」、「物各性然，又何物足悲哉！」、「凡人未嘗以此爲哀」、「凡所

〔註37〕此條注文全文如下：「今以言無是非，則不知其與言有者類乎不類乎？欲謂之類，則我以無爲是，而彼以無爲非，斯不類矣。然此雖是不同，亦固未免於有是非也，則與彼類矣。故曰類與不類又相與爲類，則與彼無以異也。然則將大不類，莫若無心，既遣（一）是非，又遣其遣。遣之又遣之以至於無遣，然後無遣無不遣而是非自去矣。」（〈齊物論〉：「今且有言於此，不知其與是類乎？其與是不類乎？類與不類，相與爲類，則與彼無以異矣」句後注。）

〔註38〕例如郭象所說的：「凡得眞性，用其自爲者，雖復皁隸，猶不顧毀譽而自安其業。故知與不知，皆自若也。若乃開希幸之路，以下冒上，物喪其眞，人忘其本，則毀譽之間，俯仰失錯也。言性各有分，故知者守知以待終，而愚者抱愚以至死，豈有能中易其性者也！」（〈齊物論〉：「如求得其情與不得，無益損乎其眞。一受其成形，不忘以待盡」句後注），性乃不可改易，智愚賢不肖都是註定的，不可中易其性。這樣的思維，依舊是在「性成命定」系統下去論述的。關於此，本論文於第二章詳細討論，此處不再贅述。

哀者，不足哀也」在這幾則引文中都可以發現，「性分」的足與不足才是情感論述下的優位，喜與悲若在「足性」思維下論，其存在是被忽略的。這也就是郭象論情，偏向理論層面來論述的原因〔註39〕。但如此就必然面臨一個問題，「足性」，既是圓滿自足的境界，那麼所「足」性之「性」該如何定準？這也回歸到上述所提的問題，性有清濁之分，那麼「性」該如何能夠「足」？

　　而這個問題也就是支遁的提問，根據《世說新語》中的記載〔註40〕：

> 李慈銘云：「案太平廣記卷八十七引高僧傳：『遁嘗在白馬寺與劉系
> 之等談莊子逍遙篇，云：「各適性以爲逍遙。」遁曰：「不然，夫桀、
> 紂以殘害爲性，若適性爲得者，彼亦逍遙矣。」爲是退而注逍遙篇，
> 群儒舊學，莫不歎服。』」

支遁的問題，切進郭象「適性」思維的核心。「適性」若無一個對「性」的定準，堯、舜適堯、舜之性；桀、紂適桀、紂之性。那麼適性便是充滿偶然性的理論，所適之性完全看當事者所稟何種氣性。因此這將有可能出現極大的問題。而適性模式更有可能流於往個人意識或是歧向之情墮落的可能，這也就是支遁提出的扣問。因此，支遁的叩問亦牽涉到個人與群體之間的問題，亦即個體的適性與群體的和諧是否相悖？而適性是否只是個體尋求自我束縛的解脫，而不考慮整體社群之間的共同利益？

　　支遁這樣的叩問是有力的，但這樣的扣問，是完全的理解郭象思維後的叩問嗎？本文是質疑的。因爲郭象對於排除個體與群體，「我」與「萬物」的界線，無疑是重視的，試看他說的：

> 唯聖人與物冥而循大變，爲能無待而常通。豈獨自通而已！又從有
> 待者不失其所待，不失則同於大篇目注）通矣。（〈逍遙遊〉）

如何的與物冥合、同於大通，是郭象面對物我以及個體與群體關係所提出來

〔註39〕例如孫中鋒在《莊學之美學義蘊新詮》中所說的：「郭注義理，生命之逍遙境界，必在『足性』、『達理』中圓成；然至於如何而能『足性』、『達理』，在郭象玄理系統中則缺乏真切而篤實之工夫提點。蓋郭象玄學本質上仍屬思辯理論之學，具體之生命修養實踐，故非其義理所置重強調者。而郭注中所謂『足性』、『達理』，本亦僅屬於理論層面上的觀念，而非實踐層面的工夫。」（台北：文津出版社，2005年12月一刷），頁142。孫氏之說法，還點出郭象哲學中的另一個重點，即工夫實踐弱化問題，此也是本文所關注的議題，將於其後詳述。

〔註40〕見《世說新語箋疏‧上卷下》〈文學第四‧32〉引李慈銘之言。此記載同時也見於《高僧傳‧支遁傳》中。

的目標。而這段引文，也可以看出郭象試圖將個體生命的意義推向萬物化成的總體理境的企圖。因此，如何的使我與萬物、個體與群體之間能夠達到一個和諧的平衡，無疑的是郭象所關注的命題。那麼，適性思維就不是如支遁所認爲的，是一種個體私我的滿足而已。

除此之外，儘管適性理論是聖凡之間所共同遵守的規則，但聖與凡在適性理論中所佔的位置卻是不同的，而這樣的不同，也即是支遁對郭象適性理論理解上的不足之處。

大抵而言，聖與凡在郭象的適性結構中的權力位置是不同的，聖人所處的位置是「使人適其性者」，而凡夫所處的位置則是「適其性者」。兩者在結構中一主動、一被動，這也就是聖凡之間的差距。因此，儘管聖凡的差距依舊是秉性的結果，稟何種氣，便可成爲何種類型的人，這是適性結構下的必然。但這個結構下的必然，卻有著主被動的差異性。

如前所述，聖人是「使其適性者」，而凡夫則是「適其性者」。可以知道，聖人儘管處在在廣的適性之必然性中，但卻帶有主動的掌控權。而這樣的主動性，是郭象所精心構設的理論，以此給予聖人完成事功的權力。而事功也是聖人所必須具備的條件，同時也是責任。例如郭象所說的：

> 夫能令天下治，不治天下者也。故堯以不治治之，非治之而治者也。今許由方明既治，則無所代之。而治實由堯，故有子治之言，宜忘言以尋其所況。而或者遂云：治之而治者，堯也；不治而堯得以治者，許由也。斯失之遠矣。夫治之由乎不治，爲之出乎無爲也，取於堯而足，豈借之許由哉！若謂拱默乎山林之中而後得稱無爲者，此莊老之談所以見棄於當塗。〔當塗〕者自必於有爲之域而不反者，斯之由也。（〈逍遙遊〉：「許由曰：『子治天下，天下既已治也。而我猶代子，吾將爲名乎？名者，實之賓也。吾將爲賓乎』」句後注）

聖人是要治理天下並使天下治的，而非拱默山林、無所用天下爲的。因此，《莊子》對於「天下」邊界的稀釋，到了郭象這裡，卻又重新回到了政治範圍內的「天下」懷抱裡〔註41〕。因此，由適性所賦予聖人的權力，以及聖

〔註41〕莊子對於「天下」概念，是有著弱化企圖的。大抵而言，天下觀是一政治思維下的範圍概念，而莊子乃站在至人無己、神人無功、聖人無名的角度來看待人際網絡與政治網絡的，因此「天下」觀所帶有的圈界模式，往往也是其試圖弱化的部份。而這一論點於後文將有詳述，此處不再贅言。

人必須身處事功當中的特色回過頭去思考支遁的叩問，似乎可以發現，聖人所要「適的性」並非單方面的滿足個人的歧尚之情，而是必須承擔更大的社群責任，而這樣的承擔，也就是郭象特別重視聖人的原因，就像他所說的：

> 信哉斯言！斯言雖信，而猶不可亡聖者，猶天下之知未能都亡，故須聖道以鎮之也。群知不亡而獨亡於聖知，則天下之害又多於有聖矣。然則有聖之害雖多，猶愈於亡聖之無治也。雖愈於亡聖，故未若都亡之無害也。甚矣，天下莫不求利而不能一亡其知，何其迷而失致哉！（〈胠篋〉：「天下之善人少而不善人多，則聖人之利天下也少而害天下也多」句後注）

聖人是鎮天下者，天下不可無聖人，這也即是郭象對《莊子》認為聖人「利天下者少」的反駁。郭象無疑的已經將《莊子》對聖人的質疑轉向了對聖人的肯定。除此之外，郭象的聖人是進入社群創建事功的。所以聖人的存在，可以說是郭象思維中「名教與自然」兩者兼具的理型代表。

另一方面，儘管郭象的適性理論具有嚴密不可解的階層結構特色，但其對聖人氣質卻是有預設的，其預設即是「稟氣神妙」者，例如：

> 俱食五穀而獨為神人，明神人者非五穀所為，而特稟自然之妙氣。
>
> （〈逍遙遊〉：「不食五穀，吸風飲露」句後注）

郭象聖人稟氣的預設，是稟「自然之妙氣」者，既然所稟的是自然天地中最精妙的氣質，那麼其質性當不致如桀、紂一般，屬暴人之氣〔註42〕。而所稟之氣的差異，也就是聖凡最根本性的差異。因此，郭象的適性思維，僅管絕對區分了聖與凡的階層性，但另一方面卻也保證了聖人質性的精純。而這樣的保證，無疑的也保證了政治上施政的完善。

因此，支遁對郭象適性思維的批評，認為其乃以「適性為得」為內涵，認為適性乃個體私我的滿足。這樣的看法實是對郭象思維理論上的誤解。其誤解就在於忽略了適性結構中個體與群體的關係，以及聖凡在「適性」結構中的不同位置，同時也忽略了適性思維其背後的稟氣差異，將聖凡的不同稟氣視作是同質性的氣性，因此才會有「桀、紂以殘害為性，若適性為得者，

〔註42〕王夫之在《莊子解》中曾對暴戾的君王做過這樣的形容：「暴人之氣尤為猛烈，則惡其美也深。見為蕾己，而報以蕾也倍酷，然且以吾心之善，吾氣之正，乘而鬥之，先自喪其和平，德又惡得而厚，信又惡得而矼邪？欲伸其氣則心必離，心離而目、口、色、容交失其則，乃至彼此交蕾，身死國亡，猶曰吾直言之氣，自伸於千古，心知之蕩德，一至此乎！」此處借用王夫之的說法。

彼亦逍遙矣」的說法。

　　然而，儘管支遁對郭象適性思維的理論有所曲解，但這樣的曲解卻也是不無道理的。因爲郭象的聖人是要兼容名教與自然兩端的，一方面既要具有逍遙物外、體盡無窮的修行者角色，一方面卻也必須具有陶鑄天下、「主天下」權力的執政者角色。這兩種角色彼此之間是有矛盾性的，但郭象的聖人卻必需遊走於兩者之間，且不落兩端，這就具有雙重角色的複雜性了。

　　除此之外，郭象的聖人，因同時須具備名教與自然的雙重角色，故聖人同時也是君主，適性結構無疑地保障了君主的聖人型貌。而既然君主與聖人二而爲一，那麼此處所要探討的問題就是：君權的取得，是否能夠與聖人具有完形意義的聖位價值是一至的？亦即是君位何以可以保證同時是聖位？君權的擁有真的能夠等同於聖人的典範嗎？就聖位的取得而言，若聖人只是「聖人」，那麼聖位的取得就單純的是修養層面，或是氣稟層面上的問題，這也就是郭象在稟氣神妙上界定聖人的原因。但若就君權的層面上說，郭象時期的君權取得，依舊是代代相傳的「家天下」模式，甚至還包含了臣弒其君的反常倫理。那麼要如何保證家天下模式，甚至反君臣倫理下的君位取得者，都能是稟氣神妙的聖人？這無疑是有著理論上的困境的。畢竟當人面臨到與權力的沾著時，往往也是人淪喪的開始。

　　因此，儘管郭象試圖爲君權擁有者同時取得聖位的典範價值，但這樣的企圖，卻往往使他思維上的實踐性成爲一種理想，讓適性思維成爲一種理論上的可能，但在實踐上確有著脫離現實之困境了。同時也使得聖人形象，有著不落兩端，但卻兩端都不到位的弔詭性了。

　　所以用這樣的角度回頭去思考支遁的叩問，會發現支遁的叩問儘管在理論層面並不完全理解郭象適性思維的脈絡，但在具體的實踐上，支遁卻無庸置疑的見出郭象思維中可能的墮落，君主「適其性」的確是有著「各適己性」的可能的。因此我們不得不承認，郭象思維若僅有「適性」的向度，而沒有其他更多的輔助，的確是有著危險性，並且可能往個人歧尚之情的滿足上墮落滑轉的。

　　因此，郭象在適性思維之外，也同時也爲聖人提出了另一個標準，亦即「無心玄應」的準則。並且以此「無心」標準調節著聖人。不論郭象是有意或無意的，無心的提出，無疑的對「適性」策略有可能造成的鬆動與滑轉有著積極援助的效果。而這個效果的落實結果如何，則是本文所要探討的問題

了。

　　大凡聖人之所以成聖，必然需要有其足以型塑其「典範」的內容，而「無心」便是聖人成聖的典範內容，試看郭象所說的：

> 夫聖人之心，極兩儀之至會，窮萬物之妙數。故能體化合變，無往不可，旁礴萬物，無物不然。世以亂故求我，我無心也。我苟無心，亦何爲不應世哉！然則體玄而極妙者，其所以會通萬物之性，而陶鑄天下之化，以成堯舜之名者，常以不爲爲之耳。孰弊弊焉勞神苦思，以事爲事，然後能乎！（〈逍遙遊〉：「之人也，之德也，將旁礴萬物以爲一世蘄乎亂，孰弊弊焉以天下爲事！」句後註）

> 偶，對也。彼是相對，而聖人兩順之。故無心者與物冥，而未嘗有對於天下也。〔樞，要也〕。此居其樞要而會其玄極，以應夫無方也。（〈齊物論〉：「彼是莫得其偶，謂之道樞」句後註）

> 忽，勃，皆無心而應之貌。動出無心，故萬物從之，斯蕩蕩矣。故能存形窮生，立德明道而成王德也。（〈天地〉：「蕩蕩乎！忽然出，勃然動，而萬物從之乎！此謂王德之人」句後注）

> 非冥海不足以運其身，非九萬里不足以負其翼。此豈好奇哉？直以大物必自生於大處，大處亦必自生此大物，理固自然，不患其失，又何厝心於其間哉。（〈逍遙遊〉：「鵬之背，不知其幾千里也；怒而飛，其翼若垂天之雲。是鳥也，海運則將徙於南冥。南冥者，天池也」句後注）

「無心」是一種聖人的訴求，是對聖人言說的，也是聖人成聖的原則。郭象的聖人，必須面對事功，是具有「君權」型態的。既有君權型態，對於整個社會便將具有深深的輻射效應。聖人若具有道德思維，社會人群便能相安；相對的，聖人若缺乏道德思維，社會人群便將受其荼害。而君權的取得，在當世又往往與血緣性士族關係是緊密連結的，故而不可否認，適性結構也往往與品第層級有著密切的連結。在這樣的情況下，聖人與社會的良好關係往往會成爲一種偶然性的關係，因爲難以保證上位者的權力位置與道德修養是一個正比的關係。故而，郭象提出「無心」的訴求是有其深義的。因爲「無心」的治事方式，具有一種「解開」的樣貌，當君臣上下是在不可改逆的適性結構下言說時，那麼君臣上下的關係，就會成爲一種絕對的命定關係，而君臣結構將是封閉在權力壓制之下的。那麼「君→臣」、「上→下」會成爲單

方面施壓、單方面承受的高壓體系。那麼臣民也將單方面、絕對性的承擔順氣言性下君王之「適性」，也就是前所言的，君王由「適性」滑脫到「適己之性」的後果。而這樣的君主型態，輻射到臣、民、家、國之上，將會成為整體社群所必須共同承受的困境，走向「厲己以為之〔註43〕」、「由己以制物，則萬物乖矣〔註44〕」的境地。因此，帶有解開意味的「無心」標準，無疑是對適性結構的封閉型態作一個疏導與開解。

「無心」讓執政者不「以己制物」、「不捨己而逐物」而是「任之，各宜其所能」、「寄當於萬物，無事而自成」，並使得萬物「全其性分之內」、「曲成而不遺」〔註45〕。所以「無心」讓萬事萬物有可能以本然樣貌呈現出自己，而不僅只是規訓下的受控者。

大抵而言，儒家思維系統中，社會的參與往往是要與威儀禮節相結合的。在一個健全的社會下，威儀禮節具有開顯人整全存在的意義，而人也相對的對威儀禮節具有實踐並使之延續的歷時義。但要完成這樣的整全意義必需要包含三個必要條件〔註46〕：一、傳統作為滋養的資源，而非支配的權威；二、禮是「身體／主體」的價值過程，而非「主體→身體」的工具過程；三、社群是開放性的實踐場域，而非封閉性的規訓場所。

但在魏晉士大夫階層中所形成的社群共同體中，威儀道德原本所具有對人的相互開顯義，已然轉向以「禮法」、「繩墨」的權威姿態現身，建立起「道說標準」以及「獎懲制度」，因此，禮與道德已經從「德潤身」這樣的滋養型態，轉型成為「上→下」、「君→臣」、「國→民」的控制姿態。反觀個人，個人的主體意識也在「威儀禮節」及「道德」的絕對控制下，逐步離開「禮」

〔註43〕見〈刻意〉注：「若厲己以為之，則不能無極而眾惡生。（「澹然無極而眾美從之」句後注）」
〔註44〕見〈天地〉注：「夫以萬物為本，則群變可一而異形可同。斯跡也，將遂使後世由己以制物，則萬物乖矣。（「方且本身而異形。」句後注）」
〔註45〕見〈應帝王〉注：「以己制物，則物失其真。夫寄當於萬物，則無事而自成；以一身制天下，則功莫就而任不勝也。全其性分之內而已。」（「狂接輿曰：『是欺德也；其於治天下也，猶涉海鑿河而使蚊負山也。夫聖人之治也，治外乎？』句後注）以及〈齊物論〉注：「物皆自明而不明彼，若彼不明，即謂不成，則萬物皆相與無成矣。故聖人不顯此以耀彼，不捨己而逐物，從而任之，各（宜）〔冥〕其所能，故曲成而不遺也。今三子欲以己之所好明示於彼，不亦妄乎！」（「若是而不可謂成乎？物與我無成也」句後注）。
〔註46〕此三個必要條件，乃參考鄭雪花：《非常的行旅——〈逍遙遊〉在變世情境中的詮釋景觀》（成功大學中國文學研究所博士論文，2005年6月），頁97、98。

以及「道德」的本質，轉而將對禮與道德的實踐投射於外，成為完成外在功名目的的手段。行禮的身體是為了滿足功名利益的企圖，而踐形行禮也不再是滿足「身體／主體」的價值過程，而往往是為了揚名立萬的工具化過程。除此之外，當道德義務合理化了功利目的後，這樣的走向也往往與政治控制相結合，這樣的結合，便使得政治控制開展其對身體的規訓與強制。

　　在這樣的情況下，禮法與道德已不再是個人內在的價值體現，而成了公領域中品評或獎懲的標準。禮法與道德也都將離開本質性意義，而帶有一種展示意味，轉型成為一種被社群共同體為達至功利目的，或是宣示目的的工具性面貌。而社群共同體的成員也都依此進行自我確認，並要求所有成員維護此一群體共同性，發展出公共監督和制裁的調節機制。在這樣的轉型之下，社群共同體所型塑的禮法與道德，將形成封閉性的規訓場所。將本真的自我封閉在這樣的規訓場所中，亦步亦趨。同時，也將使得「上→下」、「君→臣」的關係成為一種絕對式的規訓與封閉之結構。

　　這樣的封閉型的君臣上下之結構，再加上順氣以言性的走向，「適性」必然會形成一種極端危險的極權統治。而此時，道德又成為被過度言說，難以信任的事物。甚至是封閉規訓的助長者時，郭象勢必要另闢蹊徑，開啟除了名教道德之外的另一條道路，好為聖人與社會的良好關係做更多可能的結合。而「無心」或許即是他所另闢的蹊徑。

　　不可否認的，「無心」的提出，無疑對聖人的形象有著很大的轉型。大抵而言，儒家對執政者的要求，是要「譬若北辰」的〔註47〕，聖人必須具有仰之彌高，眾星拱之的道德修養，以此作為天下歸心的可能。或如孟子所說的：「聖人，人倫之至也。」著重聖人在人倫道德上的典範意義，以及如荀子所說的：「聖人也者，本仁義，當是非，齊言行，不失豪釐。〈儒效〉」、「君子者，治禮義者也〈不苟〉」、「君子養心莫善於誠，致誠則無它事矣。〈不苟〉」、「惟仁之為守，惟義之為行。誠心守仁則形，形則神，神則能化矣。〈不苟〉」等等，在儒家的修身系統中，身心是整全的在道德浸潤下，透顯出其深刻的動力。

　　但郭象無心觀的提出，卻重新塑造了「王德」的典範，郭注中的聖人是「動出無心，故萬物從之，斯蕩蕩矣。故能存形窮生，立德明道而成王德也〈天地注〉」的。這樣的訴求，改變了原本對政治上執政者的要求。也無疑的

―――――――――

〔註47〕見《論語・為政第二》：「子曰：『為政以德，譬如北辰，居其所而眾星共之。』」

將儒家對聖人的道德要求解構掉了。聖人不再是以「道德」爲天下人的典範，而是以「無心玄應」作爲其執政的要求。因此，聖人不再是在「道德修養」上去展現，而是在「無心玄應」上去展現。就像郭象說的：

> 因物則物各自當其名也。使物各自謀也。付物使各自任。無心則物各自主其知也。因天下之自爲，故馳萬物而無窮也。任物，故無跡。足則止也。見得則不知止。不虛則不能任群實。鑑物而無情。來即應，去即止。物來乃鑑，鑑不以心，故雖天下之廣，而無勞神之累。（〈應帝王〉：「無爲名尸，無爲謀府；無爲事任，無爲知主。體盡無窮，而遊無朕；盡其所受乎天，而無見得，亦虛而已。至人之用心若鏡，不將不迎，應而不藏，故能勝物而不傷。」句後注）

> 夫體道合變者，與寒暑同其溫嚴，而未嘗有心也。然有溫嚴之貌，生殺之節，故寄名於喜怒也。無心於物，故不奪物宜；無物不宜，故莫知其極。（〈大宗師〉：「喜怒通四時，與物有宜而莫知其極。」句後注）

可以說郭象的聖人除了「適性」外，還需要的是「無心」展現。而「無心」機制一旦啓動，「君→臣」、「國→民」的絕對權威性便開始逐步鬆動。就像郭象說的：

> 在上者不能無爲，上之所爲而民皆赴之，故有誘慕好欲而民性淫矣。故所貴聖王者，非貴其能治也，貴其無爲而任物之自爲也。（〈在宥〉：「聞在宥天下，不聞治天下也」句後注。）

> 夫至仁者，百節皆適，則終日不自識也。聖人在上，非有爲也，恣之使各自得而已耳。自得其爲，則眾務自適，群生自足，天下安得不各自忘我哉！各自忘矣，主其安在乎？斯所謂兼忘也。（〈天運〉：「故曰：以敬孝易，以愛孝難；以愛孝易，以忘親難；忘親易，使親忘我難；使親忘我易，兼忘天下難；兼忘天下易，使天下兼忘我難」句後注）

所以聖人無心治物的方式一旦形成，「統治」便開始有了不同樣貌。如何控制群生並不是統治上的主要訴求，而如何「眾務自適」、「任物自爲」才是執政者的執政方針，這是郭象將道家哲學運用於政治運作上的一項策略。另一方面，「無心任物」的啓動，也使得執政者在「無心→順物→與物冥」的系統下，其形象也從政治上的施政者，轉型到任物之流，任物之性的體道者角色。同

樣的一個執政者，在「無心」的操作下卻可以兼任兩種角色，一個是治世事功的聖人；一個則是體道逍遙的神人〔註48〕。

因此，無心系統無疑的重新塑造一個新的「君／臣」、「國／民」之關係。而這樣的「君／臣／國／民」之關係，有著上位者絕對權力的鬆綁的樣貌。執政者藉著「無心」的運作，卸下自己的絕對高位的態度，重新以「會通萬物之性」、「陶鑄天下之化」的角度，將自己拉到與萬物等齊的立場上來看待萬物，與物冥合、各任其性。

因此「無心」無疑是郭象在「適性」結構裡有可能產生的絕對權力所進行的解套作業，但這樣的解套是否成功？結果其實是弔詭的。因為不可否認的，儘管無心系統看起來有萬物生機各自顯現的樣貌，可是其中卻也暗藏了另外一種施政的現象。由「天下異心，無心者主也」、「動出無心，故萬物從之」、「與物冥者，故群物之所不能離也。」等等幾段話裡同樣可以看出「無心系統」的另一個企圖：亦即無心系統除了是「無心→順物→與物冥」的路線外，同時也涵藏了「與物冥者，萬物來歸」這樣的深意。如前所述，聖人是「使萬物適性者」，而萬物則是「被動的適其性者」〔註49〕。所以，「無心」的執政方式，表面上是一個「汎然若無繫之舟」、「任之，各宜其所能」、「寄當於萬物，無事而自成」、「任物之自遷」的態度。但實際上，這樣的「任之」、「無繫」、「各宜」卻暗渡陳倉的將萬物以聖人為尊、以聖人為主、唯聖人所從的觀念植入其中，合理化的鋪陳聖人入世治功的企圖〔註50〕。而這樣的暗

〔註48〕也或者可以這麼說，「適性」保證了聖人的君位，而「無心」保證了聖人的逍遙。

〔註49〕例如郭象所說的：「夫六合之外，謂萬物性分之表耳。夫物之性表，雖有理存焉，而非性分之內，則未嘗以感聖人也，故聖人未嘗論之。〔若論之〕，則是引萬物使學其所不能也。故不論其外，而八畛同於自得也。(〈齊物論〉：「六合之外，聖人存而不論。」句後注)」而大陸學者暴慶剛亦曾在〈境界型態與實然型態的雙重涵攝──論郭象逍遙義的兩個層次〉一文中這麼說過：「在郭象的逍遙義中，還包含聖人之逍遙一層。故郭象之逍遙義實涵攝聖人之逍遙與眾生之逍遙兩個層次；就前者而言，表現為自『心』上言之境界形態；就後者而言，則表現為自『性』上言之實然形態。……郭象的逍遙義分明內含兩個層次：一是聖人之無待逍遙，二是眾生之有待逍遙。」此處亦可見出郭象哲學裡面對聖人以及面對凡夫的兩種態度。聖人是從「心」上而言，能夠操作「無心」便可達到無待的逍遙、使萬物來歸；而凡夫則在「性」上展現，能夠達到自我足性適性的滿足，便可獲致有待的逍遙，並歸附於聖人。見《人文雜誌》(2007年第三期)，頁31。

〔註50〕郭象的無心觀，是對聖人言說的，是聖人所特有的樣貌。此處還可從這個角

渡陳倉，同時也使得執政者的殺伐決斷得以合理化，因為溫嚴之貌、生殺之節都是合理的，都是「無物不宜」的、也都是「適性」的。因此聖人不論如何處世、如何賞善罰惡，都是合乎萬物、合乎自然、合乎理的，也都是與物有宜的。所以聖人所做的任何事務，在無心玄應、與物冥合的框架下，均被合理化、神聖化。故而「無心」觀的提出，一方面強化了執政者的逍遙面相，一方面卻也強化了執政者治世的權力化目的。因此表面上看起來「無心」的提出，似是建構執政者與物冥合的契機，實際上，卻迂迴轉折的進行了一場聖人權力的重新建構過程。這樣聖人權力的重新建構，無疑的使得執政者的執政角色更受到了強化。

因此，儘管郭象用「適性」與「無心」來縮合「名教」與「自然」，而無心也看似解開了適性結構下君主「適己之性」的型態，但不可否認的，儘管「無心」解開了君主絕對高位的權威性，但「無心」作為君主哲學，本身本就是為君主治世而存在，儘管它為君主同時是聖人植入其典範意義，但卻依舊是落入了另一種權力模式之中，為統治型態建構出萬物宗主的姿態，而使得原本欲解構的權力模式，重新又進入到另一種權力的網絡當中，反而形成了一種「解而未解」的弔詭當中。

（二）「無心」的身體

但依舊要回到「無心」給予君主逍遙型態的可能上看，無心何以能夠與逍遙接軌？其身體型態又是如何？

若從身體角度來看，執政上的「無心」介入，同時也影響到聖人的身心型態。聖人是處在「勞神苦思」、「終日揮形」、「俯仰萬機」、「涉至變」的煩瑣人事當中的，但他們的身心展現卻是「無心」的，郭象對聖人無心的身心敘述大抵是這樣的：

> 動出無心，故萬物從之，斯蕩蕩矣。故能存形窮生，立德明道而成王德也。唯感之從，汎乎若不繫之舟，東西之非己也。
>
> 神全形具而體與物冥者，雖涉至變而未始非我。
>
> 常以不為為之耳。孰弊弊焉勞神苦思，以事為事，然後能乎！
>
> 遊外以（宏）〔冥〕內，無心以順有，故雖終日（揮）〔見〕形而神

度推論出這樣的結論：當「無心」成為聖人所獨有的特質，而非普遍存在於每一個人身上的共通特質時，聖人無心可統治天下的觀念必然會與支配理論結合在一起，重組成一種新的支配現象，建構出「無心者主也」的樣貌。

氣無變，俯仰萬機而淡然自若。

來即應，去即止。物來乃鑒，鑒不以心。

夫至足者，物之去來非我也，故無所容其嗛盈。

常無心，故王天下而不疲病。

在這些敘述下可以發現，透過「無心」的操作，執政者是「東西非己」、「雖涉至變而未始非我」、「物之去來非我也」、「王天下而不疲病」的，其代表「主體」的「己」、「我」在這裡有了被解離的現象，甚至這樣的被解離，類似於一種不在場的模式。而這樣的不在場，相較於《莊子》的「用心」是有著根本上的轉化的〔註51〕。在《莊子》的「用心」觀下，儘管「無爲名尸，無爲謀府；無爲事任，無爲知主。體盡無窮，而游無朕」但依舊可以看到「道樞」的主體存在。至人的心物關係，乃透過「用心若鏡」的方式來相互照鑑（召見／照見）。因此，心物關係並非是「鑒不以心」的主體抽離方式。相反的，是一種「物在我之中，我在物之內」的相互融合〔註52〕方式。因此，在郭象的「無心」轉化下，《莊子》「用心」背後的主體作用性卻有著逐步解構的現象〔註53〕。

　　本文在前曾述及「心的家族視角」之觀念，並言及在家族視角的視野下，身心是統合一體的。而這樣的統合同樣出現在《莊子》的思維中，例如〈在宥〉篇中所說的：

〔註51〕 儘管莊子同樣講支離，但支離與郭象的解體是有著操作上的差異的，並且在內在思維上亦有所不同。

〔註52〕 這樣的相互融合，在西方新柏拉圖主義之一派的美學家普羅堤諾斯，亦曾在論及人與物之美學交融時這麼說過：「在觀照中，我不是在物外，物也不是在我外；凡是以慧眼觀物的人都能見到自己心中有物在。」普羅堤諾斯的敘述當然並非是針對莊子的思想來言說的，但對於物我關係的高度融合，卻與莊子有著類似的言說，都重視體現「同一不二」的境界。因此這段言論或許可以做爲理解莊子物我關係的一個參照。見章安祺編定：《繆靈珠美學譯文集》（北京：中國人民大學出版社1987年版），第一卷，頁257。

〔註53〕 郭象在〈應帝王〉中「用心若鏡」一段原文後的注是這樣的：「因物則物各自當其名也。使物各自謀也。付物使各自任。無心則物各自主其知也。因天下之自爲，故馳萬物而無窮也。任物，故無跡。足則止也。見得則不知止。不虛則不能任群實。鑒物而無情。來即應，去即止。物來乃鑒，鑒不以心，故雖天下之廣，而無勞神之累。」莊子的重點，在於主體貞定的達成，完成主體的貞定後，便可以用心若鏡，不將不迎、勝物而不傷。而郭象的重點，卻在於去掉這個主體，以「無心」的解構主體樣貌，來與物相接，因此是任物並且「鑒不以心」的。

> 黃帝順下風膝行而進，再拜稽首而問曰：「聞吾子達於至道，敢問，
> 治身奈何而可以長久？」廣成子蹶然而起，曰：「善哉問乎！來，吾
> 語女至道。至道之精，窈窈冥冥；至道之極，昏昏默默。無視無聽，
> 抱神以靜，形將自正。必靜必清，無勞女形，無搖女精，乃可以長
> 生。目無所見，耳無所聞，心無所知，女神將守形，形乃長生。慎
> 女內，閉女外，多知爲敗。我爲女遂於大明之上矣，至彼至陽之原
> 也；爲女入於窈冥之門矣，至彼至陰之原也。天地有官，陰陽有藏。
> 慎守女身，物將自壯。我守其一，以處其和。故我修身千二百歲矣，
> 吾形未常衰。」〈在宥〉

此處特別點出形、心之間的修養，而形心之間的修養完成，便達到神全境界，
神全境界的完成，即修身之道也。因此，修身是形、心兼養的工夫。修心與
修身之間是密不可分的。形、心是修身境界完成下的共同體，而非不在場的
他者〔註54〕。而身體的臨場，同時是存在的表徵，「存在」必然要有具體身體
的在場才能完成。因此其身體觀具有「身體／主體」的特色。

　　然而，在郭象論述中，「己」、「我」的主體弱化，卻可以看出身心之間關
係的改變。在《莊子》思維裡，如何透過「身體／主體」的修行安住於當世、
甚至在安住之後更進一步的超越當世，是《莊子》工夫修爲中的重點。因此，
《莊子》的身心之間往往有著緊密的連結。然而，郭象的「無心」思維，所
相應於「身」的表現，則是「遺身而自得」、「苔焉解體」的思維：

> 遺身而自得，雖淡然而不待，坐忘行忘，忘而爲之，故行若曳枯木，
> 止若聚死灰，是以云其神凝也。其神凝，則不凝者自得矣。世皆齊
> 其所見而斷之，豈嘗信此哉！（〈逍遙遊〉：「乘雲氣，御飛龍，而遊
> 乎四海之外。其神凝，使物不疵癘而年穀熟。吾以是狂而不信也。」
> 句後注）

> 同天人，均彼我，故外無與爲歡，而苔焉解體，若失其配匹。（〈齊

〔註54〕本文認爲「形」是「身」較粗的存在，它充滿了七情六慾，充滿了貪、嗔、
　　　痴的種種情緒、情欲、情感。而這樣的貪、嗔、痴與七情六慾，同時又會傷
　　　害修養的基礎——「身」，更進而傷害人之「性」。這也就是〈達生〉中所謂：
　　　「凡有貌象聲色者，皆物也」。當人落限於「形」時，人也就展現其物的面向，
　　　而在貌象聲色當中流轉，也在貌象聲色中逐漸失去渾沌的本性。然而，若能
　　　克制其情、正其情，則是非不得於身。，身體則因此獲得修煉的可能。所以，
　　　「身」與「形」的不同，在於「身」雖然可「傷」，但也同時可「正」，它是
　　　一個有待保養善待的修煉所在。

物論〉：「南郭子綦隱机而坐，仰天而噓，荅焉似喪其耦〔註55〕」句

後注）

《莊子》的工夫歷程，必然要透過身體步步經營，步步達成，身體的參與構築了理境的實踐與完成。然而，這樣的重身工夫在郭象思維中，卻轉向成「無心」模式。以「無心」的手段，「遺身解體」，並以此作爲理境完成的方式。透過「無心」的操作，操作者「解體、遺身」後，人與天地萬物的關係，便不因身體的區隔而彼我得到混同，到達自得不待、同天人、均彼我，甚至內外交通、遊外冥內的境界。就像郭象說的：

> 夫理有至極，外內相冥，未有極遊外之致而不冥於內者也，未有能冥於內而不遊於外者也。故聖人常遊外以（宏）〔冥〕內，無心以順有。（〈大宗師〉注）

「無心」開啓了郭象的「遊」之模式。只要無心玄應，外、內便可冥同，因此遊外即可宏內；相同的，身在廟堂也可以心在江海。郭象藉著這樣的思維，把魏晉時期的名教與自然混同了，「內／外」、「仕／隱」都在「無心」的操作下混同爲一。也因此朱門等同於蓬戶、咫尺等同於玄門、甚至近等於遠〔註56〕，所以空間上的差別意義也因爲身體的解離而不再具有任何的代表性〔註57〕，而自然與名教的界線也已然不是由所在之處來區分，逍遙與否唯一的差別只在於處世者的身心擺放。處世者若能將身心安適於這樣的空間混同，那麼廟堂即江海、

〔註55〕莊子「喪其耦」的思維是否是一種「解體」，是有待商榷的。王夫之在《莊子解》中便提出這樣的說法：「偶，一作耦。評曰：無我無人。……夫論生於有偶：見彼之與我異，而若仇敵之在前，不相下而必應之。而有偶生於有我：我之知見立於此，而此以外皆彼也，彼可與我爲偶矣。賅物之論，而知其所自生，不出於環中而特分其一隅，則物無非我，而我不足以立。物無非我者，唯天爲然。我無非天，而誰與我爲偶哉？故我喪而偶喪，偶喪而我喪，無則俱無，不齊者皆齊也。」可知，在王夫之的解釋下，耦指的是一種我執之下的彼我對立狀態。見《莊子解》（里仁書局印行），頁10〜11。

〔註56〕例如《世說新語》中的紀錄：「竺法深在簡文坐，劉尹問：『道人何以游朱門？』答曰：『君自見其朱門，貧道如游蓬戶。』或云下令。〈言語第二・48〉」及：「簡文入華林園，顧謂左右曰：『會心處，不必在遠。翳然林水，便自有濠、濮閒想也。覺鳥獸禽魚，自來親人。』〈言語第二・61〉」以及「劉尹與桓宣武共聽講禮記。桓云：『時有入心處，便覺咫尺玄門。』劉曰：『此未關至極，自是金華殿之語。』〈言語第二・64〉」

〔註57〕因爲人對空間的知覺，往往也須仰賴身體構成，上、下、左、右、前、後、以及東、西、南北、遠、近等概念，往往也都取決於身體的覺知來型塑。因此，當身體是被支離甚至是不在場者時，空間的判別也將失去其意義。

江海即廟堂、而同也就是不同、不同也就是同。這樣的空間新解，無疑將士人目光，由入仕主流轉而望向遠方的自然，同時也將隱居的自然玄遠，牽引進入仕途殿堂之中，讓自然與廟堂雙軌進行著它們的融合。

然而不可否認的，這樣的轉變，卻是建構在「身體／主體」的參與感弱化之上的。大抵而言身體雖是存在的象徵，但卻也同時是個區隔，區隔我與你、物與我的差別，身體是個體象徵，卻也代表了個體與外物的差異性。另一方面，形體的存在，往往也是「形軀我」、「認知我」的原因，也同時是「社會我」、「群體我」、「禮義我」壟罩在個我身上的原因，所以身體也是人受限於種種社群網絡的肇因。而除了社會群體的封限，若回到自身來講，也因爲身體的存在，故導致人同時還必須忍受死生終始的催逼、物我相刃的緊張感等等。人處在這種種催折下，必然會一步步地扭曲本來面目的我、異化眞本性的我，使的我與我不復相親、我與我周旋久等等。因此《莊子》面對這種種的內與外封限下的「我」，他同樣採取解離的方式來還原「我」之眞貌，「我」經過這樣的還原，由一種異已的存在回到了本已的存在。而這樣的解離還原工夫，更深遠的企圖，是爲了將周身的塵污納垢卸除掉，重新回到本眞當中。因此《莊子》也講「支離其形」、「支離其德」，講「忘其肝膽」、「遺其耳目」、講「外其形骸」、「惡知禮義」。所有的解離，都是爲了讓「形軀我」、「認知我」在種種的壓迫與誘惑中，逐步解離開來，並進一步使眞我朗現出來。所以《莊子》重視逆覺內反的工夫，將外在的種種封限撥除，回返到最深沉、最本眞的「我」當中。而這樣的逆覺內返走入最深最遠以後，感官諸功能也會慢慢由殊異趨向純一，最後我與萬物到達同質的存在，「遊乎天地之一氣」，這也就是《莊子》所說的「耳目內通而外於心知」、「天機不張，而五官皆備」。而這樣的形軀內歛，一方面會帶來心氣外滲，精神飽滿於身體之中，讓身心達到一個最深刻的動力與和諧。同時，也會使身體原有的慾望結構、情意結構不斷地解構。而所有感官結構瓦解到最後時，身體全體反而因爲隔堵的消解，而彼此相通起來﹝註58﹞，於是新的身體型態於焉建立。重新建立起的身體便

﹝註58﹞ 關於逆覺內反的說法，乃參考楊儒賓先生在〈支離與踐形──論先秦思想裡的兩種身體觀〉中的論點：「莊子因重視逆覺內返的功夫，所以他可以將身體向外擴張的本能引導到一相反的方向，這種逆向走深走遠以後，學者的感官諸功能會慢慢由殊異趨向純一，以迄於同質性的存在。」收錄於《中國古代思想中的企論及身體觀》（台北：巨流圖書，1993 年 3 月一版一刷），頁 445。陳昌明先生亦曾提及：「（莊子的）道是必須經由人去『體』會，才能具體完成。可是這種體會，卻不是以感官的眼、耳、鼻、舌、身，去感受視、聽、嗅、味、

是參與大化流行中的身體，亦即「遊」之身體。因此，在《莊子》敘述中，明顯可以看到「工夫前」的形軀，與「工夫後」的身體的不同描寫。可以說，受限制的是身體，參與「遊」境界的也是身體，身體是《莊子》修行中的基礎元素。

另一方面，《莊子》工夫後的身體型態，是「心──氣──形」之結構體，它同時與性──天是連續的。同樣可化為一體流行之境界〔註59〕。而由修行者參與一體流行的模式來看，可以發現「身體」同時具備身心兼在的特色，並身為「主體」：「若一志」、「其神凝」，身心凝止在最純一的狀態，此一狀態是本真主體存在的朗現。因此工夫後的身體，已然轉變工夫前「身體／形軀」的模式，而成為「身體／主體」之模式。而「身體／主體」模式下的「我〔註60〕」是「審乎無假」、「不與物遷」的，並且能夠「命物之化，而守其宗」的，因此「身體／主體」的恒定性也在通過工夫修行後整全地朗現了出來。

回到郭象面對身體的態度上來看，郭象講「解體」、「遺身」，他亦了解到身體形軀的可能限制，因此同樣抓住了《莊子》支離形軀、支離德的思維，試圖將有可能造成物我隔堵的形軀解構掉。形軀是繁瑣事務的承受者、同時也是欲望的承載者，這些都是人遠離逍遙的原因。而郭象對治這些障蔽隔堵，同樣以身體解構的方式來對治。尤其在面對感官的作用時，郭象是這麼說的：

触那種體會。相反的，這種體會乃是消融感觀與肢體的感受，使『視之無形，聽之無聲，於人之論者，謂之冥冥。』也即是無法用某一感官去捕捉道，而是要用全部的身心去『體證』，而且這種『體證』是一種向內回收的過程。」見《沉迷與超越──六朝文學之「感官」辯證》（台北：里仁書局，2005 年 11 月 10 日），頁 60、61。而「逆覺工夫」若根據牟宗三先生所說，乃一「體氣內斂，反於至虛」的工夫。見《圓善論》（台北：台灣學生出版，1985 年），第一章。

〔註59〕見楊儒賓：〈支離與踐形──論先秦思想裡的兩種身體觀〉收錄於《中國古代思想中的企論及身體觀》（台北：巨流圖書，1993 年 3 月一版一刷），頁 445。在此文中，楊先生亦曾點出，莊子支離觀所要完成的另一個重要的目的，「乃是為其心氣之滲透其形體作準備，支離與體現事實上是同步進行的。（頁 442）」透過心氣的充滿，人的全身全體都由氣所滲透轉化，身心之間毫無隔堵，而人與世界，與性天便呈現一種無需感官體察、意識認知來輔助的冥契狀態。

〔註60〕很耐人尋味的是，「我」這個觀念，往往也與身體有互釋的關係。郭沫若在《爾雅·釋言》中即解釋「身」為「我也」。可以知道，在中國古漢語中「身」即人稱代詞「我」的別稱。而當以「身」指稱「我」時，「身」就已然不是形或心這麼單一化的事物了，它的意義將更豐富化，具有一個整全的概念。見《商周古文字讀本》，（國文出版社，1989 年出版），頁 381。

司察之官廢，縱心而理順。(〈養生主〉:「官知止而神欲行」句後注)

（遺）〔遺〕耳目，去心意，而符氣性之自得，此虛以待物者也。(〈人
間世〉:「無聽之以耳而聽之以心，無聽之以心而聽之以氣！聽止於
耳，心止於符。氣也者，虛而待物者也」句後注)

他首先解構掉感官的攀緣，再進而解構掉心的攀緣。讓「我」之主體呈現「虛」
的樣貌，以「虛」的方式來遭逢外物。如此，物我之間即不因身心的攀緣以
及身心的隔堵，而得以物我之間打成一片。這是郭象承繼《莊子》解構「形
軀我」、「認知我」，進入「未始有我」的方式。然而，若做更細部的探討，
卻可以發現莊、郭二人的解體內涵是有所不同的。儘管《莊子》講支離，講
「忘其肝膽」、「遺其耳目」、講「外其形骸」，但面對感官，《莊子》難道眞
的是完全的否定嗎？本文對此是持保留態度的。《莊子》曾在其文中提出「循
耳目內通而外於心知〈人間世〉」，以及「天機不張而五官皆備。此之謂天樂
〈天運〉」、「聽之不聞其聲，視之不見其形，充滿天地，苞裹六極。〈天運〉」、
「四肢彊，思慮恂達，耳目聰明。其用心不勞，其應物無方。〈知北遊〉」。
感官雖然呈現出慾望的面向，但《莊子》在此卻也同時注意到了感官所開啓
更多可能的面向。畢竟人不可能忽略掉自我感官，感官的的確確實存於自我
身體之上，是人所不可或缺的。而感官也是人與外物交通訊息的管道，這是
不可否認的事實。因此《莊子》論及工夫，其更重要的是在於感官如何的不
再往外馳放，轉而收斂深藏、不露鋒芒。除此之外，感官往人更深層的內在
暢通融達之後，其作用往往能夠讓各部感官、甚至身心之間，耳如目、目如
耳、心如身、身如心、五官皆備、充滿天地。因此，《莊子》對於感官，儘
管理解到其慾望的層面而試圖支離之、解構之，但往更深一層來看，《莊
子》工夫更大的企圖，則是要讓感官進入到更深一層的境界，這個境界是各部感
官、身體心靈之間氣息流轉、交通融達，並解構感官與感官、身與心、物與
我之間的界線，使得彼與此能夠四流交通，彼此皆備於彼此的結構，這是《莊
子》解構「形軀我」、「認知我」之外，所欲建立更深廣型態身體的企圖，而
這也是身體工夫所著重的要項。所以，《莊子》在解構「形軀我」、「認知我」
之後，所建立出的恒定性的「我」〔註61〕是「死生亦大矣，而不得與之變；

〔註61〕莊子「恆定性的我」的達成，是身心雙修的。更可以說這樣的「我」是一個
　　　　精神遍達於四體的我。例如「若一志」及「其神凝」，或是如〈養生主〉中所
　　　　言的「以神遇而不以目視，官知止而神欲行」、「視爲止，行爲遲。動刀甚微，

雖天地覆墜,亦將不與之遺。〈德充符〉的,這樣的聖人具有一主體恆定性特質。同時也具有一身心極致的平衡,並且充滿氣息的流轉,朗現出平淡枯槁、心氣深沉的狀態〔註62〕。

因此,《莊子》的解構與支離工夫,其背後所隱然建立的,其實是一個踐形觀念〔註63〕。是一個「身體/主體」的結構建立。

然而,郭象對《莊子》感官的解讀,則是放在「廢」、「遺」、「去」的角度上來解釋,他重視的是感官的支離。但我們要問的是,感官的支離之後,郭象是否如《莊子》般地建立一個「身體/主體」的結構?這個答案,在觀

謋然已解,如土委地」在這些描述裡,很難只將它單方面的歸類為精神上的描述或是身體上的描述,這應該是身心共同完成下的狀態。可以肯定的是,工夫後的境界,身心結構已然轉化了「形軀情欲」式較粗的身體,而成就為精神氣脈能夠遍通於四肢五官當中的身體,這樣境界的身體,身心呈現一極致的平衡狀態,它同時是修行者通於自然的一個永恆管道。因此它也是自然大化的一部份。

〔註62〕〈知北遊〉中有這麼一段話,也可以為主體的恆定性做一個註解,當中云:「今彼神明至精,與彼百化。物已死生方圓,莫知其根也。扁然而萬物自古以固存,六合為巨,未離其內,秋豪為小,待之成體,天下莫不沉浮,終身不故,陰陽四時,運行各得其序。惛然若亡而存,油然不形而神,萬物畜而不知,此之謂本根,可以觀於天矣。」其中提到:「神明至精」的觀念,「萬物」之存、「萬物」之流變以及陰陽四時之運行,皆賴此「神明至精」者。它具有本根的性質,而修行者透過個人修養後,便可上達「神明至精」的境界。進入道境當中,而具有恆定的特質。「神明至精」的概念,當中「精」與「神」的差別,根據賴錫三先生的論證,所得出來的結果,認為「精」是相較於「粗形」而言更精微的部份,但「精」與「粗形」都仍是離不開「物」的層次,仍是「期於有形者也」。而「神」則是「形上至精」,但「形」、「精」、「神」三者,就連續性的氣之光譜本身來說,一切都不會是絕對的區分。故「精」與「神」雖然暫分為「物」和「道」兩層次,但「精」這個屬生命身體的能量概念,卻也能透過工夫而近一步地調適上遂、精益求精,以成為形上無形的「精神」之「至精」。見〈《莊子》精、氣、神的功夫和境界——身體的精神化與形上化之實現〉一文(《漢學研究》(第22卷第2期),頁127~128)。可知身體透過工夫修煉,是可以上達於「道」境的,而上達道境的身體,具有豐富長養身形的生命精力,故而身體往往呈現出一種道境似的恆定性與生命的力度。

〔註63〕「踐形」原本是孟子所提出的觀點,孟子說:「形色,天性也。惟聖人然後可以踐形」。然,莊子在解構掉所有身心隔堵之後,其身心所呈現的圓熟樣貌,四肢遍體都可朗現道的充斥、精神四達遍流於身體之上,身心整全一如,「目擊而道存」,在這樣的工夫之後,我們不得不承認,莊子也的確有著他的踐形觀。關於莊子的踐形觀,可以參考楊儒賓:〈支離與踐形〉一文,當中有更詳盡的描述。

看郭象「無心」說法的提出後，其答案已然呼之欲出了：

> 寄物而行，非我動也。（〈逍遙遊〉：「若然者，乘雲氣。」句後注）
>
> 與變爲體，故死生若一。（〈逍遙遊〉：「死生無變於己」句後注）
>
> 聖人無心，任世之自成。成之淳薄，皆非聖也。聖能任世之自得耳，
> 豈能使世得聖哉！故皇王之跡，與世俱遷，而聖人之道未始不全也。
> （〈繕性〉：「德又下衰，及唐虞始爲天下，興治化之流，澆淳散朴」
> 句後注）

郭象的聖人已經不再是如《莊子》逍遙式人物「不得與之變」、「不得與之遺」、「物莫之傷」、「不溺不熱〔註64〕」的樣貌了；而是改《莊子》之不變爲變，「與變爲體」、「與世俱遷」進入到現實的流轉中，隨現象界客體之物的流變而流變。而這樣的任物之流反而是郭象思維中進入逍遙理境的方式，因爲無心，因此隨物變化無有不順。而彼我之間的差異性，也就在主體「我」的解構後泯除。故而「我」的解構，相對於外物「彼」來說，將達到彼我的無所扞格，「無心而無不順」之逍遙境界。故而從無心的角度上來看郭象的身體觀。會發現，「身體／主體」意義同樣在無心的運作下逐漸的被轉型，「身體」與「心」之間重新塑型出一個新的結構，在這個結構下，心對於身體的介入是有著弱化的傾向。而這樣的結構，若用《莊子》「身體／主體」的概念來觀看，的確是有著主體被解構的模式。藉著「無」心的操作，郭象轉向了《莊子》的逍遙，讓莊子全身超世的逍遙，成爲一個「即世間／出世間」的逍遙。廟堂山林、出世入世，也就在這樣的「身心」轉型下，重新開啓了對於聖人的意義。廟堂有廟堂的必要性、山林也有山林的超越面，出處同歸：兩者同樣具有整全的意義，聖人周旋於兩端，迹冥圓融、極兩儀之會、各靜所遇、各得其實，

〔註64〕 儘管莊子逍遙式的神人具有神話意味，但本文卻認爲，儘管這些是看似超出現實的神話敘述，但在故事背後卻必然有著可以被「顛倒／翻轉」並與現實相符應的眞意在，就像陳昌明先生所說的：「莊子『重言』的運用方式，讓我們對於歷史與眞實，作品的想像／非想像、虛構／非虛構等二分法進行不斷地質疑，也讓我們對於透過語言文字所產生的所謂記載與神話的敘述，現實世界與幻設世界進行更進一步的思索。」見〈莊子的語言哲學與文學的思考〉刊載於《古典文學》第十集（1988年12月出版），頁251～252。而莊子此處所諭示的永恆眞義，並非是長生不老似的永恆意義，而是「提示肯定物質之外有一個自由無限的主體」，這個自由無限的主體，是需要透過艱苦的工夫達成的，而達到這個境界後，便可以乘物遊心，與道冥合爲一，完成「天地與我並生，萬物與我爲一」的眞正自由境界。

並且不以外傷內、不以內貶外。

　　這的確是郭象「無心」後，身心轉型所開啓的逍遙新義。然而，根據這樣的轉型，此處卻也不得不提出這樣的看法：若從一個《莊子》的「身體工夫」之角度來審視郭象的轉型，必然會發現，郭象對於「身體／主體」的重視已然不同於《莊子》原典了。因爲「無心」的提出，可以很明顯的看出，郭象的工夫策略並非是建立在一個全身型態的「身體／主體」之結構，而是剛好相反，他的重點在於「讓那可能造成擾動的身軀解構」的提點：

> 未始使心齋，故有其身。既得心齋之使，則無其身。（〈人間世〉：「回之未始得使，實自回也；得使之也，未始有回也；可謂虛乎？」句後注）

> 欲令無其身，忘其國，而任其自化也。（〈山木〉：「今魯國獨非君之皮邪？吾願君刳形去皮，洒心去欲，而遊於無人之野」句後注）

> 無其心身，而後外物去也。（〈田子方〉：「丘也眩與，其信然與？向者先生形體掘若槁木，似遺物離人而立於獨也」句後注）

> 夫形充空虛，無身也，無身，故能委蛇。委蛇任性，而恟懼之情怠也。（〈天運〉：「形充空虛，乃至委蛇。汝委蛇，故怠」句後注）

郭象對於身心模式，更大程度的是放在解構層面來看待。而解構身心後是否再建立一個新的整全性身體，在郭象這裡是模糊的。因此，儘管最後理境下的聖人型態，也如同《莊子》一般，是解構了身心執著性、欲望性、意向性、邊界性的展現〔註65〕，但解構之後的全身型態之建立，卻不是郭象的思維重點。他並不似《莊子》思維當中，尋求「萬物不離其宗」的那個永恆之眞我。相反的，他尋找的是一個恆常變動下的世代，「我」該如何自處的問題：

> 日夜相代，代故以新也。夫天地萬物，變化日新，與時俱往，何物萌之哉？自然而然耳。（〈齊物論〉：「日夜相代乎前，而莫知其所萌」句後注）

> 夫死生之變，猶春秋冬夏四時行耳。故死生之狀雖異，其於各安所遇，一也。今生者方自謂生爲生，而死者方自謂生爲死，則無生矣。生者方自謂死爲死，而死者方自謂死爲生，則無死矣。無生無死，

〔註65〕例如〈天道〉注所說的：「萬物歸懷，來者受之，不小立界畔也。（「而積斂無崖」句後注）」

> 無可無不可，故儒墨之辨，吾所不能同也；至於各冥其分，吾所不
> 能異也。（〈齊物論〉：「彼是方生之說也，雖然，方生方死，方死方
> 生；方可方不可，方不可方可；因是因非，因非因是」句後注）

「變動」的適應，以及接受這樣的變動，並在變動中自處，才是郭象所關注
的。也因爲在變動不居的世代，透過工夫修爲所完成的修身經驗，已經敵不
過世代交替下的無常催逼。因此，莊、郭二者面對「我」如何處世的視域以
及模式已然是完全不同的。

　　而在處世態度的轉變下，《莊子》必須由艱苦工夫所完成的「主體我」方
式，也已經不是郭象所關注的重點。相對的，如何在變動的世代下，性足於
自性、我消解於我、聖人消解於聖人、入世並且出世、遊於廟堂以及山林，
才是郭象在工夫修練外更重視的思維。故而屬於「我」的主體性逐步消除，
進入足性網路當中純任氣稟的帶領，「我」逍融於「性分」之下，一切「陳其
性而安之」，所有屬於認同的、思維的、懷疑的、堅持的、喜樂的、悲傷的、
努力的、甚至意見相左的那個「我」，都在性分項下被消融解散，剩下的則是
「無心」後的我，「無心者主也」。因此也可以說，「郭象巧妙地把我和形軀兩
者放入心的主觀認知視域之中，把我和形軀加以客體化，視爲心的兩個認知
對象，這樣一來，心的主體意義就更加突顯了。〔註66〕」

　　性分思維是屬於人倫網絡的思維，而由人倫網絡所輻射出的政治網絡，
更是當時保命或殞命的關鍵，因此，神人如何的實踐爲一個神人已然不重要，
更重要的是，彼我該如何安住於彼我的人倫網絡，使彼我在變動的世代中得
以全身保命，這才是工夫的重點，就像郭象所說的，稟何種「才」，便要安於
何種「任」：

> 若皆私之，則志過其分，上下相冒，而莫爲臣妾矣。臣妾之才，而
> 不安臣妾之任，則失矣。故知君臣上下，手足外內，乃天理自然，
> 豈眞人之所爲哉！

「才性」在郭象的詮解下是天理自然的展現，而非後天施加的修爲努力。安
於個人之性分，乃順應天理之展現。所以，回到郭象無心思維來看，「無心」
下的身心關係，其結構已然改換了《莊子》的身心結構。身心不再往一個永
恆的「身體／主體」之恆定性發展；而是安住於當世，以在有限的生命時間

〔註66〕見張哲挺：《郭象心性論之研究》（台灣大學哲學研究所碩士論文，2004 年 6
　　　　月），頁32。

中，盡情的展現個我的存在、甚至宣示個我的存在爲主〔註 67〕，此即名士人格的展現。而這個名士人格的宣示，往往也是一種帶有逸氣的宣示，若用牟先生的話來說，就是「唯顯一逸氣而無所成」之人格的展現〔註 68〕：

> 軍事家、政治家、學問家、乃至聖賢豪傑，均可有逸氣……有逸之
> 而大，有逸之而小，有逸之而眞而純，有逸之而僞而雜。……要之，
> 逸氣隨格隨體而顯：或賦麗於德而立德，或賦麗於功而成功，或賦
> 麗於言而立言。……此皆可有逸氣或名士氣含於其中，而其人非即
> 爲名士。然則魏晉間之所謂名士，則非所謂某某家，而只是爲名士。
> 專爲名士，則其人惟在顯一逸氣，而逸氣無所賦麗。此即爲「名士」
> 人格。……然則此所謂名士，究以何而名？曰：惟在因顯一逸氣而
> 名。逸氣雖無所賦麗，而亦有表現。其表現在清言、清談……其所
> 言所談爲玄理。故其爲名士亦因清言玄理而爲名士。又，逸氣之表
> 現亦在「青白眼」，亦在放任，不守禮法。故其爲名士亦因生活曠達
> 而爲名士。……是以其爲名也，亦只是其逸氣之一點聲光，全由遮
> 顯，不以體立，不以義方。是以其聲光之名乃爲不能納入任何矩或
> 之中之寡頭之名，亦即無所成無所立之名也。此「唯顯一逸氣而無
> 所成」之人格即爲名士人格。此爲名士之通性，而在魏晉時代出現
> 於人類之歷史。此亦可謂魏晉時代所開闢之精神境界也。

名士逸氣雖是一種名士人格的展現，但是惟至「唯顯逸氣無所成」才可謂眞正徹底之名士。所以名士們儘管重視個我的展現，但是個我的展現到一最極至，所呈現的反而是一種「無所成」的樣貌。是一個從「有域」推向「無域」的生命向度，亦即「我」之彰顯到最極致，乃是將「我」隱去，讓「我」無掉。此乃魏晉人格特質及其所開闢的精神境界〔註 69〕。因此，若用這樣的角

〔註 67〕這個個我的展現與《莊子》吾喪我後眞我的朗現是不同的，個我的展現偏向
的是自我個性、自我氣質之性的展現。是一種以個人獨特之文人生命揮灑才
情，任氣揚己的「我」之展現。

〔註 68〕牟先生曾對魏晉名士人格這麼說過：「」見《才性與玄理》（台北：學生書局，
1993 年），頁 69～70。

〔註 69〕吳冠宏先生亦曾在〈清逸與狂癲──名士人格的兩種詮釋〉一文中這麼分析
牟先生的說法，他說：「牟先生認爲魏晉名士雖無所賦麗，卻表現在『清言玄
理』與『生活曠達』上，而兩者無不在超逸常談俗智、通套成規，以達『無
所成無所立』之境，代表一從『有域』推向『無域』的生命向度，可見『清
逸』之極便是『唯顯逸氣而無所成』，由之以彰顯魏晉名士的人格特質及其所
開闢的精神境界。」

度去觀看郭象「無心」的提出，將會理解到，何以「心」的作用到一個最極至的呈現，便是「無心」，而聖人治世到一個最高境界的手段，何以會呈現爲「治之由乎不治」的情況了。因爲不顯「迹」才是魏晉名士所欲追求的樣貌。而身心結構，也因爲這樣的追求開啓了從無心適性的路程，走向身心雙遣的重視。

然而，這樣身心的雙遣若與莊子透過修養以成道境的「吾喪我」是有別的。因爲郭象對於修行者仍是在一個回到當世來論，一切都以回到當世、回到個體之我的展現、回到順氣安性的角度爲訴求，並以此以進行著對「人」的論述。所以，身心所觀看著重的生命旅程，是以短暫現世爲主要的視域。生命的短暫、變化的無常以及性分的安住、才性的順應、個我的展現，成了生命之旅下必然的內化思惟。在這樣的思維下，「無心」與「適性」儘管是解開生命無常之焦慮的緩解方式；但莊子全身式的身心結構，卻也在郭象提出的「無心」之緩解下，開始轉向形成了一種「無心／無身」的暫且解離，而這個解離則是郭象對於紛擾現世的一種疏解，是不得不面對的短暫紛擾之現世，所開啓的一扇逍遙窗口。

然而，儘管郭象所試圖開啓的逍遙窗口是有其深意的，但不可否認，這樣的轉變所呈現最大的不同是，《莊子》支離身體的思維，背後所相應的艱苦工夫歷程在郭象無心思維的提出下，開始有著弱化的傾向，甚至走向「唯乎一心」的思辯。聖人透過「無」掉「心」的工夫，便可以不與物相刃相靡，成就帝王的逍遙之道。

此外，以「無心」的方式要達到身體執著的瓦解，無疑的將使得身體的「遊」之體現走向理論化與思維化的傾向，也容易使得《莊子》重視實踐面向的哲學思維，以及「身體／主體」的哲學本體論思維，逐步轉變爲心靈層面上的思辯。這樣的轉型，往往讓《莊子》的修身哲學，成爲一種理論層面上的哲學，而非實踐層面上的工夫。因此具體身體工夫修養上的生命實踐歷程，已非其思維所強調的〔註70〕，而其思維所強調的，則是心上的「無」與

〔註70〕 孫中峰亦曾提及：「依郭注義理，生命之逍遙境界，必在『足性』、『達理』中圓成；然至於如何而能『足性』、『達理』，在郭象玄理系統中則缺乏真切而篤實之工夫提點。蓋郭象玄學本質上乃屬思辨理論之學，具體之生命休養實踐，固非其義理所置重強調者。而郭注中所謂『足性』、『達理』，本亦僅屬於理論層面上之觀念，而非實踐層面上的工夫。」此處由「足性」、「達理」的角度切入，論證郭象義理乃一理論層面上之觀念，而非實踐層面上的工夫。而本文由身體工夫角度切入，同樣也得到這個結論。可知，郭象思維所側重的，

「忘」之工夫：

> 吾喪我，我自忘矣；我自忘矣，天下有何物足識哉！故都忘外内，
> 然後超然俱得。（〈齊物論〉：「子綦曰：「偃，不亦善乎，而問之也！
> 今者吾喪我，汝知之乎？」句後注）

所以《莊子》的吾喪我，著重的是主觀、執著、欲望中的「我」的消除，遮撥掉矇蔽「真我／吾」的「我」之後，讓「吾」可以彰顯出來，而「真我／吾」的主體則是與萬物相通有宜、物我交融的〔註71〕。而郭象的工夫重點，同樣在於「我」的消除，因此強調「忘我」與「無心」的工夫。但郭象所著重的，也就只在「我」的消除處講，以消除了「我」之後的那個空集合的「我」來與外物彼此超然俱得。因此，《莊子》工夫中由「我」到「吾」的主體建構，以及這個建構過程中所相應的工夫歷程，在郭象處是不明顯的。所以，何以《莊子》對治心的形容是以「用」作為其動詞，而郭象對於心的對治卻是以「無」來作為其動詞，也可以在主體性態度上的不同看出端倪：《莊子》以「用」來面對心，「主體我」是以道的完成來作用於「心」之上的；而郭象以「無」的方式來呈現「心」，則是排除「道」的作用，「外不資於道、內不由於己」，純任物物各適其性，回到物性當中，試圖以此解消所有可能作用於「心」的元素。因此，《莊子》的心，是體道過程裡的元素之一，是不可或缺的主體。而郭象的心，則是理境完成裡的虛化者。《莊子》的「無」顯出艱苦工夫後的力量，而郭象的「無」則顯出主體作用的消失。所以相對於「用」心來說，「無」心的模式更試圖剝落主體參與的作用性，並以此排除人心外馳的欲向與主觀意志的作用，轉以純任物性進行著處世的模式，「我」在其中是不在的，是身心雙遣的。因此，當《莊子》說「用心若鏡」時，「用」顯現出的是其參與修行的力道與積極，「遊」的達成是物我主客融合的朗現。而郭象在點提「無心任順」時，「無」則偏向一個隨波任順、無所縈心的虛己層面，「遊」的彰顯便偏向一個客體之功的「物各自得」。在這樣結構的轉變之下，變動之我代換了永恆之我，變動成了不變的永恆。而我之身心，則灑落到萬物之流當中，流轉變化、與變為體、寄物之行，而物各自物。

的確是理論思辨上的問題，而非實踐層面上的問題。見孫中峰著：《莊學之美學義蘊新詮》（台北：文津出版，2005 年 12 月初版）頁 141、142。

〔註71〕例如〈大宗師〉中所說的：「若然者，其心志，其容寂，其顙頯；淒然似秋，煖然似春，喜怒通四時，與物有宜而莫知其極。」真人身體所呈現的時間與空間，都是與萬物四時相通有宜的。

第三節　小　結

　　「無心」的運作，是建構出屬於郭象聖人的「遊」之理境的要項。大抵而言，《莊子》的「遊」是透過工夫提煉後的結果，因此既有實踐義，也有境界義。透過工夫的深刻力量，天與人、物與我、甚至我與我之間的界線都一一消除。「遊」成為一種全景暢遊、沒有界線的遊，是「乘天地之正、而御六氣之辯，以遊無窮」的「遊」，而工夫後的「主體我」便在天人、物我、人己之間暢遊。因此，《莊子》的「遊」是一種「拆穿一層又一層的隔堵，觀照澄明與陰闇交織的生命全景，才能徹底與自己和解，才能體貼他人的傷悲，才能承受人生的難題，才能與天地萬物玩耍遊戲〔註 72〕」的遊。故而《莊子》的「遊」是一種自身的實踐，同時也是自我價值、自我存在的彰顯，而自由也即是在這個意義上說的自由。從實踐義上看《莊子》的「遊」，「遊」與「道」是互釋的。「遊」的完成，與「道」的完成是一體兩面的。「道」是山一程、水一程，身體與大地之間的交付。人在邁向「道」的途中，是整個身體的參與，而路途中的所有風景事物，也都在走向道的行住坐臥中與人遭逢交涉，所有途經的一切，也都將進入我的生命本質中，與我息息相關，而不再是分離對立的他者。因此，以「道」來言說「境界」，道與人的關係，便具有踐履、參與、體知的關係，而不會是表象的、推論的、抽象的關係，人與道相互的進入彼此，道成了一種生命中的實際模式。

　　然而，郭象的思維卻是試圖脫離「道」的，他說：

> 夫天籟者，豈復別有一物哉？即眾竅比竹之屬，接乎有生之類，會而共成一天耳。無既無矣，則不能生有；有之未生，又不能為生。然則生生者誰哉？塊然而自生耳。自生耳，非我生也。我既不能生物，物亦不能生我，則我自然矣。自己而然，則謂之天然。天然耳，非為也，故以天言之。〔以天言之〕所以明其自然也，豈蒼蒼之謂哉！而或者謂天籟役物使從己也。夫天且不能自有，況能有物哉！故天者，萬物之總名也，莫適為天，誰主役物乎？故物各自生而無所出焉，此天道也。物皆自得之耳，誰主怒之使然哉！此重明天籟也。（〈齊物論〉：「子綦曰：『夫吹萬不同，而使其自己也』」句後注）
>
> 道，無能也。此言得之於道，乃所以明其自得耳。自得耳，道不能

〔註 72〕見鄭雪花：《非常的行旅——〈逍遙遊〉在變世情境中的詮釋景觀》（成功大學中國文學研究所博士論文，2005 年 6 月），頁 63。

使之得也；我之未得，又不能爲得也。然則凡得之者，外不資於道，內不由於己，掘然自得而獨化也。夫生之難也，猶獨化而自得之矣，既得其生，又何患於生之不得而爲之哉！故夫爲生果不足以全生，以其生之不由於己爲也，而爲之則傷其眞生也。（〈大宗師〉：「狶韋氏得之，以挈天地；伏戲氏得之，以襲氣母；維斗得之，終古不忒；日月得之，終古不息；堪坏得之，以襲崑崙；馮夷得之，以遊大川；肩吾得之，以處大山；黃帝得之，以登雲天；顓頊得之，以處玄宮；禺強得之，立乎北極；西王母得之，坐乎少廣，莫知其始，莫知其終；彭祖得之，上及有虞，下及五伯；傅說得之，以相武丁，奄有天下，乘東維，騎箕尾，而比於列星。」句後注）

與《莊子》的「遊」剛好相反，郭象的遊是在脫離「道」上去展現的。卸除掉「道」與物、我之間的關聯性，以此解構一切可能的作用力。而解構了「道」的作用後，物各付物，回到物性天理當中言其客觀必然性，此即郭象所謂的「天然」，天然是無本體、無絕對的〔註73〕，一切回到物本身去言存在，是隨順物性本身流轉的。

也因爲「無心」有著解構身心主體的特色，因此郭象的身心結構，在「無心」的操作下，成爲一「無心則一切逍遙」下的隱性存在，在無心觀的罩罩下，「身體／主體」有著弱化的傾向。另一方面，「無心任順」也彰顯了一種客體之流的強勢，客體的力量在這裡無疑是被強化的。但不可否認，單方面的強化客體流變相較於《莊子》主客兩全的融合，難免在工夫歷程中顯得單向度且片面。

此外，「無心」是聖人入世卻能享受出世逍遙的主要因素。因此郭象聖人的身體是要入世而又出世的，但入世與出世的身體型態，卻也往往落入了互斥與相融的弔詭中。因爲入世的身體，其社會與歷史的印記無疑是更加強烈的，儘管郭象冀圖以「無心」達到即刻逍遙的可能，但入世深刻的身體印記，並不是光靠思想單方面的豁然開朗就可以乍然擺脫的，它依舊需要一個經驗次第步步達成的工夫階段。因此，儘管無心是郭象所開出的一扇逍遙窗口，讓聖人得以通過這扇窗口穿梭於名教與自然兩端，同時又不沾著於兩端。但

〔註73〕此也即是湯用彤先生所說的：「郭象說『無先』，非僅謂時間上先後之先，蓋謂不但無元氣，而且無本體，無絕對。」見《理學・佛學・玄學》（台北：淑馨出版社，1992 年），頁 333。

這樣的思維若放在整個理境結構來看，卻往往將理境窄化為思維或言說上的現象；而在實踐上，卻又可能滑脫成機制巧偽者的詭辭，這也即是「身體」工夫的弱化下，所不得不面臨的困境。

第四章 理境下的身體：
客體化及意象解構下的身體

第一節 前 言

　　本文在前幾章所不斷強調的是郭象對身體工夫的弱化。從一個工夫立場來討論郭象身體的工夫轉型。

　　然而本章所要討論的重點，則與前章不同。本章將從玄冥的角度重新對郭象的工夫進行觀測。

　　從功夫立場與從玄冥立場來看郭象的身體會給出什麼樣的不同意義呢？從功夫立場觀測，是在一個實踐歷程中來觀看身體在歷程中的位置以及其價值，因此是一個進行式中的觀察。而從玄冥立場來觀測身體的位置，則是從一個境界完成後的立場觀看境界中的身體，因此其身體相貌會是一個完成式的身體相貌。

　　然而這兩者是關連深刻的。因為工夫歷程是完成理境的方式，而理境的架構，也是工夫所要努力的方向與指標。故從理境的角度也可返照回工夫的意義，甚至深度理解工夫的原因。因此，從一個理境的角度觀看身體的意義是有其必要性的。它讓身體的觀測得到更圓滿的解釋。

　　故而本章即從「玄冥」角度來探討郭象身體的意義。

第二節　理境中的身體：客體化的物我關係〔註1〕

　　此處或許先提出一個問題，若從身體工夫的角度上看郭象的鍛鍊歷程，郭象的確有一個工夫上的弱化，往重心輕身的路上走。但若從玄冥理境的角度上看，卻又不得不承認，郭象的確有「生理已自足於形貌之中，但任之則身存。〔註2〕」或如「人之生也，理自生矣，直莫之爲而任其自生，斯重其身而知務者也。〔註3〕」這樣的觀念。在這幾則引文中，郭象似乎又具有重身、存身觀，那麼郭象到底是一個弱化身體的思維，抑是一個具有存身、重身觀念的思想家？這是一個必須要釐清的問題。

一、境界的心識化

　　此處或許可以先來看看郭象所給出的理境型態。郭象思維中，是有著理境的構築的。理境的構築，與聖人典範的塑型，共同建構出思想家對「人」所冀望完成的圓善可能。而「玄冥」就是郭象的圓融境界，他對這個境界所給出的架構是：

> 卓者，獨化之謂也。夫相因之功，莫若獨化之至也。故人之所因者，天也；天之所生者，獨化也。人皆以天爲父，故晝夜之變，寒暑之節，猶不敢惡，隨天安之。況乎卓爾獨化，至於玄冥之境，又安得而不任之哉！既任之，則死生變化，惟命之從也。（〈大宗師〉：「彼特以天爲父，而身猶愛之，而況其卓乎」句後注）

玄冥境界，帶有任獨的特質，面對事物的走向，玄冥所給出的態度便是「任之」、「唯命是從」。在這樣的認知下，玄冥之中的物物，是沒有任何的作用力在其中作用，物物之間處在一個獨化相因的關係之下。所謂「獨化」，是指每

〔註1〕　此節用「客體化的物我關係」作標題。所謂客體化，乃察覺郭象對於「理」的重視，甚至玄冥理境的完成，也都與「理」脫離不了關係。而「理」根據分析，偏向一個萬物客觀的生存之理，具有條理、規律以及非我所能改變的特徵。而在這樣的特徵下，郭象的物我關係是如何去呈現的，身體又是如何在這樣的玄冥理境中被放置，本文認爲其中都已然預設了一個客體之流的特性在其中，因此此處以「客體性的物我關係」爲標題。

〔註2〕　見〈德充符〉：「莊子曰：『道與之貌，天與之形』。」句後注。

〔註3〕　本段引文如下：「人之生也，理自生矣，直莫之爲而任其自生，斯重其身而知務者也。若乃忘其自生，謹而矜之，斯輕用其身而不知務也，故五藏相攻於内而手足殘傷於外也。（〈德充符〉：「無趾曰：『吾唯不知務而輕用吾身，吾是以亡足』句後注）」。

一個別事物均是絕對的獨立自足存在。而這個獨立自足的存在，與其它事物不具有因果性關聯關係，這樣則稱作「相因」。而獨化與相因，是郭象解除物與物之間的因果有待，讓有待轉化成無待的方式。例如他說的：

> 物皆自是，故無非是；物皆相彼，故無非彼。無非彼，則天下無是矣；無非是，則天下無彼矣。無彼無是，所以玄同也。夫物之偏也，皆不見彼之所見，而獨自知其所知。自知其所知，則自以為是。自以為是，則以彼為非矣。故曰彼出於是，是亦因彼，彼是相因而生者也。（〈齊物論〉：「物無非彼，物無非是。自彼則不見，自知則知之。故曰彼出於是，是亦因彼」句後注）

這段引文大約可分成以下這幾個部份來說明：①「物皆自是，故無非是；物皆相彼，故無非彼。無非彼，則天下無是矣；無非是，則天下無彼矣。無彼無是，所以玄同也」：回到物自身來說，物都是自身的呈現，所以說「無非是」也。而物與他物相較，每一物相較於另一物，均是彼也，因此每物均具存「彼」的面貌，故說「無非彼」也。萬物既都是「是」，也都是「彼」，萬物都具有物自身以及互為彼物的共通點，同具「彼」、「是」的樣貌，因此萬物也都無彼無是，故而萬物都是玄同的。所以郭象的玄同的角度，是站在一個認識論的角度上來看的。而這樣的玄同看法其實含藏了兩個視角，一個是「由我觀我」的視角，一個是「由我觀物」的視角。「由我觀我」，了解我之自身，我之個別性，乃因我是不同於他者的我，因此「我」即是由「我」開始；而「由我觀物」乃了解物相較於「我」都是一個「彼」，這是一個彼我殊相的認識，既然由我觀物，物相較於我是一個彼，那麼由此進而反思，以我之經驗投射到物之經驗，由物之觀我，「我」相較於物來說，也必然也是一個「彼」。因此，「物無非彼」其實包含了兩層轉換，一是「由我觀物」的單一直觀，一則是觀照主體轉由物的角度回返「我」之自身；以同理心出發，了解物之觀我，等同於我之觀物，而這樣的「由我觀我」、「由我觀物」，以及更進而發展出的「由物觀我」。這一層層的物我關係轉換過程中，可以發現單一主觀的視角是不存在的，多元化的視角取代了單一觀點〔註4〕。視角在彼我觀照之中，是不斷在流動的。而這樣單一視角的解散，物我之間開啟了彼我的雙向性，我在經驗上可理解彼、彼在經驗上也可理解我，彼我之間有著觀點的交流。而物

〔註4〕 但不可否認，這樣的多元視角，也是由「我」觀物出發的，因此是由「我」開始的。

我透過這觀點的交流，也開啓了玄同的可能。郭象也就在這物我主客觀點的交流中，建構了他的玄同觀。因此，這裡也呈現出這樣的意義：玄冥理境裡是有著觀點的不斷轉換與流動的可能的。

②「夫物之偏也，皆不見彼之所見，而獨自知其所知。自知其所知，則自以爲是。自以爲是，則以彼爲非矣」：儘管萬物透過觀點的交流，都具有玄同的可能，但只要牽涉到觀點的問題，往往會落入各自的偏狹當中，因此在一偏己見的結果下，我只看到自己。而看不到物，由「我」所開啓物我交流因此被截斷，觀點的流動於是進入死水。物、我彼此的經驗交流封陷在彼是彼、我是我的絕境中。物我各自成了封閉的主體，自以爲是，以彼爲非。於是彼、是落入一個對立處境中，互爲他者。因此彼與是，成了各不相融的主體，而更顯題化了彼是彼、此是此。也因爲彼、是各自被顯題化，因此由「我」觀出，非我的均爲「彼」；由「彼」觀出，非彼的均爲「是」。

③「故曰彼出於是，是亦因彼，彼是相因而生者也」：故而說彼出於是，是亦因彼，彼此因彼此的對立相而被彰顯出彼此的界限。這樣的互爲他者所形成的關係，是知之偏也。唯有回到彼我各自本身，並理解彼我的存在意義，才能完成彼我觀點的交流。故而，能從「我」之觀點，支援「彼」之存在，或由「彼」之觀點，支援「我」之存在，此即爲郭象所稱的「相因」。在回到個體自身的角度來觀看彼此時，因爲個體具足一切意義，因此外界的彼我是非之評價，都不著於個體自身當中。因此成疏在解釋相因時也這麼說：「彼此是非，相因而有，推求分析，即體皆空也。」以外求內，是生命耗損的原因，而彼此是非，又常是物物相對立的原因。因此，郭象以回到物本身的相因思維，卸除物物之間的相對待。重新建立起觀點的交流：「此亦自是而非彼，彼亦自是而非此，此與彼各有一是一非於體中也。」讓是非彼此共存於彼此當中，亦即：在「我」的眼中，「我」是「我」也；而在「彼」的眼中，我則是「彼」也。因此「我」共具「彼我」二類爲一體。推而廣之，天下萬物也都具備這樣的類，所以「此」與「彼」各有一是一非於體中，因此是「玄同彼我」的。

所以郭象彼我是非玄同的說法，其操作模式是在一個意識上操作，在意識上進行一個「彼我」觀點的交流，「我」在經驗上可理解「彼」、「彼」在經驗上也可理解「我」。故而彼我的身體交流，就在於認知轉變上而言，彼我消解單方面的彼我觀點，而進入到交流的觀點中，在物物經驗上的同理下，了

解物物都同具彼我是非為一體。因此，郭象可以說在進行一個彼我「類」別概念的顛覆：

> 今以言無是非，則不知其與言有者類乎不類乎？欲謂之類，則我以無為是，而彼以無為非，斯不類矣。然此雖是非不同，亦固未免於有是非也，則與彼類矣。故曰類與不類又相與為類，則與彼無以異也。然則將大不類，莫若無心，既遣是非，又遣其遣。遣之又遣之以至於無遣，然後無遣無不遣而是非自去矣。（〈齊物論〉：「今且有言於此，不知其與是類乎？其與是不類乎？類與不類，相與為類，則與彼無以異矣」句後注）

彼我是非的產生，往往因為彼我對彼我的強化，而封閉了交流的可能。也即是彼我封閉在彼我各自「類」的思維當中。何謂「類」？成疏說：「類者，輩徒相似之類也」。亦即是：與我有相同看法的則視為同一類，與我不同的則非我族類。既有類別之分，也就有彼我之別。因此由「類」進而到「不類」是郭象彼我玄同的目標。郭象也給出了一個由「類」往「不類」邁進的方式：「然則將大不類，莫若無心，既遣是非，又遣其遣。遣之又遣之以至於無遣，然後無遣無不遣而是非自去矣。」這個方式即是「無心」，當無心於彼我是非的認知後，也就遣是非，遣是非後，更進而要連遣是非的心都要遣去，完成「無心」的操作。而是、非、彼、我、心、識均遣之又遣，達到空無之後，也就進入到「大不類」的狀態，完成冥然玄同的境界。

　　所以郭象也是用遣之又遣的減損方式，減損掉物我人己之間的關連性、差異性，再配合著「無心」與「適性」的操作，讓彼此達到無彼無我的境界，而這個境界既然無彼無我、當然不會再有小大、壽夭、貴賤、是非等等差異性類別，因此彼我是以一種玄同的方式共處。然而，不可否認，觀看郭象的雙遣方式，大多偏重在心念意識上來操作。因此「玄同」的完成，也偏向一個心念認知上的減損作用，減損掉意識上的是非觀念，以及彼我之別，這即是完成玄冥理境的的方式。在這樣的方式下，身體的意義，也必須奠基在心念意識的認知上才看出其意義。

　　但大抵而言，這種遣之又遣，遣至彼我界限消除的境界，必然同時帶有自我身心界限的消除，進入到一種冥契經驗之中，是物我的互滲，同時也是身心的互滲。因此往往會有豐富的身心描述，也會有深刻的「體知」、「體驗」之描述。例如《莊子》「心齋」中的描述：「若一志，無聽之以耳而聽之以心，

無聽之以心而聽之以氣！聽止於耳，心止於符。氣也者，虛而待物者也。唯道集虛。虛者，心齋也」當中提及的「心」的齋戒與遮撥，卻同時也是「身」的修煉導養。但反觀郭象的敘述，卻會發現，儘管物物、物我有著觀點的交流，但身與心界限的消除，甚至是精、氣、神互滲的敘述，在郭象這裡卻很少被述說。往往僅偏向一個單向度的心識描繪。而玄同彼我的境界，也偏向一個心識上的境界〔註5〕。就像他在敘述是非彼我由「類」往「不類」的進程時，也往往看不到身體形容的參與。

　　或可這麼說，郭象對於境界的完成手段，似乎已然走向一個思辯化的趨勢，這是對《莊子》境界的一大轉型。

二、玄同彼我與物之自爾下的「我」

　　不可否認，對於玄冥之境，郭象的確給出了一個萬物玄合的願景。郭象運用了相因獨化的方式，達到個體與總體之間的和諧訴求。但，相因獨化的方式與總體共榮之理想，是否能夠有效的達成？本文認爲，郭象的理路的確有其勝美之處，但這個理想是否能夠完成，卻有其此弔詭性，而此弔詭性也使得郭象學說可能產生某種思維的危機與困境。

　　關於郭象所提出的玄冥境界，其所完成的和諧境界：內外、眞俗冥合爲一、名教與自然兩端無礙。這個理境，的確是爲魏晉時期生命實境的衝突尋求出一個解決之道。

　　而郭象對於玄冥的達成所採取的方式，即是「相因獨化」的方式。相因獨化的思惟仍是建構在自足其性上講的。簡單的說，「相因獨化」所企圖達到的，即是「莫不自爾」、「任而不助」。是讓物物順任自己性分，斬斷事物之間主從制使的依待關係，讓萬物不必求諸於外、上無造物主、外不待於物，只返回自己性分之中任物之自爾。故而，郭象所企圖完成的玄合境界，是透過「相與於無相與」、「相爲於無相爲」的作用性解除方式，讓玄合轉型成一個事物在各自獨化中完成的整體和諧。那麼在相因獨化的關係下，可以看出整體的和諧性是郭象所追求的，而整體的和諧，是由個物的足性上建構的，故而總體的玄冥和諧是建構在個我自足的基礎上的。

　　因此可知，郭象所進行的理論推衍是從各我自足出發，以自性的滿足推

〔註5〕　不可否認，郭象對於用心識轉換來完成玄冥之境的思維，遇到身體煉養的問題，的確會有一個實踐上的無力感。

出，既然萬物各自適其性，各自足於自己，那麼芸芸各物均可得到各自的逍
遙，而總體也就可以得到圓融和諧。這樣的和諧，若放在政治角度上看，則
萬物順從本然天性、俱安於其所適，如此一來，國家的政治教化等體制亦隨
之永續存在，人間世界得以永保和諧。所以，在郭象構設的理境中，由於聖
人玄冥萬物的無心無為，名教亦同於萬有之自爾自生，一切歸諸於獨化，則
自然與名教二者通而為一，人間世與逍遙遊冥然諧和，這即是聖人綰合內聖
外王的進路，也是政治上安定運作的保障。

　　除此之外，郭象回到物各自爾下講玄同彼我，也突顯了客觀之「理」的
價值，同時也呈現由個體足性到整體和諧的企圖。因為「理」之思維是偏向
客觀事物的規律、秩序或條理面〔註6〕，這是群我關係中所必須遵守的規則與
條例。故而「理」之思維放在人間世中來講的確有其存在的必要性。而從相
因獨化、物各足性，到客觀之理的強化這樣的思維進程，的確可以看到郭象
企圖由此達到總體和諧的願景。因為「理」的觀照，一方面是放諸於個別物
物的相因獨化之上，呈現物物各自的秩序與理則；一方面則放諸於玄冥之境
上，當事事物物循各自之理則後，天地萬物自然共會成一整體和諧的關係。
而「理」在玄冥境界裡最極致呈現，則是「理」、「我」雙遣的形貌。亦即「理」
已然完全不著痕跡的內化在所有相因獨化的物物之上，物物循著各自之「理」
的脈絡，實踐自我之性。故而「理」已然完全進入物物當中，成為物物內在
所天然而有的理則，物物便安於此理、自足其性。

　　因此，從玄冥的角度來看，個別事物安於各自的存在，並以此與整體所
達成的關係，的確是一個和諧圓滿的境界，這也是郭象所給出的大方向，也
是其理論的勝美之處。

　　然而，儘管郭象的理路看似圓滿，但由相因獨化的路程，轉進玄冥理境
之中，卻不可否認的有其弔詭之處。

〔註6〕根據林明照分析，「理」在郭象的玄學體系下，大約有以下的意義：一、突顯
　　　存在的優先性，以及變化的客觀必然性。二、以「理」進一步指涉存在變化
　　　的規律與條理，這主要包含三個層面：首先就整體存在變化之規律而言；其
　　　次則指向個別事物的條理。第三則指向人事層面的秩序與理則，特別是彰顯
　　　出名教中的尊卑等級秩序。三、郭象既以「理」來突顯存在變化的客觀、條
　　　理性，則立基在人與客觀世界關係上的實踐與境界論，便也透過「理」而呈
　　　現出相關的價值意涵。在實踐層面，郭象強調去知忘我而循理而為，同時在
　　　境界上呈現我、理之兩忘，並聯繫到玄冥之境上。見《先秦道家的禮樂觀》（台
　　　北：五南出版，2007年9月初版一刷），頁338。

此處或許仍必須由「相因獨化」做一個探討。

郭象將物與物之間的關係，稱之為「相因」。相因儘管具有相與的內涵〔註7〕，但相因的最極致，卻是獨化。因此「相因」思維實隱含著物物彼我的個體感在內。同時也支援了郭象物自爾、自生的思維。

這也是郭象何以稱「相因」而不如《莊子》般稱「相待」的原因，因為相因呈現出這樣的樣貌：物與物之間並不是緊密連續的關係，而是幽微的藕斷絲連關係。

《莊子》將物與物的依靠關係稱作「待」，他說：

> 罔兩問景曰：「曩子行，今子止；曩子坐，今子起；何其無特操與？」
> 景曰：「吾有待而然者邪？吾所待又有待而然者邪？吾待蛇蚹蜩翼邪？惡識所以然！惡識所以不然！」（〈齊物論〉）

《莊子》特別理解物物之間的不得不相倚關係，這樣的相倚關係《莊子》稱為「相待」。相待，是物與外物的連結，同時也是物與物之間相互影響、相互依賴的關係，這樣的關係也的確是生命主體不自由的原因，因為生命模式必須仰賴他者，而非自足於己的狀態，因此物物關係的不可解，往往也是人不自由的原因。就像魍魎待影、蛇附蜩翼，魍魎沒有影則不成其為魍魎；而蛇待蚹而行、蜩待翼而飛，蛇若無蚹則不能行、蜩若無翼則不能飛，因此一物待一物，以繼續生存的模式，但這樣的生存模式也表示生命的牽絆，所以相待，表示了生存的依靠，是一種生存靠向另一種生存，如果沒有前一種生存，後一種生存也就不能持續下去。因此這樣的生存結構具有羅網性質，是「如兩束蘆，互倚不倒」〔註8〕的。然而，這樣的關係，卻往往又帶有暫時性特徵，只要時空一轉、情境一轉，這樣的相待關係也會立刻轉變。因此《莊子》也說「方生方死，方死方生」。相對待關係就像兩束蘆，只要抽掉一束，互倚不倒的模式立刻會改變。因此這樣的「相待」關係往往不是恆常的。但處在相

〔註7〕 例如〈秋水〉注：「天下莫不相與為彼我，而彼我皆欲自為，斯東西之相反也。然彼我相與為唇齒，唇齒者未嘗相為，而唇亡則齒寒。故彼之自為，濟我之功弘矣，斯相反而不可以相無者也。故因其自為而無其功，則天下之功莫不皆無矣；因其不可相無而有其功，則天下之功莫不皆有矣。若乃忘其自為之功而思夫相為之惠，惠之愈勤而偽薄滋甚，天下失業而情性瀾漫矣，故其功分無時可定也。（「以功觀之，因其所有而有之，則萬物莫不有；因其所無而無之，則萬物莫不無；知東西之相反而不可以相無，則功分定矣」句後注）」
〔註8〕 此處借用牟先生的用語，見牟宗三講述、陶國璋整構：《莊子齊物論義理演析》（香港：中華書局，1998年10月），頁33。

待情境中的人們，卻往往看不到關係的暫時性，只看到關係下的生存模式，因此依賴這個關係，陷入是非得失之循環流轉中，並且視之爲永恆，渾然不知自己已然進入物物相待的羅網當中，並隨著羅網流轉自己的生命。

《莊子》是明白這樣的模式的，因此對這樣的關係給出了一個超脫的可能：「是以聖人不由，而照之於天」。聖人是解脫這樣相待羅網的人，並且回歸到道境當中。但若繼續追問下去：「聖人不由，照之於天」又要如何可能？在此《莊子》給出了一個工夫模式：「莫若以明」。亦即回到最明靜的直觀理解當中，以最純粹的靈明覺性〔註9〕去破除是非、彼我的相待關係，因此，儘管客觀世界的事事物物的確有著相互依憑的關係，但透過修行者主體的修煉，轉化主觀心識後，以功夫轉化後的身心投射於萬物〔註10〕，事事物物不論是對立、相倚等等關係，轉化身心後與客觀世界的涉受，便呈現這樣的面貌：「彼是莫得其偶，謂之道樞。樞始得其環中，以應無窮。是亦一無窮，非亦一無窮也。〈齊物論〉」不論由我及物或由物及我，都展現一清明主體，此主體與萬物客體從容交契，共成一是非兩化而道存的「無待」體悟。因此，這樣的轉化，同時也改變了我們與世界或與他人交會的感受，這個感受不再只是依賴生存的模式，也不再只是依賴世俗的價值與利益，而是回到自性的

〔註9〕　關於「莫若以明」的解釋有許多種，大約可分爲四類：第一類如郭象，把「以明」解釋爲一種「反覆相明」或「反覆相喻」的思想方法。第二，把「明」解釋爲《老子》所謂「知常曰明」（五十五章）或「照之以天」、「照之以本然之明」。這是說，「莫若以明」的意思是要人們拋棄一般世俗人運用智力去分別是非、彼此的那種認識活動，而要從物本來就沒有確定不移的是非、彼此之分的所謂「常」去加以認識。這種認識活動（「明」）與一般世俗的認識活動（「智」）不同，是一種非「智力」的認識活動，所以叫做「照之以天」的「本然之明」。持這一見解的學人較多。如〔宋〕呂惠卿、〔明〕焦竑、〔清〕宣穎、〔清〕王先謙等人。第三，把「明」解釋爲儒墨各自的一偏之見，自以爲「明」的「明」。如〔清〕王夫之。第四，把「莫若以明」解釋爲「搞不清楚」。任繼愈同志認爲，《莊子》內篇思想以「取消認識作爲認識」，「取消回答作爲回答」。所以，他訓「莫若以明」之「若」爲「乃」，通「能」。他說：「莫若以明」，亦即「莫能以明」，亦即「搞不清楚」。此四者類別，乃參考樓宇烈著：〈「莫若以明」釋——讀《齊物論》雜記一則〉收錄於《中國哲學・第七輯》，（三聯書局1982年4月版）。本文以靈明覺性來解釋「以明」，即是採用王先謙在：《莊子集解》中所言：「莫若以明者，言莫若即以本然之明照之」、「惟本明之照，可以應無窮。此言有彼此而是非生，非以明不能見道」的說法。

〔註10〕　本文認爲「莫若以明」是有「吾喪我」的工夫做奠基的，因此「以明」除了是心性上的工夫外，同時也是身體上的修煉。

圓滿自足。在這個道境的體悟下，身心朗現出自我的意義。因爲意義的給予不再是由外求，而是由身心自我所給予，因此，一物待一物的依憑，在這樣的意義自足狀態下被解構掉，人回歸到最原初的自由當中。

故而《莊子》面對這個相待關係的解除，是有一個工夫提出的。這個是《莊子》完成自由的前提與果地。

回頭來看郭象的「相因」，郭象將客觀世界具體事物的依憑關係稱作相因，他同樣意識到物物依憑關係下的不自由。而此處郭象將「相待」關係稱作「相因」，更是別有用心的。「畢竟相對於『因』，『待』字較易牽涉到人『心志狀態』的作用層次，而此正是郭象極力撇清剝落的。所謂『內不由於己』，排除人心外馳的欲向與主觀意志的作用，是此自生自化的生命無法以欲求探知，也不容知爲干涉，亦不可造作妄爲〔註 11〕。」因此，將「相待」轉換爲「相因」，實具有一種在名理上解消物物依憑關係的企圖。

除此之外，郭象對相因還有這樣的解釋：

> 世或謂罔兩待景，景待形，形待造物者。請問：夫造物者，有耶無耶？無也？則胡能造物哉？有也？則不足以物眾形。故明眾形之自物而後始可與言造物耳。是以涉有物之域，雖復罔兩，未有不獨化於玄冥者也。故造物者無主，而物各自造，物各自造而無所待焉，此天地之正也。故彼我相因，形景俱生，雖復玄合，而非待也。明斯理也，將使萬物各反所宗於體中而不待乎外，外無所謝而內無所矜，是以誘然皆生而不知所以生，同焉皆得而不知所以得也。今罔兩之因景，猶云俱生而非待也，則萬物雖聚而共成乎天，而皆歷然莫不獨見矣。故罔兩非景之所制，而景非形之所使，形非無之所化也，則化與不化，然與不然，從人之與由己，莫不自爾，吾安識其所以哉！故任而不助，則本末內外，暢然俱得，泯然無跡。若乃責此近因而忘其自爾，宗物於外，喪主於內，而愛尚生矣。雖欲推而齊之，然其所尚已存乎胸中，何夷之得有哉！（〈齊物論〉：「惡識所以然！惡識所以不然！」句後注）

這一段注文大約可以分爲這幾個層次來說明：

①造物無物，眾形乃自物者。因此儘管如魍魎與影這樣緊密的關係，都

〔註 11〕 見吳冠宏：〈莊子與郭象「無情說」之比較——以《莊子》「惠莊有情無情之辯」及其郭注爲討論核心〉刊載於《東華人文學報》，第二期（東華大學人文社會科學院，2000 年 7 月出版），頁 94。

是獨化的。

　　②也因為物物都是獨化的，因此相待關係解除，而客觀事物之間必然的連續性，則改稱為相因關係。相因不同於相待，它緩解了「相待」思維中對關係的強化。可以說「相因」是物物關係弱化之後的關係。所以「相因」到最極致，亦即是「獨化」也。故郭象也說：「夫相因之功，莫若獨化之至也〔註12〕。」所以「相因」、「獨化」是層層疊進的連續性關係。

　　③萬物既然脫離了相待的羅網，轉化為獨化相因的模式，那麼萬物便不在相待模式當中環環相扣，也就解除了前物對後物之間權力的可能性連續鎖鏈，而使物物各反所宗於體中而不待乎外。既然物物各反所宗不待乎外，那麼萬物就回到本身當中體現自我最豐富的意義。

　　而從「獨化相因」到「各反所宗於體中」的境界，就是玄冥境界的完成。而這個境界之所以可能，其前提就是根源性造物者的否定，只要斬斷根源上的造物者，那麼萬物由根源所連結出的關係便可斬斷，萬物便可回到本身自足之上。故而在玄冥境界當中，萬物各自呈現其自己。而相待關係也就在這個結構下轉成相因模式。而相因模式又是「俱生而非待」的，肯定一切「生」的可能，儘管這個生，必然是被生的〔註 13〕，但不管生與被生，郭象都肯定他生的意義。所以萬物回到一個各自皆生的脈絡下去思考，那麼一切的所制、所使、所化、所待、然與不然、從人或是由己都在「莫不自爾」之下被解構掉，這樣的解構，更根源的是解除了物物之間所具有的權力的連續關係。

　　所以物物之間的序列就在獨化相因的操作下，逐步稀釋了其依憑關係，物各自造而無所待焉。這樣的序列解除，使物物之間環環相扣的鎖鏈也被打開，進而開啟了萬物自由的可能，此即玄冥對萬物的任化之功。而在「相因獨化」之下，萬物自身存在的實況乃是獨得而無待，事物的成長變化盡皆取

〔註12〕見〈大宗師〉注：「卓者，獨化之謂也。夫相因之功，莫若獨化之至也。故人之所因者，天也；天之所生者，獨化也。人皆以天為父，故晝夜之變，寒暑之節，猶不敢惡，隨天安之。況乎卓爾獨化，至於玄冥之境，又安得而不任之哉！既任之，則死生變化，惟命之從也。（「彼特以天為父，而身猶愛之，而況其卓乎」句後注）」

〔註13〕印順法師曾在《中觀論頌講記》中對「自生」提出這樣的意見，他說：「自生，本身就是矛盾不通。凡是生起，必有能生與所生，既含有能所的差別，怎麼能說自體呢？可以說，自即不生，生即不自。」（台北：正聞出版社，1985年出版），頁 59。只要講到生，即關涉到生與被生這兩者，這也是物物之間最直接的聯繫。然而郭象在提倡自生說法時，對於生與被生之間的聯繫，的確是有所矛盾的。

決於事物本身內在的本質。郭象完全取消因果相待的條件論,認爲事物之生滅起現,皆是物之自爾。而在此「獨化」的理論中,郭象也巧妙地將事物之間的「有待」轉化爲「無待」。

因此郭象的玄冥理境不在遙遠的工夫彼端求得,而在去除造物主的當下求得﹝註14﹞。在玄冥當中,萬物是獨有、獨化的,沒有物物之間的牽絆連結,也沒有待與被待的關係。所以儘管萬物共成於一個玄冥理境當中,但萬物卻是莫不自爾的。

而這樣的思維若以身體思維來接榫,既然玄冥造就了萬物獨化自爾的生存模式,而玄冥也是郭象的理境預設。那麼,身體所接榫的理境情境,必然也是以獨化自爾的身體爲其目標。

那麼,什麼是獨化自爾的身體?

以自爾獨化推論出去,自爾獨化的身體,也必然呈現了這樣的樣貌:身體是一個獨體,不論在天地、物我、人己之間,身體都是一個與他物(他人)不帶有緊密連結性,是獨自生、獨自成、獨自化的身體。試看郭象所說的:

> 言天機自爾,坐起無待。無待而獨得者,孰知其故,而責其所以哉?
> 若責其所待而尋其所由,則尋責無極,(而)〔卒〕至於無待,而獨
> 化之理明矣。若待蛇蚹蜩翼,則無特操之所由,未爲難識也。今所
> 以不識,正由不待斯類而獨化故耳。(〈齊物論〉:「吾有待而然者邪?
> 吾所待又有待而然者邪?吾待蛇蚹蜩翼邪」句後注)

前所言「類」的觀念,是偏向一個群體的概念,而郭象回到「大不類」的思惟,也可以這麼詮釋:物物回到「自爾」的脈絡下、回到個體本身,因而弱化了群體的作用,此即「大不類」的完成,故曰「不待斯類而獨化故」也。故而大不類也強化了物物各自無待而獨的型態。而郭象爲了解構物物之間相待的關係,因此讓萬物回到無所待的「獨」之中。

而回到一個獨體來看,必然會面臨這樣的問題:我的身體經驗,與你的、他的身體經驗是否能夠交流?甚至擴大來說,儘管郭象物物關係仍有一個觀點交流的可能,但在物物各自無待而獨的強化下,個我的經驗,是否會因爲過於獨我,所以反而形成一種脫離社群、一意孤行下的我?本文認爲這的確

﹝註14﹞ 本文認爲,玄冥的境界儘管解除了物物之間的相待,但這樣的解構,主要是在名理上呈現,而不是在功夫上達成。就其文脈來說,工夫的作用性不強。此將在文後敘述,此處僅先作一個提點。

是會產生滑脫的可能。

畢竟經驗的互通，以及「我和他人身體和意向的『奇妙延伸』〔註15〕」，是共同建構出彼我在同一世界共存的基礎。這也是一種「場域」的建構，彼我在場域當中互通聲息。場域是人與世界，與他者所共同營造出的空間概念，由於是我與空間之內的所有非我所共同成就，因此所謂的「空間」已經不只是一個物理空間，更類似於一種氛圍：由「我」開始，擴及於人、物、以及整體世界，再由整體世界回鑠於「我」。因此場域包含了我與非我，以及空間的共同特質，形成一個共在的氛圍。所以場域的結構絕非靜止不動的，更不能被化約為孤立行動主體的單純聚合，或只是並列元素的總合，它是我與非我的一切所共同參與的結果。也因此，場域的結構是隨時在改變的，因為主體、客體的不同交流而有不同的氛圍。故而場域必然脫離不了身體，透過身體，認知的主體才得在所經驗的場域中，與外在他物的關係產製意義。換言之，主體就是身體，而「體驗」即為認知週遭環境的首要經驗。也因為場域的存在，因此「身體──主體」也具有意義的脈絡結構。

那麼郭象重視自足其性的強化，個我與他物（他人）之間不帶有緊密連結的彼我關係，這樣的關係是否能夠在共在空間之中形成一個場域結構？

前曾言，郭象的確給出了一個總體共在的空間──玄冥，同時也提出了「萬物歸懷〔註16〕」的可能。玄冥是萬物總體化成之處，試看郭象說的：

> 卓者，獨化之謂也。夫相因之功，莫若獨化之至也。故人之所因者，天也；天之所生者，獨化也。人皆以天為父，故晝夜之變，寒暑之節，猶不敢惡，隨天安之。況乎卓爾獨化，至於玄冥之境，又安得而不任之哉！既任之，則死生變化，惟命之從也。（〈大宗師〉：「彼特以天為父，而身猶愛之，而況其卓乎」句後注）

〔註15〕劉亞蘭所說的：「我和他人身體和意向的『奇妙延伸』，最好的例子是語言和相互的身體姿勢。在這種完全的相互關係上，我和他人互為合作者，我們藉此互通我們的想法，我們在同一個世界共存」。見：《可見與不可見的：梅洛龐蒂視覺哲學研究》（國立臺灣大學哲學所博士論文，2003年），頁49。

〔註16〕見〈人間世〉注：「夫投人夜光，鮮不按劍者，未達故也。今回之德信與其不爭之名，彼所未達也，而強以仁義準繩於彼，彼將謂回欲毀人以自成也。是故至人不役志以經世，而虛心以應物，誠信著於天地，不爭暢於萬物，然後萬物歸懷，天地不逆，故德音發而天下響會，景行彰而六合俱應，而後始可以經寒暑，涉治亂，而不與逆鱗迕也。（「且德厚信矼，未達人氣，名聞不爭，未達人心。而強以仁義繩墨之言術暴人之前者，是以人惡有其美也」句後注）」

玄冥之境是萬物各安的一個境界。郭象對這個境界的型塑，是無我、無心的。禁絕一切人為的介入，因此，進入這個境界也就是進入一個無我、無心的境界。也因為所有人為可能的作為都在玄冥當中解構了，所以客觀的時空性質開始被強化，死生變化都是時空流轉下的必然，人就在時空流轉的必然之下，「惟命之從」。所以在玄冥境界當中，「主體我」的參與方式，就是回到現象界下的「我」本身，讓「我」不為而任之、泛若不繫之舟。而回到現象界下的「我」，客體之流便彰顯其力道，處在其中的「我」，則必然要在客體之流下順應〔註17〕。

因此玄冥之境，在相因獨化的點提下，所呈現的是回到現象界中物物獨化相因、自生自爾的現實景況。這樣的理境，已然不同於《莊子》所設立，一個超越此岸的彼岸境界，而是回到現實世間當中，並且回到個體自身當中，以一個現實中的「我」，維持一個個體的自足為訴求。因此，儘管玄冥是一個總體共在的境界，但從玄冥理境當中，卻很難清楚看出「個我」到「全體」之間的聯繫，因為物物之間的關係已然在相因獨化下被弱化掉了。所以相較於「我」之外，其他一切非我的事物，對「我」而言都是「不知」的：「誘然皆生而不知所以生」、「同焉皆得而不知所以得」。物、我之間是「不知」、任其自為的關係。所以玄冥更精準的說，反而是一個任萬物自爾自得的境界。以自爾自得的方式，來呈現共在模式。所以這也呈現郭象思維的悖論性質〔註18〕，總體共在的玄冥，其實是個體獨化的呈現。

〔註17〕 然而泛若不繫之舟與客體之流的順應又可分兩個部份來說，亦即聖與凡兩個部份。就聖人而言，達到玄冥境界的聖人即能成就為「為而不為」、「待而非待」、泛若不繫之舟的治事與逍遙兩全之模式。而就凡俗之人而言，玄冥境界的完成在於適己之性，是落在個體有限的本然質性中體現，因此聖人之玄冥，是一玄同彼我、無待以逍遙的精神境界。而芸芸之物的逍遙義，卻是從「有待」處逆翻而上，順「天機自張，受而不知」之理，化有待為無待，亦可獨化至玄冥之境。因此前者具有主動性，而後者則偏向客體性。

〔註18〕 盧桂珍曾於〈郭象玄學中涵藏的論證模式——以「待而非待」、「為而非為」的分析為主〉一文中對郭象悖論式弔詭的論述進行過深刻的探討，當中認為，郭象之所以採取一種悖論弔詭的論述模式，主要是要破斥二元對立的思考模式，唯有破斥二元對立的思考模式後，宇宙整體的和諧性才能在相依相存的辯證關係中展現。郭象就在這一破一立之間，迭出新義，為玄學開闢有別於原始道家的學術性格，展現一種清妙玄遠的語言特質。見《哲學與文化》（26卷第6期，2002年6月）。但不可否認，郭象的確有所達至的整體和諧性的意圖，因此講「萬物歸懷」、講「皆存」、講「會通萬物之性，而陶鑄天下之化」，但這樣的總體和諧之企圖，在獨化自生的操作下，卻的確呈現一種弔詭的疏離感。

　　而這樣的模式推展開來，我與總體（天下）的關係，也就擺盪在這不知與任化之下：

> 夫欲爲人之國者，不因眾之自爲而以己爲之者，此爲徒求三王主物之利而不見己爲之患也。然則三王之所以利，豈爲之哉？因天下之自爲而任耳。己與天下，相因而成者也。今以一己而專制天下，則天下塞矣，己豈通哉！故一身既不成，而萬方有餘喪矣。（〈在宥〉：「無萬分之一；而喪人之國也，一不成而萬有餘喪矣。」句後注）

相因獨化，的確帶有群我權力的解除。我（己）與天下在這相因關係當中，以不知的態度，不以一己專制天下，讓天下自爲而任之耳。所以不知與任化，成爲我與天下相遇時的態度。我與非我（彼汝、萬物、天下）呈現一種又聯繫，又疏離的方式。也或者可以這麼說，不知與任化，是我「爲」天下的方式，而我所「爲」的內容，則是「不爲」也。因此，我是處於「爲而非爲」的。

　　「爲而非爲」的態度，似乎把「我」與「天下」雙重懸置起來，擱置在義理脈絡之下重新被思考。同時也把彼、我同時接觸到的世界，其中包含著文化傳承、肢體交流、生活百態的具體世界重新置入括弧當中思考。因此相因獨化的操作具有一種「還原」的面貌，將與我相關的一切，「還原」至一個關係弱化、終止判斷的情況下來純粹思考，讓我們從日常的自然態度轉變到一個本質直觀當中。我與天下暫時中止了主觀性、判斷性、傳統觀點的遭逢，而以回到現象中純粹的客觀性來觀看彼此。這也就是傅偉勳稱郭象爲「徹底的自然主義者」，認爲他破除整個道家的形而上學，一切還原爲萬事萬物自然獨化的現象過程〔註19〕。

　　但「我」若回到一個先驗的，不受經驗支配的完全還原的「我」，最後必然會回到一個純然的主觀意識、回到一個唯心論、先驗的自我當中，這反而會形成一種對現象界的疏離，我與總體各自疏離，故而純粹還原是有困境

〔註19〕關於傅偉勳的原文是這麼說的：「郭象的『理』字如依他那徹底的自然主義本意，即可有可無，蓋『理』也者原不過是一種現象主義的方便名目而已，並非有別於（超越）萬事萬物獨化現象的一種『實理』。因此，不僅『道體』與『道原』，連『道理』一辭，在郭象的哲學也是多餘的……此『理』亦如『道』或『無』，只是虛字，而無實義。」傅氏在此甚至將郭象的『理』字是爲虛字，本文認爲這樣的說法是否確切還有待商榷。但文中提到郭象之『理』乃一回到現象中的現象模式，並非超越的根源，的確是符合郭象的思維。見傅偉勳著：《從西方哲學到禪佛教》（台北：東大圖書出版，1991 年出版），頁 419～420。

的〔註20〕。因爲畢竟人處於世，所有的意識都是關於某物的意識，意識就是指向某個對象，因此我與對象的關連也就是奠基意向性結構的要素〔註21〕。

用這樣的觀點來審視郭象的思維，會發現郭象的「相因獨化」發揮到最極致，的確會有「我」與「總體」的疏離關係，例如「自得於一方〔註22〕」、「夫能令天下治，不治天下者也。〔註23〕」、「無對於天下〔註24〕」等等。經

〔註20〕 關於「還原」，概括胡塞爾的還原，大約可以分做兩種，一種是本質還原，一種是先驗還原。廣義的意思就是本質還原，另一種狹義的意思就是先驗還原。所謂本質還原，就是本質現象學的還原，用以排除事實達到本質的方法。這首先要拋開事物的存在而完全專注於對象是什麼，也是專注於它的所是，存在就是它現在存在在這或那，本質就是存在所包含的內涵。而先驗的還原，即是先驗現象學的還原方法，他是先驗現象學排除實在之物，從而達到對先驗意識、純粹自我或先驗自我的把握的這種方法。爲什麼叫做先驗自我，先驗就是不受任何經驗意識，不受經驗支配的。它就一步步的還原，最後又回到主觀意識。（見洪漢鼎著：《重新回到現象學的原點——現象學十四講》（北京：人民出版社，2008 年 9 月北京第一刷），第九講：還原）。然而不可忽略的是，「完全還原之不可能」，海德格與梅洛龐蒂都否認能夠完全去執行這個還原，堅持我們只能夠回想到我們的在世存有，想要超越此現象是不可思議的。梅洛龐蒂以爲我們可以視還原觀念爲「回溯」我們經驗的泉源，我們意識中先於反省的元素。我們不能還原我們對世界的仰賴，我們只能使世界的超然變的更清楚，因而梅洛龐蒂聲稱「還原告訴我們最重要的訊息是完全還原是不可能的」。見德穆‧莫倫／著，蔡錚雲／譯：《現象學導論》（台北：國立編譯館與桂冠圖書合作翻譯發行，2005 年 3 月初版一刷），頁 211～212。

〔註21〕 意向性即意向某物。胡塞爾在建構意向性結構時認爲就算是非客體化都是奠基在客體化的意識當中，因此客體化（即對象化）是奠基性的，它能夠成爲其它非客體化意識行爲的基礎。例如快樂或喜悅，儘管對象未能直接顯現，但他一定以有所快樂與喜悅的東西爲前提，所以說任何意識，都是關於某物的意識，即使喜悅或快樂或許沒有對象，但是他是奠基於客體化的行爲，所以這種意識也是指向某物的對象。此乃參考洪漢鼎著：《重新回到現象學的原點——現象學十四講》（北京：人民出版社，2008 年 9 月北京第一刷），第十一講：現象學特徵之一——意向性）。

〔註22〕 見〈逍遙遊〉注：「亦猶鳥之自得於一方也。（「故夫知效一官，行比一鄉，德合一君，而徵一國者，其自視也亦若此矣」句後注）」

〔註23〕 見〈逍遙遊〉注：「夫能令天下治，不治天下者也。故堯以不治治之，非治之而治者也。今許由方明既治，則無所代之。而治實由堯，故有子治之言，宜忘言以尋其所況。而或者遂云：治之而治者，堯也；不治而堯得以治者，許由也。斯失之遠矣。夫治之由乎不治，爲之出乎無爲也，取於堯而足，豈借之許由哉！若謂拱默乎山林之中而後得稱無爲者，此莊老之談所以見棄於當塗。〔當塗〕（二）者自必於有爲之域而不反者，斯之由也。（「子治天下，天下既已治也」句後注）」

〔註24〕 見〈逍遙遊〉注：「夫自任者對物，而順物者與物無對，故堯無對於天下，而

過「相因獨化」之洗禮的「我」與「總體」的關係，反而呈現出一種既聯繫又疏離的情調。因此儘管郭象仍有物物的觀點交流以及「萬物歸懷」、萬物玄合的想法，不至於流入獨我論的領域，但是郭象物物關係，卻也的確在相因獨化的操作下，有著弱化的傾向。

而郭象思維中，「我」面對總體的方式，也轉而以「心」之「無」掉的方式，成爲處世逍遙的主要模式。例如郭象所提出的「無心」或是「不用心」、「不施心」等等。這樣的觀念，也必然影響到了郭象的身體思維。郭象在〈人間世〉中有這麼一段注文：

> 事有必至，理固常通，故任之則事濟，事濟而身不存者，未之有也，又何用心於其身哉！（〈人間世〉：「爲人臣子者，固有所不得已。行事之情而忘其身」）

這段注文顯示了郭象的行事觀，這段行事觀若分成三個層次來論述，則可以這麼說：①人間事物〔註25〕任之則能完濟，因此事濟的手段便是任其來而來，任其化而化。②而事物得到完濟之後，這樣的圓滿回反自身，則可全身而存。③因此，事濟的手段乃任之，而事濟後則身存。未有事濟而身不存者。故，推而廣之，亦即任事自來自化，不施心於其間，其身便可得存。

由此可以看出郭象的存身觀，是放在「不用心」、「不施心」、「無心」當中。因此郭象強調「冥然以所遇爲命而不施心於其間，泯然與至當爲一而無休戚於其中〔註26〕」。這似乎也可以看出郭象思維走向一個重視「心」的脈絡。而身體在郭象的理境當中，反而有種「身而不身」的趨勢，身體在「獨化相

許由與稷契爲匹矣。何以言其然邪？夫與物冥者，故群物之所不能離也。是以無心玄應，唯感之從，汎乎若不繫之舟，東西之非己也，故無行而不與百姓共者，亦無往而不爲天下之君矣。以此爲君，若天之自高，實君之德也。若獨兀然立乎高山之頂，非夫人有情於自守，守一家之偏尚，何得專此！此故俗中之一物，而爲堯之外臣耳。若以外臣代乎內主，斯有爲君之名而無任君之實也。（「而我猶代子，吾將爲名乎？名者，實之賓也。吾將爲賓乎」句後注）」

〔註25〕將事濟之事解作人間事物，乃參考成玄英疏中所做的疏解：「夫臣子事於君父，必須致命盡情，有事即行，無容簡擇，忘身整務，固是其宜。苟不得止，應須任命也。」除此之外，《莊子》原文中所講的亦是人臣人子之事，故而此處事濟之事，所指之事畢是人間君臣父子之事。

〔註26〕見〈人間世〉注：「知不可奈何者命也而安之，則無哀無樂，何易施之有哉！故冥然以所遇爲命而不施心於其間，泯然與至當爲一而無休戚於其中，雖事凡人，猶無往而不適，而況於君親哉！（「自事其心者，哀樂不易施乎前，知其不可奈何而安之若命，德之至也」句後注）」

因」的操作下，呈現一種邊緣化的傾向。

若再回到意義的建構方面來說，我的身體，往往是我與總體意義的建構基礎，可以說「身體──主體」是建構意義的主要脈絡結構，意即身體是「主體我」與外在他物的意義產生者。更可以這麼說，在場域結構下，主體就是身體，而體驗即爲認知週遭環境的首要經驗。那麼，當郭象以「心」作爲面對外界的主要操作時，身體相應於外界所「體驗」出、所建構出的意義，則成爲一個純然的「我」的經驗，例如郭象說的：

> 各自然，各自可。統而言之，則無可無不可，無可無不可而至也。夫唯言隨物制而任其天然之分者，能無天落。雖變化相代，原其氣則一。於今爲始者，於昨已復爲卒也。理自爾，故莫得。夫均齊者豈妄哉？皆天然之分。（〈寓言〉：「物固有所然，物固有所可，無物不然，無物不可。非卮言日出，和以天倪，孰得其久！萬物皆種也，以不同形相禪，始卒若環，莫得其倫，是謂天均。天均者天倪也。」句後注）

各自回返到自我之中，「信己可得行也」，故任萬物自爲自得，即是「無可無不可而至也」。一切回到物之本身，隨各自生物之理處於世中。也在萬物各隨其生生之理當中，建構出天然的意義。而郭象以「理」來解釋事物的存在變化，意謂著不於存在之外來解釋存在，亦即有存在即本體之涵義。萬物之種種存在樣態乃「自己而然」的。一切都由「我」幅射出生命中的所有的意義：

> 體夫極數之妙心，故能無物而不同，無物而不同，則死生變化，無往而非我矣。故生爲我時，死爲我順；時爲我聚，順爲我散。聚散雖異，而我皆我之，則生故我耳，未始有得；死亦我也，未始有喪。夫死生之變，猶以爲一，既睹其一，則蛻然無係，玄同彼我，以死生爲寢寐，以形骸爲逆旅，去生如脫屣，斷足如遺土，吾未見足以纓茀其心也。（〈德充符〉：「物視其所一而不見其所喪，視喪其足猶遺土也」句後注）

我皆我之、生死都是我、聚散順逆也都是一個「我」來承擔。因此，儘管郭象講「玄同彼我」，但玄同彼我也是在「物之自爾」的脈絡下而被建立的。在物之自爾下講玄同彼我，也意謂著總體的結構，是在「個我」之理當中尋得，個我循著各自的客觀存在之「理」往前，也就推動了總體之「理」。

而如前所述，場域是一種我與空間，與非我的交流，因此場域結構絕非

靜止不動的，更不只是單純的物理空間。它是彼我參與之後所共同型塑的共在氛圍。所以場域中的種種變化是我與非我共同交流而來的。因此場域與我具有一種感性的連結，這樣的感性連結更趨近於生命全體的融合。就像《莊子》逍遙遊中敘述大鵬南飛一段時，在整體南飛結構中，並非只有大鵬單獨的參與，所相應的還有「六月息者」、「野馬塵埃」、「生物之以息相吹」，大鵬與自然天地呈現一種極致的融合，在場域之中，彼此與彼此有著牽一髮而動全身的呼應。然而，當郭象重視我與總體的關係是一個相因獨化的客觀之「理」時，與《莊子》整體式的思維相較，這樣的方式必然會淡化掉彼與此這感性的連結。而這樣的物我關係與生命實感的連結之關係相較，無疑顯的疏離且弱化，而這也就是郭象玄冥理論儘管企圖達到圓融和諧境界，但其思維進程卻必然會產生的一個弔詭。

　　若回到郭象來看，郭象「我」的定位是如何定位的？試看郭象所說的：

> 去異端而任獨（者）也（乎）。（遣）〔遺〕耳目，去心意，而符氣性
> 之自得，此虛以待物者也。虛其心則至道集於懷也。（〈人間世〉：「若
> 一志，無聽之以心而聽之以氣！聽止於耳氣也者，虛而待物者也。
> 唯道集虛。虛者，心齋也」）

去除異端，回到一個獨我當中，這個獨我是氣性下的「我」。可知「我」的塑形，是在一個稟氣觀念下來說，回到自我稟氣當中，即是完成一個「我」；而所謂去異端，是去除耳目感官，同時也是去除氣性外非我的一切，這是郭象的減損方式。郭象在另一條注文中也提到這樣的說法：

> 忘善惡而居中，任萬物之自為，悶然與至當為一，故刑名遠己而全
> 理在身也。（〈養生主〉：「為善無近名，為惡無近刑」句後注）

「全理在身」，身體要達成一個整全，須具備忘、遺、去的特色。去除善惡是非觀念，任萬物自為。而這種具「否定」特色的身體呈現，以否定來逼顯出意義的展現，與《莊子》是有雷同性的。《莊子》同樣講身體的遺與忘，例如「忘年忘義，振於無竟，故寓諸無竟。〈齊物論〉」、「行事之情而忘其身〈人間世〉」、「德有所長而形有所忘〈德充符〉」、「忘其肝膽，遺其耳目〈大宗師〉」、「棄事則形不勞，遺生則精不虧。〈達生〉」、「形體掘若槁木〈田子方〉」等等。但莊、郭遮撥所不同之處在於：《莊子》對身體的支離，是帶有濃厚的工夫修養在的，透過功夫修養，遮撥身體的欲望與障蔽，重新建立起一個境界後的身體。因此在《莊子》文脈之中，境界後的呈現，往往也具有

濃厚的身體形容在其中。例如〈知北遊〉中說的：「若正汝形，一汝視，天和將至；攝汝知，一汝度，神將來舍。德將爲汝美，道將爲汝居。汝瞳焉如新生之犢而無求其故。」或如〈大宗師〉中的敘述：「『子之年長矣，而色若孺子，何也？』曰：『吾聞道矣。』」在這些敘述中，可以看出身體的參與感，以及功夫在身體上的作用及意義。然而郭象的身體觀，儘管也掌握了《莊子》「以否定逼顯意義」的特色，但也因爲郭象的「自我」觀脫離不了氣稟脈絡，以及郭象以「物皆自爾」來盡萬物客觀之理爲其理境實踐之方法。因此，在「盡己」思維下，所欲遮撥排除掉的，是氣稟之外非我的一切，亦即「性之所能，不得不爲也；性所不能，不得強爲〔註27〕」也。因此，非氣稟所有的即非我所有。所以郭象的主體觀，依舊是回到氣稟當中而論，主體所要做的，便是隨順氣稟所賦予的「理」上來完成生命的歷程。並以這樣的遮撥，達到安於世的效果〔註28〕。在這樣的脈絡下所講的「身體」則呈現一個現實景況下，「非汝所能有〔註29〕」的身體。

　　因此，以這樣的觀念重新回過頭去審視前文所提的叩問：郭象既提出「生理已自足於形貌之中，但任之則身存」或如「人之生也，理自生矣，直莫之爲而任其自生，斯重其身而知務者也」以及「全理在身」的思維，但卻又提出無心玄應的思維，那麼郭象是如何看待身心二者？

　　透過以上相因獨化的分析可以知道，儘管郭象也有著「重身」、「身存」、「全理在身」的企圖，但郭象的「身」卻已然偏向一個客觀之理下，任其自生的現實界下的一「體」。「身體──工夫」對於理境的參與，也往往呈現出一種任之、順之、可有可無的狀態，因爲一切都歸本於「性分」與「氣稟」爲指標。

〔註27〕見〈外物〉：「人有能遊，且得不遊乎？人而不能遊，且得遊乎」句後注。
〔註28〕例如〈秋水〉注：「所知各有限也。生時各有年也。莫若安於所受之分而已。以小求大，理終不得，各安其分，則大小俱足矣。若毫末不求天地之功，則周身之餘，皆爲棄物；天地不見大於秋毫，則顧其形象，裁自足耳；將何以知細之定細，大之定大也！（「計人之所知，不若其所不知；其生之時，不若未生之時；以其至小求窮其至大之域，是故迷亂而不能自得也。由此觀之，又何以知（毫）〔豪〕末之足以定至細之倪！又何以知天地之足以窮至大之域」句後注）」
〔註29〕見〈列子・天瑞第一〉張湛注引郭象語：「夫身者非汝所能有也，塊然而自有耳。有非所有，而況無哉？若身是汝有，則美惡、死生當制之由汝。今氣聚而生，汝不能禁也；氣散而死，汝不能止也。明其委結而自成，非汝之有也。」

這樣的狀態，再加上「相因獨化」下所呈現的我與總體關係的弱化，必然會產生這樣的情況：任何現象的地位都是獨一的，而且也是終極的，前無所因，後無所續，各自分離〔註30〕。只要順著現象的存在而不跨越此存在，即完成順性自然。因此，身體便在各自存在的當下，以氣性為主的思想前導下，任順各自的現象流轉。而身體的種種可能，也都在氣性的順應下，隨順著時空以及命限而踽踽「獨」行於天地之間。

第三節　意象模式的轉變：《莊子》的意象運用與郭象的意象解構

一、意象、想像與知覺

在中國古代的思想世界裡，『體知』作為最主要的哲學思維方式，以意象構成哲學隱喻乃是常態。在世中的「人」體知世界後，將體知的風景，傳移到意象語彙中，構成意象語彙的意義。所以，意象在體知進行的操作下，被賦予了「主體化和主體的對象化的雙重性質」。因此意象就絕非純然獨立於主體之外的客觀物，而是意向性活動的產物〔註31〕。故而，意象與個人的體知、知覺有著密切關係。人的知覺並不是被動地接受和紀錄事物的印象，而是構造性的。卡西勒說：「只有靠著構造活動，我們才能發現自然事物的美。美感就是對各種形式的動態生命力的敏感性，而這種生命力只有靠我們自身中一種相應的動態過程才可能把握。」所以意象結構是一種生命的體驗，「它不僅使象『顯現』，而且在意向行為的過程中，由對意指（即被作為目標的對象）的體驗而產生意蘊。因此，意象的意，離不開意向行為，因為意蘊正存在於行為體驗之中，而並不超然地存在於客觀的對象上。〔註32〕」

所以「意象」的完成，具有主體知覺「體」的過程，也具有客體被知物，以其特殊情境返鑠回主體，使之感知的部份。故而意象具有主客流動性〔註33〕，

〔註30〕見楊儒賓：〈向郭莊子注的是幸說與向郭支道林對於逍遙義的爭辯〉收錄於《史學評論》，第九期，1983 年，頁 96。

〔註31〕見葉朗主編：《現代美學體系》（台北：書林出版，2000 年 10 月 3 刷），頁 116。

〔註32〕見葉朗主編：《現代美學體系》（台北：書林出版，2000 年 10 月 3 刷），頁 117〜118。

〔註33〕這個「流動性」除了是指作者意識與外界的物象相交會，經過觀察、審思與

以及物與我雙重敞開的特色。同時在體知發生時，想像發揮了關鍵性的作用，它將意識的光聚集於事物自身，照明其特殊本質，然後通過各種可能的自由變異以形構其具體形象。意象作爲意識光照的焦點而成爲意蘊的中心，並以瞬間一瞥的方式，指向本質的整體界域，所以在文本世界裡，意象並不是憑藉暗示或寓意手法指稱某種給定的實在，意象具有創造並設定他自己世界的力量，在它所創設的世界裡，精神按照內在的辯證法則展現其自身，而事物的本質在瞬間直觀的整體視野裡被看見。意象使本質安置於具體事物，常保於流動的、活生生的界域之中，而且包含了整體的力量、意義和功效的眞正的在場〔註34〕。

故而透過意象的給出，作者「我」與對象物，甚至是文本之外的讀者，彼此經過意象的交流後，再透過想像的引領，得以共同親臨現場。體悟一個活生生的生活世界；而這個生活世界，是彼此共在的。

除此之外，意象也像一扇窗口。它像行文當中所開啟的一扇視窗，將直截了當的行文乍然反轉，不以理論道說爲手段，轉而將眼光轉入一個意味深長的境域中，否定單一言說，而給出更深刻，更具豐富可能性的意義。以〈逍遙遊〉來說，《莊子》不直接的講逍遙的境界，放棄境界的描述語句，或是歌頌境界的讚語，轉而以鯤化鵬的意象，石破天驚的乍然反轉讀者的眼光，讀者目光霎時由一個凡俗的慣性思維當中，進入一場不可思議、瞠目結舌的壯遊之境。而這樣的不可思議與瞠目結舌，立時給予觀者一種慣性思維的粉碎以及新目光的開啟。

在這段故事中，《莊子》以意象的給出，代替言語的直述。所以某種情況看來，他其實更像是一種道德勸說的解構，「可以說的可以清楚去說，對不可說的則必須沉默」。《莊子》用故事來彰顯意義，對道德的勸說，則選擇沉默。因此《莊子》總是回到故事當中，讓故事自我表述，也讓觀者在道德勸說的退位下，開啟各種闡釋的可能。「吹萬不同，而使其自已也」，眾生得以喧嘩出自己，體會出自己的體會。因此，《莊子》所採取的是一種「不」說出道理，讓故事以及觀者自己透過反思，透過生命圓整的體會，去尋覓出自己的道理。因此說，意象開啟了行文的另一種視窗，這個視窗是探向生命

美的釀造，成爲有意境的景象之外；也包括閱讀活動中，閱讀者進行閱讀的當下，通過意象的構作而重新在腦海中進入作者透過文本所給出的視域，並使文本在這樣的交流當中，生生不息。

〔註34〕 見鄭雪花著：《非常的行旅——〈逍遙遊〉在變世情境中的詮釋景觀》（成功大學中國文學研究所博士論文，2005 年 6 月），頁 66、67。

更多種可能的〔註35〕。

　　而在鯤化鵬意象中，這讀者打開《莊子》書所映入眼簾的第一段故事裡，《莊子》給出的便是一段不可思議的故事。以想像的無限可能，構造出鯤化鵬的意象。故事跳脫了既定思維，也跳脫了人稱的「名」之限制。在故事當中，我們是看不到「我」與「你」這種人稱代名詞的使用的。人稱代名詞的特色，在於主角與非主角位置的點明，它具有指限性，同時也帶有關係的限制。人稱代名詞一但給出，就代表了角色在關係當中的限制，同時也在故事情節中被限定。而「鯤化鵬」意象中，儘管描述的是一場《莊子》書中最重要的境界，但這個境界的描述，卻是一場「無我」的描述，具有一個「無我」的發言者，沒有指稱，沒有關係，角色得以在人稱的隱默下流動。但「無我」不是主體的闕如，而是剛好相反，他將「你」、「我」、「他」的個人化經驗，轉向成共有的經驗，使之成為共有的情境。同時也透顯出這樣的意味：「我」的界線消除，「我」不是單獨以我的什麼來進入鯤化鵬的界域中，不是以眼、耳、鼻、舌、身、意等單向度的知覺來進入，而是以一個「全身」型態的「全我」來體知這個界域。因此，人稱代名詞的隱去，同時也諭示了回到經驗本身與情境本身去這樣的觀點。所以人稱的解除，同時也開啟了流動的可能。

　　此外，鯤化鵬的故事是沒有時空度量衡的，「不知其幾千里也？」它從度量限制當中掙脫，回到「現象」本身，意即回到「鯤、鵬」本身，同時也讓觀者回到自我的想像當中，以自我想像構建鯤鵬的各自形貌。而這也建構出故事與觀者對話的可能，故事不是僵化在故事中，而是流動於每個不同的觀者的眼裡，它在不同觀者的不同想像中流轉出自我的生命。因此故事開啟了自己的生命，也開啟了觀者的視野，它有多種可能的樣貌。

　　而現象本身的沒有度量性也代表從種種凡俗限制中掙脫，因為衡量尺度本身本就是為了實用目的而硬加諸現象之上的，透過度量的失效，反讓我們還原到鯤、鵬當中，也還原到現場當中，隱去判斷、隱去期許，純粹地以生命圓整的高度凝結狀態，瞬間體會一場驚心動魄的壯大之旅。在此同時，也

〔註35〕吳光明先生亦提出這樣的說法：「莊書的文體是寓言性喚起性的。如要傳達字面上文意，著者要明明析析地直說其意，不可另解。在隱喻陰示的活動中，著者卻不直說，只用沉默非言或題外妄言來喚起讀者的自創意義。有時著者偏要說些明明是完全不合理的謬言，來激惹我們的反抗而去自尋要義。」這與本文所說的「觀者開啟自我闡釋的可能」是相同的見解。見《莊子》（台北：東大圖書，1992年9月），頁60。

因爲度量的解消，所以鯤鵬以及觀看的我們，得以共同進入一場忘卻小大、忘卻現實，但卻看到境界的詩意興發中。

而這樣的鯤化鵬之意象，同時也宣告了這樣的意義：在《莊子》的文本世界中，意象除了是情景交融、物我流通、故事／觀者的對話下那主客感性的統一外，它更帶有哲學的隱喻在。「想像與意象不只是感性的事物，更探向了存有的深度，因此，應當被還原爲思想的事物。〔註36〕」而「想像」，儘管可以跳離知覺與記憶對非現實事物進行自由想像，使我們通向一個超驗的、純虛構的意識對象，通向日常生活中所無法通向的本質直觀。但這樣的自由想像最終卻仍需要主體際落實在客觀認識的存有學基礎上，否則如果只有中性而自由的「想像」方法，所可能給出的存有領域將極爲龐大且難以完全落實〔註37〕。因爲這樣的中性而自由的想像，難保不會成爲超驗自我一廂情願、一意孤行的任意抉擇，這樣將有可能會走入「獨我論」當中。

也因爲必須要落實，因此「想像」必須以「知覺」爲依憑，才能產生具體效應，證明「想像」對「知覺」的超越，同時「想像」雖超越了「知覺」，卻仍必須回到「知覺」層面尋求落實，所以在存有學上俱優位的其實是「知覺〔註38〕」。因此，「自由想像並不是一種毫無基礎條件的自由，他對本質的自由變異，必須奠基於身體的知覺，同時，這種基礎並不『決定』想像內容，但卻要求想像內容的『肉身化』，也就是要求想像內容成爲具體可感的表達。於是，就存有學而言，不再有純粹自由的想像，也沒有純粹蒙昧的身體，身體知覺總是保有超越事實層面的『形象知覺』想像活動，而自由想像總是需要援用身體知覺來落實（embodiment）。〔註39〕」

在這樣的轉向下，身體知覺成了想像的存在依據。也成爲意象形構的基

〔註36〕 見鄭雪花著：《非常的行旅——〈逍遙遊〉在變世情境中的詮釋景觀》（成功大學中國文學研究所博士論文，2005年6月），頁65。

〔註37〕 龔卓軍曾在〈身體感：胡塞爾對身體的形構分析〉一文中對於身體與想像間的關係提出這樣的看法，他說：「至於『身體』論題的需要，則是因爲如果只有中性而自由的『想像』方法，所可能給出的存有領域極爲龐大且難以完全落實，因此，『想像』需要主體際落實客觀認識的存有學基礎，這個在現象學上一般稱爲主體際性（intersubjectivity）的問題。」此處乃由此文獲得啓發。收錄於〈《應用心理研究》，第29期，2006春，157～181頁），頁158。

〔註38〕 見龔卓軍：〈身體感：胡塞爾對身體的形構分析〉〈《應用心理研究》，第29期，2006春，157～181頁），頁159。

〔註39〕 見龔卓軍：〈身體感：胡塞爾對身體的形構分析〉〈《應用心理研究》，第29期，2006春，157～181頁），頁159。

礎。由這樣的體知角度來看，回到鯤化鵬的故事中，若將眼光顯微到身體知覺裡，鯤化鵬是一場由水的空間化升到天的空間的故事，由水到天的過程，以及劃破水天的動作，整個意象呈現出身體在不同空間裡的的空間變動性及「化」之主動性。在這個意象中，若少了知覺對水、天的感知，以及劃破水天動作的理解。便很難去建構出鯤化鵬在這一場「化」之歷程中的驚天動地。而驚天動地更揭示了這樣的意涵：①「化」是一種全身參與的過程。②「化」具有界限解消之特色，除了是空間限制的解消，因為化的全身參與性，因此化同時也代表身體界限的消除。③「化」的過程諭示了境界的提升，而境界的提升是身體參與後的結果，因此境界的提升，同時也隱含了身體的提升。

　　此外，觀者透過身體經驗的彼此傳遞，身體遊於水中、遊於空中。身體的知覺經驗讓觀者也進入這一場故事當中，體會想像出這鯤化鵬的過程：「我如何遊於水中，我如何遊於空中」，故事由敘述者的言說，轉入觀者的體會，同時觀者的體會，又帶出故事本身所要給的理念：「遊於水、遊於天」，相較於人慣常立足的陸地，這樣的水天之「遊」彰顯出一種不受陸地（那平面界線）所限制的自由，因此水天之遊更彰顯出故事所要傳達的理念——對於「自由」之遊的進入。

　　因此意象的給出，是離不開身體知覺經驗的，透過彼此身體知覺的連結，將彼此（作者／人物／讀者）拉入故事當中，讓彼此共同在故事的體知裡，進行一場一場的「遊」之饗宴。

二、由知覺開始

　　「知覺」帶有一種「存在」性。人在世中，可以透過知覺的實有，對世界萬物具有感知能力，萬物透過我知覺的感知，呈現出其形貌，及其意義。而知覺也因為其感知性，所以亦帶有實踐意義在。透過知覺，我可以逐步將主體我的知覺觸角，進入未知事物當中，並且透過感知，將未知轉化為已知。因此，知覺也意味著「主體我」對世界的進入〔註40〕。

〔註40〕梅洛——龐蒂在《知覺的首要地位及其哲學結論》一書中曾提及：「假如我在看一個立方體，由於我了解幾何學所定義的立方體的結構，我可以在圍繞它轉動的時候預料該立方體會帶給我什麼知覺。以此為假設，沒有看見的那面可最為我的知覺的某種發展規律的結果被認識。但是，如果回到知覺本身，我便不能這樣對他進行解釋，因為這一分析可表述如下：**確實**，燈有背面，立方體有另一面。然而，『確實』這一表述方式與我在知覺中所獲並不相符，知覺提供

　　《莊子》所給出的境界意象，根據他所描述的真人形貌，往往是充滿知覺經驗在其中的，試看這幾段的描述：

> 藐姑射之山，有神人居焉，肌膚若冰雪，（綽）〔淖〕約若處子。不食五穀，吸風飲露。乘雲氣，御飛龍，而遊乎四海之外。其神凝，使物不疵癘而年穀熟。……之人也，之德也，將旁礴萬物以爲一世蘄乎亂，孰弊弊焉以天下爲事！之人也，物莫之傷，大浸稽天而不溺，大旱金石流土山焦而不熱。是其塵垢粃糠，將猶陶鑄堯舜者也，孰肯以物爲事！〈逍遙遊〉

> 至人神矣！大澤焚而不能熱，河漢沍而不能寒，疾雷破山〔飄〕風振海而不能驚。若然者，乘雲氣，騎日月，而遊乎四海之外。死生無變於己，而況利害之端乎！〈齊物論〉

> 何謂真人？古之真人，不逆寡，不雄成，不謨士。若然者，過而弗悔，當而不自得也。若然者，登高不慄，入水不濡，入火不熱。是知之能登假於道者也若此。〈大宗師〉

> 至德者，火弗能熱，水弗能溺，寒暑弗能害，禽獸弗能賊。非謂其薄之也，言察乎安危，寧於禍福，謹於去就，莫之能害也。故曰，天在內，人在外，德在乎天。知天人之行，本乎天，位乎得；蹢躅而屈伸，反要而語極。〈秋水〉

> 子列子問關尹曰：「至人潛行不窒，蹈火不熱，行乎萬物之上而不慄。請問何以至於此？」關尹曰：「是純氣之守也，非知巧果敢之列。居，予語女！凡有貌象聲色者，皆物也，物與物何以相遠？夫奚足以至乎先？是色而已。則物之造乎不形而止乎無所化，夫得是而窮之者，物焉得而止焉！彼將處乎不淫之度，而藏乎無端之紀，遊乎萬物之所終始，壹其性，養其氣，合其德，以通乎物之所造。夫若是者，

給我的不是幾何學似的真理，而是一些存在。看不見的那面作爲存在被我把握，但我沒有肯定燈的背面在我所說的意義上存在著。問題可這樣解決：掩住的那面以它的方式存在，就在我的毗鄰。因而，我既不能說物體看不見面只是可能的知覺，也不能說他是某種幾何學分析或推理的必然結論。使我從物體的可見面達到其不可見面、從已知達到目前尚未知的綜合，不是一種可自由假定整個物體的智性綜合，更像是一種實踐綜合：我可以觸摸這盞燈，不僅可依其轉向我的一面觸摸它，也可伸手到另一面去，我只需伸出手來就可把握它。」見本書（北京：三聯書店，2002 年 7 月北京第一刷），頁 8～9。

其天守全，其神無郤，物奚自入焉！〈達生〉

《莊子》對知覺形容是重視的，因為知覺是進入世界的觸媒。知覺的存在將我們置入於世界之中。《莊子》對這些境界之後的人物形容，充滿著知覺經驗在其中。而此處則特別標示出真人不怕火熱水淹的形容，因為這是屬於觸覺的語彙。火熱水淹是訴諸於知覺最直接現前的描述方式，這樣的描述一旦給出，立刻可以將真人過於常人的形象映現目前，同時也讓觀者由水深火熱的知覺經驗，體知真人的感受，並了解真人的不熱不溺是一種相較於凡俗所不同的境界。而境界的塑型以及境界後與境界前的差異也立時就透過知覺經驗的同理讓人理解。除此之外，這樣的身體知覺形容，更可以讓文本不需更多的言語刻劃，便能夠讓意義的豐富性瞬間傳遞出來。而觀者透過自我的知覺經驗，也直接的便可以了解真人境界之特殊性意義。

而此處特別點出真人觸覺性的描述，是因為觸覺對於人的存在感，是有其特殊性意義的。相較於視覺，觸覺在型構身體本身時的不同角色，比視覺來的更為根本。觸覺能夠讓我們更明瞭「身體感」是如何被形構出來的，觸覺具有「區位化作用」。所謂的「區位化作用」，是指當身體部位觸碰其他物質時，除了對對象物質的感覺，還同時注意到身體部位的當下所發生的感覺，這是一種雙重化的感知，這種具體的身體感覺構成「身體感」。靠著這種身體感，身體形成一種自我的邊界，與外在世界具有互動的可能。而這「區位化作用」也可以讓我從所感覺的對象事物，拉回焦點，集中注意於在身體本身所發生的當下感覺。而這樣的區位化作用，往往是透過觸覺來給出的。觸覺具有真實接觸的「本體感受」。我們難以想像，人如果只有聽覺與視覺，世界的塑形建構會是如何。但若只有視覺與聽覺，世界的建構過程往往會是容易被操弄的。因此觸覺才是使身體成其為身體的根本要素〔註41〕。所以，我們

〔註41〕 此乃參考龔卓軍：〈身體感：胡塞爾對身體的形構分析〉一文中的觀念，文中這麼說：「胡塞爾便曾特別區分視覺與觸覺在型構身體本身時的不同角色，他認為觸覺在這方面比視覺來的更為根本。……胡塞爾說：『感覺在身體的這兩個部位雙重化（doubled）了，因為個別部位對另一個部位來說都是外在事物，是觸摸或其他動作作用於其上的對象，但個別部位同時又屬於同個身體。所有這樣產生的感覺，都有牠們的區位化作用（localization），換句話說，它們透過它們在顯現中的身體感上的位置而得到區分，而在現象上它們從屬於這身體感。因此，身體原初地以雙重方式被形構出來：首先，它是物理事物，是質料（matter）；它具有其擴延，他在擴延性當中包含了他的現實性質，他的色彩、柔軟度、硬度、溫暖度，和其他可能有的物質性質。其次，我在身體上發現、也在身體『上』和身體『中』感覺到：手背上的溫暖、腳底的冰

合理的認為，《莊子》大量地透過一個觸覺式的帶領：「火熱水淹→不怕火熱水淹」這樣的知覺模式，去呈現境界後的形象是有其用意的。因為身體觸覺的特色是身體感建立的基礎，同時也是一種「本體感受」，因此透過觸覺所營造出來的境界描述，往往具有一種「反身」的現象。因為觸覺是一種遍佈全身的雙重化自反感受，他建構出身體自身的「本體感受」，也因為這樣的建構，因此「自我」界域才可能具體產生在身體與外在世界的互動過程中。這是人與世界交流的初始。從這個角度來看《莊子》對觸覺意象的大量選用，似乎可以啟發我們這樣的想法：境界後的至人，他們與世界交流的方式，並不只是漂浮式的視覺或聽覺，更重要的是全身投入的「親身」接觸。而這必然要仰賴觸覺感知的建構了。同時，「反身」也宣告了這樣的可能：在「反身」之後，身體已然不是陷落於物質性的軀體當中了，而是給出豐富性「感覺」的身體，所以身體成了帶領「人」進入世界的入口。

但，不可否認，儘管觸覺式的描繪，將身體意義因為反身過程而深化了。但《莊子》並不只侷限於觸覺的描繪，《莊子》的知覺描繪是豐富的。視覺、聽覺都在《莊子》書中被傳神地運用出來，例如〈養生主〉中的「臣之所好者道也，進乎技矣。始臣之解牛之時，所見無非〔全〕牛者。三年之後，未嘗見全牛也。方今之時，臣以神遇而不以目視，官知止而神欲行」。或如〈人間世〉：「若一志，無聽之以耳而聽之以心，無聽之以心而聽之以氣。聽止於耳，心止於符。氣也者，虛而待物者也。唯道集虛。虛者，心齋也」。都是關於視覺與聽覺很經典的描述〔註42〕。甚至可以說，《莊子》的意象中，若無這些知覺的參與，這些故事所釋放出的意義將會有所折損。

然而，回到「反身」的深化上來說，若只是這樣的深化還不夠。《莊子》的眼光並不只是停留在這裡。《莊子》所更重視，要完成的是「萬變不離其宗」的「火弗能熱，水弗能溺」之境界。所以《莊子》更深刻要完成的，是在「反身」之後，對「反身」的重新修正。或者更進一步說，他是要進行一場對「知覺」的重塑活動。所以《莊子》所強調的，反而不是停留在知覺當中，而是透過知覺的進入，完成軀體限制外的另一種身體的深層自由。因此，對知覺

冷、指尖的觸碰感。』……」收錄於（《應用心理研究》，第 29 期，2006 春，157～181 頁），頁 161～163。

〔註42〕 然而，根據筆者的爬梳，《莊子》當中與境界有關的視覺與聽覺之描述，在量上並不如觸覺描述這麼的豐富，這或許與論文中所提出：「觸覺所建構出的主體觀與世界觀與其他知覺不同」的說法有著若合符節的情形。

重新的轉化，讓身體知覺所呈現的不再是單一的外在接收器，而是一種往內的深層冥極才是《莊子》最終的目的。而這樣的深層冥極，往往具有知覺的解構特色：「至道之極，昏昏默默。無視無聽，抱神以靜，形將自正。〈在宥〉」、「視乎冥冥，聽乎無聲。冥冥之中，獨見曉焉；無聲之中，獨聞和焉。故深之又深而能物焉；神之又神而能精焉。〈天地〉」

　　所以，如何從「火熱水淹」的感知，進入到「潛行不窒，蹈火不熱」的境界這才是《莊子》的目標。而後者的境界，更可視爲是一個神聖的境界。神聖並非是一種不眞切的傳說，相反的，它具有深遠的涵意。《莊子》透過神聖，給出一個修養上的境界。所以神聖在《莊子》這裡儘管具有神話意味，但卻已然不再是遙不可及的天國，它成了一個透過某種工夫儀式與修養便可以達至的階段。因此，神聖的給出，除了帶有意象性質外，《莊子》也透過這樣的意象乍現，折射出生命的存有深度。因此我們合理的認爲，《莊子》神聖意象的塑造，是工夫修養中的動力，也是境界。神聖已然與修行者自生的生命深度緊密相連了，所以神聖在《莊子》這裡已然從神話這裡跨越出哲學的隱喻了。

　　而我們從這個意象的給出來看，撥開這個意象的隱喻，可以發現由「火熱水淹」（知覺）→「火弗能熱，水弗能溺」這樣的一個轉進，是帶有感官知覺的遞減模式的。感官在修養者主體已達神聖模式之後，同時也解開了熱與溺的知覺痛苦。不可否認，知覺儘管具有「生成之理〔註43〕」的意義，但也

〔註43〕梅洛──龐蒂認爲知覺是具有優越性的，他說：「『知覺的優越性』實意味著知覺裡的經驗，能夠在我們建構事物、眞理、價值時『呈現』出來，『知覺』是一個『生成之理』，它教導我們脫離獨斷，而達到眞實客觀化的條件之自身上。他提振了我們在知識及行動之事件，而不是要還原人類的知識到感覺上，乃是要幫助知識之誕生，使得它和可感覺事務的可感覺一樣，重新去發現理性之意義。」儘管梅洛──龐蒂認爲『知覺』教導我們脫離獨斷，而達到眞實客觀化的條件之自身上。並賦予知覺具有『生成之理』的特性，認爲它具有初性、根源性的意義，同時也點出知覺是讓人不淪入物質的、機械的關係，並可以有更深一層的心靈、精神的開顯義。然而不可否認的，梅洛龐蒂的知覺內涵，主要是在一個現象層面來講。但《莊子》面對知覺的態度，已經不只是一個現象層面的看法了，而是「A既是A，又是非A」的悖論。並以這樣的悖論，逼顯出「人」超越現象後那一個繁華落盡的「眞我」。因此這個眞我的知覺也形成一個悖論，既是知覺，又非知覺，知覺在此，也就解開了他對人可能的束縛，此一觀點將在後文詳加論述，此處僅先點到爲止。梅洛龐蒂之引文，引自鄭金川著：《梅洛──龐蒂的美學》（台北：遠流出版，1993年9月1日，初版一刷），頁16。

的確有著執取相以及對象性的，因此，若只限溺在知覺當中，那麼身體對修養者而言，所呈現的更多會是畫地自限的邊界模式，而非開放性的粉碎虛空。因此在知覺建構出本體感受後，《莊子》更進一步的要打破這個有可能走入僵化的知覺體系。而《莊子》的作法，便是從知覺引入，再進行一個知覺的逆反過程。

大抵而言，知覺是人進入、探索世界的依憑，同時也是「我」自我定位與塑形過程中所不可或缺的要素。知覺一方面往外，與整體世界接觸；一方面往內，建構個我意識，所以知覺是人生在世的生命歷程中所不可或缺的必然性。

然而，就如前述，知覺是有著僵化之可能的，僵化的知覺，將知覺變形成快感的吸收、欲望的接受者〔註44〕。就像〈盜跖〉篇所說的：「目欲視色，耳欲聽聲，口欲察味，志氣欲盈」知覺在這裡反成了人生命歷程中的限制。而不是我與世界雙重呈現的契機。在這種型態下，知覺成了界限，不只限制人對世界的感知，同時也成了認知上的限制，人開始無法跳脫知覺格局的限制，無法丈量知覺之外更浩瀚深廣的事物。因此「物與物相遠」了起來。在知覺陷溺下的限制，人個我主觀的丈量尺度成了絕對的標準，人以此標準去丈量所有的未知事物。而未知事物也在個我主觀的強化下，失去其深廣面貌，而呈現一種輕笑：「蜩與學鳩笑之曰：『我決起而飛，槍榆枋而止，時則不至而控於地而已矣，奚以這九萬里而南爲？〈逍遙遊〉』」在笑意之下，境界的高遠已然不復存在。而身體在這樣的知覺格局下，反成了一種「形軀我」。

因此由「火熱水淹」（知覺）→「火弗能熱，水弗能溺」的轉進，也轉換了知覺的既有設定，《莊子》不斷地提出「解、黜、離、去、忘」的語彙，這樣的語彙並不只是文學上的用語，而是隱含著工夫意涵的語彙。這樣的工夫

〔註44〕 朱子曾說過：「此心之靈，其覺於理者，道心也，其覺於欲者，人心也……人心是此身有知覺有嗜欲者。如我欲仁，從心所欲，性之欲也。感於物而動，此豈能無，但爲物誘而至於陷溺，則爲害爾。故聖人以爲此人心有知覺嗜欲，然無所主宰，則流而忘反，不可據以爲安，故曰危。道心則是義理之心，可以爲人心之主宰，而人心據以爲準者也。」朱子面對欲望對治方式顯然與《莊子》不同，他是站在一個戒愼恐懼的「危」之角度，時時提點自己，不可落入嗜欲陷溺的知覺誘惑當中。然而，儘管朱子的工夫方式與《莊子》不同，但他對於知覺的陷溺，卻也有著深刻的察覺，此或許可以做爲理解知覺的可能性陷溺時的注解。見劉述先著：《朱子哲學思想的發展與完成》（台北：學生書局印行，1982 年印行），頁 242。

帶有「瓦解」的用意，瓦解掉知覺的僵化與限制，因此它帶有實踐與克服的意味。意即經由這樣的實踐與轉換「人的定性結構之軀體會因解體，而處於流動之本然狀態中〔註45〕」所以在「火弗能熱，水弗能溺」的結構下。身體的知覺系統已然改變，主體進入一種深層的知覺體會當中。在這種新的知覺系統下，人對外在的體會，不再只是「貌象聲色」的物質性體會，而是打破物的質性限制，以一種存有的方式來彼此交涉：我看到的是「物」最根本的存在，而物照見的「我」是最明徹的本眞〔註46〕，物我所交涉的存有面貌，呈現出這樣的境界：「走出自己、與非己互滲互入〔註47〕」，此亦即前文所引的：「遊乎萬物之所終始，壹其性，養其氣，合其德，以通乎物之所造。夫若是者，其天守全，其神無郤，物奚自入焉！」之境。

而知覺系統的改變，所映射出的，便是身體生理結構的改變、以及世界形貌的豐富性。身體在這樣的改變下，不再只是邊界型的限制，而是一種「體會」的開端。而世界，相較於知覺體系轉變前的世界，已然不再是單一地客觀化、物化的世界，而更開通其爲一充滿生生不息、流通明徹的有情大地。

因此回過頭去看《莊子》對於「火熱水淹」→「火弗能熱，水弗能溺」的知覺描繪，會發現這樣類似不可思議的神話語彙述說，其背後是有著一套極深的理路的〔註48〕。而這些隱喻所指涉的，除了跳脫一般的認知世界之外，更可視之爲身體知覺系統的解構。而生理知覺的解構後，知覺反而呈現一種暢通並且深化的現象：「喜怒通四時，與物有宜而莫知其極」、「其寢不夢，其覺無憂，其食不甘，其息深深。」在這些敘述中，知覺的執取面及慾望面都已然轉化，轉化爲主體我的深化以及對物的敞開。因此，在《莊子》的故事當中，顯示了這樣的身體轉變：透過功夫的修煉後，生理性的知覺逐步瓦解，轉而以更深層的、內通的知覺系統，轉變人對外在的感知模式。而這樣轉化

〔註45〕 楊儒賓先生曾說：「支離疏這類人物的意涵指向『經由知覺系統的轉化，人的定性結構之軀體會因解體，而處於流動之本然狀態中』」此處乃受其啓發。見〈支離與踐行〉一文，收錄於《中國古代思想中的氣論及身體觀》（台北：巨流圖書，1997 年 2 月出版），頁 426。

〔註46〕 物我在這樣的互滲結構下，呈現出一種非認知性的、非主觀執取的、非主客對立的本眞境界。

〔註47〕 此處借用楊儒賓先生的話語。見〈支離與踐行〉，收錄於《中國古代思想中的氣論及身體觀》（台北：巨流圖書，1997 年 2 月出版），頁 426。

〔註48〕 同時透過知覺的描述，神話已然轉化爲可感可知的眞實，而隱喻也隨之顯現其力量與意涵。

後的感知模式，連帶的是一種身體邊界的瓦解，物與我在邊界的瓦解之下，物我當下進入無執取相、無認知相，甚至無時間相、無空間相的混沌世界中。

三、郭象對意象的解構

回到郭象思想中來看，會很明顯發現，《莊子》所給出的意象隱喻，在郭象這裡有著被解構的傾向。

相較於前所引的《莊子》原文，在這幾條原文後，若再對比出郭象的注文，會發現郭象的注文對「火熱水淹」→「火弗能熱，水弗能溺」這樣的想像，有了極大的改變，爲行文方便，此處便以〈逍遙遊〉中的這段注文爲主要的論述：

> 此皆寄言耳。夫神人即今所謂聖人也。夫聖人雖在廟堂之上，然其心無異於山林之中，世豈識之哉！徒見其戴黃屋，佩玉璽，便謂足以纓紱其心矣；見其歷山川，同民事，便謂足以憔悴其神矣；豈知至至者之不虧哉！今言王德之人而寄之此山，將明世所無由識，故乃託之於絕垠之外而推之於視聽之表耳。處子者，不以外傷內。俱食五穀而獨爲神人，明神人者非五穀所爲，而特稟自然之妙氣。夫體神居靈而窮理極妙者，雖靜默閒堂之裏，而玄同四海之表，故乘兩儀而御六氣，同人群而驅萬物。苟無物而不順，則浮雲斯乘矣；無形而不載，則飛龍斯御矣。遺身而自得，雖淡然而不待，坐忘行忘，忘而爲之，故行若曳枯木，止若聚死灰，是以云其神凝也。其神凝，則不凝者自得矣。世皆齊其所見而斷之，豈嘗信此哉！夫聖人之心，極兩儀之至會，窮萬物之妙數。故能體化合變，無往不可，旁礡萬物，無物不然。世以亂故求我，我無心也。我苟無心，亦何爲不應世哉！然則體玄而極妙者，其所以會通萬物之性，而陶鑄天下之化，以成堯舜之名者，常以不爲爲之耳。孰弊弊焉勞神苦思，以事爲事，然後能乎！夫安於所傷，則傷不能傷；傷不能傷，而物亦不傷之也。無往而不安，則所在皆適，死生無變於己，況溺熱之間哉！故至人之不嬰乎禍難，非避之也，推理直前而自然與吉會。堯舜者，世事之名耳；爲名者，非名也。故夫堯舜者，豈直堯舜而已哉？必有神人之實焉。今所稱堯舜者，徒名其塵垢耳。（〈逍遙遊〉：「藐姑射之山，有神人居焉，肌膚若冰雪，（綽）〔淖〕約若處

子。不食五穀，吸風飲露。乘雲氣，御飛龍，而遊乎四海之外。其
神凝，使物不疵癘而年穀熟。……之人也，之德也，將旁礴萬物以
爲一世蘄乎亂，孰弊弊焉以天下爲事！之人也，物莫之傷，大浸稽
天而不溺，大旱金石流土山焦而不熱。是其塵垢秕糠，將猶陶鑄堯
舜者也，孰肯以物爲事！」句後注）

或許可以將這段注文分幾個部份擴大來說：

　①郭象首先便將《莊子》故事裡的人物解構了，認爲神人的給出，不過
就是「寄言」罷了。因此「神人」的不可思議處，以及神人的超脫俗世之特
色，在這樣的解構下，都被轉化了。轉化其爲凡俗所較能夠理解的「聖人」
形象〔註49〕。因此，神人的宇宙人特色在郭象這裡，已然成爲「應世」聖人
的樣貌了〔註50〕。在這樣的解構下，「神人」所具有的隱喻性也隨之被代換，

〔註49〕根據筆者的爬梳，《莊子》書中關於神人的描述，相較於聖人描述更有一種宇
　　　　宙性特色，例如〈天地〉篇所說的：「上神乘光，與形滅亡，是謂照曠。致命
　　　　盡情，天地樂而萬事銷亡，萬物復情，此之謂混冥。」而這宇宙性特色，也
　　　　往往讓神人跳脫人事的功利，已不材之材爲其大材，例如〈人間世〉：「嗟乎
　　　　神人，以此不材！宋有荊氏者，宜楸柏桑。其拱把而上者，求狙猴之杙者斬
　　　　之；三圍四圍，求高名之麗者斬之；七圍八圍，貴人富商之家求樿傍者斬之。
　　　　故未終其天年，而中道夭於斧斤，此材之患也。故解之以牛之白顙者與豚之
　　　　亢鼻者，與人有痔病者不可以適河。此皆巫祝以知之矣，所以爲不祥也。此
　　　　乃神人之所以爲大祥也。」因此神人也常有超脫塵俗，不流眾的特色，例如
　　　　〈徐无鬼〉：「是以神人惡眾至，眾至則不比，不比則不利也。故無所甚親，
　　　　無所甚疏，抱德煬和，以順天下，此謂眞人。」而「聖人」形象在內七篇與
　　　　「神人」的描述差別並不大，但在外雜篇則開始轉向應世的面貌，例如〈駢
　　　　拇〉：「小人則以身殉利；士則以身殉名；大夫則以身殉家；聖人則以身殉天
　　　　下。故此數子者，事業不同，名聲異號，其於傷性以身爲殉，一也。」或如
　　　　〈馬蹄〉：「及至聖人，蹩躠爲仁，踶跂爲義，而天下始疑矣。澶漫爲樂，摘
　　　　辟爲禮，而天下始分矣。」可以說，在外雜篇之後，聖人開始偏向應世形貌，
　　　　也開始具有負面形象。而聖人也不似內七篇的聖人，是與神人、眞人、至人
　　　　等是在同一語脈下論述，而是擺盪在宇宙人與社會人、歷史人之間的。然而
　　　　不論《莊子》書中聖人形象的轉變，在郭象的詮解下，聖人均具有遊外弘內、
　　　　迹冥圓融的特色，然而這個特色很大的層面是爲了「應世」的聖王提出逍遙
　　　　的可能，而聖人的「應世」層面是郭象聖人的必然特色。

〔註50〕關於宇宙人的說法，乃參考楊儒賓先生所言：「『宇宙人』的意義，意指人的
　　　　意識可以融入一種無限的意識，故以『宇宙』名之。」見〈支離與踐形〉一
　　　　文，收錄於《中國古代思想中的氣論及身體觀》（台北：巨流圖書，1997年2
　　　　月出版），頁420。而關於郭象聖人的應世面貌，非筆者個人看法，鄭雪花在
　　　　其博士論文中亦曾這麼說過：「郭象的詮釋則屬『文獻注疏』的經典詮釋傳統
　　　　模式，在隨文註解的形式裡，運用『辨名言理』及『寄言出意』的詮釋策略，

而其故事的流動性，也在其形象直接跳接爲聖人的敘述下，逐漸被弱化。前有言，意象因爲想像的作用，因此是帶有流動性的。神人的出場，並不是在一個嚴謹密實的說理結構下出場，而是在一個故事的對話下出場。而故事充滿著無限的可能，跳脫人既有的認知與經驗，透過想像的降臨，故事往往能抵達認知經驗之外的界域，而神人就是這個經驗認知之外的界域，是域外之思。而故事也永遠有其未完成的特性，每個人觀看故事，都能賦予故事新的體會，甚至不同時代，不同背景，以及觀看角度的不同，故事便能在其中有新的面貌。因此，一個好的故事，是有流動性的，他不是僵化的形式，而是源源不絕的活水。用這樣的角度來看《莊子》故事中的神人，會發現，神人是充滿流動性的，他是一個言說中的言說：

> 肩吾問於連叔曰：「吾聞言於接輿，大而無當，往而不返。吾驚怖其
> 言，猶河漢而無極也，大有徑庭，不近人情焉。」連叔曰：「其言謂
> 何哉？」曰：「藐姑射之山，有神人居焉……」

肩吾連叔說起接輿的話，而神人是不在場的接輿所敘述出來的人物。因此是言說中的言說，更類似於一種「道聽塗說」的模式，在口耳相傳當中，神人進入現場開啓了敘述。所以，神人流轉在言語之中。而言語具有風波的特色，在道聽塗說當中出現的神人，充滿著不定性，他不是僵死的眞理，它具有多種被創造的可能，因此，神人永遠不是定案的，而是不斷流動的，但在流動當中，神人，卻直指眞實。因此《莊子》一方面反省言語的詭辯，一方面卻以這樣的詭辯，逼顯出背後的眞實。

　　同時，神人是充滿形象敘述的：「肌膚若冰雪，淖約若處子。不食五穀，吸風飲露。乘雲氣，御飛龍，而遊乎四海之外。」形象敘述，讓觀者在觀看的同時，彷彿親臨現場，與人物作一個直接的交會。但這樣的形象敘述，也在郭象「聖人」的嫁接之下，其生動形象，轉而成爲一種說理的言論。而神人的域外特質，也在稼接聖人形象後，轉而進入「方之內」，戴黃屋、佩玉璽、歷山川、同民事。因此《莊子》視域所望向的非主流思想，終止世智的企圖，以及對世俗之用的反省，在郭象這裡，卻開始得到另一種認同。

　　②「今言王德之人而寄之此山，將明世所無由識，故乃託之於絕垠之外

將〈逍遙遊〉改造爲應世的『內聖外王之道』，實爲『罔莊』之作。」見《非常的行旅——〈逍遙遊〉在變世情境中的詮釋景觀》一文的啓發，（成功大學中國文學研究所博士論文，2005 年 6 月），頁 21。

而推之於視聽之表耳。」《莊子》所給出的藐姑射山之形容，是一個相較於「天下」概念的域外之境。藐姑射山的空間喻意，相較於凡俗空間以及應世空間，無疑是一個神聖空間〔註51〕，是相較於凡俗空間的一個渺渺遙遠之域。在這個空間中，物理時間與世俗空間都不作用於其中。因此說「綽約若處子」，「處子」顯示其青春不老之貌。同時不染俗塵，因此清境潔白，故曰：「肌膚若冰雪」。也說「乘雲氣，御飛龍，而遊乎四海之外」。在姑射山當中，空間不再是對神人的限制，而是神人的暢遊所在，所以空間的界域型態在藐姑射山上是不復存在的。但在郭象的解釋下，藐姑射之山，成為王德之人藉以寄言、托言的所在。成玄英疏郭注時便說：「斯蓋寓言耳，亦何必有姑射之實乎，宜忘言以尋其所況」。《莊子》故事的敘述，在此成了一種被點明的、推之於外的名理言說。故事開始被懷疑，甚至故事所詩意道說的存在之真實性，也開始遭到否定。所以郭注選擇溢出了故事之外，「寄言以出意」，他的角色不是故事的參予者、推演者，而是故事的觀看者、分析者，他並不是進入故事當中，體會故事流動性的人，而是審視故事、分析故事的旁觀者。而藐姑射山之空間寓言在這樣的觀看下，也已然解構其故事的寓意。

　　《莊子》空間寓言往往帶有想像的界域，例如「北冥有魚，不知其為幾千里也」的無限「放大」空間，或如「井蛙不可以語於海者」、「覆杯水於坳堂之上，則芥為之舟；置杯焉則膠」之極小空間，利用空間喻義，《莊子》透露功夫境界的差異。因此《莊子》故事當中，憑藉想像力而改變現實空間的關係，那些被誇大、被縮小，甚至被神化的空間形象，恰恰充當了自由想像的可能，而這自由想像，也通過空間變化，完成其哲理思維。除此之外，這些荒誕不經、誇大或縮小的想像構作，往往也打破凡俗之人被束縛的現實時空觀，使形知聾盲者，能夠跨越其智識限制，進入無限的可能當中。因此，「《莊子》之善用想像，已不是一般的文學技巧的運用問題，而是包含著更

〔註51〕此說法乃參考楊儒賓先生在《莊周風貌》一書中所說的：「他們（真人）縱浪無礙，不生不死，他們活在物理時間、歷史時間之前的『太初時間』。『太初時間』事實上沒有時間相，它彷彿是神聖舞台上經歷的一個表演時段，這個表演時段雖然有一個歷程，但因為這個歷程被神聖舞台籠罩住了，與週遭環境及週遭時間隔離開來，所以其表演雖經歷了一種事件的連續性，卻沒有綿延性質的時間相。同樣的，它們活動的空間也是在世俗的地理空間之外的『神聖空間』。而『神聖的空間』也是沒有空間相，因為它坐落於地理連續體之外的虛無飄渺之鄉。」（台北：黎明文化事業 1991 年初版），頁 187～188。

深層的本體論的用意〔註52〕。」在想像的操作下，空間已然不是物理空間那麼的單向度及無機化，而是包含種種寓意在其中的意義空間。因此神話在這樣的詮解下，早已脫離荒誕不經的故事型態，而邁向一種存在的眞實。若以這樣的觀點回過頭來看郭注的轉向，會發現郭注將《莊子》的神話寓意轉化爲現實秩序，空間意象的隱喻、以及想像的運作在郭象這裡都成了一種「推、託」（「託之於絕垠之外，而推之於視聽之表耳」）。《莊子》神聖空間的想像，也在郭象的「寄言」系統下，轉換成了現實空間。想像的虛構性以及其無限性在郭象這裡逐漸被弱化，而現實型態取代了神話想像，應世空間取代了神話空間。而空間也開啓了擺盪的現象，穿越在廟堂之上與山林之中，神話的眞實，便在山林與廟堂之間成爲一種寄言，而神人意義也開始虛構化。郭象試圖以這廟堂與山林的穿梭，顯現出「遊」的意義。因此「遊」這樣的意涵在空間意義的改變下，也有所改變，從姑射山的神聖空間到廟堂山林的現實空間，「遊」之意涵也由體道的「方外之遊」、「域外之遊」、「神聖之遊」，轉型成內外迹冥的應世之遊，「遊」已然是方內之事。這樣的觀念，無疑也鞏固了魏晉時期「名教之中自有樂地」的說法。

　　③當郭象解構、轉向了神話的眞實，以及想像型態後，會發現，郭象的注文當中，意象的豐富性卻遠不如《莊子》故事性呈現中的意象。大抵而言，《莊子》意象的給出，帶有「以感代思」的特性，意象讓人透過自身的經驗感知，得以進入與親臨現場，而萬物萬象也得以示現自己，呈現各自的雄渾與整全。因此意象是一種體現與經驗，同時也是一種引領。它之所以能夠具有引領的特性，乃因爲身體感知的同理性而完成，例如火熱水淹，這是每個人所共同知曉的身體感知，也因感知的共通性，因此便可將眾人引入這超乎常人的想像當中，共同感知這個想像所給出的領域。

　　然而郭象解構了這樣的想像，代之以「寄言」的說法來詮釋此想像。所謂「寄言」，乃別有寄託的言說。在某個部份，《莊子》的意象運用，也可視作一種「寄言」，是「以謬悠之說，荒唐之言，無端崖之辭，時恣縱而不儻，不以觭見之也。以天下爲沈濁，不可與莊語，以巵言爲曼衍，以重言爲眞，以寓言爲廣〈天下〉」《莊子》藉謬悠之說，荒唐之言，無端崖之辭作爲其寄

〔註52〕見葉舒憲著：《莊子的文化解析》（陝西：陝西人民出版社，2005 年 5 月第一次印刷），頁 5。

托之所在。但不同的是，《莊子》將「寄言」視作爲其哲理的表意方式。而郭象的寄言，則是其詮釋行爲下的一種解構模式，帶有「遺」、「忘」的作用在。例如郭象所言的：

> 至理無言，言則與類，故試寄言之。（〈齊物論〉：「雖然，請嘗言之」句後注）

> 故夫昭昭者，乃冥冥之跡也。將寄言以遺跡，故因陳蔡以託意。（〈杉木〉：「子其意者飾知以驚愚，脩身以明汙，昭昭乎如揭日月而行，故不免也」句後注）

郭象的寄言，是爲了「遺其所寄」、「遺迹」。是意圖「製造文本的縫隙，使經典文本出現空白地帶，而成爲其自由論述的空間〔註53〕」。因此，郭象的「寄言」，反而是對《莊子》意象的一種解構。解構文中的故事意味，營造出縫隙，並以邏輯名理模式來填補這個縫隙。例如前所言對神人的存在以「寄言」解釋，使文本中神人的表述出現空白地帶，開啓自己的論述空間。接著郭象以聖人嫁接爲神人的詮釋，將神人轉向爲聖人。並且對於神人「不食五穀，吸風飲露。乘雲氣，御飛龍，而遊乎四海之外」的超然型態轉向爲「靜默閒堂之裏，而玄同四海之表，故乘兩儀而御六氣，同人群而驅萬物」的入世型態。並以邏輯推演的方式，詮釋神人何以「物莫之傷」，認爲神人並非眞的是「物莫之傷」，而是順應自然之理，能夠「理固自然」的結果：「故至人之不嬰乎禍難，非避之也，推理直前而自然與吉會」。

　　這樣的詮釋方式，將《莊子》文中的意象給出，代之以現實敘述。故而郭象的寄言，往往是爲了出意，出意是以理論語言表達出己意，乃爲了完成經典空白處的表達。

　　在這樣的詮解下，《莊子》超乎想像的故事被郭象給轉入了現實時空，想像的無限性，成了一種「吾所未詳」的不確定，想像的眞實在這裡也呈現其爲一種虛構。成爲「可略之處」：

> 鵬鯤之實，吾所未詳也。夫莊子之大意，在乎逍遙遊放，無爲而自得，故極小大之致以明性分之適。達觀之士，宜要其會歸而遺其所寄，不足事事曲與生說。自不害其弘旨，皆可略之耳。（〈逍遙遊〉：「北冥有魚，其名爲鯤。鯤之大，不知其幾千里也。化而爲鳥，其

〔註53〕見鄭雪花：《非常的行旅——〈逍遙遊〉在變世情境中的詮釋景觀》一文的啓發，（成功大學中國文學研究所博士論文，2005 年 6 月），頁 141。

名爲鵬」句後注）

因此審視郭象的意象，會發現意象的給出當然相較於《莊子》是單薄的，「意象」往往被現實「邏輯名理」的模式給代換。「辨名析理」取代了故事的想像〔註54〕。而這樣的轉變，同樣也影響到身體給出的樣貌。

　　《莊子》以故事來表達哲思的方式，使其意象大量且豐富，而其透過身體感知來傳遞意義的方式也多樣且豐富。但郭象對故事以及意象的解構，也連帶影響其身體的敘述，其感官的運用相對之下也帶有解構的模式：

> 言夫知之登至於道者，若此之遠也。理固自全，非畏死也。故真人陸行而非避濡也，遠火而非逃熱也，無過而非措當也。故雖不以熱爲熱而未嘗赴火，不以濡爲濡而未嘗蹈水，不以死爲死而未嘗喪生。故夫生者，豈生之而生哉，成者，豈成之而成哉！故任之而無不至者，真人也，豈有概意於所遇哉！（〈大宗師〉：「若然者，登高不慄，入水不濡，入火不熱。是知之能登假於道者也若此。」句後注）

「真人陸行而非避濡也，遠火而非逃熱也」、「雖不以熱爲熱而未嘗赴火，不以濡爲濡而未嘗蹈水，不以死爲死而未嘗喪生。」《莊子》「遇火不熱」、「遇水不濡」所呈現出神人身體的超乎常人，透過感官的敘述，神人是親臨熱濡之中去感受、去體知的。但郭象在這裡卻拉開了另一種敘述模式，改而以「趨吉避凶」的型態：「陸行而非避濡」、「遠火而非逃熱」、「未嘗赴火」、「未嘗蹈水」的方式，他改變了神人親臨姿態，解構了感官上的參與及體知。親臨代換成趨避，感官的參與轉換成一種「未嘗」的模式。而我面對世界，則成了分析與查看的態度，查看世界之於我的兇險處、安樂處何在。因此《莊子》

〔註54〕郭象在〈天下〉注中提到：「昔吾未覽莊子，嘗聞論者爭夫尺棰連環之意，而皆云莊生之言，遂以莊生爲辯者之流。案此篇較評諸子，至於此章，則曰其道舛駁，其言不中，乃知道聽塗說之傷實也。吾意亦謂無經國體致，真所謂無用之談也。然膏（梁）〔梁〕之子，均之戲豫，或倦於典言，而能辯名析理，以宣其氣，以係其思，流於後世，使性不邪淫，不猶賢於博奕者乎！故存而不論，以貽好事也。（「然惠施之口談，自以爲最賢，曰天地其壯乎！施存雄而無術。南方有倚人焉曰黃繚，問天地所以不墜不陷，風雨雷霆之故。惠施不辭而應，不慮而對，遍爲萬物說，說而不休，多而無已，猶以爲寡，益之以怪。以反人爲實而欲以勝人爲名，是以與眾不適也。弱於德，強於物，其塗隩矣。由天地之道觀惠施之能，其猶一蚉一虻之勞者也。其於物也何庸！夫充一尚可，曰愈貴道，幾矣！惠施不能以此自寧，散於萬物而不厭，卒以善辯爲名。惜乎！惠施之才，駘蕩而不得，逐萬物而不反，是窮響以聲，形與影競走也。悲夫」句後注）」

的「所遇」在郭象這裡成了「遣其所遇」。《莊子》意象中所呈現那不可分析的整體經驗，以及我投入世界蒼穹中的整體、悅樂之情，在郭象的轉換下，無疑的也有著弱化的跡象。

《莊子》所給出的意象象徵，充滿著全身參與的時空意義在。例如「知魚之樂」的寓言：

> 莊子與惠子游於濠梁之上。莊子曰：「儵魚出游從容，是魚之樂也。」惠子曰：「子非魚，安知魚之樂？」莊子曰：「子非我，安知我不知魚之樂？」惠子曰「我非子，固不知子矣；子固非魚也，子之不知魚之樂，全矣！」莊子曰：「請循其本。子曰『汝安知魚樂』云者，既已知吾知之而問我。我知之濠上也。」〈秋水〉

濠樑之上是個空間提點，同時帶有時間性質，而魚之遊（樂）是一個時間、空間的共起、共溶，這是時空經驗上的渾融。而時空的存在，是因為身體的進入，時空才彰顯其意義，故時空意義往往是全身投入的結果。而身體的參與，也構成時空經驗的特殊性。濠梁之上的表述，因《莊子》的親身參與，透過主客融涉後所體察魚之樂的物我之情，此刻的時空，呈現出物我交融的有機場域，彼我是融涉相通的。因彼我之間主客融涉，故說「知魚之樂」。而知魚之樂，是「循本」之後的必然，此無需任何的思辨與邏輯明證便可理解，只要回到本心，便可照見此一通物之大情。因此，「知魚之樂」的「知」是透過『身體／主體』的存在實踐而給出的，他帶有自我的認同。而此一時空意義，是物我主客的彼此滋養所共同型塑出的。而這樣的時空型態，是主體與客體共同棲居的詩意之所。

此處回過頭來看郭象對「知魚之樂」的詮解：

> 欲以起明相非而不可以相知之義耳。子非我，尚可以知我之非魚，則我非魚，亦可以知魚之樂也。尋惠子之本言云：「非魚則無緣相知耳。今子非我也，而云汝安知魚樂者，是知我之非魚也。苟知我之非魚，則凡相知者，果可以此知彼，不待是魚然後知魚也。故循子安知之云，已知吾之所知矣。而方復問我，我正知之於濠上耳，豈待入水哉！」夫物之所生而安者，天地不能易其處，陰陽不能回其業；故以陸生之所安，知水生之所樂，未足稱妙耳。

《莊子》知魚之樂的「知」，是橫跨類別、跳脫智識的分別、區分、思辨型態，純粹以「我」與「你」進行一場詩意的相遇，存有者在彼此相遇的一瞬，因

當下的直觀，我與你的差異性、分別性、都在存有直觀的照亮下消失無存。而「我」因爲你的每一個「出游從容」而感動，「我」的整個存在都沉浸在「你」之中。因此，這個「知」是一種直觀的照見，是一種全身投入後的體解，而非知識型態的知。

　　而郭象此處對於《莊子》主客融涉後的「知」，進行一個解構，他說：「以陸生之所安，知水生之所樂，未足稱妙耳。」他忽略《莊子》「知」的直觀性，轉而以一個知識型態的「知」來解釋「魚之樂」，因此「以此知彼」成爲一種懷疑，「果可以此知彼？」此一問句乃一知識型態的知下所會發出的問句。因爲彼我非同類也，既然彼我非同類，那麼陸生動物必然不能理解水生動物之樂，因爲彼我是不相通的。在這樣的解釋下，《莊子》直觀式的「知」成爲一種「未足稱妙」了。郭象詮解「知魚之樂」，乃是架構在其適性理論上而說：「天地不能易其處，陰陽不能回其業」，天地陰陽都不能改易其性，唯有適性才能達致逍遙。因此這樣的「知」是架構在郭象理論思維上所完成的「知」，故而「不待是魚然後知魚也」，因爲這是思維理解下的「知」，而非彼我交通後通感的「知」。

　　除此之外，因爲《莊子》知魚之樂的「知」是一種全身投入下的知，因此故事充滿了「我」對時空的感知：「我」感知到魚、感知到魚的出游從容、感知到魚之樂、甚至感知到濠梁之上的微風習習、水流淙淙。這都是以我的全身、全人生去感知、去進入的。而豪梁之上也因爲我的全身參與，而給出他的時空意義。但這樣的感知體察，在郭象以理論取代直觀後，體知的可能也轉變成思維上的理解，魚之樂，乃其「適性」之後下的必然結果，而非我與魚相感通後，彼我知己般的理解。因此，觀看郭象此處注文中，感性的體解少了，而名理思維多了。因此知覺的描繪在郭象的注文中也顯然少了許多。當然這樣的情形有可能因爲注家必須詮解本文，而必然會受到行文方式上的限制，然而若就一個意象的豐富性來看，郭象注文中的意象，相較於《莊子》也的確乏弱得多，甚且有著對意象的解構情形。甚至可以說，郭象註解《莊子》的方式，便是採取一個解構的方式來註解，解構身體的知覺經驗，同時也解構了《莊子》的意象經營，把想像轉向進入思辯行爲以及生活世界當中。

　　而郭象的理境，也因其對客觀現象界的重視，以及對名理思辯的偏愛，因此所表述的重點便放在於：「萬物如何以其自然狀態實現其存在」，如〈齊物論〉注中說的：「是以涉有物之域，雖復罔兩，未有不獨化於玄冥者也」，

因此，屬於化外之思的想像，在其對名理思辨以及現實世界之流的重視下，也就因其表述方式的改變，而在郭象這裡逐步被弱化。

故而在玄冥境界當中，儘管聖人有著「體化合變」的無窮面貌，但意象象徵所必須仰賴的身體表意，卻在理境當中逐步失去其面貌。

第四節　小　結

從玄冥理境中可以看出郭象的學說企圖將無限生命的絕對境界放置在有限的現象世界中完成，一場無限與有限的辯證因此開啟，這是郭象人生論的精彩處，也是他在理想與現實之間走出的道路。「玄冥之境」即是郭象所構築出，那試圖進入名教與自然兩端，並保有兩端，卻又不落入兩端的一個雙重完成的境界。不可否認，在玄冥的構築下，郭象一方面呈現其清逸高妙的理想，另一方面卻又透顯出郭象貼近現實的一面，無限與有限兩者之間，呈現一種融合或互斥的關係。

而玄冥的完成手段——獨化與相因，在物物關係的鎖鏈序列中，的確成功的進行了一場弱化主從制使關係「物各任物」的自由。這是郭象相因獨化理論的成功之處。但另一部份，卻也不得不承認，相因獨化的提出，對於物物彼我的關係的確有著一種個我與總體疏離的弔詭。

而在玄冥理境下，郭象的確是有一個全身的預設的，但這個預設能不能夠完成，本文認為，在工夫的弱化下，其「全身」的可能並沒有被強化，相對於《莊子》身體在修養中的立場與位置，郭象的身體在理境當中的呈現，因其對「心識」的重視，以及對各自獨化的重視，反而似乎更有種邊緣化的傾向。

回過頭來看《莊子》的身體感，他的身體感，透過修行後均呈現一種敞開的特色，不論是知魚之樂，或是庖丁解牛、甚至在「正女身〔註55〕」的使

〔註55〕　見「顏闔將傅衛靈公大子，而問於蘧伯玉曰：『有人於此，其德天殺。與之為無方則危吾國，與之為有方，則危吾身。其知適足以知人之過，而不知其所以過。若然者，吾奈之何？』蘧伯玉曰：『善哉問乎！戒之，慎之，正女身也哉！形莫若就，心莫若和。雖然，之二者有患。就不欲入，和不欲出。形就而入，且為顛為滅，為崩為蹶。心和而出，且為聲為名，為妖為孽。彼且為嬰兒，亦與之為嬰兒；彼且為無町畦，亦與之為無町畦；彼且為無崖，亦與之為無崖；達之，入於無疵。』」身體的敞開甚至可以視為「正女身」下的必然結果。身體消解其邊界性，對天地宇宙敞開自己，也因為敞開，故我與你、與物、與世界、與宇宙，都可以進行一場相互的交流，進入到彼此。

者身上。都可以看到身體的敞開，因此我與彼是互通的，身體不再只是肉身，而是一個「通」天地宇宙萬物的基礎。

因此，就工夫面相而言，莊、郭二者就其「與物冥合」的終極目標，兩者是相同的，但就工夫手段來說，《莊子》重視的是一個總體的敞開，我與你、我與場域的雙重開展。因此工夫是在一個場域之中完成，身體在其中有著極爲重要的承啓之功。也因爲總體的敞開，故彼與我在場域中是相互交流，相互冥合的。而郭象，則在物物回到各自獨體上來講，物物回到自身去承擔各自的流轉生滅，並且安於這樣的流轉生滅，回到各自現象界的本身，也就完成了郭象的至足之境。在這種至足之下，不論壽夭小大，物物都是滿足的，並且理解萬物都是如此，在這樣的彼此理解下，證成萬物的冥合。

故而在郭象這裡，事物之間的相應以及事物生發之理都是沒有原因、沒有意識的，都是非必然的。因此，事物的發展與事物的生發都是偶然的。所以郭象以偶然性來代替必然性。而郭象所關注的是事物的各自不同面貌，事物都是一個一個的單獨存在。然而，郭象雖然重視事物的個性及各自的差別性。但他卻刻意忽略了事物的「共性」，割裂了一般和個別間的關係〔註56〕。因此儘管「不論壽夭小大，物物都是滿足的」，但在共相的忽略之下，身體所展現的卻往往不是一個敞開面貌，而是一個封閉面貌，身體把萬物封閉在自我的身體裡，在身體當中安足自己的小大壽夭，故而身體所展現的反而不是一個修行可能，而是被強調「適性」下的現實限制。

另外，若回到意象的運用來看，郭象的理境因爲對獨化的強調，因此在迹冥圓融的理境當中，因果、意圖往往是被打斷的，純粹從玄冥理境來看待身體意義，但作爲象徵與場域，甚至經驗中的身體，卻是被拆解掉的，因此身體反而減弱了其象徵意義，這也是郭象與《莊子》在身體意象的運用上極大的不同。

〔註56〕 此一說法乃參考湯一介先生的論點，見湯一介著：《郭象》（台北：東大圖書，1999 年 1 月出版），第十章，郭象哲學中的理論問題（下）。湯先生亦曾提出這樣的叩問：「在郭象哲學體系中『體』就是指一個一個的萬物本身，沒有『共相』的意思，而『天』（天地）也只是『萬物』的『總名』，是一個集合名詞，也沒有『共相』的意思。那麼在郭象的哲學體系中沒有一個與『殊相』（個別）和『共相』（一般）相對應的概念呢？」

結　論

　　本文的所致力之處，在於析論《莊子》與郭象注莊的差異性。而這個差異性，本文是從「身體——工夫」的觀點切入，以身體修爲以及身體在思想中的表述方式爲二者作一個區分。在這個前提之下，本文發現《莊子注》的身體相較於《莊子》的身體，有著身體工夫的弱化跡象。相較於《莊子》，郭象更重視的是「心」的修養，「心」是證成逍遙的基礎。除此之外，郭象理論中最基礎的思維：適性逍遙，是其理論中最重要的組成基因。在適性思維的籠罩下，對郭象的身體工夫亦有著極大的影響。此外，郭象對於《莊子》所重視的「道」之思維，亦採取一個解構的作法。道的解構，與身體工夫有著決定性關聯，身體也往往因爲道的解構，而有著功夫弱化的傾向。最後，敘述方式的改變，也影響著身體的隱喻性質。郭象的作爲一個《莊子》的注家，卻淡化了《莊子》的故事敘述，改而以說理模式。在這樣的書寫改換下，身體的意象也有著極爲不同的呈現。

　　因此本文的結論便以「無心任順的身體」、「性分決定下的身體」、「解構天道下的身體」以及「意象解構下的身體」作一個尾聲：

壹、無心任順的身體

　　縱觀郭象思想，對於身心的關注是不同的。「無心」思維是郭象方法論的重點，逍遙的完成需要仰賴無心的操作，無心同時也是堯舜「治天下」的方法。更可以說是郭象理論中，銜接「逍遙」與「治世」的樞紐。

　　因此，郭象思維中，要完成「遊外宏內」，同時又要能夠「順應萬物」、「迹

冥圓融」，往往必須要靠著「無心」的提點來達成。因此「無心」可說是郭象達至內聖外王的基礎。而「無心」也提供了郭象思維裡，對外、內界線泯除的可能。「山林／廟堂」、「遠／近」「遊外／宏內」成了可以交流的同一論述。

故而無心成了郭象的實踐方法，在「無心」的提出下，郭象的工夫，並非契入「道」的形上根源之中，而是落實於人間世中隨時俯仰。因此，「無心」的進行，也並不在道心的開顯上著力，而是在如何體化合變〔註1〕、應赴順時上展現其作用。因此「無心」具有一種順應生活世界中萬事萬物變化的特徵，他是在現實人間落實的方法。所謂「體玄而極妙者，其所以會通萬物之性，而陶鑄天下之化，以成堯舜之名者，常以不為為之耳」，郭象乃以「無心」通向生活世界的「有」，以不牽動於「生活世界」，表現「無心」的作用。因此「無心」不能脫離生活世界自存。

既然「無心」的操作背景離不開生活世界，那麼回到現實人間的「我」，則必然要符合現實人間的調和節制，因此無心同時也有著這樣的樣貌：「唯無心而不自用者，為能隨變所適而不荷其累也」、「無心而應，其應自來，則無往而不可也」、「夫無心而應者，任彼耳，不強應也」。所謂「不自用」、「無心而應」、「不強應」意味主體克制自我私慾，以順應現實環境事事物物的變化。因此「無心」無疑是一種對「為」的解構。放在聖人角度上看，無心對「為」的解構，即有著君主絕對權力解構的樣貌。故而無心系統無疑的重新塑造一個新的「君／臣」、「國／民」之關係。而這樣的「君／臣／國／民」之關係，有著上位者絕對權力的鬆綁的樣貌。執政者藉著「無心」的運作，卸下自己的絕對高位的態度，重新以「會通萬物之性」、「陶鑄天下之化」的角度，將自己拉到與萬物等齊的立場上來看待萬物，與物冥合、各任其性。

但若相應於身體面貌來看，在「無心」系統下，身體的節制往往成為郭象的著力之處。身體在生活世界中的實踐，往往也是在節制層面上呈現；而非在主體修行上呈現，「遺身而自得」、「苔焉解體」，身體成了可遺、可解之物。

〔註1〕 見〈逍遙遊〉注：「夫聖人之心，極兩儀之至會，窮萬物之妙數。故能體化合變，無往不可，旁礴萬物，無物不然。世以亂故求我，我無心也。我苟無心，亦何為不應世哉！然則體玄而極妙者，其所以會通萬物之性，而陶鑄天下之化，以成堯舜之名者，常以不為為之耳。孰弊弊焉勞神苦思，以事為事，然後能乎！（「之人也，之德也，將旁礴萬物以為一世蘄乎亂，孰弊弊焉以天下為事」句後注）」

　　儘管《莊子》往往也重視到身體有可能的陷溺，有「一受其成形，不亡以待盡」的體悟，但莊子工夫修行的模式，不論是用心若境、知之濠上、鯤化鵬、庖丁解牛、眞人眞知等等，都是一種全身參予下的境界，是切身眞實的「我」之體悟。所以《莊子》的工夫修行，是一種全身參予的過程，因此具有經驗上的轉進，同時也具有境界上的圓成。「主體／身體」是渾然一體，是生命歷程、修行歷程中的共在。因此《莊子》的身體，有著豐富的樣貌，以及擁有多種可能。如何完成這些可能，端賴修行者自身之主體行爲。因此「主體／身體」有著緊密的聯結，以及深刻的生命動力。

　　然而郭象的「無心」系統，因其「雖涉至變而未始非我」、「唯感之從，汎乎若不繫之舟，東西之非己也」。主體「我」在眾物流變當中，採取一種抽離的不介入狀態。因此「無心」反而有著解構主體的特色，而郭象的身體，在「無心」的操作下，也成爲一「無心則一切逍遙」下的隱性存在。因此，就工夫面向來看，「身體／主體」的部份並不是郭象所特別重視的。因爲郭象的工夫策略並非是建立在一個全身型態的「身體／主體」之結構，而是剛好相反，他的重點在於「無掉身」的提出，就像郭象所說的：「夫形充空虛，無身也，無身，故能委蛇。委蛇任性，而悚懼之情怠也。(〈天運〉注)」、「欲令無其身，忘其國，而任其自化也。(〈山木〉注)」。

　　因此，在無心觀的壟罩下，「身體／主體」有著弱化的傾向。而適性思維的引入，更穩固了無心系統的操作。因爲只要安於個人之性分，即是順應天理之展現。所以，從郭象的無心思維來看，「無心」下的身心關係，其結構已然不是莊子工夫前：「身體／形軀」、工夫後：「身體／主體」的結構，而是轉化成工夫前：「心／有身」，工夫後：「無心／無身」的模式。

　　這樣的轉變所呈現最大的不同是，《莊子》支離身體的思維，背後相應的是艱苦的工夫歷程。而無心思維的達成，則偏向「唯乎一心」的思辯。聖人透過「無」掉「心」的工夫，便可以不與物相刃相靡，成就帝王之道。然而，以「無心」的方式要達到身體執著的瓦解，無疑的將使得身體的「遊」之體現走向理論化與思維化的傾向。同時使得莊子重視實踐面向的哲學思維，以及「身體／主體」的哲學本體論思維，逐步轉變爲理論上的思辯。這樣的轉型，也使得莊子的修身哲學，成爲一種理論層面上的思辯，而非實踐層面上的工夫。因此，具體身體工夫修養上的生命實踐歷程，已非其義理所強調的，而其義理所強調的，則是心上的「無」與「忘」之工夫。

除此之外,「無心任順」也彰顯了一種客體之流的強勢,客體的力量在這裡無疑是被強化的。但不可否認,單方面的強化客體流變相較於莊子主客兩全的融合,難免在工夫歷程中顯得單向度且片面。

所以本文從一個「身體——工夫」的觀點來解讀郭象,發現郭象將《莊子》哲學實踐面相轉向思辨面相的改造,將逍遙轉向成在「唯乎一心」上證成的邏輯思辨,與《莊子》思想所預設身心體驗的面向有意無意之間即遭受忽視。因此,從工夫角度上看,《莊子注》相較於《莊子》的確是有著弱化工夫的傾向的。而以「身體——工夫」角度來觀看郭象,郭象思維對「心」的重視,相應於透過身體實踐的功夫歷程來說,的確是透顯著某種無力感。

換句話說,就一個身體立場來看,《莊子注》對《莊子》進行的改造,其解構層面或許反而多於詮釋層面。因此,儘管郭象哲學在某個部分的確帶領道家思維到某個理論的制高點。但不可否認的,郭象哲學卻也使《莊子》學對「身心」共同的重視走向一個以「心神」優位化的局面。這對《莊子》學來說是一種開創,但卻也無疑是種失落。

貳、性分決定下的身體

「適性」系統是郭象思維中最基礎的架構。適性是一種「自我」的認定,讓物回到物本身,以其天生稟賦樣貌,向我們呈現其自己。因此適性是自我如何定位的標準。同時也是「人」應當擺放在何處、處在何種位置的指標。

而郭象所謂的適性,「性」是與生俱來的,長短壽夭、愚智聾盲、富貴窮達都在「性分」的指標義下而具有絕對的樣貌,故曰:「夫長者不為有餘,短者不為不足,此則駢贅皆出於形性,非假物也。(〈駢拇〉注)」。因此「性」是人從生命初始到終了的一切依憑。

而人之所以為「人」,乃因具有人身。身體是所有關係網絡中的定位點,一個人在出生具有人身的那一刻,便決定了他是高門貴族、或是一介貧士;是歸屬於此一宗族、或屬於庶出旁支;是皇親國戚,或是平民百姓……這種種的關係定位,都在具有人身的那一刻已然注定。甚至擴大來說,人處於何種家族風氣或是族群文化,會受到何種文化的薰習或是接受何種道德觀的鑄造……這屬於社會層面的影響,也都因為我們具有此一人身而有著內外交互辯證的可能。

　　因此「適性」該「適」何種「性」，便因人身的具存而被認定。故而適性思維與身體之間，有著極爲緊密的關聯。就像《釋文》中所錄王叔之之言：「性者，受生之質；德者，全生之本。駢拇枝指，與生俱來，故曰出於性。(〈駢拇〉)」王氏此處便清楚的點明「性」與「生」之間的關係，「性」是與生俱來的，在身體出現、生命出現的那一刻，「性」就已然決定，因此「性」具有本質意義，是「受生之質」。或可這麼說，身體的存在，是「適性」的基礎；而適性的思維，是決定身體走向的指標，兩者相輔相成。

　　而此處所說：「適性思維是決定身體走向的指標」，此乃郭象適性思維的寫照。郭象適性思維認爲「性」是決定生命型態的指標。人生的意義都在「性」之下彰顯。因此郭象不斷講述「得性」、「任性」、「盡性」：

　　　夫小大雖殊，而放於自得之場，則物任其性，事稱其能，各當其分，逍遙一也，豈容勝負於其間哉！(〈逍遙遊〉篇目注)

　　　各以得性爲至，自盡爲極也。向言二蟲殊翼，故所至不同，或翱翔天池，或畢志榆枋，直各稱體而足，不知所以然也。今言小大之辯，各有自然之素，既非跂慕之所及，亦各安其天性，不悲所以異，故再出之。(〈逍遙遊〉：「且適南冥也。斥鴳笑之曰：『彼且奚適也？我騰躍而上，不過數仞而下，翱翔蓬蒿之間，此亦飛之至也。而彼且奚適也？』」此小大之辯也」句後注)

安於天性、足於本性、接受命定，並且在性分的決定下，安於小大的差異，這是郭象對生命歷程所抱持的態度。在這樣的「安性」思維下，種種差異性都被認同，差異不再成其爲差異，因而泯除其差異對比，呈現一種無小大、無壽夭、無貴賤、無勝負、無是非、無生死……的混同。因此，「適性」可說是郭象對《莊子》「逍遙」境界的另一種詮釋與開創，它讓天地事物各自回返自「身」，觀看自身的價值與能力，視種種生發的現象和能力，皆是本身所固有。而不落陷於物物的對比行爲中。並因爲這回返自身、自足自身，而進入到生命的「無待」當中。

　　所以郭象的「性」，是與「適」相提並論的。意即是不論小大、是非、高下、貴賤、天人……所有一切二元對立以及層級高低等等概念，通通都在「適性」的籠罩下冥合爲一。「性」是人生歷程的基礎，是人生來即必須完足的方向。因此郭象之「性」實含有「必然性」意義在其中。「性」成了必須去「適」的規範。

故而郭象重視「性各有極〔註2〕」，認爲每個人都有各自的性分，也都各自有性分的極處，只要了解自我性分的區間以及極處，並安於此區間當中，不企羡、不外求、不相歧，那麼就可以得到生命的滿足，生命就可進入無待、無求、無悲、無喜當中，獲得逍遙。

然而，也因爲性各有極，因此安於極處，在極處之內成就自我，便成爲個體生命發展的模式。而性分區間的決定，又來自於身體生成的那一刻，身體的具存決定了性分的發展，「性分」高低也往往取決於身體的位置，可以說，身體成了性分的指標。

而性分的區間一旦被認定〔註3〕，在適性思維的壟罩下，主體即必須依憑「性分」的指標義，而決定其可能。所以「性分」儘管是一種回到自身去滿足，但卻同時也帶有限定性意義，萬物必須依循各自的類別與際遇來完成歷時生命。而每一種際遇與類別又不可橫跨不可突破，萬物都必須去遵守依循這與生即定的性分類別。所以，身體修爲的種種可能，在郭象這裡反而是被弱化的。

而逍遙境界，在郭象這裡也轉型成爲「一適性則一切逍遙」，而「適性」又與「無心」緊密聯結。因此也往往呈現出「一無心則一切逍遙」的樣貌，在這樣的轉型下，身體的體知可能、身體對場域的投入、以及身體對生命的參與、或是身體在《莊子》的生命歷程中所呈現的工夫深度與廣度，在郭象這裡都同樣被弱化了。

除此之外，只要一談到工夫，就必然會有工夫深淺問題。但郭象「適性逍遙」的要點，卻是在「如何安住差異」上講，因此，在郭象適性的壟罩下，身體如何安住於各自的差異性，以及由身體所決定的種種關係網絡、貴賤差

〔註2〕 見〈逍遙遊〉注：「夫年知不相及若此之懸也，比於衆人之所悲，亦可悲矣。而衆人未嘗悲此者，以其性各有極也。苟知其極，則毫分不可相跂，天下又何所悲乎哉！夫物未嘗以大欲小，而必以小羡大，故舉小大之殊各有定分，非羡欲所及，則羡欲之累可以絕矣。夫悲生於累，累絕則悲去，悲去而性命不安者，未之有也。（「楚之南有冥靈者，以五百歲爲春，五百歲爲秋；上古有大椿者，以八千歲爲春，八千歲爲秋」句後注）」

〔註3〕 這個「性分區間」的認定，包括：家族、身分、地位、血緣等等關係網絡。儘管郭象對於性分「如何」認定並沒有多做解釋，但根據郭象的行文，本文認爲性分的認定脫離不了關係網絡的定位，簡單來說即是身在何種關係中，即擁有何種性分。君王有君王的性分，包隸有包隸的性分、臣有臣的性分、妾有妾的性分、貴族有貴族的性分、平民有平民的性分……在這種種關係網絡中，性分的差異性於焉彰顯。而關係網絡是絕對的，因此性分也具有絕對性。

別……等等均被泯除。所有的差異都成了混同。然而這樣的差異混同，映射回工夫面相來看，無疑地呈現這樣的面貌：透過身體所實踐的工夫不再彰顯出其力道與意義，而《莊子》透過工夫所完成的境界，在郭象這裡也轉型成一種思辯型態的境界，只要透過心靈上的「適性」以及「無心玄應」，便可得到逍遙的境界。

這樣的轉變也讓我們不得不承認，《莊子》修行者透過工夫所能達到的聖人境界，在郭象這裡卻成了一種聖凡殊途；聖凡之間由艱苦工夫所可能完成的相通，在「適性」的壟罩下，卻成了氣稟的絕對論。能不能成聖，是氣稟的問題，而不再是工夫實踐的問題。

參、解構天道下的身體

郭象提出一個「玄冥之境」的概念以處理萬物共生的根據問題，但在郭象思維中，最高道體是不存在的，物物皆為自生自爾的狀態，所以在工夫的呈現上是任而不助的態度。而處在玄冥之中的物物，郭象給予它們的關係是相因獨化之關係。

郭象試圖為玄冥理境之中的物物，卸除掉其類別差異，以達到一種和諧共構的狀態。而郭象達到這樣和諧共構的努力，便是以遣之又遣的減損方式，減損掉物物之間的關連性、差異性，配合著「無心」與「適性」的操作，讓彼我達到無彼無我的境界，而這個境界既然無彼無我、當然不會再有小大、壽夭、貴賤、是非甚至方內方外等等差異性類別，因此彼我是一種玄同的方式共處。這也就是郭象完成和諧共構的模式。

然而，不可否認，觀看郭象的雙遣方式，大多偏重在心念意識上來操作。因此玄冥理境中的彼我玄同之完成，也偏向一個心念認知上的減損作用，減損掉意識上的是非觀念，以及彼我之別。在這樣的方式下，身體的意義，也必須奠基在心念意識的認知上才顯出其意義，也即是前所言的「心神」的優位化局面。

而玄冥境界，帶有任獨的特質，面對事物的走向，玄冥所給出的態度便是任之、順之、隨天安之的特性。在這樣的認知下，玄冥理境中的物物，是沒有任何的作用力在其中作用的，物物彼此之間也處在一個「獨化相因」的關係下。所謂「獨化」，是指每一個個別事物均是獨立自足的存在。而這個獨立自足的存在，強調其與其它事物不具有因果性關聯關係，只有某種幽微的

藕斷絲連之關係，這關係稱作「相因」。而獨化與相因，是郭象解除物與物之間的因果有待，讓有待轉化成無待的方式。

因此，儘管郭象給出一個「玄冥」的理境，但玄冥的無作用力、無創造力，更顯像出一個類似空無道體的存在。進入這個境界的事物，彼此與彼此是相因獨化的，而彼此與彼此都是「莫不自爾」的。根源性道體的存在，在玄冥之下是被否定掉的。因爲，玄冥代表了一種泯除類別差異的存在，亦即「遭逢什麼樣的境遇，即冥於此種境遇，使所有的境遇都能從關係網中脫離，各自獨立〔註4〕。」因此玄冥之下的玄同彼我之所以可能，其前提就是根源性造物者的否定，只要斬斷根源上的造物者，那麼萬物由根源所連結出的關係便可斬斷，萬物便可回到本身自足之中，並安於此境遇。所以在郭象那裡，作爲整體存在界的總原理意義下的道體是不存在的，存在的只是物自生爾的個物自性而已，這也即是郭象所特別架構出的「自生」之境。

而回到工夫角度來看，玄冥理境既然否定道體的存在意義，那麼一切價值上的言談便缺乏了形上的依據，價值的活動便完全是個物自性的自我定位，並且這個自我定位依然缺乏超越的根據，沒有任何一個層次的原理可以作爲這個價值活動的根據，只有氣稟與性分爲其最後的標竿。那麼人生活動的意義就成爲只是個人依其適性之自況而取其作爲之方向了〔註5〕。在這樣的情形下，——工夫——旨在提升存有者境界，企求其儘可能地與道體合一的努力，也就只能在個物自性之原有層次上打轉，而弱化掉其提昇境界的動力。

肆、意象解構下的身體

《莊子注》以「寄言出意」的方式爲其書寫策略。在他的注文中可以明顯發現，《莊子》書中故事的給出、神話的創造，以及在書寫中廣泛使用的意象和隱喻，其利用跌宕多彩之姿所開顯的一場場揭蔽、使存在朗現的策略，在郭象寄言出意的系統下，卻被弱化了。《莊子》所營構出的故事景觀以及詩意興發，在郭象這裡與「理」遭逢之後，其豐富意象無疑地被代換成抽象的理解了。郭象淡化了意象的經營，採納了抽象之理的敘述。他透過這樣一場

〔註4〕 見楊儒賓著：〈向郭莊子注的適性說與向郭支道林對於逍遙義的爭辯〉，收錄於《史學評論》，第 9 期，1983 年，頁 119。

〔註5〕 見杜保瑞著：〈魏晉玄學中的基本哲學問題〉（下），收錄於香港《人文論壇》2001 年 4 月，第 88 期，香港人文哲學會出版，頁 3。

場寄言出意的過程，將《莊子》由詩意意涵轉向《莊子注》的言理模式。而故事裡透過意象表述所傳達出的豐富身體知覺，以及彼我透過共有的身體經驗，而能夠跨越時空相互「體知」的傳達與返照，也在身體形容的弱化下，呈現出一種意象減少的身體表意。因此，在意象的弱化下，身體也同時失去其訊息的表達以及作為接收、體知的意義。

　　那麼若回到一個注家立場來看，郭象對《莊子》的詮釋，是說出了自己？亦或是說出了《莊子》？他對《莊子》進行的是一場解其深義的闡發？亦或是一場大異其趣的根本改造？其答案已然是不說自明的，而此處或許更可以用楊儒賓先生的這段話來做結，他是這麼說的〔註6〕：

　　　　與其將《莊子注》視做闡幽發微的注解作品，還不如將它看成自鑄
　　　　偉辭、自成一家之言的思想巨著。……《莊子》語言的表面意義有
　　　　時候是不能太執實的。其實，《莊子注》又何嘗能執實？它何嘗不是
　　　　另一種型態的「寄言出意」？它雖寄莊子之言，但所出之意卻不見
　　　　得是莊子的──是向郭的。

〔註6〕　見楊儒賓著：〈向郭莊子注的適性說與向郭支道林對於逍遙義的爭辯〉，收錄
　　　　　於《史學評論》，第9期，1983年，頁127。

參考書目

一、古籍原典

1. 《禮記正義》,《十三經注疏·整理本》,台北:台灣古籍出版,2001 年。

2. 〔漢〕董仲舒著,周桂鈿等譯注:《春秋繁露》,濟南市:山東友誼出版社,2001 年。

3. 〔漢〕劉安撰,高誘注:《淮南子》。台北:藝文印書館印行,1951 年。

4. 〔漢〕董仲舒:《春秋繁露》,台北,三民書局,2007 年 2 月。

5. 〔晉〕陳壽:《三國志》,鼎文書局,1997 年 5 月。

6. 〔晉〕陶潛撰,〔清〕陶澍集註:《陶淵明全集》,台北:新興書局印行,1956 年。

7. 〔梁〕釋慧皎撰:《高僧傳》。台北:廣文書局印行,1971 年。

8. 〔唐〕房玄齡等:《晉書》,北京:中華書局,1998 年 3 月。

9. 〔唐〕王冰注:《黃帝內經素問》,台北:商務印書館印行,1975 年。

10. 〔宋〕朱熹:《四書集注》,藝文印書館,1996 年 4 月。

11. 〔清〕王先謙撰、(民國)劉武撰:《莊子集解、莊子集解內篇補正》,台北:漢京文化,1988 年 12 月。

12. 〔清〕郭慶藩撰:《莊子集釋》,台北:鼎淵文化,2001 年 12 月。

13. 〔清〕王夫之:《莊子通·莊子解》,台北:里仁書局,1984 年 9 月。

14. 《無求備齋·莊子集成初編》方以智:《藥地砲莊》,藝文印書館據民國 21 年成都美子林排印本影印。

15. 樓宇烈:《王弼集校釋》,台北:華正書局,1992,年 12 月。

16. 王弼著、樓宇烈校釋:《老子周易王弼注校釋》,臺北:華正書局,1981

年 9 月。

17. 楊伯峻：《列子集釋》，北京：中華書局，1997 年 10 月。

18. 李滌生：《荀子集釋》，台北：台灣學生書局，1994 年 10 月。

19. 余嘉錫：《世說新語箋疏》，華正書局，1993 年 10 月。

20. 戴明揚：《嵇康集校注》，台北：河洛圖書，1978 年 5 月。

21. 嚴可均校輯：《全上古三代秦漢三國六朝文》，北京：中華書局，1958 年。

22. 王利器校注：《風俗通義校注》，台北：明文書局，1982 年。

23. 于省吾主編：《甲骨文字詁林》，北京：中華書局出版 1999 年 12 月。

24. 吳家駒注譯，黃志民校閱：《新譯人物志》，台北：三民書局 2003 年 5 月。

二、近人專著（依作者姓氏筆畫順序排列）

1. 小野澤精一、福永光司、山井湧編，李慶譯：《氣的思想──中國自然觀和人的觀念的發展》。上海：人民出版社，1999 年 4 月。

2. 孔繁：《魏晉玄談》。遼寧教育出版社，1995 年 6 月。

3. 尤雅姿：《魏晉士人之思想與文化研究》，文史哲出版社，1998 年 9 月。

4. 王志弘：《流動、空間與社會》。台北：田園城市文化事業 1998 年 11 月。

5. 王邦雄：《中國哲學論集》。台北：學生書局，1990 年 2 月。

6. 王邦雄：《儒道之間》，漢光文化事業公司，1986 年 8 月。

7. 王邦雄：《儒道之間》。台北：漢光文化事業公司，1989 年 10 月。

8. 王叔岷：《莊子校詮》。台北：商務印書館，1994 年 4 月。

9. 王葆玹：《玄學通論》。五南圖書出版公司，1996 年 4 月。

10. 任繼愈等：《中國哲學史》。北京：人民出版社，1990 年 3 月。

11. 任繼愈編：《中國哲學發展史·魏晉南北朝》。北京：人民出版社，1988 年 4 月。

12. 印順法師：《中觀論頌講記》。台北：正聞出版社，1985 年出版。

13. 朱大渭：《魏晉南北朝社會生活史》。北京：中國社會科學出版，1998 年。

14. 牟宗三：《才性與玄理》。台北：學生書局，1989 年 10 月。

15. 牟宗三：《中西哲學之會通十四講》。台北：學生書局，1990 年 3 月。

16. 牟宗三：《中國哲學十九講》。台北：學生書局，1989 年 2 月。

17. 牟宗三：《心體與性體》（一）（二）。台北：正中書局，1989 年 5、6 月。

18. 牟宗三：《圓善論》。台北：台灣學生出版，1985 年。

19. 牟宗三：《圓善論》。學生書局，1996 年 4 月。

20. 牟宗三講述、陶國璋整構：《莊子齊物論義理演析》。香港：中華書局，

1998 年 10 月。

21. 余英時：《士與中國文化》。上海：上海人民出版社，2003 年 9 月。

22. 余英時：《中國知識階層史論‧古代篇》。台北：聯經出版事業公司，1993 年 5 月。

23. 余英時：《中國思想傳統的現代詮釋》。台北：聯經出版事業公司，1993 年 9 月。

24. 余敦康：《王弼何晏玄學新探》。山東：齊魯書社，1991 年 7 月。

25. 余敦康：《魏晉玄學史》。北京大學出版社，2004 年 12 月。

26. 吳怡：《逍遙的莊子》。東大圖書公司，2001 年 2 月。

27. 吳冠宏：《聖賢典型的儒道義蘊試詮》，里仁書局，2000 年 11 月。

28. 吳冠宏：《魏晉玄義與聲論新探》，里仁書局，2006 年 3 月。

29. 李建中、高華平：《玄學與魏晉社會》，河北人民出版社，2003 年 1 月。

30. 李建中：《亂世苦魂——世說新語時代的人格悲劇》。東方出版社，1998 年 3 月。

31. 李建中：《魏晉文學與魏晉人格》。湖北教育出版社，1998 年 9 月。

32. 李建民：《死生之域——周秦漢脈學之源流》。臺北：中研院史語所，2000 年。

33. 李清筠：《時空情境中的自我影像——以阮籍、陸機、陶淵明詩為例》。臺北：文津出版，2000 年。

34. 李清筠：《魏晉名士人格之研究》。文津出版社，2000 年 10 月。

35. 李鈞：《存在主義文論》。濟南：山東教育出版社，1999 年。

36. 李豐楙、劉苑如主編：《空間、地域與文化——中國文化空間的書寫與闡釋》。臺北：中研院文哲所，2002 年 12 月。

37. 汪民安：《福柯的界限（The Limits of Michel Foucault）》。北京：中國社會科學出版，2002 年 7 月。

38. 汪民安：《福柯的面孔（The Faces of Foucault）》。北京：文化藝術出版社，2001 年 9 月。

39. 汪民安編：《身體的文化政治學》。開封：河南大學出版社，2004 年 7 月。

40. 汪民安編：《後身體：文化、權力和生命政治學》。長春：吉林人民出版社，2003 年 12 月。

41. 周大興：《自然‧名教‧因果》。中央研究院中國文哲研究所，2004 年 11 月。

42. 周與沉：《身體：思想與修行》。中國社會科學出版社，2005 年 1 月。

43. 林安梧：《中國宗教與意義治療》。台北：明文書局，1996 年 4 月。

44. 林安梧：《存有・意識與實踐》。台北：東大圖書公司 1993 年 5 月。

45. 林安梧：《新道家與治療學》。臺灣商務印書館，2006 年 8 月。

46. 林明照：《先秦道家的禮樂觀》。台北：五南書局，2007 年 9 月。

47. 林聰舜：《向郭莊學之研究》。文史哲出版社，1980 年 12 月。

48. 林聰舜：《莊子・郭象注導讀》。台北：金楓出版社。

49. 洪漢鼎：《重新回到現象學的原點——現象學十四講》。北京：人民出版社，2008 年 9 月。

50. 洪修平釋譯：《肇論》。臺北：佛光文化，1997 出版。

51. 唐君毅：《中國哲學原論・原性篇》。九龍：新亞書院民 57 年二月。

52. 唐君毅：《中國哲學原論・原道篇》（卷一）（卷二）（卷三）。台北：學生書局，1986 年 10 月。

53. 唐君毅：《中國哲學原論・導論篇》。台北：學生書局，1986 年 9 月。

54. 唐君毅：《哲學概論》。學生書局，1989 年 10 月。

55. 唐翼明：《魏晉清談》。台北：東大圖書公司，1992 年 10 月。

56. 孫中峰：《莊學之美學義蘊新詮》。台北：文津出版，2005 年 12 月。

57. 徐復觀：《中國人性論史・先秦篇》。台北：商務印書館，1988 年 11 月。

58. 徐復觀：《中國思想史論集》。台北：學生書局，1988 年 2 月。

59. 徐復觀：《中國藝術精神》。台北：學生書局，1984 年 10 月。

60. 徐復觀：《兩漢思想史》（一）（二）（三）。台北：學生書局，1990 年 2 月、1989 年 9 月、1989 年 2 月。

61. 耿占春：《失去象徵的世界——詩歌、經驗與修辭》。北京：北京大學出版社，2008 年 4 月。

62. 馬小虎：《魏晉以前個體「自我」的演變》。北京：中國人民大學出版社，2004 年。

63. 高華平：《魏晉玄學人格美研究》。成都：巴蜀書社，2000 年 8 月。

64. 高樂田：《神話之光與神話之鏡》。北京：中國社會科學出版社，2004 年 4 月。

65. 康中乾：《有無之辨——魏晉玄學本體思想再解讀》，北京：人民出版社，2003 年。

66. 張文喜：《自我的建構與解構》。上海：人民出版社出版，2002 年 11 月。

67. 張世英：《天人之際——中西哲學的困惑與選擇》。北京：人民出版社，1995 年。

68. 張立文：《中國哲學範疇發展史》（天道篇）。台北：五南圖書出版公司，1996 年 7 月。

69. 張立文：《和合哲學論》。人民出版社，2004 年 12 月。

70. 張立文主編：《中國哲學範疇精粹叢書（一）心》。台北：七畧出版 1996 年 11 月。

71. 張立文編：《氣》。北京：中國人民大學出版社，1990 年 12 月。

72. 張光直：《考古學專題六講》。台北縣：稻鄉出版社，1993 年 10 月。

73. 張祥龍：《海德格爾思想與中國天道——終極視域的開啓與交融》。北京：三聯書店，1996 年 9 月。

74. 張隆溪：《五色韻母——從兩本書開始的神奇旅程》。台北：大塊出版，2008 年 11 月。

75. 張隆溪：《道與邏各斯》。成都：四川人民出版社，1998 年。

76. 張榮明：《中國古代氣功與先秦哲學》。台北：桂冠圖書，1992 年 1 月。

77. 張蓓蓓：《中古學術論略》。大安出版社，1991 年 5 月。

78. 張蓓蓓：《魏晉學術人物新研》。大安出版社，2001 年 12 月。

79. 張艷艷：《先秦儒道身體觀與其美學意義考察》。上海：上海古籍出版社，2007 年 6 月。

80. 莊耀郎：《郭象玄學》。台北：里仁書局，1998 年 3 月。

81. 許抗生：《魏晉思想史》。台北：桂冠圖書公司，1995 年 1 月。

82. 許抗生等：《魏晉玄學史》。陝西師範大學出版社，1989 年 7 月。

83. 郭沫若：《卜辭通纂》。台北：大通書局，1976 年 5 月版。

84. 陳昌明：《沉迷與超越——六朝文學之感官辯證》。台北：里仁書局，2005 年 11 月 10 日。

85. 陳冠學：《莊子新注（內篇）》。台北：東大圖書，1989 年 9 月。

86. 陳榮華：《海德格存有與時間闡釋》。台北：台大出版中心。

87. 陳榮華：《葛達瑪詮釋學與中國哲學的詮釋》。台北：明文書局，1998 年 3 月。

88. 陳德和：《道家思想的哲學詮釋》。台北：里仁書局，2005 年 1 月。

89. 陶建國：《兩漢魏晉之道家思想》。文津出版社，1990 年 3 月。

90. 章啓群：《論魏晉自然觀》。北京大學出版社，2000 年 8 月。

91. 傅偉勳：《從西方哲學到禪佛教》。台北：東大圖書公司，1991 年 2 月。

92. 勞思光：《新編中國哲學史》。臺北：三民書局，1991 年。

93. 湯一介：《在非有與非無之間》。正中書局，1995 年 9 月。

94. 湯一介：《郭象》。台北：東大圖書公司，1999 年 1 月。

95. 湯一介：《郭象與魏晉玄學》。台北：谷風出版社，1987 年 3 月。

96. 湯用彤:《理學・佛學・玄學》。淑馨出版社,1997 年 1 月。

97. 賀昌群・劉大杰・袁行霈著《魏晉思想》(甲編三種)。台北:里仁書局,1995 年 8 月。

98. 黃金麟:《歷史、身體、國家》。臺北:聯經出版社,2001 年 1 月。

99. 黃聖平:《郭象玄學研究——沿著本性論的理路》。北京:華齡出版社,2007 年 5 月。

100. 黃錦鋐:《莊子及其文學》。台北:東大圖書公司,1984 年 9 月。

101. 黃錦鋐:《郭象》。台北:商務印書館,1987 年 8 月。

102. 黃應貴:《空間、力與社會》。台北:中央研究院民族學研究所 1995 年 12 月。

103. 楊義:《楊義文存・第一卷:中國敘事學》。北京:人民出版社,1997 年 12 月。

104. 楊大春:《感性的詩學——梅洛龐蒂與法國哲學主流》。北京:人民出版社,2005 年 4 月。

105. 楊大春:《語言・身體・他者——當代法國哲學的三大主題》。北京:三聯書店,2007 年 11 月。

106. 楊柳:《漢晉文學中的《莊子》接受》。四川:巴蜀書社,2007 年 11 月。

107. 楊國榮:《莊子的思想世界》。北京:北京大學出版社,2006 年 10 月。

108. 楊儒賓、何乏筆主編:《身體與社會》,唐山出版社,2004 年 12 月。

109. 楊儒賓、祝平次編:《儒學的氣論與工夫論》,台北:台灣大學出版中心,2005 年 9 月。

110. 楊儒賓、黃俊傑編:《中國古代思維方式探索》。臺北:正中書局,1996 年。

111. 楊儒賓:《中國古代思想中的氣論及身體觀》。臺北:巨流出版社,1993 年。

112. 楊儒賓:《莊週風貌》。台北:黎明文化,1991 年。

113. 楊儒賓:《儒家身體觀》。臺北:中研院文哲研究所,1996 年 11 月。

114. 葉朗《現代美學體系》。台北:書林,1993 年 8 月。

115. 葉舒憲:《莊子的文化解析》。陝西:陝西人民出版社,2005 年 5 月。

116. 寧稼雨:《魏晉風度——中古士人生活行爲的文化意蘊》。北京:東方出版社,1996 年 12 月。

117. 蒙培元:《中國心性論》。台北:學生書局,1996 年 3 月。

118. 蒙培元:《中國哲學主體思維》。北京:東方出版社,1994 年 6 月。

119. 劉大杰:《魏晉思想論》。臺北:臺灣中華書局,1993 年 2 月。

120. 劉苑如：《身體‧性別‧階級——六朝志怪的常異論述與小說美學》。臺北：中研院文哲所，2002 年。

121. 劉榮賢：《莊子外雜篇研究》。台北：聯經出版，2004 年 4 月。

122. 蔡忠道：《魏晉儒道互補之研究》。文津出版社，2000 年 6 月。

123. 蔡璧名：《身體與自然——以《黃帝內經素問》>爲中心論古代思想傳統中的身體觀》。台北：國立台灣大學出版，1997 年 4 月。

124. 鄭世根：《莊子氣化論》。台北：學生書局，1993 年 7 月。

125. 鄭金川：《梅洛——龐蒂的美學》。臺北：遠流出版社，1993 年 9 月。

126. 鄭毓瑜：《六朝情境美學》。台北：里仁書局，1997 年 12 月。

127. 鄭毓瑜：《性別與家國——漢晉辭賦的楚騷論述》。臺北：里仁，2000 年。

128. 魯迅‧容肇祖‧湯用彤著《魏晉思想》（乙編）。台北：里仁書局，1995 年 8 月。

129. 盧桂珍著：《慧遠、僧肇聖人學研究》。台北：台灣大學出版，91 年 10 月。

130. 盧國龍：《郭象評傳》。廣西教育出版社，1996 年 8 月。

131. 錢穆：《中國思想史》。台北：學生書局，1985 年 11 月。

132. 錢穆：《中國學述思想史論叢》。台北：東大圖書公司，1985 年 10 月。

133. 錢穆：《莊子篹箋》。台北：東大圖書，1985 重印版。

134. 錢穆：《莊老通辨》。台北：三民書局，1973 年 8 月。

135. 錢鍾書：《管錐篇》。書林出版有限公司，1990 年 8 月。

136. 戴明揚：《嵇康集校注》。河洛圖書出版社，1978 年 5 月。

137. 戴璉璋：《玄智、玄理與文化發展》。中央研究院中國文哲研究所，2002 年 3 月。

138. 戴璉璋：《玄智、玄理與文化發展》。中央研究院中國文哲研究所，2002 年 3 月。

139. 謝大寧：《歷史的嵇康與玄學的嵇康》。台北：文史哲出版社，1997 年 12 月。

140. 羅因：《「空」、「有」與「有」、「無」——玄學與般若學交會問題之研究》。台北：國立台灣大學文史叢刊，2003 年 7 月。

141. 羅竹風編：《漢語大詞典》。台北：台灣東華書局，1997 年 9 月。

142. 羅宗強：《玄學與魏晉士人心態》。台北：文史哲出版社，1992 年 11 月。

143. 蘇新鋈：《郭象莊學平議》。台北：學生書局，1980 年 10 月。

144. 龔卓軍：《身體部署——梅洛龐蒂與現象學之後》。台北：心靈工坊，2006 年 9 月。

三、外國著作

1. 〔丹〕丹‧札哈維著，蔡文菁譯：《主體性和自身性──對第一人稱視角的探究》。上海：譯文出版社出版，2008 年 4 月。

2. 〔法〕米歇爾‧福柯（Michel Foucault）著、劉北成、楊遠嬰譯：《規訓與懲罰（SURVEILIER ET PUNIR）》。北京：生活‧讀書‧新知三聯書店，2003 年 1 月。

3. 〔法〕梅洛──龐蒂著劉韵涵譯，張智庭校：《眼與心》。北京：中國社會科學出版社 1992 年 2 月。

4. 〔美〕卡普拉（F.Capra）著朱潤生譯：《物理學之道──近代物理學與東方神秘主義》。北京：北京出版社 1999 初版。

5. 〔美〕約翰‧奧尼爾（John O'neill）著、張旭春譯：《身體形態──現代社會的五種身體（Five Bodies：The Human Shape of Modern Society）》。瀋陽：春風文藝出版社，1999 年 6 月。

6. 〔美〕郝大維（Hall, D.L.）、〔美〕安樂哲（Ames, R.T.）著、施忠連譯：《漢哲學思維的文化探源（Thinking From the Han）》。南京市：江蘇人民出版社，1999 年 9 月。

7. 〔英〕布萊恩‧特納（Bryan S.Turner）著，馬海良、趙國新譯：《身體與社會（The Body and Society）》。瀋陽：春風文藝出版社，2000 年 3 月。

8. 〔德〕榮格著，楊儒賓譯：《東洋冥想的心理學──從易經到禪》。北京：社會科學文獻出版社，2000 年 11 月。

9. Mircea Eliade／著，楊儒賓／譯：《宇宙與歷史──永恆回歸的神話》。台北：聯經出版，2000 年 6 月。

10. W．T．Stance 著，楊儒賓譯：《冥契主義與哲學》。台北：正中書局，1998 年 6 月台出版。

11. 孔恩著，程樹德‧傅大爲‧王道還‧錢永祥譯：《科學革命的結構》。台北：遠流，1994 年。

12. 石田秀實著、楊宇譯：《氣‧流動的身體──中醫學原理與道教養生術》。臺北：武陵出版社，1996 年 2 月。

13. 伊薩克.牛頓（Sir Isaac Newton's）著，王克迪譯：《自然哲學的數學原理》。武漢出版社 1996。

14. 安德魯‧斯特拉桑（Andrew J. Strathern）著、王業偉、趙國新譯：《身體思想（Body Thoughts）》。瀋陽：春風文藝出版社，1999 年 6 月。

15. 米歇爾‧福柯（Michel Foucault）著、錢翰譯：《不正常的人（Les Anormaux）》。上海：上海人民出版社，2003 年。

16. 米德（Mead, G.）著、霍桂桓譯：《心靈、自我與社會（Mind, Self, & Society）》。北京：華夏出版社，1999 年 1 月。

17. 恩斯特・卡西勒著，于曉等譯：《語言與神話》。台北：桂冠圖書 1990 年
8 月。

18. 栗山茂久著、陳信宏譯：《身體的語言——從中西文化看身體之謎（The
expressiveness of the body and the divergence of Greek and Chinese
medicine）》。臺北：究竟出版社，2001 年。

19. 馬丁・海德格著，王慶節、陳嘉映譯：《存在與時間》。台北：桂冠圖書，
1990 年元月初版一刷。

20. 高爾基著，章安祺編定《繆靈珠美學譯文集・第一卷》北京：中國人民
大學出版社 1987 年版。

21. 梅洛龐蒂著，龔卓軍譯：《眼與心》。台北：典藏出版，2007 年 10 月。

22. 理查・桑內特（Richard Sennett）著、黃煜文譯：《肉體與石頭：西方文
明中的人類身體與城市（Flesh and Stone：The Body and the City in Western
Civilization）》。臺北：麥田出版社，2003 年 4 月。

23. 莫里斯・梅洛・龐蒂（Maurice Merleau-Ponty）著、姜志輝譯：《知覺現
象學（Phenomenologie de la perception）》。北京：商務印書館，2001 年。

24. 莫里斯・梅洛・龐蒂（Maurice Merleau-Ponty）著《知覺的首要地位及其
哲學結論》。北京：三聯書店，2002 年 7 月。

25. 詹姆斯・施密特（James Schmidt）著、尚新建、杜麗燕譯譯：《梅洛龐蒂：
現象學與結構主義之間（Maurice merleau-ponty: between phenomenology
and structuralism）》。臺北：桂冠出版社，1992 年。

26. 德穆・莫倫／著，蔡錚雲／譯：《現象學導論》。台北：國立編譯館與桂
冠圖書合作翻譯發行，2005 年 3 月。

27. 歐因斯特・卡西勒（Ernst Cassirer）著、劉述先譯，《論人：人類文化哲學
導論（An essay on man: an introduction to a philosophy of human culture）》。
臺中：東海大學出版，1959 年。

28. 館也正美：〈荀子和莊子對「時空」與「存在」的反思：中國古代哲學思
想的形上學層面〉。《清華學報》新三十五卷第一期，2005 年六月。

29. 黛安・艾克曼（Diane Ackerman）著、莊安祺譯：《感官之旅（A natural history
of the senses）》。臺北：時報文化出版社，1994 年。

30. 羅伯特・奧迪主編，中文版審定召集人：林正弘《劍橋哲學辭典》。台北：
貓頭鷹出版，2002 年。

四、學位論文 （依作者姓氏筆畫順序排列）

1. 王岫林：《魏晉士人之身體觀》，國立中山大學，中國文學系研究所博士
論文，2005 年

2. 王素娟：《魏晉儒道會通思想研究——以向郭跡冥論為中心而展開》，中

央大學中文研究所碩士論文，1993 年。

3. 江建俊：《魏晉玄理與玄風之研究》，文化大學中文研究所博士論文，1987年。

4. 吳冠宏：《魏晉玄論與士風新探──以情爲綰合及詮釋進路》，國立臺灣大學中研所博士論文，1997 年 5 月。

5. 周大興：《王弼玄學與魏晉名教觀念的演變》，文化大學哲學研究所博士論文，1995 年。

6. 周大興：《魏晉玄學中「自然與名教」關係問題研究》，文化大學哲學研究所碩士論文，1990 年。

7. 周翔雯：《時空之下的身體展演──「世說新語」之研究》，中興大學中國文學系碩士論文，2002 年。

8. 林永勝著：《南朝隋唐重玄學派的工夫論》，清華大學中國文學系博士論文，97 年 6 月出版。

9. 林朝成：《魏晉玄學的自然觀與自然美學研究》，臺大哲學所博士論文，1992 年 6 月。

10. 莊耀郎：《王弼玄學》，台灣師範大學國文研究所博士論文，1991 年。

11. 陳昌明：《從形體觀論六朝美學》，臺灣大學中國文學研究所博士論文，1992 年。

12. 劉亞蘭：《可見與不可見的：梅洛龐蒂視覺哲學研究》，國立臺灣大學哲學所博士論文，2003 年。

13. 鄭雪花：《非常的行旅──〈逍遙遊〉在變世情境中的詮釋景觀》，成功大學中國文學研究所博士論文，2005 年 6 月。

14. 盧桂珍：《王弼與郭象之聖人論》，台灣大學中文研究所碩士論文，1992年。

五、期刊論文（依作者姓氏筆畫順序排列）

1. 伍振勳：〈荀子的「身、禮一體」觀──從「自然的身體」到「禮義的身體」〉，《中國文哲研究集刊》，第 19 期，2001 年 9 月。

2. 朱心怡：〈試論魏晉之「自然」思想〉，《逢甲人文社會學報》，第 4 期（2002年 5 月）。

3. 江建俊：〈郭象之形上思想，中華文化復興月刊〉，第 18 卷第 11 期，1985年 11 月。

4. 何乏筆（Fabian Heubel）：〈修身‧個人‧身體──對楊儒賓「儒家身體觀」之反省〉，《中國文哲研究通訊》，第 10 卷第 3 期，2000 年 9 月。

5. 何乏筆（Fabian Heubel）：〈精微之身體：從批判理論到身體現象學〉，《哲

學雜誌》，第 29 期，1999 年夏季號。

6. 余敦康：〈魏晉玄學與儒道會通〉，《宗教哲學季刊》1995 年 1 月 1 日第 1 卷第 1 期。

7. 吳冠宏：〈從余英時〈名教危機與魏晉士風的演變〉一文中「情」之論述 及其商榷談玄論與魏晉士風的合理關涉〉，《東華人文學報》，第 8 期，2006 年 1 月。

8. 吳冠宏：〈從余英時〈名教危機與魏晉士風的演變〉一文中「情」之論述 及其商榷談玄論與魏晉士風的合理關涉〉，《東華人文學報》，2006 年 1 月，第 8 期。

9. 李霖生：〈莊子的身體哲學〉，《第一屆中西風水比較學術研討會：文化與 空間管理的對話》，2005 年 6 月 2 日。

10. 杜正勝：〈形體、精氣與魂魄——中國傳統對「人」認識的形成〉，《新史 學》，2 卷第 3 期。

11. 杜保瑞：〈魏晉玄學中的基本哲學問題〉（上）（下），收錄於香港《人文 論壇》2001 年 3 月第 87 期、2001 年 4 月，第 88 期，香港人文哲學會出 版，

12. 杜維明：〈身體與體知〉，《當代》，第 35 期，1989 年 3 月。

13. 周大興：〈王弼「性其情」的人性遠近論〉，《中國文哲研究集刊》，2003 年 3 月，第 16 期。

14. 林俊宏：〈玄學與政治的對話：郭象《莊子注》的三個關懷〉，《政治科學 論叢》第十六期，2002 年 6 月。

15. 孫世民：〈郭象身體思維研究〉，《國文學誌》第 13 期，2006 年 12 月。

16. 高柏園：〈《人物志》論性之哲學根據與論性傳統〉，《鵝湖月刊》1999 年 2 月總號第 284 期。

17. 張再林：《作為「身體哲學」的中國古代哲學〉，《人文雜志》，2005 年第 2 期。

18. 莊耀郎：〈王弼之有無義析論〉，《國文學報》1992 年 6 月第 21 期。

19. 莊耀郎：〈王弼之聖人論〉，《中國學術年刊》1992 年 4 月第 13 期。

20. 莊耀郎：〈王弼儒道會通理論的省察〉，《國文學報》1994 年 6 月第 23 期。

21. 莊耀郎：〈言意之辨與玄學〉，《哲學與文化》2003 年 4 月總號第 347 期。

22. 莊耀郎：〈魏晉反玄思想析論〉，《國文學報》1995 年 6 月第 24 期。

23. 莊耀郎：〈魏晉玄學家的聖人觀〉，《國文學報》1993 年 6 月第 22 期。

24. 莊耀郎：〈魏晉玄學釋義及其分期之商榷〉，《鵝湖學誌》1991 年 6 月第 6 期。

25. 許尤娜：〈魏晉人物品鑑的一個新尺度——以《世說新語》〈棲逸〉篇為

例〉，《鵝湖月刊》24 卷 4 期，1998 年 10 月。

26. 陳來：〈魏晉玄學的「有」「無」範疇新探〉，《哲學研究》1986 年 9 月 25 日第 9 期。

27. 陳昌明：〈莊子的語言哲學與文學的思考〉，《古典文學》第十集，1988 年 12 月。

28. 陳鼓應：〈王弼體用論新詮〉，《漢學研究》，第 22 卷第 1 期，2004 年 6 月。

29. 陳德和：〈《莊子·齊物論》的終極義諦及其奇詭書寫〉，《文學新論》第三期，2005 年 7 月。

30. 曾春海：〈「氣」在魏晉玄學與美學中的理論蘊義〉，《哲學與文化》2006 年 8 月第 33 卷第 8 期。

31. 湯一介：〈從張湛《列子注》和郭象《莊子注》的比較看魏晉玄學的發展〉，《中國哲學史研究》，1981 年第一期。

32. 楊國榮：〈自由及其限制——魏晉玄學與人的自由〉，《中國文化月刊》，第 177 期，1994 年 7 月。

33. 楊儒賓：〈從「生氣通天」到「與天地同流」——晚周秦漢兩種轉化身體的思想〉，《中國文哲研究集刊》，第 4 期，1994 年 3 月。

34. 楊儒賓：〈變化氣質、養氣與觀聖賢氣象〉，《漢學研究》，第 19 卷第 1 期，2001 年 6 月。

35. 葛紅兵：〈中國思想的一個原初立場——公元 3 世紀前中國思想中「身」的觀念，探索與爭鳴〉，2004 年 12 月。

36. 趙衛民：〈莊子的風神——「逍遙遊」新探〉，《鵝湖月刊》2001 年 9 月第 315 期。

37. 盧桂珍：〈王弼、郭象性情論研考〉，《台大中文學報》，台灣大學中文系，2006 年 12 月。

38. 盧桂珍：〈郭象玄學中涵藏的論證模式——以「待而非待」、「爲而非爲」的分析爲主〉，《哲學與文化》，26 卷第 6 期，2002 年 6 月。

39. 賴錫三：〈《周易參同契》的「先天——後天學」與「內養——外煉一體觀」〉，《漢學研究》，第 20 卷第 2 期（2002 年 12 月）。

40. 賴錫三：〈《莊子》「真人」的身體觀——身體的「社會性」與「宇宙性」之辯證〉，《臺大中文學報》，14 卷（2001 年 5 月）。

41. 賴錫三：〈《莊子》精、氣、神的功夫和境界——身體的精神化與形上化之實現〉，《漢學研究》2004 年 12 月，第 22 卷第 2 期。

42. 賴錫三：〈「當代新道家」與「深層生態學」的形上基礎〉，《揭諦》第二期，1999 年 7 月。

43. 戴璉璋：〈王弼玄學思想的考察〉，《鵝湖學誌》1995 年 6 月第 14 期。

44. 戴璉璋：〈王弼易學中的玄思〉，《中國文哲研究集刊》1991 年 3 月創刊號。

45. 戴璉璋：〈阮籍的自然觀〉，《中國文哲研究集刊》1993 年 3 月第 3 期。

46. 戴璉璋：〈嵇康思想中的名理與玄理〉，《中國文哲研究集刊》1994 年 3 月第 4 期。

47. 龔卓軍：〈身體感：胡塞爾對身體的形構分析〉，《應用心理研究》，第 29 期，2006 春。

六、研討會論文及論文集論文（依作者姓氏筆畫順序排列）

1. 王邦雄：〈莊子心齋觀念的詮釋問題〉，收於林明德策畫：《中國文學新詮釋》，立緒文化事業有限公司，2006 年 8 月。

2. 余敦康：〈從莊子到郭象莊子注〉，收於晨曦主編：《道家思想文化：海峽兩岸道家思想與道教文化研討會論文集》，中華民國宗教哲學研究會，1994 年 3 月。

3. 吳冠宏：〈王弼思想之歷程性的探尋：從聖人無情到聖人有情之轉變的考察〉《台灣東亞文明研究學刊》第 5 卷第 1 期（總第 9 期），2008 年 6 月。

4. 周大興：〈阮籍的名教空間與大人先生的神貴空間〉，收於李豐楙、劉苑如主編：《空間、地域與文化——中國文化空間的書寫與闡釋》（上冊），台北：中央研究院中國文哲研究所，2002 年。

5. 林聰舜：〈玄學式的體制與反體制論述——魏晉思想的一個思考方〉，《魏晉南北朝文學與思想學術研討會論文集·第三輯》，台北：文津出版社，1997 年 9 月。

6. 林麗真：〈王弼「性其情」說析論〉，《王叔岷先生八十壽慶論文集》台北：大安出版社，1993 年。

7. 徐復觀：〈心的文化〉，《中國思想史論集》，台北：台灣學生書局，1993 年 10 月。

8. 陳昊志：〈聖人觀的「原型」與「型變」——魏晉儒道思想中「文化人格」的官能調合論〉，第三屆「儒道國際學術研討會——魏晉南北朝」，2007 年 4 月 14、15 日於臺灣師範大學國文學系主辦。

9. 黃錦鋐：〈魏晉玄學的有無之爭〉，《紀念程旨雲先生百年誕辰學術研討會論文集》（台灣師範大學，1983 年 5 月 21 日）。

10. 楊儒賓：〈觀天地生物氣象〉，「儒家哲學的典範重構與詮釋」國際學術研討會，2007 年 5 月 25 日於東吳大學哲學教學研究中心、哲學系主辦。

11. 楊儒賓：〈注莊的另一個故事——郭象與成玄英的論述〉，「第二屆海峽兩

岸道教學術研究會論文集（一）」，嘉義：南華大學宗教文化研究中心出版，2000 年 7 月。

12. 樓宇烈：〈「莫若以明」釋——讀《齊物論》雜記一則〉，《中國哲學·第七輯》，三聯書局 1982 年 4 月版。

13. 賴賢宗：〈王弼「貴無以爲用」的體用論之重檢與老子哲學的本體詮釋〉《第三屆儒道學術研討會——魏晉南北朝》。

14. 國立成功大學中文系：《魏晉南北朝文學與思想學術研討會論文集（三）》，臺北：文津出版社，1997 年 9 月。

15. 國立成功大學中文系：《魏晉南北朝文學與思想學術研討會論文集》，臺北：文史哲出版社，1991 年 8 月。